■2025年度中学受験用

茨城キリスト教学園中学校

4年間スーパー過去

JN001479

●収録内容一覧

入試問題と解説・解答の収録内容

2024年度　1回	算数・社会・理科・国語	実物解答用紙DL
2024年度　2回・適性検査型	適性検査Ⅰ・適性検査Ⅱ・集団面接（解答のみ）	実物解答用紙DL
2023年度　1回	算数・社会・理科・国語	実物解答用紙DL
2023年度　2回・適性検査型	適性検査Ⅰ・適性検査Ⅱ・集団面接（解答のみ）	実物解答用紙DL
2022年度　1回	算数・社会・理科・国語	実物解答用紙DL
2022年度　2回・適性検査型	適性検査Ⅰ・適性検査Ⅱ・集団面接（解答のみ）	実物解答用紙DL
2021年度　1回	算数・社会・理科・国語	
2021年度　2回・適性検査型	適性検査Ⅰ・適性検査Ⅱ・集団面接（解答のみ）	

～本書ご利用上の注意～　以下の点について，あらかじめご了承ください。

★別冊解答用紙は巻末にございます。実物解答用紙は，弊社サイトの各校商品情報ページより，一部または全部をダウンロードできます。
★編集の都合上，学校実施のすべての試験を掲載していない場合がございます。
★当問題集のバックナンバーは，弊社には在庫がございません（ネット書店などに一部在庫あり）。

合格を勝ち取るための『スーパー過去問』の使い方

本書に掲載されている過去問をご覧になって，「難しそう」と感じたかもしれません。でも，多くの受験生が同じように感じているはずです。なぜなら，中学入試で出題される問題は，小学校で習う内容よりも高度なものが多く，たくさんの知識や解き方のコツを身につけることも必要だからです。ですから，初めて本書に取り組むさいには，点数を気にしすぎないようにしましょう。本番でしっかり点数を取れることが大事なのです。

過去問で重要なのは「まちがえること」です。自分の弱点を知るために，過去問に取り組むのです。当然，まちがえた問題をそのままにしておいては意味がありません。

本書には，長年にわたって中学入試にたずさわっているスタッフによるていねいな解説がついています。まちがえた問題はしっかりと解説を読み，できるようになるまで何度も解き直しをしてください。理解できていないと感じた分野については，参考書や資料集などを活用し，改めて整理しておきましょう。

このページも参考にしてみましょう！

◆どの年度から解こうかな　「入試問題と解説・解答の収録内容一覧」

本書のはじめには収録内容が掲載されていますので，収録年度や収録されている入試回などを確認できます。

※著作権上の都合によって掲載できない問題が収録されている場合は，最新年度の問題の前に，ピンク色の紙を差しこんでご案内しています。

◆学校の情報を知ろう!!「学校紹介ページ」

このページのあとに，各学校の基本情報などを掲載しています。問題を解くのに疲れたら息ぬきに読んで，志望校合格への気持ちを新たにし，再び過去問に挑戦してみるのもよいでしょう。なお，最新の情報につきましては，学校のホームページなどでご確認ください。

◆入試に向けてどんな対策をしよう？「出題傾向＆対策」

「学校紹介ページ」に続いて，「出題傾向＆対策」ページがあります。過去にどのような分野の問題が出題され，どのように対策すればよいかをアドバイスしていますので，参考にしてください。

◇別冊「入試問題解答用紙編」

本書の巻末には，ぬき取って使える別冊の解答用紙が収録してあります。解答用紙が非公表の場合などを除き，（注）が記載されたページの指定倍率にしたがって拡大コピーをとれば，実際の入試問題とほぼ同じ解答欄の大きさで，何度でも過去問に取り組むことができます。このように，入試本番に近い条件で練習できるのも，本書の強みです。また，データが公表されている学校は別冊の１ページ目に過去の「入試結果表」を掲載しています。合格に必要な得点の目安として活用してください。

本書がみなさんの志望校合格の助けとなることを，心より願っています。

株式会社　声の教育社　編集部

茨城キリスト教学園中学校

所在地	〒319-1295 茨城県日立市大みか町6-11-1
電　話	0294-52-3215（代）
ホームページ	https://www.icc.ac.jp/ich/
交通案内	JR常磐線「大甕（おおみか）駅」より徒歩1分，JR水郡線「常陸太田駅」よりスクールバス，日立電鉄バス「日立研究所入口」下車徒歩5分

くわしい情報はホームページへ

トピックス

★2019年に大甕駅西口（新設）と向き合う位置に学園新正門を設置。
★第1・2回試験不合格者には無料で再受験できる制度がある（参考：昨年度）。

創立年 昭和37年

男女共学

高校募集あり

応募状況

年度	募集数			応募数	受験数	合格数
2024	①	約50名	単　願	非公表	86名	非公表
	①	約10名	一般Ａ			
	②	約20名	一般Ｂ		237名	
	②	約20名	適性検査型			
	③	若干名	一般Ｃ		5名	

入試情報（参考：昨年度）

【第１回】 試験日：2023年11月25日
入試区分・試験科目：
・単願…国語・算数・受験生面接
・一般Ａ…国語・算数・理科・社会
・帰国子女…国語・算数・受験生面接・保護者面接

【第２回】 試験日：2023年12月９日
入試区分・試験科目：
・一般Ｂ…国語・算数
・適性検査型…適性検査Ⅰ・適性検査Ⅱ・集団面接

【第３回】 試験日：2024年１月20日
入試区分・試験科目：
・一般Ｃ…国語・算数

本校の特徴

・完全週６日制・授業時間は公立比約1.4倍
完全週６日制で，そのうち週２日は７時間授業を実施しています。授業時間は，公立比約1.4倍で，特に英語の授業時間数は1.75倍と圧倒的多さです（中３次比較）。

・ネイティブによる英会話授業
クラスを２つに分けて，少人数の生徒をネイティブの専任教師が教えます。

・英語と数学は高２で高校内容終了
英語と数学は，高２次で高校内容を終了し，高３次では大学入試対策を行います。

・特進ＳＡクラスと特進Ａクラス
中１次では全員が特進クラスで学び，中２次より密度の高いカリキュラムで難関大学への合格をめざす特進ＳＡクラスと，学力の定着を図りながら応用へと進み，希望進路を実現する特進Ａクラスに分かれます。

2024年春の主な他大学合格実績

＜国公立大学・大学校＞
東北大，筑波大，東京医科歯科大，東京学芸大，茨城大，福島大，宇都宮大，防衛大，防衛医科大，東京都立大

＜私立大学＞
東京理科大，明治大，青山学院大，立教大，中央大，法政大，学習院大，成蹊大，津田塾大，東京女子大，國學院大，芝浦工業大

※茨城キリスト教大学への内部指定校推薦制度がある。

編集部注一本書の内容は2024年4月現在のものであり，変更されている場合があります。正確な情報は，学校のホームページ等で必ずご確認ください。

算数　出題傾向＆対策

◆基本データ（2024年度１回）

試験時間／満点	50分／100点
問題構成	・大問数…６題 計算１題（８問）／応用小問１題（４問）／応用問題４題 ・小問数…20問
解答形式	解答のみを記入する形式になっている。必要な単位などはあらかじめ印刷されている。
実際の問題用紙	Ａ４サイズ，小冊子形式
実際の解答用紙	Ｂ４サイズ

◆出題傾向と内容

▶過去３年の出題率トップ３
１位：四則計算・逆算28％　２位：角度・面積・長さ16％　３位：割合と比９％
▶今年の出題率トップ３
１位：四則計算・逆算23％　２位：角度・面積・長さ15％　３位：数列など８％

計算問題は，単純な四則計算のほかに，計算のくふうをしなければならないもの，□を求める逆算などもあります。

応用小問の出題範囲ははば広く，数の性質，割合，図形分野などからひと通り取り上げられています。特殊算の出題率がかなり高く，やや難易度が高いものもふくまれています。

応用問題では，図形の構成や分割に関するもの，角度・長さ・面積を求めるもの，グラフを読み取るもの，規則性に関するもの，条件の整理や推理の問題などが出題されています。

全体的に，基本的でかたよりのない試験です。

◆対策～合格点を取るには？～

受験算数の基本をおさえることが大切な試験になっています。算数の基礎になる計算練習は，毎日５問でも10問でも欠かさずに練習すること。数量分野では，数の性質，規則性，場合の数などに注目しましょう。図形分野では，基本的な考え方や解き方をはば広く身につけ，さらに割合や比を使ってすばやく解けるようにしてください。また，グラフの問題は，速さ，水の深さの変化，点の移動と面積の変化といったように，いろいろなものに接しておきましょう。特殊算は出題数が多いので，頻出のものを中心にかたよりなく習得しましょう。

分野＼年度		2024	2023	2022	2021
計算	四則計算・逆算	●	●	●	●
	計算のくふう	○			
	単位の計算	○			
和と差	和差算・分配算		○		
	消去算				
	つるかめ算		○		
	平均とのべ	○			
	過不足算・差集め算				
	集まり				
	年齢算				
割合と比	割合と比	○		◎	○
	正比例と反比例				
	還元算・相当算			○	
	比の性質				
	倍数算				
	売買損益				
	濃度				
	仕事算				
	ニュートン算				
速さ	速さ	○			○
	旅人算				
	通過算				
	流水算				
	時計算				
	速さと比				
図形	角度・面積・長さ	◎	○	◎	◎
	辺の比と面積の比・相似				
	体積・表面積		○		○
	水の深さと体積				
	展開図				
	構成・分割				
	図形・点の移動				
表とグラフ					
数の性質	約数と倍数				○
	N進数				
	約束記号・文字式				
	整数・小数・分数の性質				○
規則性	植木算			○	
	周期算	○		○	
	数列	○	○		
	方陣算				
	図形と規則	○			
場合の数			○	○	
調べ・推理・条件の整理			◎		
その他					

※　○印はその分野の問題が１題，◎印は２題，●印は３題以上出題されたことをしめします。

社会 出題傾向＆対策

◆基本データ(2024年度１回)

試験時間／満点	30分／50点
問題構成	・大問数…４題 ・小問数…25問
解答形式	記号選択と用語や数値の記入がほとんどだが，記述問題も見られる。
実際の問題用紙	Ａ４サイズ，小冊子形式
実際の解答用紙	Ｂ４サイズ

◆出題傾向と内容

●**地理**…ある特定の地域の地形図を読み取る問題がしばしば出ています。また，日本の国土や自然に関する問題も出されています。さらに，エネルギー問題，自然災害，農林水産業，各地の生活・文化などについても取り上げられているので注意しましょう。環境問題や時事問題にかかわる小問も見られます。

●**歴史**…近年は，古代から現代までの代表的なできごとをはば広く出題する傾向にあり，文章や資料を読んで関連することがらを答える形式で出されています。問われる内容は，産業や経済に関するもの，文化や宗教に関するもの，外交や戦争に関するものなど，多くの分野にわたっています。

●**政治**…政治のしくみを中心に日本国憲法や三権分立の特ちょうなどがよく出題されています。また，過去数年の間に話題になったできごと(政治に限らず，事件やスポーツなどもある)，それに関係することがらなどが出題されることもあるので注意しましょう。

分野＼年度			2024	2023	2022	2021
日本の地理		地図の見方	★	★	★	★
		国土・自然・気候	○	○		
		資源				
		農林水産業	○	○	○	
		工業	○	○		
		交通・通信・貿易	○			
		人口・生活・文化		○	○	○
		各地方の特色	★	★	★	○
		地理総合				★
世界の地理						○
日本の歴史	時代	原始～古代	○	○	○	○
		中世～近世	○	○	○	○
		近代～現代	○	○	○	○
	テーマ	政治・法律史				
		産業・経済史				
		文化・宗教史				
		外交・戦争史				
		歴史総合	★	★	★	★
世界の歴史						
政治		憲法	○	○		○
		国会・内閣・裁判所	○		★	★
		地方自治			○	
		経済	○	○		
		生活と福祉		○		
		国際関係・国際政治	○			○
		政治総合	★	★		
環境問題						
時事問題			○	○	○	
世界遺産			○			
複数分野総合						

※　原始～古代…平安時代以前，中世～近世…鎌倉時代～江戸時代，近代～現代…明治時代以降

※　★印は大問の中心となる分野をしめします。

◆対策～合格点を取るには？～

問題のレベルは標準的ですから，まず，基礎を固めることを心がけてください。教科書のほか，説明がていねいでやさしい標準的な参考書を選び，基本事項をしっかりと身につけましょう。

地理分野では，地形図からの出題に備え，まずは地図記号や等高線の読み取り方を確かめておきましょう。さらに，日本地図とグラフを参照し，白地図作業帳を利用して地形と気候など国土のようすをまとめ，そこから産業(統計表も使います)へと広げていきましょう。

歴史分野では，教科書や参考書を読むだけでなく，自分で年表を作って覚えると学習効果が上がります。できあがった年表は，各時代，各分野のまとめに活用できます。本校の歴史の問題は，古代から現代までの広い時代にわたって，さまざまな分野から出題されますので，この学習方法はおおいに威力を発揮するはずです。

政治分野では，日本国憲法の基本的な内容と国会・内閣・裁判所の三権について必ずおさえておきましょう。また，時事問題については，新聞やテレビ番組などで重要なニュースを確認し，国の政治や経済の動き，世界各国の情勢などについて，ノートにまとめておいてください。

理科 出題傾向＆対策

◆基本データ（2024年度１回）

試験時間／満点	30分／50点
問題構成	・大問数…６題 ・小問数…33問
解答形式	記号選択や用語・適語の記入，計算問題などが中心で，作図などは見られない。
実際の問題用紙	Ａ４サイズ，小冊子形式
実際の解答用紙	Ｂ４サイズ

分野 ＼ 年度		2024	2023	2022	2021
生命	植物	★		★	○
	動物	○	★		★
	人体		○		
	生物と環境				
	季節と生物				
	生命総合				
物質	物質のすがた				○
	気体の性質				
	水溶液の性質	★		★	○
	ものの溶け方		★		
	金属の性質	○		○	
	ものの燃え方				★
	物質総合				
エネルギー	てこ・滑車・輪軸		○		★
	ばねののび方				
	ふりこ・物体の運動				
	浮力と密度・圧力			★	
	光の進み方			★	
	ものの温まり方				
	音の伝わり方	○			
	電気回路	○	★	○	
	磁石・電磁石	★			
	エネルギー総合				
地球	地球・月・太陽系		★		○
	星と星座	★		○	★
	風・雲と天候	○			
	気温・地温・湿度		○	★	
	流水のはたらき・地層と岩石				
	火山・地震		★		
	地球総合				
実験器具		○		○	
観察					
環境問題		★			○
時事問題		○	○	○	○
複数分野総合		★	★	★	★

※　★印は大問の中心となる分野をしめします。

◆出題傾向と内容

各分野からバランスよく出題されています。また，時事問題，環境問題も小問の中でよく見られます。

●**生命**…メダカの成長，光合成の実験，消化のはたらき，消化と栄養素，虫めがねの使い方，モンシロチョウの育ち方，こん虫などが出されています。

●**物質**…固体の判別，ものの溶け方，アルミニウムと塩酸の反応，水溶液の性質，中和の実験などが取り上げられています。計算問題も見られます。

●**エネルギー**…電気回路，磁石の性質，てこのつり合い，光の進み方などが取り上げられています。力のつり合いに関する出題がやや多く，ここでも計算を求められることがあるのを忘れてはいけません。

●**地球**…火山と地震，１日の気温の変化，天気のうつりかわり，星・星座の動き，月の満ち欠け，エネルギーと環境問題などの出題が見られます。

◆対策～合格点を取るには？～

さまざまな単元をもとにつくられており，基本的な知識を使いこなす応用力がためされます。各分野ともかたよりのない学習をこころがけましょう。

問題の多くは実験・観察の結果を総合的にとらえて，筋道を立てて考えていく必要があるので，なによりもまず教科書を中心とした学習を重視し，基本的なことがらを確実に身につけていくことが大切です。教科書には実験・観察の例が豊富に取り上げられていますから，くり返し復習するなかで，実験･観察の目的や方法，過程と結果，結果を通じてどういうことがわかるかなどをノートにまとめていきましょう。

基本的な知識がある程度身についたら，標準的な問題集を解き，知識をたくわえ活用する練習をしましょう。わからない問題があってもすぐに解説解答にたよらず，じっくりと自分で考えることが大切です。この積み重ねが考える力をのばすコツになります。

教科書の学習以外に必要とされる知識も少なくありません。科学の進歩や環境問題などについて，日ごろからテレビや新聞などでニュースをチェックし，ノートにまとめておきましょう。

国語　出題傾向＆対策

◆基本データ（2024年度１回）

試験時間／満点	50分／100点
問題構成	・大問数…３題 文章読解題２題／知識問題１題 ・小問数…21問
解答形式	記号選択や，適語・適文の書きぬきが大半をしめているが，文章中のことばを用いて30～40字程度で説明させるものや，100字程度の作文も出題されている。
実際の問題用紙	Ａ４サイズ，小冊子形式
実際の解答用紙	Ｂ４サイズ

◆出題傾向と内容

▶近年の出典情報（著者名）
説明文：樋口裕一　池内　了　榎本博明
小　説：東　直子　安田夏菜　梨屋アリエ
随　筆：角田光代

●**読解問題**…設問には，大意と要旨，適語・適文の補充，文脈理解，指示語の内容，接続語などがあり，典型的な長文読解問題といえます。読解力を問うものにウェートがおかれており，説明文・論説文，随筆では要旨，小説・物語文では心情の読み取りなどが中心です。なお，例年100字程度の作文も出されています。

●**知識問題**…漢字の読み，書き取り以外に，慣用句・ことわざ，熟語，敬語などがしばしば出題されています。

◆対策～合格点を取るには？～

読解力は簡単には身につきません。まず読書によって文章に慣れること。注意点は，①指示語の内容，②段落や場面の展開，③登場人物の性格や心情の変化です。読めない漢字，意味のわからないことばがあったら，辞書で調べるのも忘れないようにしましょう。本書のような問題集で入試のパターンに慣れるのも大切です。

漢字は，書き取りの問題集を毎日少しずつ続け，音訓の読み方や熟語の練習をしましょう。

文法やことばの知識も，問題集を選んで取り組んでください。

作文は50字，100字と字数を決めて，構成を立てて書く練習をしましょう。

分野＼年度			2024	2023	2022	2021
読	文章の種類	説明文・論説文	★	★		★
		小説・物語・伝記	★	★	★	★
		随筆・紀行・日記			★	
		会話・戯曲				
		詩				
		短歌・俳句				
解	内容の分類	主題・要旨	○	○	○	○
		内容理解	○	○	○	○
		文脈・段落構成	○	○		
		指示語・接続語	○	○	○	○
		その他	○	○	○	○
知	漢字	漢字の読み	○	○	○	○
		漢字の書き取り	○	○	○	○
		部首・画数・筆順				
	語句	語句の意味				
		かなづかい				
		熟語	○	○	○	○
		慣用句・ことわざ	○	○		
	文法	文の組み立て				
		品詞・用法				
		敬語		○		○
識	形式・技法					
	文学作品の知識					
	その他		○		○	
	知識総合		★	★	★	★
表現	作文		○	○	○	○
	短文記述					
	その他					
放送問題						

※　★印は大問の中心となる分野をしめします。

カコを追いかけ
ミライをつかめ
「今の説明、もう一回」を何度でも
web過去問
ストリーミング配信による入試問題の解説動画
もっと古いカコモンないの?
カコ過去問
「さらにカコの」過去問をHPに掲載(DL)
声の教育社
詳しくはこちらから

2024年度　茨城キリスト教学園中学校

【算　数】〈第１回試験〉（50分）〈満点：100点〉

1　次の $\boxed{\text{ア}}$ ～ $\boxed{\text{ク}}$ にあてはまる数を答えなさい。

(1)　$2024 \div 23 = \boxed{\quad\text{ア}\quad}$

(2)　$(7 \times 3 - 3 \times 4) \div 3 = \boxed{\quad\text{イ}\quad}$

(3)　$1.25 \times 0.84 = \boxed{\quad\text{ウ}\quad}$

(4)　$\dfrac{3}{10} - \dfrac{1}{15} + \dfrac{7}{20} = \boxed{\quad\text{エ}\quad}$

(5)　$\dfrac{6}{7} \times 1\dfrac{3}{4} + \dfrac{2}{9} \div \dfrac{2}{3} = \boxed{\quad\text{オ}\quad}$

(6)　$5\dfrac{1}{2} \div \left(\dfrac{5}{6} - \dfrac{3}{8}\right) = \boxed{\quad\text{カ}\quad}$

(7)　$1\dfrac{3}{7} \times 1.96 + 3\dfrac{4}{7} \times 1.96 = \boxed{\quad\text{キ}\quad}$

(8)　$100 - (\boxed{\quad\text{ク}\quad} - 11) \div 14 = 94$

2　次の問いに答えなさい。

⑴　ある日，花子さんは算数の勉強を45分，国語の勉強を$\frac{2}{3}$時間しました。この日，花子さんが算数と国語の勉強をした時間の合計は何時間何分ですか。

⑵　定価が1200円のお弁当が，定価の35％引きで売られています。このお弁当を４個買うと，代金は何円になりますか。ただし，消費税は考えないものとします。

⑶　Ａ君の身長は145cmで，Ｂ君の身長はＡ君よりも６cm高いです。Ａ君とＢ君の身長の平均は何cmですか。

⑷　右の図で，四角形ABCDは正方形で，三角形DCEは正三角形です。角アの大きさは何度ですか。

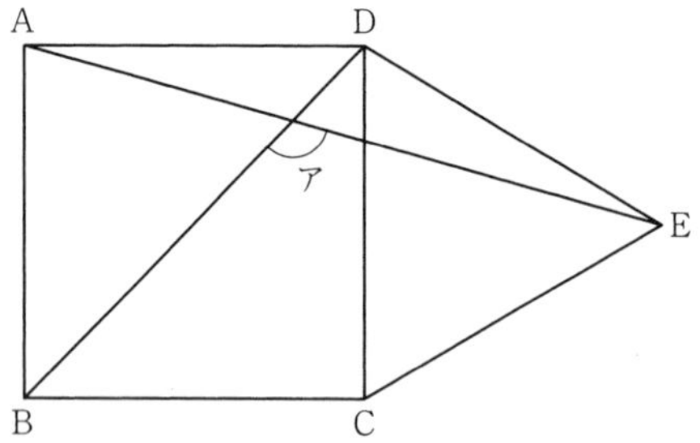

3　ある年の１月１日は日曜日でした。これについて，次の問いに答えなさい。ただし，この年はうるう年ではありません。

⑴　この年の３月１日は何曜日ですか。

⑵　この年の２回目の日曜日は１月８日です。この年の15回目の日曜日は何月何日ですか。

4　まっすぐな直線上にＡ地点とＢ地点があります。太郎君はＡ地点とＢ地点の間を休まずに１往復しました。このとき，行きは毎分60mの速さで歩いて12分かかりました。また，帰りは毎分120mの速さで走りました。これについて，次の問いに答えなさい。

⑴　Ａ地点とＢ地点は何mはなれていますか。

⑵　このときの往復の平均の速さは毎分何mですか。

5　右の図のように，半径が８cmで中心角が75度のおうぎ形OABがあります。Pは弧《こ》AB上の点で，角OBPの大きさは75度です。また，PQとOAは垂直に交わっています。これについて，次の問いに答えなさい。ただし，円周率は3.14とします。

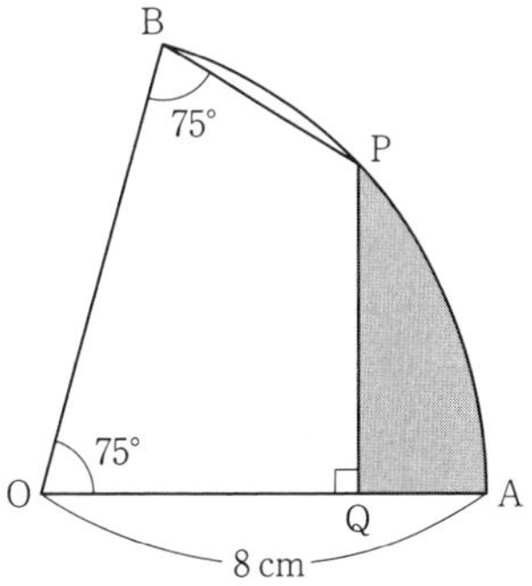

(1)　ＯとＰを直線で結んだとき，角POAの大きさは何度になりますか。

(2)　かげをつけた部分の面積は何cm^2ですか。

6　先生と陽子さんが，「円柱の形をした積み木の重ね方」について会話をしています。

先生：高さが１cm，２cm，３cmの円柱の形をした３種類の積み木Ａ，Ｂ，Ｃがたくさんあります。底面の大きさはどれも同じです。これらの積み木をまっすぐに重ねて，いろいろな高さの円柱を作ります。

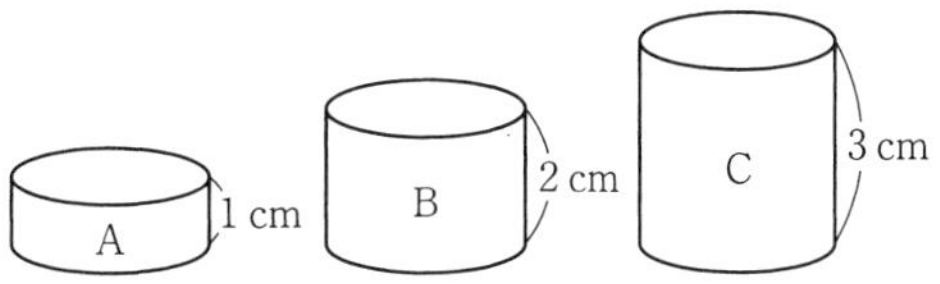

陽子：高さが１cmの円柱はＡを１個使うだけですから，作り方は１通りですね。そして，高さが２cmの円柱は，Ａを２個使う場合とＢを１個使う場合がありますから，作り方は２通りあります。

先生：その通りです。では，高さが３cmの円柱の作り方は何通りありますか。使う積み木の種類が同じでも，重ねる順番がちがう場合は，ちがう作り方とします。

陽子：下から順に，

Ａ→Ａ→Ａ，Ａ→Ｂ，Ｂ→Ａ，Ｃ

の４通りです。

先生：その通りです。次に，高さが４cmの円柱について考えてみましょう。

陽子：３cmのときと同じように調べてもできそうですが……。ちょっと大変そうです。

先生：次のように考えてみてはどうでしょうか。

高さが４cm の円柱の作り方は，

・高さが１cm の円柱の上にＣを重ねる。

・高さが２cm の円柱の上にＢを重ねる。

・高さが３cm の円柱の上にＡを重ねる。

の３つの場合があります。

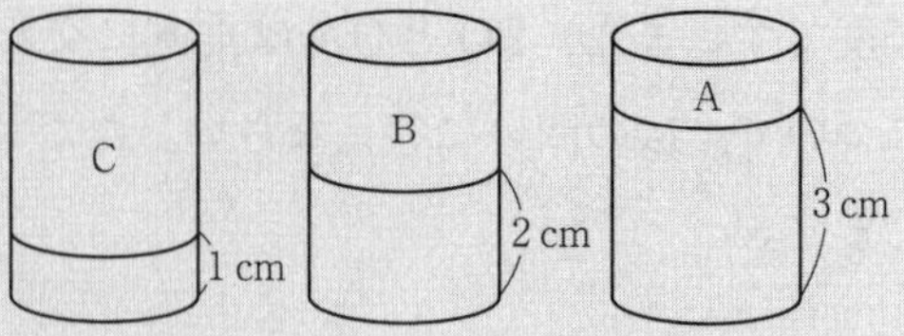

このことをもとにして考えてみてください。

陽子：わかりました。高さが４cm の円柱の作り方は ア 通りあります。

先生：正解です。同じように考えて，高さが７cm の円柱の作り方が何通りあるかを求めてください。

陽子：はい。高さが７cm の円柱の作り方は イ 通りあります。

先生：正解です。

これについて，次の問いに答えなさい。

(1) ア にあてはまる数を答えなさい。

(2) イ にあてはまる数を答えなさい。

【社　会】〈第１回試験〉(30分)〈満点：50点〉

1　次の【カードＡ】～【カードＦ】を見て，あとの問いに答えなさい。

【カードＡ】

わたしは，貧しい百姓《ひゃくしょう》の家の生まれで，①織田信長《おだのぶなが》に仕えたのち，1590年に天下統一を成しとげましたが，朝鮮半島へ侵攻《しんこう》中に亡《な》くなりました。

【カードＢ】

わたしは，憲法調査のため渡欧《とおう》し，帰国後に憲法草案を作成しました。また，1885年に内閣制度が創設されると，初代②内閣総理大臣に就任しました。

【カードＣ】

わたしは，妻の一族である北条氏や，③弟の力も借りて，1185年の壇《だん》ノ浦《のうら》の戦いで平氏を滅《ほろ》ぼし，1192年には朝廷から征夷《せいい》大将軍に任命されました。

【カードＤ】

わたしは，５度の渡航失敗や失明などの苦難のすえ，来日した中国の僧《そう》です。仏教の正しい教えを伝えたほか，奈良に④唐招提寺《とうしょうだいじ》を建てました。

【カードＥ】

わたしは，お雇《やと》い外国人として来日したアメリカ人で，横浜から東京へ向かう列車の窓から⑤大森貝塚を発見し，発掘《はっくつ》調査を行いました。

【カードＦ】

わたしは，南朝と北朝に分かれていた朝廷を1392年に一つにまとめると，京都に構えた豪華《ごうか》な屋敷《やしき》(花の御所《ごしょ》)で⑥政治を行いました。

(1)　下線部①について，この人物が天下統一を目指す中で行った戦いとして正しくないものを，次の**ア**～**エ**から１つ選び，記号で答えなさい。

ア　長篠《ながしの》の戦い　　**イ**　姉川《あねがわ》の戦い　　**ウ**　関ヶ原《せきがはら》の戦い　　**エ**　桶狭間《おけはざま》の戦い

(2)　下線部②について，大日本帝国憲法が発布されたときの内閣総理大臣として正しいものを，次の**ア**～**エ**から１人選び，記号で答えなさい。

ア　黒田清隆《くろだきよたか》　　**イ**　大隈重信《おおくましげのぶ》　　**ウ**　板垣退助《いたがきたいすけ》　　**エ**　原敬《はらたかし》

(3)　下線部③について，【カードＣ】の「わたし」と対立するようになったこの人物をとらえるという理由で，全国に［　Ｘ　］と［　Ｙ　］を置くことを朝廷に認めさせました。［Ｘ］と［Ｙ］にあてはまる役職の名前を，次の説明を参考にして，それぞれ漢字で答えなさい。

［　Ｘ　］…国ごとに置かれ，御家人の統率や犯罪の取りしまりなどを行った。
［　Ｙ　］…公領と荘園ごとに置かれ，年貢の取り立てや土地の管理などを行った。

(4)　下線部④について，この建造物の写真として正しいものを，次の**ア**～**エ**から１つ選び，記号で答えなさい。

ア

イ

ウ

エ

(5)　下線部⑤について，大森貝塚は縄文時代後期から晩期にかけての遺跡《いせき》です。縄文時代のようすを述べた文として正しいものを，次の**ア**～**エ**から１つ選び，記号で答えなさい。

ア　人々は狩《か》りや木の実の採集などをしながら移住して暮らしていた。

イ　大陸から鉄器や青銅器が伝えられ，武器や祭器として用いられた。

ウ　近畿《きんき》地方を中心に，地域を治めた権力者の巨大な墓がつくられた。

エ　食べ物の保存や煮炊《にた》きする道具として土器がつくられるようになった。

(6)　下線部⑥について，この時代の政治に関連する文として正しいものを，次の**ア**～**エ**から１つ選び，記号で答えなさい。

ア　徳川家康が第15代将軍足利義昭《あしかがよしあき》を京都から追放したことで，幕府が滅んだ。

イ　将軍を助ける役職として管領《かんれい》が置かれ，有力な守護大名が交代で務めた。

ウ　第８代将軍足利義政《よしまさ》の後継者をめぐって承久の乱が起こった。

エ　【カードＦ】の人物は，宋(中国)との間で朝貢《ちょうこう》形式の勘合《かんごう》貿易を行った。

(7)　【カードＡ】の朝鮮半島について，【カードＢ】の人物は韓国に置かれた統監《とうかん》府の初代統監を務めたことでも知られていますが，1909年にこの国のある民族運動家によってハルビン駅で暗殺されました。その人物として正しいものを，次の**ア**～**エ**から１人選び，記号で答えなさい。

ア　毛沢東《モウタクトウ》　　**イ**　金正恩《キムジョンウン》　　**ウ**　安重根《アンジュングン》　　**エ**　潘基文《パンギムン》

(8)　【カードＡ】から【カードＦ】の「わたし」にあてはまる人物の名前と，その人物が最も活躍《かつやく》した時代を次の**ア**～**ト**からそれぞれ１つずつ選び，記号で答えなさい。なお，時代については同じ記号を複数回使ってもよいものとします。

＜人物＞

ア　足利尊氏《たかうじ》	**イ**　豊臣秀吉《とよとみひでよし》	**ウ**　源　義経《みなもとのよしつね》	**エ**　鑑真《がんじん》
オ　クラーク	**カ**　伊藤博文《いとうひろぶみ》	**キ**　足利義満《よしみつ》	**ク**　源頼朝《よりとも》
ケ　行基《ぎょうき》	**コ**　モース		

＜時代＞

サ　弥生時代	**シ**　室町時代	**ス**　昭和時代	**セ**　奈良時代
ソ　古墳時代	**タ**　鎌倉時代	**チ**　江戸時代	**ツ**　明治時代
テ　飛鳥時代	**ト**　安土桃山時代		

2　次の地形図を見て，あとの問いに答えなさい。

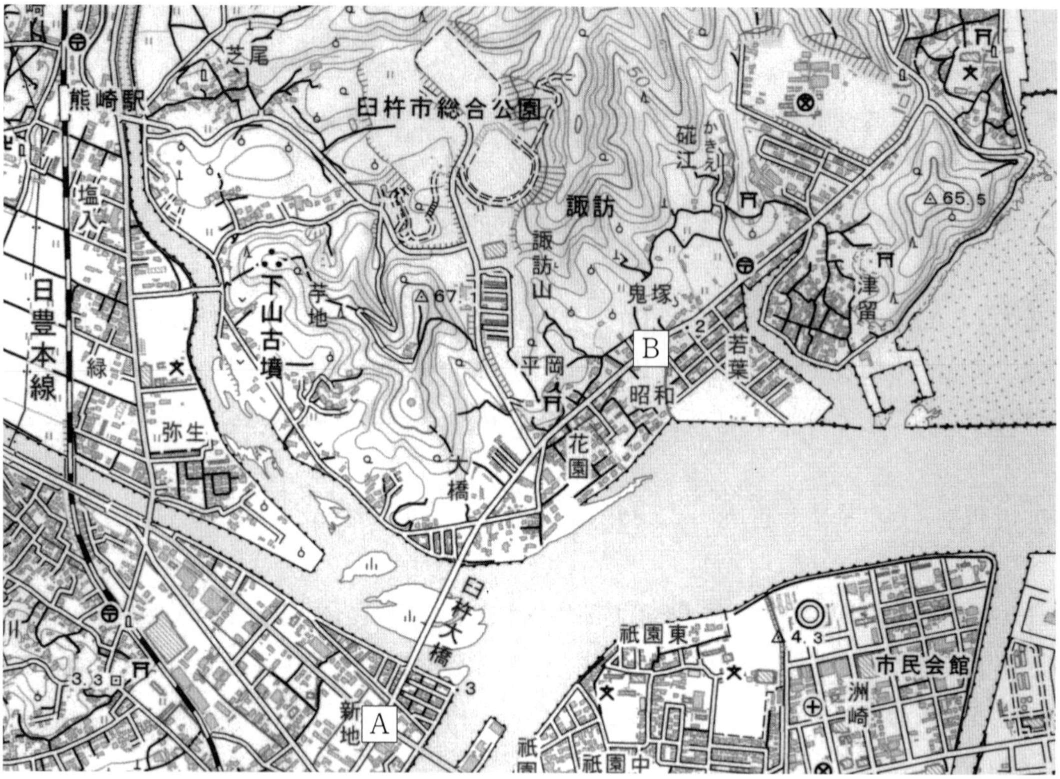

臼杵《うすき》　1：12500

国土地理院発行25000分の１地形図「臼杵」をもとに縮尺が12500分の１となるように加工しました。

〈編集部注：編集上の都合により原図を80％に縮小しました。〉

⑴　「下山古墳」は，「臼杵《うすき》市総合公園」から見て，どの方角にありますか。次の**ア**～**エ**から１つ選び，記号で答えなさい。

ア　北東　　**イ**　北西　　**ウ**　南東　　**エ**　南西

⑵　地形図の読み取りとして正しくないものを，次の**ア**～**エ**から１つ選び，記号で答えなさい。

ア　Ａ地点からＢ地点に向かって最短経路で歩いていくと，左手に神社が見える。

イ　「市民会館」近くの市役所からは，「下山古墳」を直接見ることはできない。

ウ　この地形図の範囲《はんい》内には，高等学校より，小・中学校の方が多く見られる。

エ　南北に走る「日豊《にっぽう》本線」の線路は，畑の近くや道路の下を通っている。

⑶　「熊崎《くまさき》駅」から「臼杵大橋」まで，地形図上の直線で約11cmあります。実際の距離《きょり》は約何mになりますか。算用数字で答えなさい。

3　中国・四国地方の各県の自然と産業について，次の問いに答えなさい。

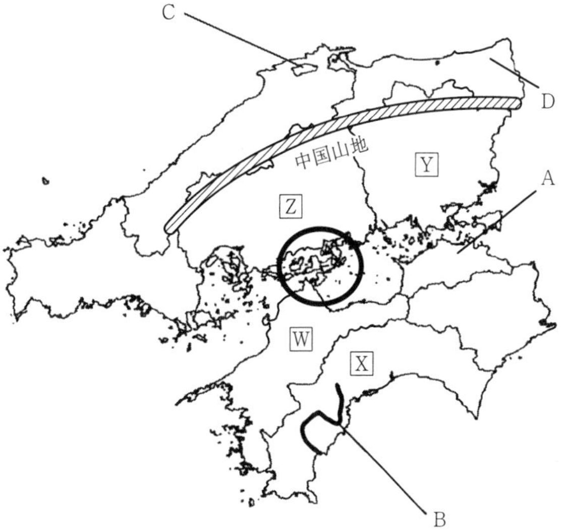

(1)　中国地方は，中国山地よりも北側で日本海に面する［　①　］地方と，南側で瀬戸内海に面する［　②　］地方に分けられます。空らん［①］と［②］にあてはまる言葉を答えなさい。

(2)　右の図中のＡの平野，Ｂの河川，Ｃの湖の名称《めいしょう》の組み合わせとして正しいものを，次の**ア**～**エ**から１つ選び，記号で答えなさい。

ア　Ａ―筑紫《つくし》平野　　Ｂ―四万十《しまんと》川　　Ｃ―田沢《たざわ》湖
イ　Ａ―讃岐《さぬき》平野　　Ｂ―四万十川　　Ｃ―宍道《しんじ》湖
ウ　Ａ―筑紫平野　　Ｂ―吉野《よしの》川　　Ｃ―宍道湖
エ　Ａ―讃岐平野　　Ｂ―吉野川　　Ｃ―田沢湖

(3)　次の雨温図のうち，図中のＤ（この県の県庁所在都市）の雨温図として正しいものを，次の**ア**～**エ**から１つ選び，記号で答えなさい。

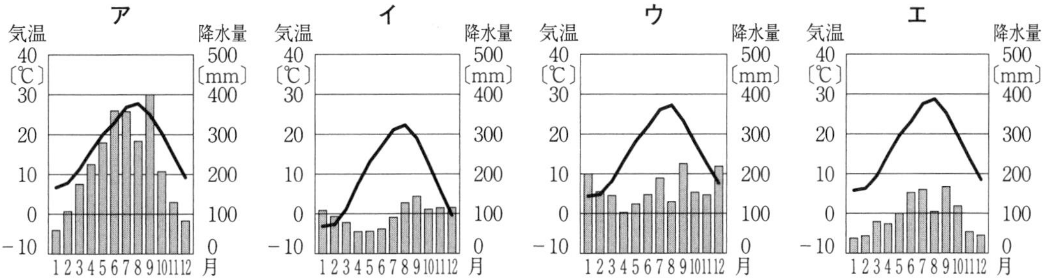

ア　年平均気温　17.3℃　年間降水量　2666.4mm
イ　年平均気温　9.2℃　年間降水量　1146.1mm
ウ　年平均気温　15.2℃　年間降水量　1931.3mm
エ　年平均気温　16.7℃　年間降水量　1150.1mm

（『理科年表』2023年版により作成）

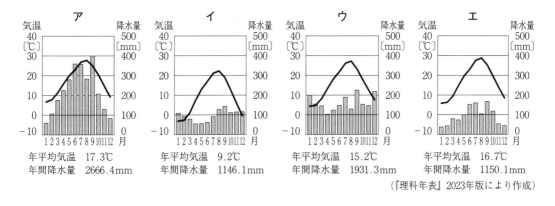

(4) X では，冬から春にかけて暖かく日照時間の長い気候をいかして，本来夏にとれる野菜の成長を早め，出荷時期をずらす促成栽培《そくせいさいばい》がさかんです。X が収穫量第１位の野菜を，右の円グラフを参考にして，次の**ア**～**エ**から１つ選び，記号で答えなさい。

ア　ナス　　　　**イ**　キャベツ

ウ　ニンジン　　**エ**　ジャガイモ

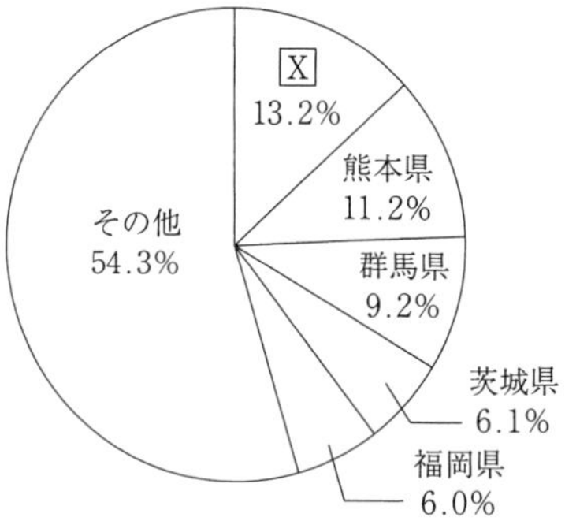
X
13.2%
熊本県
11.2%
群馬県
9.2%
茨城県
6.1%
福岡県
6.0%
その他
54.3%

(『データでみる県勢』2023年版により作成)

(5) Y では，倉敷《くらしき》市(水島地区)を中心に鉄鋼業や石油化学工業が発展しています。Y をふくむ地域に広がる瀬戸内工業地域の製造品出荷額等の構成を表したグラフを，次の**ア**～**エ**から１つ選び，記号で答えなさい。

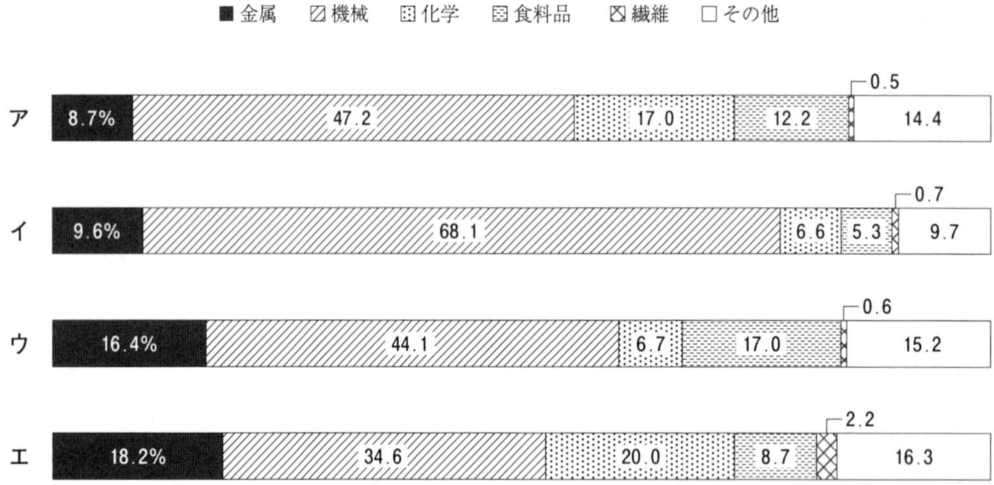
金属
機械
化学
食料品
繊維
その他
ア
8.7%
47.2
17.0
12.2
0.5
14.4
イ
9.6%
68.1
6.6
5.3
0.7
9.7
ウ
16.4%
44.1
6.7
17.0
0.6
15.2
エ
18.2%
34.6
20.0
8.7
2.2
16.3

(『日本国勢図会』2023/24年版により作成)

(6) 本州と四国は，本州四国連絡《れんらく》橋とよばれる３つのルート(児島《こじま》―坂出《さかいで》／神戸《こうべ》―鳴門《なると》／尾道《おのみち》―今治《いまばり》)で結ばれており，Z と W にはそのうちの「尾道―今治ルート」が通っています。このルートを結ぶ橋などをまとめて何といいますか。解答らんに合うように，ひらがな４字で答えなさい。

(7) 四国地方は，面積が小さい地方ですが，同地方内の県をまたいだ車での移動には非常に時間がかかることで知られています。右の高速道路・自動車専用道路を示した大まかな地図を参考にして，四国地方内の地理的な条件にも触《ふ》れながら，「迂《う》回《かい》」という言葉を使って25字以上35字以内(句読点もふくめる)で，解答らんに合うように，理由を説明しなさい。なお，「迂回」とは回り道をするという意味です。

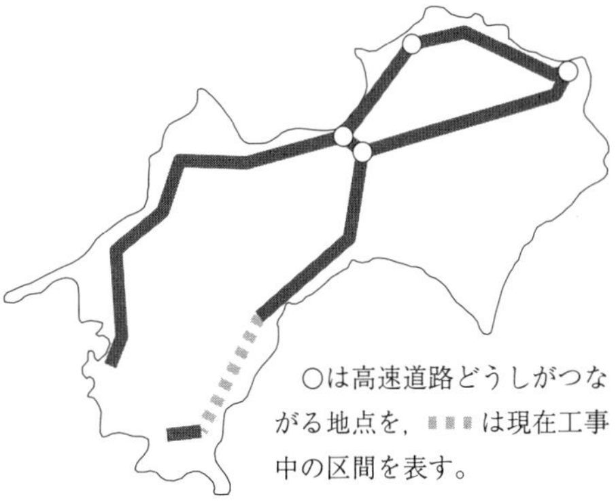

○は高速道路どうしがつながる地点を，▪▪▪は現在工事中の区間を表す。

(るるぶKidsを参考にして作成)

4 次の文章は今年の5月に行われたG7広島サミット閉幕後の議長国記者会見での岸田文《きしだふみ》雄《お》首相による冒頭発言の内容(一部改変あり)です。これを読んで，あとの問いに答えなさい。

先ほど，①G7広島サミットは，全てのセッションを終了し閉幕いたしました。

＜中略＞

まず，ここ広島の地でサミットを開催《かいさい》した私の想いを述べさせていただきます。

1945年の夏，②広島は原爆によって破壊《はかい》されました。平和記念公園が位置するこの場所も，一瞬《いっしゅん》で焦土《しょうど》と化したのです。その後，被爆者を始め，広島の人々のたゆまぬ努力によって，広島がこのような美しい街として再建され，平和都市として生まれ変わることを誰が想像したでしょうか。

③7年前の春，④私は外務大臣として，ここ広島でG7外相会合を開催しました。さらに，その翌月には米国のオバマ大統領を広島に迎《むか》え，⑤激しい戦火を交えた日米両国が，寛容《かんよう》と和解の精神の下，広島の地から「核兵器のない世界」への誓《ちか》いを新たにしたのです。

今，我々は，ロシアによる［　⑥　］侵略《しんりゃく》という国際秩序《ちつじょ》を揺《ゆ》るがす課題に直面しています。今のような厳しい安全保障環境《かんきょう》だからこそ，法の支配に基づく自由で開かれた国際秩序を堅持《けんじ》し，平和と繁栄《はんえい》を守り抜《ぬ》く決意を世界に示す，それが本年のG7議長国である日本に課された使命と言えます。

＜中略＞

そのような決意を発信する上で，⑦平和の誓いを象徴《しょうちょう》する広島の地ほどふさわしい場所はありません。このような想いから，今回，G7及《およ》び招待《しょうたい》国の首脳，⑧国際機関の長に広島に集まっていただきました。

⑴　下線部①について，Ｇ７の構成国の組み合わせとして正しいものを，次の**ア**～**エ**から１つ選び，記号で答えなさい。

ア　アメリカ・メキシコ・イギリス・ロシア・日本・ブラジル・中国

イ　アメリカ・フランス・イギリス・ドイツ・日本・イタリア・カナダ

ウ　アメリカ・メキシコ・スペイン・ドイツ・日本・イタリア・中国

エ　アメリカ・フランス・スペイン・ロシア・日本・ブラジル・カナダ

⑵　下線部②について，原爆の爆心地付近にあった建物の焼け跡《あと》が当時のまま保存された結果，1996年に「負の遺産」としてユネスコ(国連教育科学文化機関)の世界文化遺産に登録されました。その世界文化遺産として正しいものを，次の**ア**～**エ**から１つ選び，記号で答えなさい。

ア

イ

ウ

エ

(3)　下線部③について，次の資料は2016年(７年前)～2023年(現在)にかけての円とドルの為替《かわせ》相場です。2016年ごろは１ドル＝100～110円台で推移していましたが，2022年～2023年にかけては１ドル＝130～140円台で推移しています。このように，１ドルと交換《こうかん》できる円が増える状況のことを何といいますか。解答らんに合うように，それぞれ漢字１字で答えなさい。

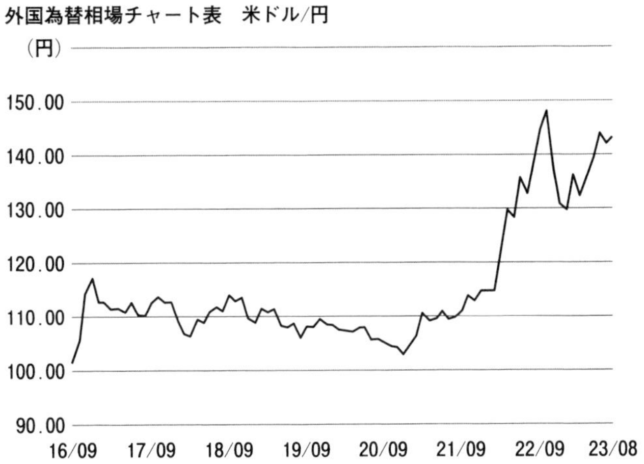

(三菱UFJ銀行のホームページを参考にして作成)

(4)　下線部④について，岸田文雄は第100・101代内閣総理大臣です。内閣の説明として正しくないものを，次の**ア**～**エ**から１つ選び，記号で答えなさい。

ア　外国と条約を結んだり，予算案を国会に提出したりします。

イ　天皇の国事行為に対して助言と承認を行い，その責任を負います。

ウ　憲法や法律に定められていることを実施するため，条例を定めます。

エ　内閣総理大臣とその他の国務大臣で構成されています。

(5)　下線部⑤について，現在日本にはアメリカ軍の基地が置かれているほか，他国から日本を守るための組織として自衛隊が存在しています。2023年度の当初予算(一般会計歳出)の内訳のうち防衛関係費(防衛力強化資金への繰り入れをふくむ)にあたるものを，右の円グラフの**ア**～**エ**から１つ選び，記号で答えなさい。

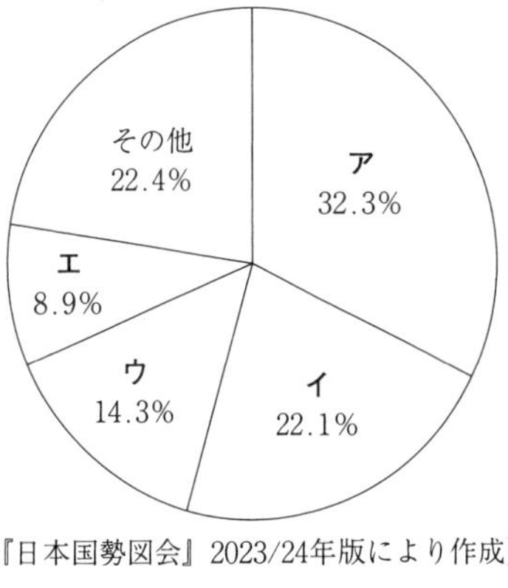

(『日本国勢図会』2023/24年版により作成)

(6)　⑥ にあてはまる国の大統領(右の写真の人物)の名前をカタカナで答えなさい。

(7)　下線部⑦について，日本国憲法では「平和主義」「基本的人権の尊重」「 c 主権」を三大原則としています。大日本帝国憲法と比較《ひかく》した次の表の a ・ c ・ f にあてはまる言葉の組み合わせとして正しいものを，下の**ア**～**エ**から１つ選び，記号で答えなさい。

	日本国憲法	大日本帝国憲法
成立	1946年11月３日に公布 1947年５月３日に施行	1889年に発布 1890年に発効
形式	a 憲法 (国民が制定する憲法)	b 憲法 (君主が定めた憲法)
主権	c	d
天皇の地位	e	f
国民の義務	納税／勤労／子どもに普通教育を受けさせる	納税／兵役

ア　a―民定　c―国民　f―元首

イ　a―民定　c―天皇　f―象徴

ウ　a―欽定《きんてい》　c―天皇　f―元首

エ　a―欽定　c―国民　f―象徴

(8)　下線部⑧について，第二次世界大戦の反省を踏まえ，平和を目指す国際的な機関として国際連合がつくられました。国際連合の説明として正しいものを，次の**ア**～**エ**から１つ選び，記号で答えなさい。

ア　アメリカのサンフランシスコに本部が置かれています。

イ　日本は安全保障理事会の常任理事国に選ばれたことがあります。

ウ　現在の事務局の事務総長は，テドロス・アダノムです。

エ　総会はすべての加盟国が参加し，各国が１票の投票権を持っています。

【理　科】〈第１回試験〉（30分）〈満点：50点〉

1　次の問いに答えなさい。答えは，それぞれの**ア～エ**から１つずつ選び，記号で答えなさい。

(1)　幼虫のすがたで冬ごしするこん虫はどれですか。

ア　モンシロチョウ　　**イ**　カブトムシ

ウ　トノサマバッタ　　**エ**　オオカマキリ

(2)　海面にうかんでいる船から海底に向かって音を発し，0.6秒後にその反射音をとらえました。海底の深さは何mですか。ただし，音が海水中を進む速さは毎秒1500mとします。

ア　1800m　　**イ**　900m　　**ウ**　450m　　**エ**　300m

(3)　空の高いところまで発達し，はげしい雨を短い時間ふらせる雲はどれですか。

ア　すじ雲　　**イ**　ひつじ雲　　**ウ**　かみなり雲　　**エ**　わた雲

(4)　右の図は，上皿てんびんの分銅のセット(100ｇ用)を表しています。セットの分銅の重さの和は101ｇになります。２個ずつあるものは何ｇの分銅ですか。

分銅のセット(100ｇ用)

50ｇ，20ｇ，10ｇ，
5ｇ，2ｇ，1ｇ，
500mg，200mg，100mg

ア　10ｇ，２ｇ，200mg　　**イ**　20ｇ，２ｇ，200mg

ウ　10ｇ，１ｇ，100mg　　**エ**　20ｇ，１ｇ，100mg

(5)　次のうち，電気をためたり，ためた電気を使ったりすることができるものはどれですか。

ア　手回し発電機　　**イ**　発光ダイオード

ウ　コンデンサー　　**エ**　モーター

(6)　2023年５月，千葉県の研究所などのグループが，高級食材として知られているある生物の全遺伝情報の解読に成功したと発表しました。この生物は国際自然保護連合から絶滅《ぜつめつ》危《き》惧《ぐ》種《しゅ》に指定されているもので，研究の成果は将来この生物の人工的な生産につながるものと期待されています。この生物は何ですか。

ア　ニホンウナギ　　**イ**　マツタケ　　**ウ**　ウニ　　**エ**　トリュフ

2　緑色の葉をもつ植物は，日光を利用してでんぷんをつくるはたらきを行っています。これについて調べるため，畑で葉をたくさんつけたジャガイモの株を使い，次のような【実験１】，【実験２】を行いました。これについて，あとの問いに答えなさい。

【実験１】

①　晴れた日の午後，朝から日光に当たったジャガイモの葉を１枚取った。この葉をＡとする。

②　①で葉Ａを取ったあとすぐに，図１のようにおおいをした。

③　よく日の午後，②でおおいをしておいたジャガイモの葉を１枚取った。この葉をＢとする。

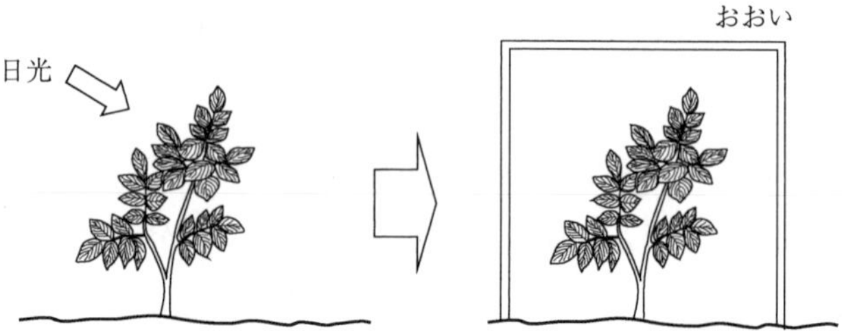

図１

葉Ａ，Ｂにでんぷんがあるかどうかを，それぞれ採取後すぐに，下の＜調べる方法＞で調べた。

【実験２】

④　前の日からおおいをしておいたジャガイモの葉を１枚取った。この葉をＣとする。

⑤　④で葉Ｃを取ったあとすぐに，図２のようにおおいをはずした。

⑥　よく日，晴れた日の午後，⑤でおおいをはずしたジャガイモの葉を１枚取った。この葉をＤとする。

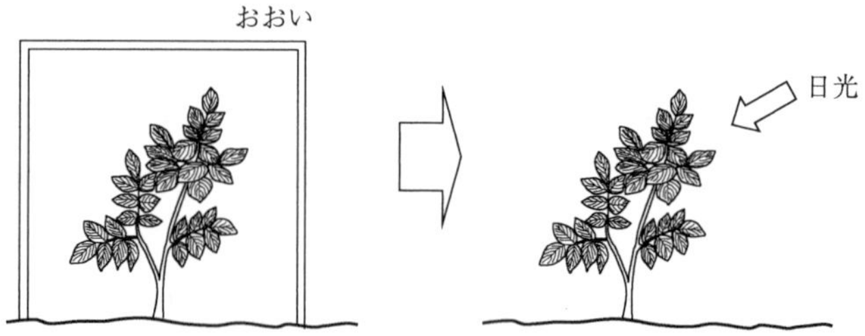

図２

葉Ｃ，Ｄにでんぷんがあるかどうかを，それぞれ採取後すぐに，下の＜調べる方法＞で調べた。

＜調べる方法＞

⑦　取った葉を湯につけた。

⑧　次に，⑦の葉をあたためたエタノールにつけた。

⑨　⑧の葉を湯に入れて洗ってから，うすい薬品Ｘにつけた。

(1)　<調べる方法>の⑦で，葉を湯につけるのはなぜですか。次の**ア**～**エ**から最も適切なものを1つ選び，記号で答えなさい。

ア　葉を消毒するため。

イ　葉がでんぷんをつくるはたらきを止めるため。

ウ　葉の中のでんぷんをあたためるため。

エ　葉をやわらかくするため。

(2)　<調べる方法>の⑧で，エタノールをあたためる方法として最も適切なものはどれですか。次の**ア**～**エ**から1つ選び，記号で答えなさい。

ア

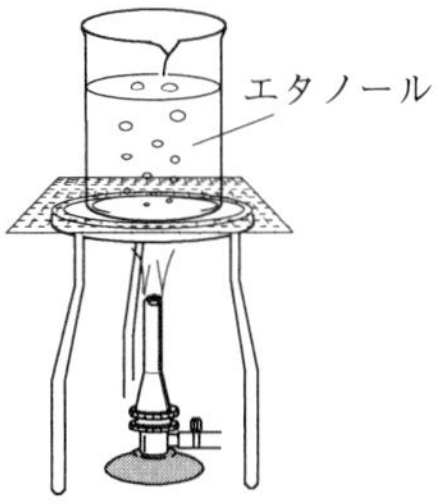

イ

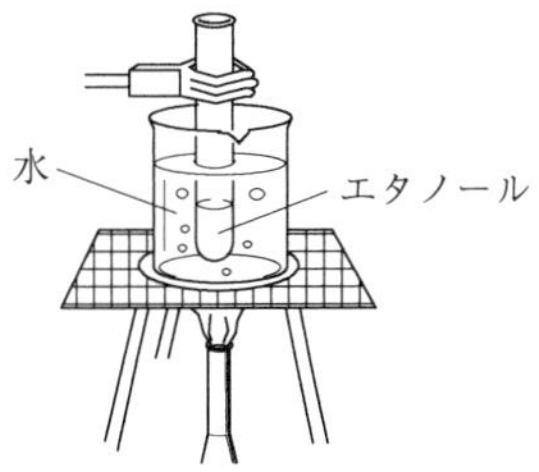

ウ

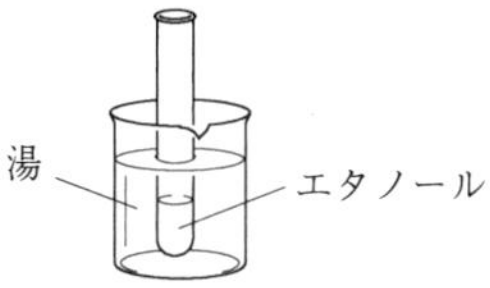

エ

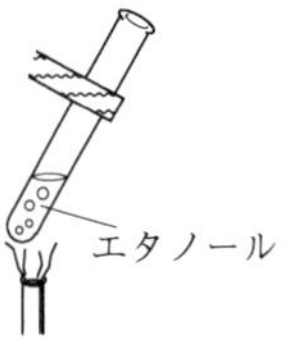

(3)　<調べる方法>の⑧で，葉をあたためたエタノールにつけたのはなぜですか。次の**ア**～**エ**から最も適切なものを1つ選び，記号で答えなさい。

ア　葉を消毒するため。

イ　葉の緑色を取り除くため。

ウ　葉の中のでんぷんをとかし出すため。

エ　葉をやわらかくするため。

(4)　<調べる方法>の⑨で用いた薬品Xは，でんぷんがあるかどうかを調べるための薬品です。薬品Xの名前を答えなさい。

(5)　<調べる方法>の⑨の薬品Xは，でんぷんがあると「ある色」を示します。その色とは何色ですか。次の**ア**～**エ**から1つ選び，記号で答えなさい。

ア　青むらさき色　　**イ**　黄色　　**ウ**　赤色　　**エ**　茶色

(6)　葉A～Dのうち，<調べる方法>の⑨で薬品Xによって「ある色」になったのはどれですか。あてはまるものをすべて選び，記号で答えなさい。

(7) 【実験１】だけでなく【実験２】も行ったのはなぜですか。次の**ア**～**エ**から理由として最も適切なものを１つ選び，記号で答えなさい。

ア　葉ででんぷんをつくるには，暗い時間が必要なことを確かめるため。

イ　葉に日光が当たることにより，でんぷんができることを確かめるため。

ウ　葉の中のでんぷんは，時間がたつと自然になくなることを確かめるため。

エ　葉にでんぷんができるまでには，１日以上の時間が必要なことを確かめるため。

3　次のような６種類の異なる物質Ａ～Ｆの固体の粉末があります。これらの物質について，【実験１】～【実験４】を行いました。これについて，あとの問いに答えなさい。

Ａ：食塩　　　　　　　Ｂ：さとう
Ｃ：水酸化ナトリウム　Ｄ：ホウ酸
Ｅ：塩酸にアルミニウムがとけてできた物質
Ｆ：塩酸に鉄がとけてできた物質

【実験１】　１cm^3の水を入れた別々の試験管に，ＡとＢをそれぞれ0.1ｇずつ入れてよく混ぜた。これをくり返していくと，一方の物質で先にとけ残りが出た。

【実験２】　50cm^3の水を入れた別々のビーカーに，ＣとＤをそれぞれ1.0ｇずつ入れてよく混ぜてとかした。

【実験３】　ＥとＦに磁石を近づけ，くっつくかどうかを調べた。

【実験４】　ＥとＦを別々の試験管にそれぞれ少量入れ，塩酸を加えてようすをみた。

(1) 【実験１】で，先にとけ残りが出たのはＡ，Ｂのどちらですか。記号で答えなさい。

(2) 【実験２】でつくったＣとＤの水よう液はどちらも無色とう明で，見た目では区別できませんでした。この水よう液を区別する方法として，**適切でない**のはどれですか。次の**ア**～**エ**から１つ選び，記号で答えなさい。なお，ホウ酸の水よう液は弱い酸性を示します。

ア　赤色リトマス紙につけて，色の変化をみる。

イ　緑色にしたBTBよう液を加えて，色の変化をみる。

ウ　ムラサキキャベツ液を加えて，色の変化をみる。

エ　水よう液を少量取って，なめてみる。

(3) 物質Ａ～Ｆのうち，白色以外の色をしたものが１つあります。その物質はどれですか。Ａ～Ｆの記号で答えなさい。また，その色は何色ですか。次の**ア**～**エ**から１つ選び，記号で答えなさい。

ア 赤色　**イ** 黒色　**ウ** 黄色　**エ** 青色

(4) 【実験３】の結果について，正しいのはどれですか。次の**ア**～**エ**から１つ選び，記号で答えなさい。

ア Ｅは磁石にくっつくが，Ｆはくっつかない。

イ Ｆは磁石にくっつくが，Ｅはくっつかない。

ウ ＥもＦも磁石にくっつく。

エ ＥもＦも磁石にはくっつかない。

(5) 【実験４】の結果について，正しいのはどれですか。次の**ア**～**エ**から１つ選び，記号で答えなさい。

ア Ｅは気体を発生してとけるが，Ｆは気体を発生しないでとける。

イ Ｆは気体を発生してとけるが，Ｅは気体を発生しないでとける。

ウ ＥもＦも気体を発生しないでとける。

エ ＥもＦも気体を発生してとける。

(6) 【実験３】と【実験４】の結果からわかることはどれですか。次の**ア**～**エ**から１つ選び，記号で答えなさい。

ア アルミニウムや鉄が塩酸にとけても，もとの金属としての性質は変わらない。

イ アルミニウムや鉄が塩酸にとけると，もとの金属とは別の物質になる。

ウ 塩酸にとけると，アルミニウムは別の物質になるが，鉄は変化しない。

エ 塩酸にとけると，鉄は別の物質になるが，アルミニウムは変化しない。

4　右の図１は，日本のある場所から見た星座Xのスケッチです。これについて，次の問いに答えなさい。

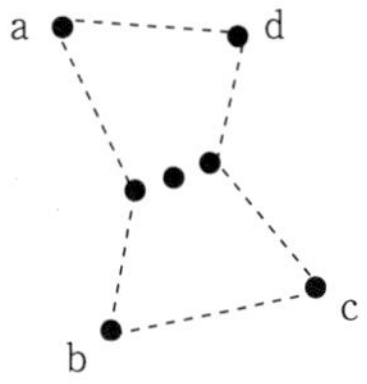

図１

(1)　星座Xの名前は何といいますか。カタカナで答えなさい。

(2)　星座Xには，ベテルギウスとリゲルという２つの１等星がふくまれています。図１のａ～ｄのうち，ベテルギウス，リゲルはそれぞれどの位置にありますか。記号で答えなさい。

(3)　ベテルギウスは，別の２つの星座の１等星と「冬の大三角」とよばれる三角形をつくっています。この２つの星座名とその１等星の名前をそれぞれ答えなさい。

星座や星座をつくる星は，24時間で地球のまわりをひと回りするように見えます。右の図２は，ある日，星座Xを一定時間おきに観察してスケッチしたものです。午後11時には真南の空の高いところに見えていました。また，アの位置からエの位置までは120度回っていました。

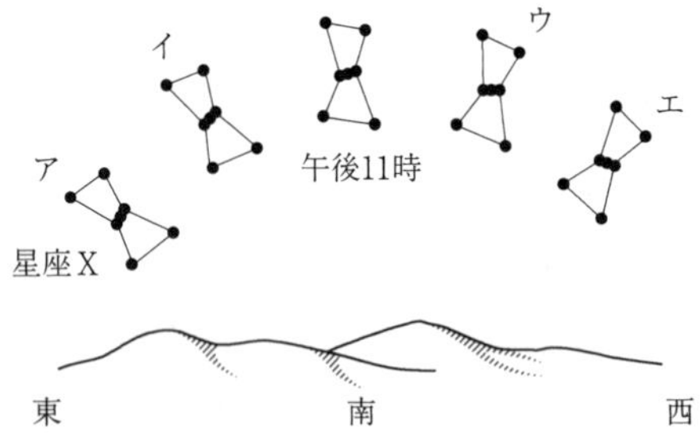

図２

(4)　①　ア～エのうち，いちばん初めのスケッチは午後何時のものですか。整数で答えなさい。

②　この日から２か月後の午後９時に星座Xはどの位置に見えましたか。ア～エから１つ選び，記号で答えなさい。

5　磁石について，次の問いに答えなさい。

(1)　右の図１のように，棒磁石を真ん中で２つに切り分けました。端《はし》A，端Bは何極になりますか。次の**ア**～**エ**から１つ選び，記号で答えなさい。

ア　端AはN極に，端BもN極になる。

イ　端AはS極に，端BもS極になる。

ウ　端AはN極に，端BはS極になる。

エ　端AはS極に，端BはN極になる。

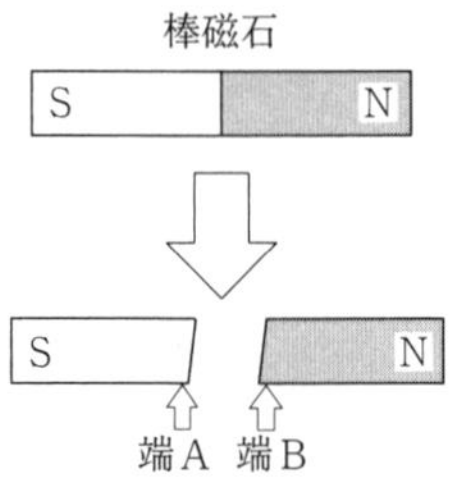

図１

(2) 右の図２のように，棒磁石にくっつけていた鉄くぎ(あ)を磁石からはずして，すぐに次の【実験１】，【実験２】を行いました。

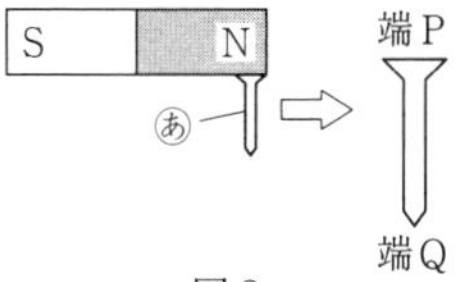

図２

【実験１】 鉄くぎ(あ)の端Ｐを，小さい鉄くぎに近づける。
【実験２】 鉄くぎ(あ)の端Ｑを，方位磁針のＮ極に近づける。

① 【実験１】の結果はどうなりますか。次の**ア**～**ウ**から１つ選び，記号で答えなさい。

ア 小さい鉄くぎが端Ｐにくっつく。
イ 小さい鉄くぎが端Ｐとしりぞけ合う。
ウ 何も変化は起こらない。

② 【実験２】の結果はどうなりますか。次の**ア**～**ウ**から１つ選び，記号で答えなさい。

ア 方位磁針のＮ極が端Ｑと引き合う。
イ 方位磁針のＮ極が端Ｑとしりぞけ合う。
ウ 何も変化は起こらない。

(3) 次に右の図３のように，同じ２つの棒磁石のＮ極とＳ極をしっかりとくっつけたものに，鉄くぎを近づけました。鉄くぎが最も多くついたとき，どのようになりますか。次の**ア**～**エ**から１つ選び，記号で答えなさい。ただし，１つの棒磁石の極には２本まで鉄くぎがつくものとします。

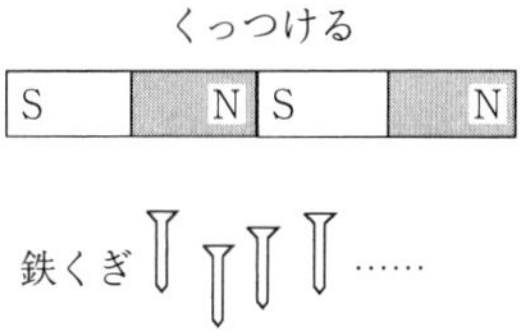

図３

ア

イ

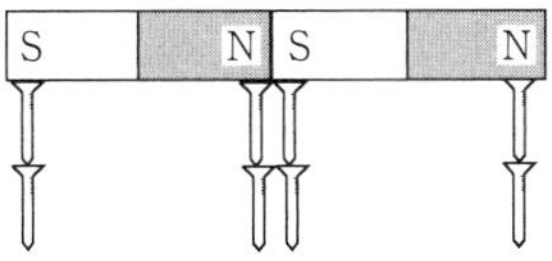

ウ

エ

(4)　鉄心にエナメル線を巻くと，電磁石ができます。次の**ア**～**オ**のうち，電磁石だけにあてはまり，棒磁石などの永久磁石にはあてはまらない性質はどれですか。すべて選び，記号で答えなさい。

ア　Ｎ極とＳ極が必ず対になって存在する。
イ　Ｎ極とＳ極を入れかえることができる。
ウ　自由に動けるようにすると，Ｎ極が北を向く。
エ　磁石の強さを簡単な方法で変えることができる。
オ　金属なら何でもくっつけることができる。

6　次の文を読んで，あとの問いに答えなさい。

近年，私たちがすんでいる地球の気温がだんだん高くなっていて，環境《かんきょう》にいろいろな問題が起きています。地球の気温がだんだん高くなっていることを「地球の温暖化」といいますが，この地球の温暖化の原因の１つとして考えられているのが，大気中の［　Ａ　］の割合が急激に増えてきていることです。

現代の生活には，電気やガス，ガソリンなどが欠かせません。電気もその多くは石油や天然ガスを燃やすことによってつくり出されているので，人々の活動が活発になると，①石油や石炭，天然ガスが大量に消費されることになります。その結果，大気中に大量の［　Ａ　］が放出されるのです。

［　Ａ　］はもともと大気中にわずかにふくまれています。この気体には，地面から逃《に》げる熱を吸収してたくわえる性質があり，この性質によって地球の気温を上昇《じょうしょう》させます。これを温室効果といい，温室効果をもつ気体を温室効果ガスとよびます。［　Ａ　］は温室効果ガスの１つなので，大気中の［　Ａ　］の割合の上昇が地球の温暖化を進行させていると考えられているのです。

地球の温暖化の進行をおさえるために，いろいろな取り組みが考えられています。その取り組みの元となる考え方の１つに「カーボンニュートラル」という考え方があります。カーボンニュートラルとは，排出《はいしゅつ》された［　Ａ　］の量と等しい量を植物などに吸収させることで，全体として［　Ａ　］の排出量をゼロにしようというものです。その実現は簡単ではありませんが，②［　Ａ　］をほとんど排出しない発電方法を取り入れる，植林をして森林を管理し守るなどの方法が進められています。

⑴　文中の空らん［ Ａ ］にあてはまる気体の名前を答えなさい。

⑵　［ Ａ ］を確かめる方法として，適切なのはどれですか。次の**ア**～**エ**から１つ選び，記号で答えなさい。

ア　試験管に集めて，その口にマッチの火を近づける。

イ　水にぬらした赤色リトマス紙を近づける。

ウ　石灰水に通して変化をみる。

エ　においをかいでみる。

⑶　下線部①のような燃料をまとめて何といいますか。次の（　）にあてはまる言葉を漢字２字で答えなさい。

（　　　）燃料

⑷　下線部②の発電方法に**あてはまらない**のはどれですか。次の**ア**～**エ**から１つ選び，記号で答えなさい。

ア　火力発電　　**イ**　原子力発電　　**ウ**　風力発電　　**エ**　太陽光発電

⑸　地球の温暖化が原因と考えられる環境問題に**あてはまらない**のはどれですか。次の**ア**～**エ**から１つ選び，記号で答えなさい。

ア　海面の上昇　　**イ**　異常気象　　**ウ**　酸性雨　　**エ**　砂漠化の進行

⑹「カーボンニュートラル」に関連して，植物や植物を加工したものを燃料とすることで，［ Ａ ］の排出量を結果的にゼロに近づけることができると考えられます。その理由を述べた次の文の（　）にあてはまる言葉を答えなさい。

［文］

植物に由来した燃料を燃やしたときに発生する［ Ａ ］は，もともとその植物が行う（　　　）のはたらきで大気中から取りこまれたものだから。

（八） この文章の内容と表現について説明したものとして適切なものを、次の**ア**～**オ**の中から一つ選び、記号で答えなさい。

ア 一貫《いっかん》して「まゆちゃん」の視点から物語を展開し、その思いや考えをあますところなく表現することで、「まゆちゃん」が周囲の助けを得て徐々《じょじょ》に心の成長をとげていくその過程がわかりやすくなっている。

イ 「鮮やかな赤い色で塗られている」や「淡い桃色がかすかな青を滲ませながら」など、具体的な色彩の描写《びょうしゃ》をちりばめることで読者が情景を想像でき、物語に入りこめるよう工夫《くふう》している。

ウ 「一本ですっと立つ草の花のようだ」や「草原のような髪」といった比喩《ひゆ》表現を多用することで、「絵画」を主題に展開するこの場面に幻想《げんそう》的な雰囲気を与《あた》え、物語に深みを持たせている。

エ 「…」「？」「!?」などのふくみを持たせる表現や感情を表す記号を用いて物語に抑揚《よくよう》をつけることで、「自分探し」という難解な主題を描《えが》いた文章でも飽《あ》きずに読み切れるよう配慮している。

オ 視点を固定せず、第三者の視点から物語を展開することで、読者が特定の登場人物に感情移入することなく、客観的かつ冷静に入り組んだ人間模様をとらえられるよう巧《たく》みに仕組んでいる。

（九） この物語では、「まゆちゃん」が自分の絵を「ルイ」からほめられることによって自信を持ち始めています。あなたは、だれかにほめられたことで自信につながった経験がありますか。そのときにどんなことを思ったり感じたりしたかも含め、百字以内で自由に書きなさい。

（四）――線部②「まゆちゃん、絵はね、描き上がったときに、描いた人を離れるんだよ」とありますが、どういうことですか。その説明として適切なものを、次の**ア**～**エ**の中から一つ選び、記号で答えなさい。

ア 描き上げられた絵は作者個人の手から離れ、公共の所有物として多くの人の批評にさらされるということ。

イ 絵を描き上げた作者には、自分の作品を多くの人に見てもらいたいという思いが生まれてくるということ。

ウ それぞれをモデルにして描き上げられた絵は、一つの作品として相手に渡《わた》さなければいけないということ。

エ 描き上げられた絵は作者だけのものではなく、一つの作品として多くの人が鑑賞《かんしょう》するものになるということ。

（五）――線部③「まゆちゃんは、少し照れたような表情を浮かべて、ルイにちらりと視線を送ってから背筋を伸ばした」とありますが、このときの「まゆちゃん」の気持ちを説明したものとして適切なものを、次の**ア**～**エ**の中から一つ選び、記号で答えなさい。

ア 絵を見せるのはいやだったが、モデルの「ルイ」から見せてほしいと頼《たの》まれたのでしぶしぶ見せる気持ちになっている。

イ 絵を見せるのにはためらいがあったものの、「ルイ」から見せてほしいと催促《さいそく》されたので絵を見せようと心を決めている。

ウ 絵を見せてもいいかなと思い始めたときに、「ルイ」から絵をほめられたのでうれしさのあまり舞《ま》い上がっている。

エ 絵を見せてもいいかどうか迷っていたときに、「ルイ」が助け舟《ぶね》を出してくれたので安心して絵を見せようと思い直している。

（六）――線部④「ねえ、なんで緑色なの？」とありますが、「まゆちゃん」が「ルイ」の瞳や髪を緑色に描いたのはなぜですか。文章中の言葉を使って三十字以内で書きなさい。

（七）――線部⑤「よおく見ながら描いているうちに、なんとなく見ていたときには気付かなかったことが見えてきた」とありますが、どういうことですか。それを説明した次の文の□に当てはまる適切な言葉を、文章中から七字で抜き出しなさい。

・絵を描くために「ルイ」をしっかりと見ることで、「ルイ」が放っている□が見えてくるということ。

絵の道具を片づけながらまゆちゃんは、水に浮かんだゴムボートに乗ってゆられているような、不思議な心地《ここち》がしていた。

（東《ひがし》　直子《なおこ》『階段にパレット』による）

＊希一＝実弥子の結婚《けっこん》相手。画家だったが今は亡《な》くなってしまっている。

（一）[A]～[E]に当てはまる言葉として適切なものを、次の**ア**～**カ**の中から一つずつ選び、記号で答えなさい。

ア　くすくす　**イ**　わなわな　**ウ**　さっと
エ　じろじろ　**オ**　さらりと　**カ**　こくりと

（二）[Ⅰ]～[Ⅳ]に当てはまる文として適切なものを、次の**ア**～**エ**の中から一つずつ選び、記号で答えなさい。

ア　俊子が、絵を手に持って言った。
イ　実弥子がゆずちゃんに声をかけた。
ウ　ルイとまゆちゃんも、三人の後ろから絵をのぞいている。
エ　ゆずちゃんがワンピースの模様と絵を見比べながら、うれしそうに言った。

（三）――線部①「こんなふうに描いてもらうと、自分が今、ちゃんと生きてここにいるんだって、気がついた気がする……」とありますが、このように感じたのは、「ルイ」の描いた絵がどのようなものだったからですか。「～ような絵だったから。」に続くように文章中から四十五字で抜き出し、初めと終わりの五字ずつを書きなさい。

「ええっ⁉」

まゆちゃんが、目を丸くした。

「ほしいって……、私の、この絵が、気に入った、ってこと？」

ルイが、［D］頷《うなず》いた。

「そっか、それって、やっぱりまゆちゃんの絵が、とってもすてきだからだよね！」

実弥子がまゆちゃんの肩《かた》に、ぽんと手を置いた。

「でも、みなさんの描いた絵は、それぞれ一度持ち帰って、お家《うち》の人に必ず見せて下さいね。そのあとで、どうするかはお母さんたちにも訊いて、みんなでよく相談して決めて下さい」

「相談ってことは、じゃあ、私の絵をルイくんにあげるかわりに、そのルイくんの絵を、私がもらったりしても、いいってこと？」

まゆちゃんが、ローテーブルの上に広げられたままの、自分が描かれたルイの絵を見た。

「いいよ」

ルイが［E］返事をした。

まゆちゃんは、どきどきしてきた。ルイが描いた自分の顔が、自分を見ている、とまゆちゃんは思った。ルイが描いた自分。ルイが見ていた自分。自分が、他の人の目に映っているということを初めて知った気がしたのだった。

自分も、ルイを見て、描いた、とまゆちゃんは思う。⑤よおく見ながら描いているうちに、なんとなく見ていたときには気付かなかったことが見えてきた。ルイの、一見どこを見ているかわからないその瞳をじっと見ているうちに、遠いところへ一瞬、一緒に行った気がしたのだ。そこに、風にゆれる草原が見えた、気がした。だから、その瞳を緑色に塗り、草原のような髪にも、同じ色を置いたのだ。

そんなふうに顔には時間をかけてこだわって描いたけれど、身体の形はうまく描けなかった気がして、まゆちゃんは自信がなかった。でも、ルイにこの絵がほしいと言われて、ずいぶんうれしかった。自分も、ルイが描いてくれた自分の絵はとてもきれいだと思った。その絵が、ほしくなった、とても。なんだろう、この感じ。そこには、自分ではない人がいるようで、確かに自分がいる、とも思う。自分が、別の世界にいる……。

まゆちゃんは、絵の上を覆っていたてのひらを滑《すべ》らせるように引いた。画用紙の中には、こちらをじっと見据《みす》えてまっすぐに立つルイが現れた。手も足も細くてやや頼《たよ》りない身体をしているが、顔はしっかりと大きく描かれていた。

「私、人を描くの、あんまり得意じゃなくて……。バランスが変になっちゃって、なんか、やっぱり、下手だ」

まゆちゃんが、小さな声で言った。

「そんなことないよ、まゆちゃん。よく描けてる。とてもいいと思う」

実弥子がゆっくりと言った。

「④ねえ、なんで緑色なの？」

ゆずちゃんが絵を見ながら訊いた。

まゆちゃんの絵の中で、ルイの顔の輪郭《りんかく》からはみ出しそうなほど切れ長に描かれた目の中の瞳と、ふわふわと描かれた髪が、深い緑色をしていた。

「なんでって……それは、なんとなく、かな。ルイくんのこと、じっと見ていたら、そんな色をしているような気がしたから」

「そうなのね、まゆちゃんには、ルイくんがこんなふうに見えるんだね」

実弥子が、絵を手に取って持ち上げた。

「ちょっと、ここに置いてみるね」

棚《たな》の上に、その絵を立てかけた。レモンイエローで塗られた肌《はだ》と、緑色の髪と瞳が溶《と》け合って、絵に描かれたルイが、一本ですっと立つ草の花のようだと、実弥子は思った。

「こうしてみると、ほんと、ルイくんと緑色って、似合うね。いいなあ、この絵も、気持ちがいいよ。子どもって、やっぱり自由だね。みんな天才だわ」

俊子が感心するように言うと、まゆちゃんが、棚の上の絵を［C］取って、くるくると丸めた。

「やっぱり、それほどでもないし、はずかしい」

くるくると丸めた画用紙を、ルイがつかんだ。

「これ、ほしい」

ったその人が見えてくる。言葉では言えない、不思議な存在感を放つ姿が。ルイと＊希一《きいち》、それぞれの母親がふと口にした「なんのために絵を描くのか」という問いの答えが、もしかするとこうした絵の中にあるのではないかと、実弥子は思った。

「ねえ、ルイくんって、何年生？」まゆちゃんが訊《き》いた。

「三年」

「うわあ、私より二コも下なんだあ。やだなあ、こっちは、見せるのはずかしすぎる」

まゆちゃんが自分の絵を隠《かく》すように、覆《おお》いかぶさった。

「②まゆちゃん、絵はね、描き上がったときに、描いた人を離《はな》れるんだよ」

実弥子がやさしく言った。

「え？　離れる……？　どういうことですか？」

まゆちゃんが、絵の上に手をのせたまま顔を上げた。

「でき上がった絵は、ひとつの作品だから、でき上がった瞬間《しゅんかん》に、作者の手から離れて、まわりに自分を見てもらいたいな、という意志が生まれるのよ。それは作品自体の心。描いた人の心とは別に、新しく生まれるの」

「……ほんとに？」

まゆちゃんの眉が少し下がり、不安そうに数度まばたきをした。

「そうよ。たとえば、今ルイくんの描いたこの絵は、ルイくんだけのものだって思う？　ルイくんだけが見て、満足すれば、それでいいと思う？」

実弥子の質問に、まゆちゃんは長い睫毛を伏《ふ》せてしばらく考えた。

「そりゃあ、ルイくんの絵は、上手だから……みんなで一緒に見たいなあって思うけど……」

「まゆちゃんの絵も、みんなが一緒に見たいなあって思ってるよ」

実弥子がそう言ったとき、ルイがその言葉にかぶせるように「見せてよ」と言った。

③まゆちゃんは、少し照れたような表情を浮《う》かべて、ルイにちらりと視線を送ってから背筋を伸《の》ばした。

「わかった。モデルのルイくんが見たいって言うなら、見せないわけにはいかないよね」

「私、めちゃくちゃ元気そう。うれしいなあ。絵に描いてもらえるって、いいもんだね。こっちは見せるのがちょっとはずかしいけど……」

そう言いながら差し出した俊子の絵の中で、ゆずちゃんは、ふんわりと笑っている。その口に、俊子がかわいいな、と感じた生えかけの永久歯もちらりとのぞき、今着ているワンピースの水色のチェックの模様も、丁寧《ていねい》に描かれている。

「おんなじだあ」

Ⅲ

「俊子さん、繊細《せんさい》な絵になりましたね。すてきです」

Ⅳ

「さて、ルイくんとまゆちゃんの絵も、みんなで見ましょうね」

ルイが描いたまゆちゃんは、今にも絵の中から飛び出してきそうだった。細密に描かれた鉛筆の下書きの上に、慎重《しんちょう》に絵の具が塗り重ねられていた。筆先を使って髪の毛や眉《まゆ》や睫毛《まつげ》が一本一本描かれ、瞳《ひとみ》には淡《あわ》い光がともっていた。まゆちゃんの顔によく似ていると同時に、その心の奥《おく》にある芯《しん》の強さを感じさせる。頬《ほお》や指先、膝《ひざ》がしらには淡い桃色《ももいろ》がかすかな青を滲《にじ》ませながら置かれていた。生き生きと血の通う、エネルギーの充《み》ちた子どもの身体《からだ》なのだということを、実物以上に伝えているようだった。

「ルイくん、すばらしいね……」

実弥子は、ルイの絵のすばらしさを伝えるための言葉を探そうとしてうまく見つからず、口ごもった。

「わあ、すごい……。これが私……？」

「まゆちゃんに、にてる」

ゆずちゃんが、感心して言った。

「なんだろう、これ……。①こんなふうに描いてもらうと、自分が今、ちゃんと生きてここにいるんだって、気がついた気がする……」

まゆちゃんがつぶやいた。実弥子ははっとする。

ルイが、まゆちゃんをモデルに絵を描いた。ただそれだけの、シンプルなこと。でも、描かれた絵の中には、今まで見えていなか

三　次の文章を読んで、後の問いに答えなさい。問いの中で字数に指定のあるときは、特に指示がない限り、句読点や符号もその字数に含めます。

【ここまでのあらすじ】
イラストレーターの実弥子《みやこ》は、絵画教室を開いている。絵画教室には、子どもたちだけでなく大人も参加している。今日は生徒同士が二人一組になって、それぞれをモデルにして人物画を描《か》くことになった。

「では、ルイくんと俊子《としこ》さんは、これから五分間、そのまま立っていて下さいね。まゆちゃんとゆずちゃんは、画用紙を縦に使って、モデルの人の全身を、まず鉛筆《えんぴつ》で描いて下さい。お友達の頭の先から形を捉《とら》えて、目で見えた通りに、ゆっくり線を引いて下さいね。五分で描けなかったら、あとでまたポーズを取ってもらうので、焦《あせ》らずに描いてね」

まゆちゃんは、まっすぐに立つルイをしばらくじっと見つめた。人の顔を［　A　］見てはいけません、と昔お母さんに言われたことをふと思い出した。でも、今は、いいんだ。そう思いながら、ルイの髪《かみ》や顔や、腕《うで》や足をじっと見つめた。

その横で、ゆずちゃんが、［　B　］笑い始めた。大人の女の人がまじめに、自分のためだけにポーズを取ってくれている、という状況そのものが、なんだかおもしろくなってしまったのだった。気付いたまゆちゃんが、まじめにやりなさい、と言うように、ゆずちゃんをひじで軽く突《つ》いた。

そうして鉛筆で全身の形を描き合ったあと、水彩《すいさい》絵の具で色をつけた。ゆずちゃんの描いた俊子の全身像は、暖色でまとめられた明るい絵に仕上がった。大きな口を開けて笑っている唇《くちびる》も、口の中も、鮮《あざ》やかな赤い色で塗《ぬ》られている。

「絵の中の俊子さん、楽しそうで、とてもいいわねえ」

［　Ⅰ　］

「ゆずちゃん、こんなふうに見てくれてたんだあ」

［　Ⅱ　］

（七）――線部⑥「ＡＩによる診断・治療は患者を不安にさせてしまうこともある」とありますが、こうした患者の「不安」を解消するには、具体的にはどのようなことが必要ですか。文章中から十四字で抜き出しなさい。

（八）この文章で述べられている内容に合うものを、次の**ア**～**エ**の中から一つ選び、記号で答えなさい。

ア　ＡＩが社会に導入されることでさまざまな人間の仕事が奪われることになるが、明治以降の近代化の中で機械によって多くの人間の仕事が代替されたときと同じように、技術者やサービス業などの仕事は増えていく。

イ　ＡＩ技術が社会の中に浸透することで、肉体労働や比較的単純な作業の仕事はＡＩが代替するようになるが、ジャーナリストや弁護士など高度な知識が必要になる労働は、代替される可能性がほとんどない。

ウ　ＡＩの発達に伴《ともな》って、将来は誰もが当たり前のようにＡＩと接点を持つ暮らしをすることになる可能性があるが、大切なのはＡＩと共存していくことであり、さまざまな職種において役割分担をする必要がある。

エ　ＡＩが多くの職場に導入されることで、さまざまな社会的な問題が解決することになるが、多くの人はいまだにＡＩに対する抵抗感があるため、ＡＩの仕事を人間がサポートしていく体制をつくることが急務である。

(五)　――線部④「人間ならではの特性を活かすための能力」とありますが、どのような能力ですか。その説明として適切なものを、次の**ア**～**エ**の中から一つ選び、記号で答えなさい。

ア　さまざまな言語を習得することで、言語間のあいまいな内容を的確に理解したり、対話を通して国際社会に必要な情報を共有したりする能力。

イ　一般常識に従って社会的な義務を忠実に果たしたり、比較的単純な作業や体力的にもきつい肉体労働を根気よく続けたりする能力。

ウ　相手の気持ちや個別の状況にあわせて対応したり、言語のあいまいな意味を理解して、適切なコミュニケーションをおこなったりする能力。

エ　一般常識を考慮しながら、その場の雰囲気を読んで協調的な行動をしたり、長年の経験を通じて状況の変化を正確に見通したりする能力。

(六)　――線部⑤「先ほど例に挙げた医療現場へのＡＩの導入についても、同様のことがいえる」とありますが、どのようなことがいえるというのですか。その説明として適切なものを、次の**ア**～**エ**の中から一つ選び、記号で答えなさい。

ア　医療現場にＡＩが導入されたことによって画像診断などの精度が上がり、ガン性組織の前兆を検出することができるようになったということ。

イ　医療現場にＡＩが導入されたとしても、治療のしかたなどは人間の医師が最終的に判断をして、責任を明確にしなければならないということ。

ウ　医療現場にＡＩが導入されたことによって医師の労働時間が短縮され、地方の医師不足などを解消することができるようになったということ。

エ　医療現場にＡＩが導入されたとしても、ＡＩによって代替される業務は部分的であって、人間でなければできない業務は確実に残るということ。

やコミュニケーション能力を人間が発揮していくことができれば、ＡＩとの共存が可能になると考えられる。[Ｃ]、人間の仕事を奪うのではなく、人間の仕事をサポートしてくれるものとして、ＡＩを活用する方法を探《さぐ》っていくということだ。

（樋口裕一《ひぐちゆういち》『18歳《さい》から100歳までの日本の未来を考える17のキーワード』による）

＊ＡＩ＝人工知能。

＊Society5.0＝内閣府の「第５期科学技術基本計画」の中で明記されている新しい社会のあり方。サイバー空間（仮想空間）とフィジカル空間（現実空間）を高度に融合《ゆうごう》させたシステムによって開かれる社会。

（一）[Ａ]～[Ｃ]に当てはまる言葉として適切なものを、次の**ア**～**カ**の中から一つずつ選び、記号で答えなさい。

ア　つまり　　**イ**　なぜなら　　**ウ**　だから

エ　たとえば　　**オ**　しかし　　**カ**　むしろ

（二）――線部①「ディープラーニングとは、人間の脳神経構造を模した学習手法のことで、インプットされたデータからＡＩが自分で何らかのパターンを発見することができる」とありますが、この内容を具体的に説明している一文を探し、初めの五字を書きなさい。

（三）――線部②「もっとも、実際にどのような社会が到来するかについては、見解が一致していない」とありますが、なぜ「見解が一致していない」のですか。その理由を説明した次の文の[　]に当てはまる適切な言葉を、[１]は三字、[２]は十三字でそれぞれ文章中から抜《ぬ》き出しなさい。

・これから先、ＡＩがどのように発達していくかは[　１　]な部分もあるので、今後どのような社会が到来するかを[　２　]から。

（四）――線部③「ＡＩが得意なこと」とありますが、具体的にはどのようなことですか。文章中の言葉を使って、四十字以内で書きなさい。

２０４５年に、ＡＩが人間の能力を超える「技術的特異点（シンギュラリティ）」に到達するともいわれている。②もっとも、実際にどのような社会が到来するかについては、見解が一致《いっち》していない。

ＡＩに仕事を奪われないためには、③ＡＩが得意なことと苦手なことについて知り、④人間ならではの特性を活《い》かすための能力を身に付けるということが考えられる。それによって、ＡＩと人間で役割分担をしていくことができるかもしれない。

ＡＩは、過去のデータの蓄積から何かを推定することは得意だが、人間のように言語の曖昧《あいまい》な意味を理解することはできない。人間は、計算能力やデータにもとづく予測ではＡＩに劣《おと》るが、一般《いっぱん》常識などを考慮《こうりょ》しながら総合的な判断をおこなったり、相手の気持ちやその場の雰囲《ふんい》気《き》を感じ取って行動したりする点ではすぐれている。

たとえば、タクシー業界では、どこに行けば効率よく乗客を見つけられるかを過去のデータから判断するＡＩの導入を開始している。ＡＩによって、天候の変化や周囲で行われているイベントなどの情報をもとに乗客が居そうな場所を予測できるようになっており、長年の経験を持つタクシードライバーでもかなわないところがある。しかし、会話などを通して乗客の様子を見ながら、その乗客に合わせて心のこもったサービスをおこなうことは、人間にしかできないことだ。

⑤先ほど例に挙げた医療現場へのＡＩの導入についても、同様のことがいえる。確かに、病気の画像診断などでは近い将来に人間の医師の出る幕はなくなるかもしれない。しかし、そのような場合でも、ＡＩと患者《かんじゃ》の仲立ちをするといった大事な仕事が医師には求められるようになるだろう。⑥ＡＩによる診断・治療は患者を不安にさせてしまうこともあるからだ。

ＡＩ医療が比較的進んでいるアメリカでも、ＡＩによる診療に患者が抵抗《ていこう》感を示すことが多くあるという。ひとつの原因として、「ＡＩが一般的な患者に対して正確な診断・治療をしてくれるとしても、たったひとりの人間としての「私」に合った医療をしてくれないのではないか」という不安があるのだ。

考えてみれば、ＡＩを使うかどうかに関わらず、病院で診断や治療を受ける患者はいつも不安な思いを抱《かか》えている。そうした場面で医師に求められているのは、単に仕事を正確にこなすということだけではないはずだ。たとえば、「痛かったですね」「一緒《いっしょ》に治していきましょうね」といった、患者に共感するコミュニケーションをおこなう中で、患者の気持ちに寄り添《そ》った治療をおこなっていくことも重要だ。ＡＩの判断を参考にしながら、患者にとってより納得《なっとく》のいく医療行為《こうい》を行っていくという役割が人間の医師に託《たく》されることになるだろう。

要するに、単純な答えが求められる計算や予測はＡＩに任せてしまえばよい。その一方で、個別の状況《じょうきょう》に合った細やかな対応力気の診断以外にも、インフルエンザなどの病気の流行を予測するなど、ＡＩにできることはたくさんある。もちろん、カルテなどのデータ入力にもＡＩを役立てることができる。

今後、ＡＩが多くの病院に導入され、医師が現在行っている仕事の約８割を代行するようになるとも言われている。そうすると、医師の長時間労働が改善されたり、地方の医師不足が解消されたりすることも期待できる。専門の医師がいなくても、ＡＩを搭載《とうさい》したロボットが手術をすることも可能になるかもしれない。

もちろん医療現場以外でも、これまでにさまざまな目的に沿ったＡＩが開発され、ＡＩを搭載したロボット掃除《そうじ》機など、すでに社会のいろいろな場面で力を発揮している。日本政府はこれから目指すべき未来社会として＊Society5.0というものを提唱しているが、それが実現する頃《ころ》には誰《だれ》もが当たり前のようにＡＩと接点を持つ暮らしをしているかもしれない。

ＡＩ技術が社会の中に浸透《しんとう》し、人間に大きな恩恵《おんけい》をもたらしてくれるとすれば、それはもちろん喜ばしいことだ。［Ｂ］、急激な社会の変化にはどうしても不安が付きまとう。ＡＩの発展による負の影響《えいきょう》のひとつとして、人間の仕事が奪《うば》われてしまうのではないか。そんな心配がにわかに現実味を増してきた。

２０１５年に発表されたある試算によると、10～20年後には、日本の労働人口の約49％の仕事がＡＩによって代替《だいたい》できるようになる可能性があるとされている。ＡＩに取って代わられる確率の高い職種として、たとえば工場労働者や店員、受付《うけつけ》、運転手などの職種が挙げられることが多い。しかし、今は安泰《あんたい》だと思われている仕事が、20～30年後には危《あや》うくなっているかもしれない。ジャーナリスト、弁護士、医師といったより高度な専門職までもが、いずれはＡＩに奪われる可能性があるという指摘《してき》もある。

ただし、ＡＩが現在の人間の仕事を奪うにしても、それによって新たな仕事が生まれるので、人間の仕事がなくなることはないと考えることもできる。実際に、明治時代以降の近代化の中で、人間が行っていた仕事が機械によって代替されるということが起こってきた。結果的に、肉体労働や比較《ひかく》的単純な作業をする人の割合は減ったが、仕事自体がなくなったわけではなく、技術者やサービス業などの仕事をする人が増えていった。

とはいえ、さまざまな職種の役割をＡＩが完全に担《にな》うようになり、失業者が増えていく可能性はやはり否定できない。ＡＩの発達にも未知数のところがあり、ＡＩ技術の今後を正確に予測することは難しいからだ。かつて、囲碁《いご》や将棋《しょうぎ》でＡＩが人間に勝つのはずっと先のことだと思われていたが、すでにトップレベルのプロ棋士《きし》でもＡＩに勝てない時代が到来《とうらい》してしまった。一部では、

（四）次のア～エの中から、――線部の四字熟語の使い方が適切でないものを一つ選び、記号で答えなさい。

ア 父の病状は一進一退をくり返しながら、だんだんと快方に向かっていった。

イ さまざまな仮説を立てて実験を行い、右往左往しながら成功にたどり着いた。

ウ あの人たちは十年一日のごとく、同じことを原因としていがみ合っている。

エ 夏休みに旅行の計画があり、出発の日を一日千秋の思いで待っている。

二 次の文章を読んで、後の問いに答えなさい。問いの中で字数に指定のあるときは、特に指示がない限り、句読点や符号《ふごう》もその字数に含《ふく》めます。

＊ＡＩを大きく発達させた要素としてよく取り上げられるのがビッグデータとディープラーニング（深層学習）だ。これらによって、ＡＩの学習能力は大きな進歩を遂《と》げることになった。ビッグデータとは、ＡＩによる分析《ぶんせき》や学習の対象になる膨大《ぼうだい》な量のデータのことだ。①ディープラーニングとは、人間の脳神経構造を模した学習手法のことで、インプットされたデータからＡＩが自分で何らかのパターンを発見することができる。

たとえば、ある画像を見て、それが犬と猫《ねこ》のどちらであるかを判別する場合、人間はどうやって判断を下しているのだろうか。おそらく、明確な判断基準を持っているわけではなく、蓄積《ちくせき》された経験や知識などに基《もと》づいて、ほとんど無意識のうちに判別を行っているだろう。従来のコンピュータがこうした判別を行うには、あらかじめ犬や猫の特徴《とくちょう》（耳の形の違《ちが》いなど）をインプットして、判別のためのプログラムを組んでおく必要があった。ところが、ディープラーニングを用いたＡＩの学習では、犬と猫の画像を数多く読み込《こ》むことで、みずから「犬っぽさ」「猫っぽさ」の特徴を割り出し、人間が教えなくても判別を行うことができるようになる。

ＡＩのこうした能力は、すでに社会のいろいろな場面で活用されている。［Ａ］医療《いりょう》現場では、病気の診断《しんだん》などを行う際にＡＩが力を発揮しつつある。２０２０年１月にグーグルが発表したところによると、乳がんの画像診断では、ＡＩシステムが人間の専門家よりも高い精度でガン性組織の前兆を検出できたという。もはや、ＡＩによる診断は人間の能力を超《こ》えてきているともいえる。病

2024年度 茨城キリスト教学園中学校

【国語】〈第一回試験〉（五〇分）〈満点：一〇〇点〉

一 次の各問いに答えなさい。

（一） 次の①～⑧の――線部のカタカナを漢字に、漢字をひらがなに直しなさい。

① 受付に荷物をアズける。
② 早起きもナれると苦にならない。
③ 両親のことをソンケイしている。
④ 弱肉強食の厳しい生存キョウソウ。
⑤ 高い山が連なる。
⑥ あの人の考え方は鋭い。
⑦ 粗暴なふるまいをたしなめる。
⑧ 傾斜のきつい坂道が続く。

（二） 次の**ア**～**オ**の言葉を、国語辞典の見出し語の順番になるように並べかえて、記号で答えなさい。

ア 校外　**イ** 公開　**ウ** 氷　**エ** 号外　**オ** コーヒー

（三） 次の①～④の□に当てはまる適切な漢字を、後の**ア**～**オ**の中から一つずつ選び、記号で答えなさい。

① 会社員として働きはじめて一年たった兄は、スーツ姿も□に付いてきた。
② あの人が話すことは□をつかむような話ばかりで、にわかには信じられない。
③ 非難めいたことを言われたとしても柳《やなぎ》に□と受け流し、気にしないようにした。
④ 仲直りをしようと思っていたが、冷たい態度であしらわれてしまい取り付く□もなかった。

ア 島　**イ** 水　**ウ** 板　**エ** 雲　**オ** 風

2024年度

茨城キリスト教学園中学校 ▶解説と解答

算　数 ＜第１回試験＞（50分）＜満点：100点＞

解　答

1 (1) 88　(2) 3　(3) 1.05　(4) $\frac{7}{12}$　(5) $1\frac{5}{6}$　(6) 12　(7) 9.8　(8) 95
2 (1) １時間25分　(2) 3120円　(3) 148cm　(4) 120度　3 (1) 水曜日　(2) ４月９日　4 (1) 720m　(2) 毎分80m　5 (1) 45度　(2) 9.12cm^2　6 (1) ７通り　(2) 44通り

解　説

1 四則計算，計算のくふう，逆算

(1) $2024\div23=88$

(2) $(7\times3-3\times4)\div3=(21-12)\div3=9\div3=3$

(3) $1.25\times0.84=1.05$

(4) $\frac{3}{10}-\frac{1}{15}+\frac{7}{20}=\frac{18}{60}-\frac{4}{60}+\frac{21}{60}=\frac{35}{60}=\frac{7}{12}$

(5) $\frac{6}{7}\times1\frac{3}{4}+\frac{2}{9}\div\frac{2}{3}=\frac{6}{7}\times\frac{7}{4}+\frac{2}{9}\times\frac{3}{2}=\frac{3}{2}+\frac{1}{3}=\frac{9}{6}+\frac{2}{6}=\frac{11}{6}=1\frac{5}{6}$

(6) $5\frac{1}{2}\div\left(\frac{5}{6}-\frac{3}{8}\right)=\frac{11}{2}\div\left(\frac{20}{24}-\frac{9}{24}\right)=\frac{11}{2}\div\frac{11}{24}=\frac{11}{2}\times\frac{24}{11}=12$

(7) $A\times C+B\times C=(A+B)\times C$となることを利用すると，$1\frac{3}{7}\times1.96+3\frac{4}{7}\times1.96=\left(1\frac{3}{7}+3\frac{4}{7}\right)\times1.96=4\frac{7}{7}\times1.96=5\times1.96=9.8$

(8) $100-(\square-11)\div14=94$より，$(\square-11)\div14=100-94=6$，$\square-11=6\times14=84$　よって，$\square=84+11=95$

2 単位の計算，割合と比，平均とのべ，角度

(1) １時間は60分だから，$\frac{2}{3}$時間は，$60\times\frac{2}{3}=40$(分)である。よって，勉強をした時間の合計は，45分＋40分＝85分＝１時間25分となる。

(2) 定価の35％引きの値段は，定価の，１－0.35＝0.65(倍)になる。よって，１個の値段は，1200×0.65＝780(円)なので，４個買うときの代金は，780×４＝3120(円)とわかる。

(3) Ｂ君の身長は，145＋６＝151(cm)である。よって，Ａ君とＢ君の身長の合計は，145＋151＝296(cm)だから，Ａ君とＢ君の身長の平均は，296÷２＝148(cm)と求められる。

(4) 右の図で，同じ印をつけた辺の長さはすべて等しいので，三角形DAEは二等辺三角形である。また，角ADEの大きさは，90＋60＝150(度)だから，角DAEの大きさは，(180－150)÷２＝15(度)となり，角BAEの大きさは，90－15＝75(度)とわかる。さらに，角ABDの大きさは45度なので，角AFBの大きさは，180－(75＋45)＝60(度)と求められる。よって，角アの大きさは，180－60＝120(度)である。

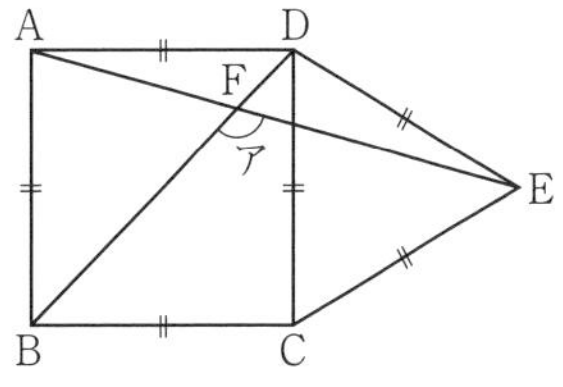

3 周期算，数列

(1) 平年(うるう年ではない年)の2月は28日までだから，この年の1月1日から3月1日までの日数は，31＋28＋1＝60(日)である。また，60÷7＝8余り4より，これは8週間と4日とわかる。この場合の1週間の始まりは日曜日なので，最後の4日の曜日は{日，月，火，水}となり，3月1日は水曜日と求められる。

(2) 1月1日を1日目とかぞえることにすると，2回目の日曜日は，1＋7＝8(日目)，3回目の日曜日は，1＋7×2＝15(日目)，…となるので，15回目の日曜日は，1＋7×(15－1)＝99(日目)となる。また，31＋28＋31＝90(日)より，1月1日から3月31日までの日数の合計は90日とわかるから，1月1日からかぞえて99日目は，4月に入ってから，99－90＝9(日目)である。つまり，15回目の日曜日は4月9日である。

4 速さ

(1) (道のり)＝(速さ)×(時間)より，AB間の道のりは，60×12＝720(m)とわかる。

(2) 平均の速さは，(道のりの合計)÷(時間の合計)で求める。AB間の道のりは720mだから，道のりの合計は，720×2＝1440(m)である。また，(時間)＝(道のり)÷(速さ)より，帰りにかかった時間は，720÷120＝6(分)とわかるから，時間の合計は，12＋6＝18(分)である。よって，往復の平均の速さは毎分，1440÷18＝80(m)と求められる。

5 平面図形―角度，面積

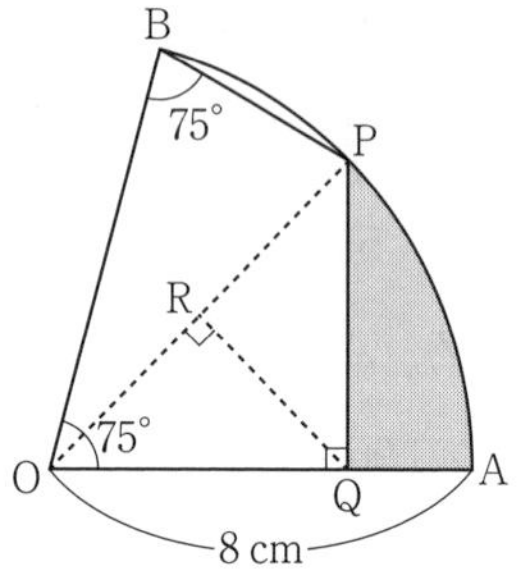

(1) 右の図で，OPとOBはおうぎ形の半径だから，長さは等しい。よって，三角形OPBは二等辺三角形なので，角POBの大きさは，180－75×2＝30(度)とわかる。したがって，角POAの大きさは，75－30＝45(度)となる。

(2) かげをつけた部分の面積は，おうぎ形OAPの面積から三角形OQPの面積をひいて求めることができる。はじめに，おうぎ形OAPの面積は，$8\times8\times3.14\times\frac{45}{360}=8\times3.14=25.12(cm^2)$である。また，三角形OQPは直角二等辺三角形だから，図の三角形ORQと三角形PRQも直角二等辺三角形となり，QRの長さは，8÷2＝4(cm)とわかる。よって，三角形OQPの面積は，$8\times4\div2=16(cm^2)$なので，かげをつけた部分の面積は，$25.12-16=9.12(cm^2)$と求められる。

6 規則性

(1) 問題文にあるように，高さが4cmの円柱の作り方は，①高さが1cmの円柱の上にCを重ねる，②高さが2cmの円柱の上にBを重ねる，③高さが3cmの円柱の上にAを重ねる，の3つの場合がある。また，問題文からわかるように，高さが1cmの円柱の作り方は1通りだから，①の場合は1通りとなる。同様に，高さが2cmの円柱の作り方は2通りなので，②の場合は2通り，高さが3cmの円柱の作り方は4通りだから，③の場合は4通りとなる。よって，高さが4cmの円柱の作り方は全部で，1＋2＋4＝7(通り)と求められる。

(2) (1)と同様に考えると，高さがNcmの円柱の作り方は，高さが$(N-3)$cmの円柱の作り方，高さが$(N-2)$cmの円柱の作り方，高さが$(N-1)$cmの円柱の作り方を加えたものになる。したがって，表に整理すると右のようになるので，高さが7cmの円柱の作り方は44通りある。

高さ (cm)	1	2	3	4	5	6	7
作り方(通り)	1	2	4	7	13	24	44

社　会　＜第１回試験＞（30分）＜満点：50点＞

解　答

1 (1) ウ　(2) ア　(3) **X** 守護　**Y** 地頭　(4) イ　(5) エ　(6) イ　(7) ウ　(8) **カードA** イ，ト　**カードB** カ，ツ　**カードC** ク，タ　**カードD** エ，セ　**カードE** コ，ツ　**カードF** キ，シ　**2** (1) エ　(2) エ　(3) 1375　**3** (1) ① 山陰　② 山陽　(2) イ　(3) ウ　(4) ア　(5) エ　(6) しまなみ　(7) (例) 四国山地が四国地方の中央に広がっており，迂回しないと高速道路が　**4** (1) イ　(2) ウ　(3) 円安ドル高　(4) ウ　(5) エ　(6) ゼレンスキー　(7) ア　(8) エ

解　説

1 歴史上の人物についての問題

(1) 関ヶ原の戦いは，1600年に美濃《みの》国(岐阜県)で，徳川家康と石田三成の対立によって起きた。この戦いに勝利した家康は，1603年に征夷大将軍となり江戸幕府を開いた(ウ…×)。なお，尾張《おわり》国(愛知県西部)の戦国大名だった織田信長は，1560年に桶狭間《おけはざま》の戦いで今川義元を破って天下統一に乗り出した(エ…○)。1570年には家康と組み，姉川の戦いで浅井・朝倉軍に勝利し(イ…○)，1575年に長篠の戦いで鉄砲隊を効果的に用いて武田勝頼を破った(ア…○)が，1582年に家臣の明智光秀に背《そむ》かれ，本能寺で自害した。

(2) 黒田清隆が第２代内閣総理大臣を務めていた1889年２月11日に大日本帝国憲法が発布《はっぷ》された(ア…○)。なお，大隈重信は1882年に立憲《りっけん》改進党を結成した人物(イ…×)，板垣退助は自由民権運動を進め，1874年に民撰《みんせん》議院設立の建白書を政府に提出した人物(ウ…×)である。原敬《たかし》は平民宰《さい》相《しょう》とも呼ばれ人気があったが，1921年に東京駅で暗殺された(エ…×)。

(3) 1192年に朝廷から征夷大将軍に任命されたカードＣの人物は，鎌倉幕府を開いた源頼朝である。1185年，頼朝は弟の義経を探してとらえるという理由で，御家人の統率や犯罪の取り締《し》まりなどを行う守護を国ごとに，年貢の取り立てや土地の管理などを行う地頭を公領と荘園ごとに置くことを後白河法皇に認めさせた。

(4) カードＤの人物は，奈良時代に日本からの招きに応じ，多くの苦難の末に753年に来日をはたした唐《とう》(中国)の高僧《そう》の鑑真である。鑑真は，仏教の正しい教えである戒律《かいりつ》を授けるために東大寺で過ごした後，759年に戒律を学ぶ人々のための修行の場として奈良にイの唐招提寺を建てた。なお，アは鹿苑《ろくおん》寺金閣，ウは平等院鳳凰《ほうおう》堂，エは慈照《じしょう》寺銀閣の写真である。

(5) 縄文時代，人々は土器を利用することで，食料・水の貯蔵や煮炊《にた》きが可能となった(エ…○)。なお，縄文時代の人々は定住していたと考えられている(ア…×)。鉄器や青銅器が伝わってきたのは弥生時代(イ…×)，権力者の巨大な墓がつくられたのは古墳時代(ウ…×)のことである。

(6) 1392年に南北朝を統一したカードＦの人物は，室町幕府の第３代将軍足利義満である。よって，この時代は室町時代となる。管領とは，室町幕府において将軍を補佐するために置かれた役職で，有力な守護(大名)である細川氏・斯波《しば》氏・畠山《はたけやま》氏が交代で任命された(イ…○)。なお，足利義昭を追放したのは織田信長(ア…×)，足利義政の後継者をめぐって起きた戦いは応仁の乱(ウ…×)，勘合貿易を行った相手国は明《みん》(中国)である(エ…×)。

⑺　1909年，初代韓国統監《とうかん》であった伊藤博文を暗殺したのは，韓国の民族運動家である安重根である（ウ…○）。なお，毛沢東《もうたくとう》は中国共産党の指導者で，1949年に中華人民共和国を建国した（ア…×）。金正恩《キムジョンウン》は北朝鮮の第３代最高指導者（イ…×），潘基文《パンギムン》は韓国の政治家で，第８代国連事務総長を務めた（エ…×）。

⑻　カードＡの人物は，豊臣秀吉である。織田信長亡き後の1590年に天下統一を成しとげた。一般に，室町幕府がほろんだ1573年から江戸幕府が開かれる1603年までを，安土桃山時代という。カードＢの伊藤博文は，明治時代の1885年に初代内閣総理大臣に就任した。カードＣの源頼朝は鎌倉時代の1192年に征夷大将軍に就任した。カードＤの鑑真は奈良時代の753年に来日して日本に仏教の正しい教えを伝えた。カードＥの人物は，明治時代の初めにお雇《やと》い外国人としてアメリカから来日したモースである。カードＦの足利義満は室町幕府の第３代将軍である。

2　地形図の読み取りについての問題

⑴　この地形図には方位記号がないので，地図の上方向が北を示している。よって右が東，下が南，左が西となる。「臼杵《うすき》市総合公園」から見て「下山古墳」は左斜《なな》め下の方角にあるので，八方位では南西にあたる（エ…○）。

⑵　地形図の左に描《えが》かれている，南北に走る「日豊《にっぽう》本線」の線路は，川の南側で道路の下を通っているが，周囲に畑（∨）は見られない（エ…×）。なお，Ａ地点からＢ地点に向かって歩くと左手に神社（⛩）がある（ア…○）。近くの三角点・地殻《ちかく》変動観測点（△）より市役所（◎）の標高はおよそ４ｍ，等高線より「下山古墳」の標高はおよそ40ｍである。市役所と「下山古墳」の間に標高50ｍを越えるところがあるので，直接見ることはできない（イ…○）。この地形図の範囲《はんい》内に，高等学校（⊗）は１校，小・中学校（文）は４校ある（ウ…○）。

⑶　地形図上の長さの実際の距離《きょり》は，（地形図上の長さ）×（縮尺の分母）で求められる。この地形図の縮尺は12500分の１なので，地形図上で約11cmの実際の距離は，11（cm）×12500＝137500（cm）より，約1375ｍとなる。

3　中国・四国地方の自然と産業についての問題

⑴　中国地方において，東西に連なる中国山地より北側の日本海に面する地域は山陰地方，南側の太平洋に面する地域は山陽地方と呼ばれる。

⑵　香川県北部に位置する讃岐《さぬき》平野（Ａ）は，温暖で乾燥《かんそう》した気候により降水量が少ないため，日照りに備えて昔からかんがい用のため池がつくられてきた。高知県内を中部から西部に向かって，蛇行《だこう》しながら流れる四万十《しまんと》川（Ｂ）は，四国で最も長い川である。本流に大規模なダムがないことから「日本最後の清流」と呼ばれる。島根県北東部に位置する宍道《しんじ》湖（Ｃ）は，中海《なかうみ》に次いで県内で２番目に大きい湖である。海の一部が，たい積物により外海と切りはなされたことでできた，淡《たん》水と海水がまざりあう汽水湖である。なお，筑紫《つくし》平野は福岡県や佐賀県に広がり，吉野川は高知県や徳島県を流れ，田沢湖は秋田県に位置している。

⑶　図中Ｄがあるのは鳥取県なので，県庁所在都市は鳥取市である。鳥取市は，日本海側に位置するため，冬は北西の季節風の影響《えいきょう》を受けて降水量が多い。また，日本海を暖流の対馬海流が流れているため，冬の気温は０℃を下回らない（ウ…○）。なお，アは高知市，イは札幌市（北海道），エは高松市（香川県）の雨温図である。

⑷　図中Ｘの高知県は冬も比較《ひかく》的温暖な気候であるため，ビニールハウスなどを利用し，通常より

早い時期に収穫《しゅうかく》して出荷する促成栽培《そくせいさいばい》がさかんである。高知県はナスの収穫量が第１位，ピーマンの収穫量が第４位となっている(ア…○)。なお，キャベツの収穫量第１位は群馬県(イ…×)，ニンジンとジャガイモの収穫量第１位は北海道である(ウ，エ…×)。

(5)　図中Yの岡山県がふくまれる瀬戸内海沿岸の地域は，塩田や軍用地のあと地を工業用地にし，海上交通の便利さを生かして瀬戸内工業地域が形成された。倉敷市(岡山県)・岩国市(山口県)・周南《しゅうなん》市(山口県)に石油コンビナートが建設されており，化学工業の占《し》める割合が約20%と比較的大きい(エ…○)。なお，アは京浜工業地帯，イは中京工業地帯，ウは北九州工業地帯(地域)のグラフである。

(6)　しまなみ海道は，中国地方の広島県尾道《おのみち》市と四国地方の愛媛県今治《いまばり》市を結ぶ全長約60kmの道である。瀬戸内海に浮かぶ島々を，因島《いんのしま》大橋・大三島《おおみしま》橋・来島《くるしま》海峡大橋など10本の橋でつなぎ，自動車や徒歩，自転車でわたることができる。

(7)　四国地方には中央部を東西に連なる四国山地があることから，南北方向に道路を建設することが難しい。そのため，南北方向への車での移動は回り道を必要とするので，非常に時間がかかることで知られる。

4　Ｇ７広島サミットと国際連合についての問題

(1)　サミットは，世界の経済や政治の問題について話し合うため，先進国の首脳やEUの代表が集まって開かれる会議である。1975年にフランス・アメリカ・イギリス・ドイツ・日本・イタリアの６か国によって始められ，翌76年にカナダ，1998年にロシアが加わった。しかし，ロシアは2014年にクリミアを一方的に編入したことから参加を停止され，以降はロシアを除《のぞ》いた７か国によって開《かい》催《さい》されている(イ…○)。

(2)　原爆ドームは，1996年に「負の遺産」としてユネスコ(国連教育科学文化機関)の世界文化遺産に登録された。ウの写真の建物は，1945年８月６日，人類史上初めて原子爆弾が投下され被爆した建物(広島県産業奨励《しょうれい》館)で，核兵器の恐ろしさと平和の大切さを訴《うった》えるために当時の姿のまま残されている(ウ…○)。

(3)　円とドルを交換《こうかん》する際，１ドルに100～110円が必要な場合と，130～140円が必要な場合を比べると，130～140円で交換するときのほうが支払う円が多い。つまりドルに対して円の価値が下がったといえるので，円安ドル高と判断できる。

(4)　日本国憲法第73条により，内閣は，憲法や法律を実施《じっし》するために政令を定めるとされている。条例は憲法と法律の範囲内で地方議会が制定し，その地方公共団体において適用されるきまりである(ウ…×)。

(5)　岸田内閣は，2023年度から防衛費を増額する予算案を提出した。これにより，2023年度の当初予算の歳出に占める防衛費の割合は，2022年度の5.0%から8.9%に増えた(エ…○)。なお，アは社会保障関係費，イは国債費，ウは地方交付税交付金等である。

(6)　2022年２月，ロシアはウクライナ東部に住むロシア系住民を守るという口実でウクライナへ侵《しん》攻《こう》し，2023年現在も両国の戦争は続いている。また2023年５月，ウクライナのゼレンスキー大統領が来日し，Ｇ７広島サミットに参加した。Ｇ７首脳たちと討議を重ねるとともに，岸田首相やアメリカのバイデン大統領との会談を行った。

(7)　大日本帝国憲法が君主の定めた欽定《きんてい》(ｂ)憲法で，天皇(ｄ)に主権があり，天皇を元首(ｆ)としているのに対し，日本国憲法は国民が制定する民定(ａ)憲法で，国民(ｃ)に主権があり，天皇を象徴(ｅ)と位置づけている(ア…○)。

(8)　国際連合の総会は，全ての加盟国が参加して，世界全体に関わる問題に対し国連としての意志を決める場である。国の大小にかかわらず各国が１票の議決権を持ち，過半数(ただし重要事項の場合は３分の２以上)の賛成で決議が採択《さいたく》される(エ…○)。なお，国際連合の本部はアメリカのニューヨークに置かれている(ア…×)。安全保障理事会の常任理事国はアメリカ・イギリス・フランス・中国・ロシアの５か国で，日本は入っていない(イ…×)。2023年現在の国連事務総長はアントニオ・グテーレスであり，テドロス・アダノムはWHO(世界保健機関)の事務局長である(ウ…×)。

理　科　＜第１回試験＞（30分）＜満点：50点＞

解　答

1　(1)　イ　(2)　ウ　(3)　ウ　(4)　ア　(5)　ウ　(6)　イ　2　(1)　エ　(2)　ウ　(3)　イ　(4)　ヨウ素液　(5)　ア　(6)　A，D　(7)　イ　3　(1)　A　(2)　エ　(3)　**物質**…F　**色**…ウ　(4)　エ　(5)　ウ　(6)　イ　4　(1)　オリオン座　(2)　**ベテルギウス**…a　**リゲル**…c　(3)　(星座，１等星の順に)おおいぬ座，シリウス／こいぬ座，プロキオン　(4)　①　午後７時　②　ウ　5　(1)　ウ　(2)　①　ア　②　イ　(3)　エ　(4)　イ，エ　6　(1)　二酸化炭素　(2)　ウ　(3)　化石(燃料)　(4)　ア　(5)　ウ　(6)　光合成

解　説

1　小問集合

(1)　モンシロチョウはさなぎ，カブトムシは幼虫，トノサマバッタとオオカマキリは卵のすがたで冬ごしする。

(2)　船から出た音が海底で反射し，船に届くまでに音が進んだ距離《きょり》は，1500×0.6＝900(m)である。よって，海底の深さは，900÷２＝450(m)と求められる。

(3)　垂直に発達した厚い雲で，かみなりをともなう激しい雨を短時間降らせる雲はかみなり雲である。かみなり雲は積乱雲や入道雲ともよばれる。

(4)　１g＝1000mgなので，100mg＝0.1g，200mg＝0.2g，500mg＝0.5gである。セットにある分銅１個ずつの重さの合計は，0.1＋0.2＋0.5＋１＋２＋５＋10＋20＋50＝88.8(g)となる。セットの分銅の重さの和は101gなので，残りの分銅の重さは，101－88.8＝12.2(g)である。よって，12.2＝10＋２＋0.2より，２個ずつあるのは，10g，２g，200mgの分銅とわかる。

(5)　コンデンサーを手回し発電機につないでハンドルを何回か回すと，コンデンサーに電気をためることができる。また，そのコンデンサーに豆電球をつなぐと，たまっていた電気が流れ，明かりがつく。

(6)　千葉県の研究所などのグループは，１度に長い遺伝情報を解析《かいせき》できる新たな技術を使って，マツタケの遺伝情報をすべて解読することに初めて成功した。これは，マツタケの人工栽培《さいばい》や種の保全につながると期待されている。

2 光合成の実験についての問題

(1) 葉を湯につけると，葉がやわらかくなり，そのあとにつけるエタノールやヨウ素液がしみこみやすくなる。

(2) エタノールをあたためるときには，エタノールに引火するのを防ぐため，ガスバーナーで加熱するのではなく，湯につけてあたためる(湯せんする)。

(3) 葉をあたためたエタノールにつけると，葉の緑色の成分がエタノールにとけ出し，取り除かれるので，葉の色が白っぽくなる。これによって，このあとヨウ素液につけたときの色の変化が見やすくなる。

(4)，(5) でんぷんの有無を確かめる薬品Xはヨウ素液である。でんぷんにヨウ素液をつけると，青むらさき色に変化する。

(6) 植物は日光のエネルギーをつかって，二酸化炭素と水から酸素とでんぷんをつくり出す。そのため，日光に当たり，光合成を行った葉Aと葉Dではでんぷんがつくられているので，ヨウ素液につけると青むらさき色に変化する。

(7) 実験１では，葉に日光が当たらなくなると，つくられたでんぷんがなくなることがわかる。実験２では，葉に日光が当たるとでんぷんがつくられることがわかる。よって，実験１だけでなく実験２も行うことで，植物は日光が当たるときにでんぷんつくっていることを確かめることができる。

3 固体の特定についての問題

(1) 20℃の水100ｇに食塩は約36ｇ，さとうは約200ｇとける。よって，食塩の方が先にとけ残りがでる。なお，食塩は温度が上がってもほとんど水にとける量は変化しないが，砂糖はとける量が大きくなる。

(2) 水よう液が有害な場合もあるので，水よう液を判別するときになめてはいけない。なお，C(水酸化ナトリウム)の水よう液はアルカリ性，D(ホウ酸)の水よう液は酸性である。赤色リトマス紙にCの水よう液をつけるとリトマス紙が青色に変化するが，Dの水よう液をつけても色が変化しない。緑色のBTBよう液を加えるとCの水よう液は青色に変化し，Dの水よう液は黄色に変化する。ムラサキキャベツ液を加えるとCの水よう液は黄色に変化し，Dの水よう液は赤色に変化する。

(3) 塩酸に鉄を加えると，水素が発生し，このときに塩化鉄という黄色い固体(F)ができる。

(4) E(塩酸とアルミニウムが反応してできた塩化アルミニウム)やアルミニウムは磁石にくっつかない。鉄は磁石にくっつくが，塩化鉄は，鉄とは異なる物質なので，磁石を近づけてもくっつかない。

(5)，(6) 塩化アルミニウムと塩化鉄はどちらも水にとける物質なので，塩酸を加えるととける。しかし，どちらももとの金属とは異なる物質なので，塩酸と反応して気体を発生することはない。

4 星座と星の動きについての問題

(1)，(2) 星座Xは，冬を代表する星座のひとつであるオリオン座である。オリオン座のａの位置には１等星のベテルギウス，ｃの位置には１等星のリゲルがある。

(3) オリオン座のベテルギウス，おおいぬ座のシリウス，こいぬ座のプロキオンを結んでできる三角形を冬の大三角という。

(4) ① オリオン座は，東の地平線からのぼり，南の空を通って西の地平線にしずむように動く。よって，いちばん初めのスケッチはいちばん東側のアの位置にあるものである。また，アの位置からエの位置までの角度は120度で，星は１時間に約15度ずつ動くので，アの位置にあるオリオン座がエの位置まで動くのにかかる時間は，120÷15＝８(時間)となる。つまり，オリオン座を，８÷４＝２(時間)おきに観察したことになるので，アの位置に見えるのは，午後11時の４時間前の午後７時とわかる。　②　オリオン座を同じ時刻に観察すると，１か月に約30度ずつ西にずれた位置に見える。よって，この日から２か月後の午後11時には，30×２＝60(度)だけ西にずれたエの位置に見える。図２には，２時間おきのオリオン座がスケッチされているので，２か月後の午後９時にはウの位置にオリオン座が見える。

5　磁石の性質についての問題

⑴　１本の磁石を２つに切ると，それぞれの両端《はし》にＮ極とＳ極がある２つの磁石ができる。このとき，もとのＮ極に近いところがＮ極に，もとのＳ極に近いところがＳ極になるので，端ＡはＮ極，端ＢはＳ極になる。なお，どのように切っても，Ｎ極だけ，Ｓ極だけの磁石にはならない。

⑵　①　棒磁石のＳ極に鉄くぎを１本つけると，鉄くぎは磁石になり，棒磁石のＮ極についている端ＰがＳ極，反対の端ＱがＮ極になる。よって，端Ｐを小さい鉄くぎに近づけるとくっつく。

②　Ｎ極になった端Ｑを方位磁針のＮ極に近づけるとしりぞけ合う。

⑶　２つの棒磁石のＮ極とＳ極をくっつけると，１つの磁石のようになる。このとき，２つの棒磁石をつないだ部分は，棒磁石の真ん中にあたるので，磁石の力がほとんどなくなり，鉄くぎがくっつかない。また，端の磁石の強さは１つのときとほとんど変わらないので，端には２本の鉄くぎがつく。

⑷　電磁石は，流れる電流の向きを変えたり，エナメル線を巻く向きを変えたりすることで，Ｎ極とＳ極を入れかえることができる。また，流れる電流の大きさを変えたり，エナメル線を巻く回数を変えたりすることで，磁石の強さを変えることができる。

6　地球の温暖化についての問題

⑴　近年，大気中の二酸化炭素の割合が急激に増えたことが，地球の温暖化の原因の１つとして考えられている。

⑵　二酸化炭素を石灰水に通すと，石灰水が白くにごる。

⑶　石油や石炭，天然ガスのように，大昔に生息していた動植物の死がいが，地中で長い年月をかけて変化してできた燃料を化石燃料という。

⑷　火力発電では，石油や石炭，天然ガスといった化石燃料を燃やすことによって水を水蒸気に変え，タービンを回転させて発電する。そのため，発電のさいに二酸化炭素が大量に排出《はいしゅつ》される。

⑸　酸性雨は，工場のけむりや自動車の排出ガスにふくまれている二酸化硫黄《いおう》やちっ素酸化物が雨水にとけこみ，強い酸性の雨となる現象で，地球の温暖化が原因の環境《かんきょう》問題ではない。

⑹　植物が光合成を行うときには，大気中の二酸化炭素を取りこみ，酸素を放出する。植物に由来した燃料を燃やしたときに発生する二酸化炭素は，植物が光合成を行うときに大気中から取りこんだ二酸化炭素なので，植物に由来した燃料を燃やしても大気中の二酸化炭素の増減はないものと考えることができる。このような考え方をカーボンニュートラルという。

国　語　＜第１回試験＞（50分）＜満点：100点＞

解　答

一 (1) ①～④ 下記を参照のこと。　⑤ つら(なる)　⑥ するど(い)　⑦ そぼう(な)　⑧ けいしゃ　(2) イ→ア→エ→オ→ウ　(3) ① ウ　② エ　③ オ　④ ア　(4) イ　二 (1) A エ　B オ　C ア　(2) ところが，　(3) 1 未知数　2 正確に予測することは難しい　(4) (例) 過去のデータの蓄積から何かを推定することや，単純な答えが求められる計算。　(5) ウ　(6) エ　(7) 患者の気持ちに寄り添った治療　(8) ウ　三 (1) A エ　B ア　C ウ　D カ　E オ　(2) Ⅰ イ　Ⅱ ア　Ⅲ エ　Ⅳ ウ　(3) 生き生きと～伝えている(ような絵だったから。)　(4) エ　(5) イ　(6) (例) ルイの瞳をじっと見ているうちに風にゆれる草原が見えたから。　(7) 不思議な存在感　(8) イ　(9) (例) 私は，ソフトテニスをやっていますが，試合で負けることが多いです。少しでも強くなりたいとサーブの精度を高める練習にはげんだ結果，コーチがコントロールがよくなったとほめてくれ，サーブに自信が持てました。

●漢字の書き取り

一 (1) ① 預(ける)　② 慣(れる)　③ 尊敬　④ 競争

解　説

一 漢字の書き取りと読み，国語辞典の見出し語の順番，慣用句の知識，四字熟語の知識

(1) ① 音読みは「ヨ」で，「預金」などの熟語がある。　② 音読みは「カン」で，「慣習」などの熟語がある。　③ 人をりっぱだととうとび，敬うこと。　④ 勝ち負けを争うこと。

⑤ 音読みは「レン」で，「連続」などの熟語がある。訓読みにはほかに「つ(れる)」がある。

⑥ 音読みは「エイ」で，「鋭角」などの熟語がある。　⑦ あらあらしく乱暴なようす。

⑧ ななめにかたむくようす。

(2) 見出し語は五十音順に並んでいるが，一字目が同じ音なら二字目，三字目の五十音順で決める。また，清音は濁音より前に置かれ，長音は「あいうえお」のいずれかに置きかえて考える。よって，イ(こうかい)→ア(こうがい)→エ(ごうがい)→オ(こおひい)→ウ(こおり)の順番になる。

(3) ① 「板に付く」は，“仕事や服装などが似合っている”という意味。　② 「雲をつかむよう」は，物事のつかみどころがないようす。　③ 「柳《やなぎ》に風と受け流す」は，“さからわずにうまくあしらう”という意味。　④ 「取り付く島もない」は，たよりにしたい相手に冷たくされるさま。

(4) 「右往左往」は，あっちに行ったりこっちに行ったりとうろたえるようすをいうので，イが誤り。ここでは，失敗を重ねながら解決していくことをいう「試行錯誤」がふさわしい。なお，アの「一進一退」は，進んだり退《しりぞ》いたりするようす。ウの「十年一日」は，長い間まったく変わらないようす。エの「一日千秋」は，待ち遠しいようす。

二 出典：樋口裕一《ひぐちゆういち》の『18歳《さい》から100歳までの日本の未来を考える17のキーワード』。人間の特性を活《い》かす能力を身につけ，人間の仕事をサポートする存在としてAIを活用すべきだと述べられている。

⑴　**A**　画像の判別のしかたを学習できるAIの能力は「社会のいろいろな場面で活用されている」としたうえで，筆者は「医療《いりょう》現場」での例を取りあげている。よって，具体的な例をあげるときに用いる「たとえば」が入る。　**B**　AI技術が社会に浸透《しんとう》し，「人間に大きな恩恵《おんけい》」をもたらしてくれるのは喜ばしいが，AIの発展にともない，我々の「仕事が奪《うば》われてしまう」かもしれないという不安もまた現実味を増してきたというつながりである。よって，前のことがらを受けて，それに反する内容を述べるときに用いる「しかし」が合う。　**C**「単純な」ものはAIに任せ，「細やかな対応力」や「コミュニケーション能力」が必要な仕事は人間がうけおうという形にすればAIとうまく共存できるとした後，筆者は「人間の仕事をサポートしてくれるものとして，AIを活用」すべきだとまとめている。よって，“要するに”とまとめて言いかえるときに用いる「つまり」がよい。

⑵　直後の段落の「ところが」から始まる一文で，多くの画像から犬か猫《ねこ》かの判別を学習していく場合を例に，ディープラーニングを用いたAIの学習の方法が具体的に説明されている。

⑶　**1，2**　三つ前の文で，AIの発達には「未知数」のところがあるので，AI技術の今後を「正確に予測することは難しい」と述べられている。

⑷　続く段落で，AIは「過去のデータの蓄積《ちくせき》から何かを推定する」のが得意であること，最後の段落では，「単純な答えが求められる計算や予測」はAIに任せるのがよいと述べられているので，この部分をまとめる。

⑸　続く部分で，人間は「計算能力やデータにもとづく予測ではAIに劣《おと》るが，一般《いっぱん》常識などを考《こう》慮《りょ》しながら総合的な判断をおこなったり，相手の気持ちやその場の雰囲気《ふんいき》を感じ取って行動したりする点ではすぐれている」と述べられ，最後の段落では，「個別の状況《じょうきょう》に合った細やかな対応力」や「コミュニケーション能力」が必要な場面では人間が力を発揮すると説明されている。ウが最もよくこの内容を言い表している。

⑹　前後でタクシー業界と医療現場に共通する点が述べられている。AIを導入したタクシー業界であっても，乗客に合わせた心のこもったサービスは人間にしかできないのと「同様」に，医療現場でもすべてをAIに任せられるわけではなく，AIと患者《かんじゃ》の仲立ちなど人間にしかできない仕事は残るというのだから，エがふさわしい。

⑺　続く二段落で，AIによる診療《しんりょう》を受けた患者には「『私』に合った医療をしてくれるのだろうか」という不安があるため，医師は患者に共感するコミュニケーションを取り，「患者の気持ちに寄り添《そ》った治療」をおこなうことが重要になると説明されている。

⑻　最後の段落で，AIと人間のすみ分けがうまくできれば，双方の共存が可能になると述べられているので，ウが合う。

三　**出典：東直子《ひがしなおこ》の『階段にパレット』。**絵画教室で生徒どうしが二人一組になり，おたがいをモデルにして人物画を描《か》いた日のできごとについてえがかれている。

⑴　**A**「まっすぐに立つルイをしばらくじっと見つめ」ていたまゆちゃんは，ふいに母親から「人の顔」をしつこく見てはいけないと注意されたことを思い出したのだから，遠慮《えんりょ》なくながめ回すようすをいう「じろじろ」が合う。　**B**　モデルの俊子《としこ》さんを見たゆずちゃんは，「大人の女の人がまじめに，自分のためだけにポーズを取ってくれている，という状況《じょうきょう》そのもの」をおもしろく思ったのだから，あまり声を立てずにひかえめに笑うようすを表す「くすくす」が入る。

C　上手に描けなかったと思っている絵を実弥子《みやこ》がみんなに見せているのがはずかしくなり，まゆちゃんは自分の描いた絵をすぐに丸めて見えなくしたのだから，すばやいようすを表す「さっと」があてはまる。　D　まゆちゃんから「私の，この絵が，気に入った，ってこと？」ときかれたルイくんは「頷《うなず》いた」のだから，軽く頷くようすを表す「こくりと」が合う。　E　まゆちゃんから「私の絵をルイくんにあげるかわりに，そのルイくんの絵を，私がもらっ」てもよいかときかれたルイくんは，あっさり「いいよ」と返事をしたのだから，思い切りがよくさわやかなようすの「さらりと」がふさわしい。

⑵　Ⅰ　俊子さんを描いたゆずちゃんの絵をほめているのは，絵画教室の先生をしている実弥子である。よって，イがよい。　Ⅱ　自分を描いてもらった俊子がゆずちゃんに感想を伝えているので，アが合う。　Ⅲ　俊子さんの描いた自分の絵を見せてもらったゆずちゃんは，着ている服まで丁寧《ていねい》に描かれていたことに感嘆《かんたん》の声をあげているので，エが入る。　Ⅳ　描かれた絵を，実弥子と俊子さん，ゆずちゃんの三人で見た後，実弥子は続けて「ルイくんとまゆちゃんの絵も，みんなで見ましょうね」とうながしている。よって，ウがあてはまる。

⑶　ルイくんの描いたまゆちゃんの絵はただ本人に似ているだけではなく，「生き生きと血の通う～身体《からだ》なのだということを，実物以上に伝えている」ようだったと，少し前に書かれている。

⑷　実弥子はこの後，自分の絵を見せるのをはずかしがるまゆちゃんに対し，絵は完成した瞬間《しゅんかん》に作者とは別の意志を持ち，まわりの人に見てもらいたいと思うのだと話している。よって，エが選べる。なお，公共の所有物になるわけではないので，アはふさわしくない。

⑸　自分の絵を見せるのをためらっていたなか，ルイくんから「見せてよ」と言われたまゆちゃんは「背筋を伸《の》ばし」，「わかった。モデルのルイくんが見たいって言うなら，見せないわけにはいかないよね」と話している。よって，イが選べる。

⑹　ぼう線部⑤をふくむ段落で，ルイの瞳《ひとみ》をじっと見ているうちに風にゆれる草原が見えたため，ルイの瞳や髪《かみ》を緑色に描いたとまゆちゃんは語っている。

⑺　ぼう線部①で，ルイが描いた絵を見たまゆちゃんは自分が「生きてここにいるんだって，気がついた」と言っている。それをきいた実弥子は，描かれた人の今まで見えていなかった部分を絵が映し出すことに思い至っている。新しく見えてきたそれを，実弥子は「不思議な存在感」と表現している。

⑻　本文はまゆちゃんではなく第三者の視点から展開されていること，比喩《ひゆ》表現は必ずしも幻想的な雰囲気《ふんいき》を与《あた》えてはいないこと，本文の主題は絵画教室での制作や交流を通じた人物の成長であり「自分探し」ではないこと，人間模様が「入り組んだ」ものとは言えないことから，ア，ウ，エ，オは正しくない。

⑼　「ほめられたことで自信につながった経験」について，はじめはどのような状態だったか，だれがどんなところをどうほめてくれたのか，そしてそれがどのような自信を持つことにつながったのかを，思ったり感じたりしたことをふくめて具体的に書けばよい。

2024年度 茨城キリスト教学園中学校

【適性検査Ⅰ】〈第２回・適性検査型試験〉（45分）〈満点：100点〉

1 よしやさんとみのりさんは，数字を使ったパズルを解いて遊んでいます。

よしや：数字を使ったパズルをつくってみたんだ。
みのり：どんなパズルなの？
よしや：**図１**のように，１つの辺に５つのマスを並《なら》べた正方形をつくって，それぞれのマスに１から９までの整数，または，＋，－，×，÷，＝の計算記号をそれぞれ１つずつ入れて，４つの式がすべて成り立つようにするんだよ。
みのり：１＋２＝３，１×４＝４，３－１＝２，４÷２＝２の４つの式が輪の形になってつながっているみたいでおもしろいね。同じ数字を何回使ってもいいの？
よしや：数字は何回使ってもいいよ。でも，＋，－，×，÷の計算記号はそれぞれ１回ずつ使うことにしよう。このルールで，みのりさんも計算パズルをつくってみて！
みのり：難《むずか》しそうだけれど，考えてみるわ。
⋮
みのり：できた！　**図２**のようなパズルをつくってみたけれど，いくつかのマスをまちがえて消してしまったの。消してしまったマスに何が入るかいっしょに考えてもらえるかな？
よしや：いいよ！　まず，①のマスに入る計算記号は［ア］だね。次に，③のマスに入る数字は［イ］になるから…。
みのり：わかった！　②のマスに入る数字は［ウ］ね。
よしや：あたりだよ。そうすると，残っている計算記号が④のマスに入るから，④のマスは［エ］で，⑤のマスに入る数字は［オ］だね。
みのり：ありがとう！　計算パズルが完成したわ。

1	＋	2	＝	3
×				－
4				1
＝				＝
4	÷	2	＝	2

図１　よしやさんがつくった計算パズル

5	①	4	＝	9
×				④
②				⑤
＝				＝
③	－	2	＝	3

図２　みのりさんがつくった計算パズル

問題１　会話文中の ア ， エ にあてはまる計算記号を， イ ， ウ ， オ にあてはまる数を書きなさい。

みのり：計算パズルをもっとつくってみたいな。
よしや：次は，正方形の１つの辺のマスの数をふやしてつくってみよう。
みのり：マスがふえると使う計算記号と数字がふえるということね。
よしや：そうだよ。１つの辺を７マスにして，１つの式に計算記号が２つ入るようにつくるのはどうかな。
みのり：いいね。では，＋，－，×，÷の計算記号はそれぞれ２回ずつ使うことにしよう。
よしや：使うことのできる数字は１から９までの整数で，同じ数字は２回まで使うことができることにするのはどうかな。
みのり：そうしよう。計算の順序も考える必要があるから難しいね。

6	①	2	②	9	=	3
−						⑤
8						2
③						×
④						⑥
=						=
4	⑦	5	÷	⑧	=	⑨

図３　２人がつくった計算パズル

問題２　**図３**の計算パズルの①～⑨にあてはまる数または計算記号を書きなさい。また，どのように求めたのかを，言葉や数，式，図，表などを使って説明しなさい。

2 よしやさんとみのりさんは，尺貫《しゃっかん》法について調べ学習をしています。

みのり：尺貫法という言葉を聞いたことはあるかな？

よしや：初めて聞いたよ！

みのり：尺貫法の「尺《しゃく》」は長さの単位，「貫」は重さの単位で，長さや重さ以外にも面積や容積の単位もふくめて昔から使われてきた単位みたいだよ。中国から伝わったとされていて，ほかのアジアの国で使われているものもあるけれど，「貫」は日本だけで使われているんだって。

よしや：ぼくたちが使っているメートルやグラムとはちがうの？

みのり：メートルやグラムといった単位はメートル法というよ。メートル法が日本で使われるようになったのは明治時代になってからのことだから，尺貫法の単位のほうが長く使われてきたということね。

よしや：おもしろそうだね。まず，尺貫法にはどのような長さの単位があるのかについて調べてみよう。

みのり：短い長さを表す単位には，「寸《すん》」や「尺」があるね。昔話の「一寸ぼうし」の「寸」のことだけれど，1寸はどれくらいの長さなのかな。

よしや：1寸は，親指の幅《はば》の長さに由来していて，約3.03cmだそうだよ（**図1**）。

みのり：「一寸」に「ちょっと」という読み方があるのは，その短さがもとになっているのかもしれないね。

よしや：次は，「尺」について調べてみたよ。1尺は，親指と人差し指を広げたときの親指の先から人差し指の先までの長さの2倍とされていて，約30.3cm，つまり1寸の10倍ということだよ（**図2**）。

みのり：もっと長い長さを表す単位についても，単位どうしの関係をまとめてみたよ（**図3**）。1里は何kmくらいになるんだろう。

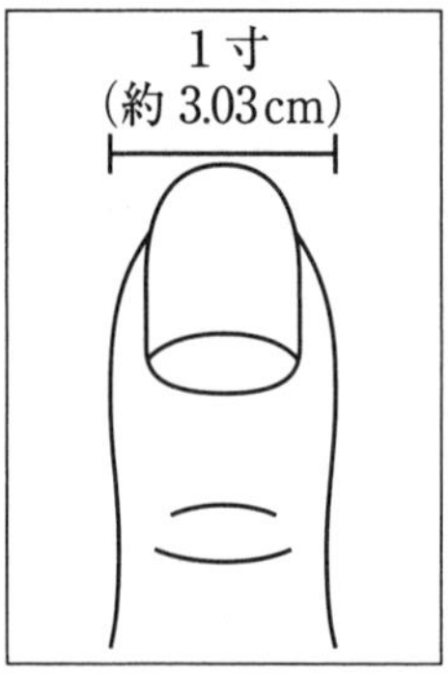

図1　1寸の長さ

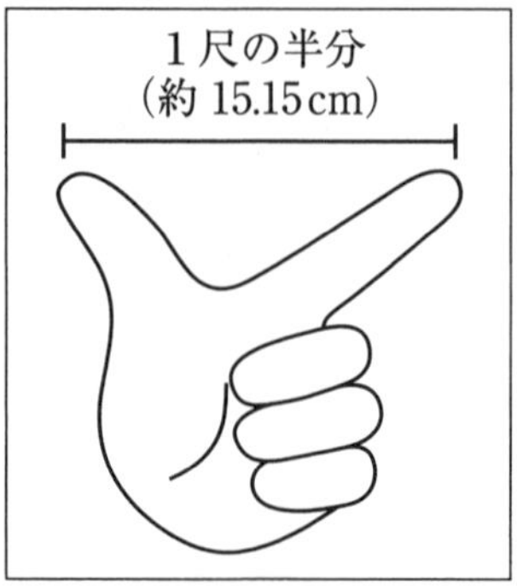

図2　1尺の半分の長さ

1里《り》＝36町《ちょう》

1町＝60間《けん》

1間＝ 6尺

1尺＝10寸

図3　長さの単位の関係

よしや：以前読んだ本に江戸《えど》時代に使われていた五街《ごかい》道《どう》の地図（**図４**）が出ていたけれど，江戸（東京）と京都を結ぶ中山道《なかせんどう》の長さは135里あったそうだよ。

みのり：江戸から京都まで歩くとどれくらいの時間がかかるのかな？

よしや：歩くと２週間くらいかかったそうだけれど，飛脚《ひきゃく》はとちゅうで交代しながら休むことなく走り続けて，３日間で江戸から京都まで手紙を届《とど》けたそうだよ。

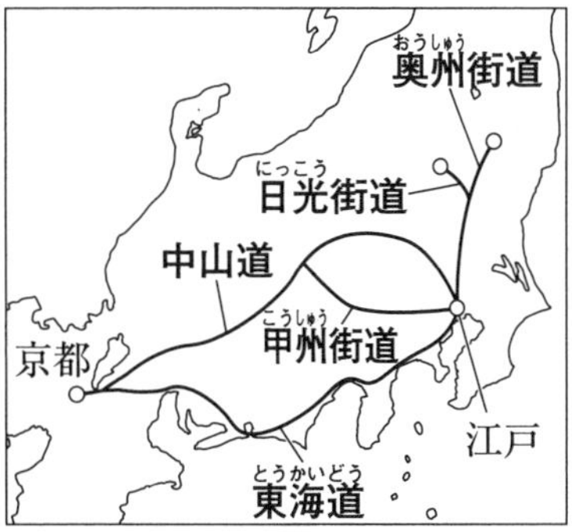

図４　五街道の地図

みのり：飛脚は今の郵便《ゆうびん》や宅配便《たくはいびん》のような仕事をしていたんだね。どれくらいの速さで走っていたのか考えてみよう。

よしや：まず，江戸から京都までの距離《きょり》を計算してみるよ。135里をkmで表してみよう。

みのり：135里を順に町，間と表していくと，[ア]尺であることがわかるから，[ア]尺は約[イ]cmとなり，約[イ]cm＝約[ウ]kmとなるね。

よしや：そうすると，３日は[エ]時間だから，飛脚が走る速さは時速約[オ]kmとわかったよ。

問題１　会話文中の[ア]～[オ]にあてはまる数を書きなさい。[イ]は，四捨《ししゃ》五入《ごにゅう》して上から２けたのがい数にして，また，[オ]は，四捨五入して小数第一位までの数にして答えなさい。

よしや：次は，面積の単位について調べてみよう。

みのり：主に使われていた面積の単位をまとめてみたよ（**図５**）。

町《ちょう》　反《たん》　畝《せ》　坪

図５　主な面積の単位

よしや：不動産会社の広告にm^2だけでなく坪《つぼ》という単位でも土地の広さを表しているのを見たことがあるよ。

みのり：畑や田など，もっと広い土地の広さを表すときは，km^2やhaだけでなく今でも反を使うこともあるんだって。

よしや：今も無くならずに使われ続けているということは，日本人にとって身近で，m^2やkm^2で土地の広さを表すよりも，坪や反で表すほうがその広さがわかりやすいということなんだね。

みのり：１坪はどれくらいの広さなのかな？
よしや：畳《たたみ》約２枚《まい》分の広さが１坪の広さと等しいそうだよ。畳の大きさを**図６**の通りとすると，１坪の広さを計算することができるね。
みのり：畳の縦《たて》の長さ３尺は約[カ]m，横の長さ６尺は約[キ]m だね。

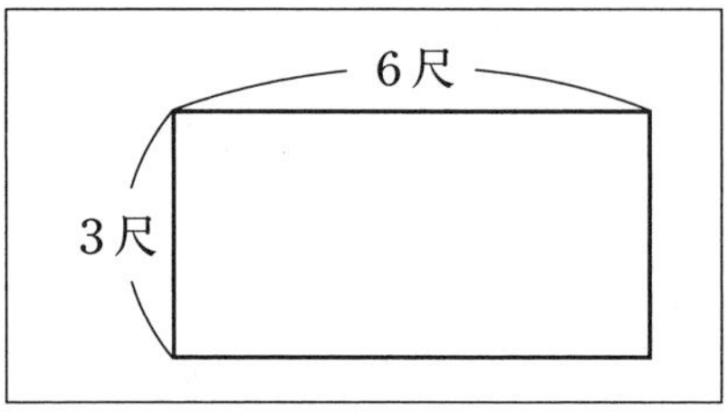

図６　畳１枚の大きさ

よしや：１坪は畳約２枚分の広さだから約[ク]m^2 だよ。

問題２　会話文中の[カ]～[ク]にあてはまる数を書きなさい。四捨五入して小数第２位までの数にして答えなさい。

みのり：最後に，容積の単位について調べてみよう。
よしや：容積の単位には，「合《ごう》，升《しょう》，斗《と》，石《こく》」があって，合は米を量るときに使うね。「米を３合たく」というような使い方をするよ。
みのり：升はびんの大きさなどに使われていて，日本酒が入っているびんを「一升びん」というね。
よしや：斗はペンキや油が入ったかんなどに使われていて，「一斗かん」とよばれているよ。
みのり：それぞれの容積の関係をまとめてみるね（**図７**）。

１升＝10合　　１斗＝10升　　１石＝10斗

図７　容積の単位の関係

みのり：尺貫法が使われていたころ，１人が１日に食べる米の量を収穫《しゅうかく》することができる田の広さを１坪としたそうだよ。そして，１人が１年間に食べる米の量を１石として，米１石を収穫することができる田の広さが１反だよ。
よしや：尺貫法と米は深い関わりがあるんだね。でも，現代はあまり米を食べなくなってきていて，１人が１日に食べる米の量は約１合ともいわれているよ。
みのり：その量で計算すると，１人が１年間に食べる米の量を収穫するのに必要な田の広さは現代ではどれくらいになるのかな。

問題３　現代の日本人１人が１日に食べる米の量を１合，１年を365日として計算すると，現代では１年間に食べる米の量を収穫するのに必要な田の広さは何反かを求めなさい。また，どのように求めたのかを，言葉や数，式，図，表などを使って説明しなさい。

3　ちさとさんとゆうやさんは，先生とポトスのはち植えについて話しています。

ちさと：先生，教室に新しくポトスのはち植えが増えましたね。

先　生：そうです。このポトスを使って，植物の葉のはたらきを調べる実験ができますよ。

ゆうや：どのような実験ですか。やってみたいです。

先　生：まず，ポトスをポリエチレンのふくろでおおい，ふくろの口をしばります。次に，ふくろに小さな穴《あな》をあけ，**図**のように**a**<u>ストローでふくろの中に息をふきこんで</u>から，気体検知管を使ってふくろの中の酸素と二酸化炭素の割合《わりあい》を調べてください。調べてから，ふくろにあいた穴をふさぎます。

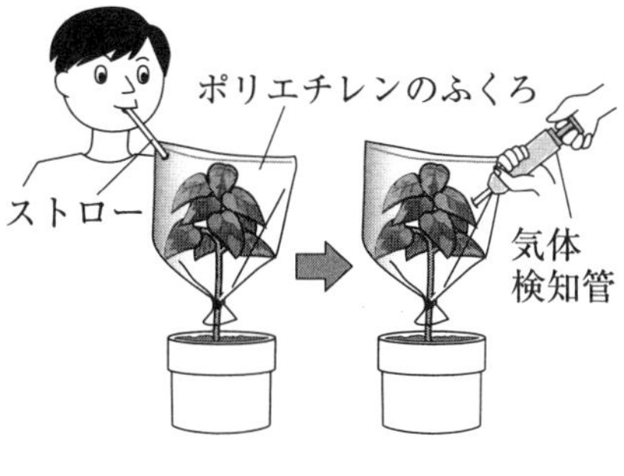

図　実験の準備

ちさと：ふくろの中の酸素と二酸化炭素の割合を調べました。

先　生：それでは，ポトスのはち植えを日光の当たる窓際《まどぎわ》に置きましょう。1時間ごとに気体検知管を使って，ふくろの中の酸素と二酸化炭素の割合を調べます。

＜4時間後＞

ゆうや：**表1**のように，実験開始前と比べると，酸素の割合はしだいに増えていき，二酸化炭素の割合はしだいに減っていきました。なぜ，ふくろの中の酸素や二酸化炭素の割合がこのように変化するのでしょうか。

表1　気体検知管で調べた気体の割合

	酸素〔%〕	二酸化炭素〔%〕
実験開始前	16.4	4.8
1時間後	17.6	3.7
2時間後	18.8	2.5
3時間後	20.0	1.3
4時間後	20.7	0.8

先　生：植物の葉のはたらきが関係しています。植物は，葉に日光が当たると，日光が当たった部分で光合成というはたらきを行い，葉に栄養分をつくるのです。

ちさと：つまり，光合成が行われると，酸素が増え，二酸化炭素が減るのですね。

先　生：そうです。

ちさと：実験後，ポトスをおおったふくろの内側に水てきがついていました。実験前は水てきがついていなかったです。これは何でしょうか。

先　生：それは，植物が葉から水蒸気《すいじょうき》を空気中に出し，その水蒸気がふくろについて冷やされ，水にもどったのです。植物のこのはたらきを何といいますか。

ゆうや：**ア**ですね。

先　生：そのとおりです。実験後に，葉にできた栄養分は何かわかりますか。この栄養分は，植物の成長に使われたり，子葉にたくわえられたりしますよ。

ちさと：その栄養分は［　イ　］ですね。

先　生：そのとおりです。

問題１　会話文の下線部**a**（ストローでふくろの中に息をふきこんで）のように，ポリエチレンのふくろに息をふきこんだ理由を，簡単《かんたん》に書きなさい。

問題２　会話文の［　ア　］，［　イ　］に入る言葉をそれぞれ書きなさい。

先　生：今日は，昨日と光の強さを変えて実験をしましょう。まず，昨日の実験と同じく，**図**のように，気体検知管を使って実験開始前の酸素と二酸化炭素の割合を調べます。

ゆうや：調べました。

先　生：それでは，ポトスのはち植えを，昨日に実験を行ったときよりも弱い光が当たるところに置いてください。１時間ごとに，気体検知管を使ってふくろの中の酸素と二酸化炭素の割合を調べましょう。

＜４時間後＞

ちさと：**表２**のようになりました。実験開始前は酸素と二酸化炭素の割合は昨日の実験と同じでしたが，結果は昨日と異《こと》なり，酸素の割合はしだいに減っていき，二酸化炭素の割合がしだいに増えていきました。

表２　気体検知管で調べた気体の割合

	酸素〔％〕	二酸化炭素〔％〕
実験開始前	16.4	4.8
１時間後	15.6	5.0
２時間後	14.8	5.4
３時間後	14.0	5.8
４時間後	13.2	6.2

先　生：そうですね。**b**葉に弱い光を当てたとき，ふくろの中の酸素がしだいに減っていき，二酸化炭素がしだいに増えていった理由を説明できますか。

ゆうや：ぼくたちが呼吸《こきゅう》をするとき，酸素を体にとり入れて二酸化炭素を体から出しますよね。植物も，ぼくたちと同じように呼吸を行っているのですか。

先　生：もちろんですよ。

問題３　下線部**b**（葉に弱い光を当てたとき，ふくろの中の酸素がしだいに減っていき，二酸化炭素がしだいに増えていった）について，その理由を，「光合成」と「呼吸」という言葉を使って，簡単に書きなさい。

4　ちさとさんとゆうやさんは，先生と，水や空気の性質について話しています。

ゆうや：先生，先日，パックのジュースを飲んでいたら，おもしろいことが起こりました。飲みかけのパックを日光の当たるところに置いていたら，パックの中のジュースがストローのほうに上がってきていたのですが，ぼくのパックとちさとさんのパックでは，ストローの中のジュースの高さがちがっていたのです（**図１**）。

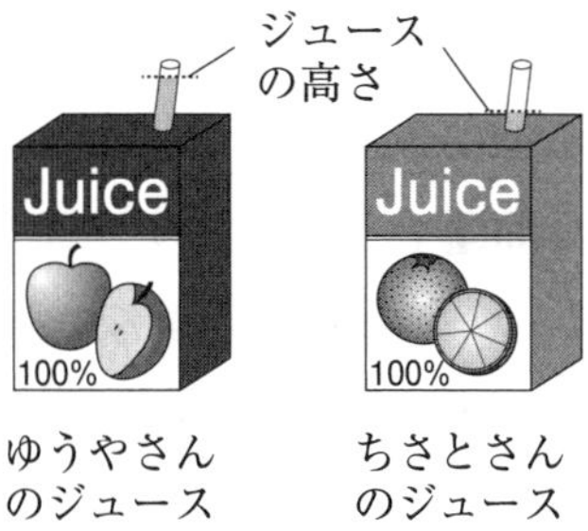

図１　ジュースのパック

先　生：なるほど。おもしろいですね。

ちさと：なぜ，そのようなことが起こるのでしょうか。

先　生：では，その原因を調べる実験をしましょう。平底の試験管**A**，**B**，**C**を用意し，試験管**A**の中は空気で，試験管**B**の中は水で満たし，試験管**C**の中は水と空気が２：１の体積の比になるように入れて，ガラス管をさしたゴムせんでふたをします。**図２**のように，ガラス管の中に，同じ高さになるようにゼリーを入れ，試験管**A**～**C**を発泡《はっぽう》ポリスチレンの容器に入れた15℃の水につけます。しばらくして，ゼリーの位置に変化がなくなったら，はじめのゼリーの位置を基準として何cm移動したかを記録してください。発泡ポリスチレンの容器に入れる水の温度を５℃ずつ上げて，同じ実験をくり返しましょう。

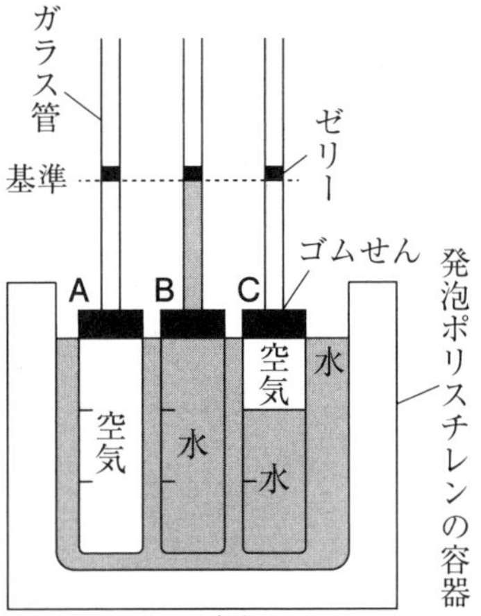

図２　実験装置《そうち》

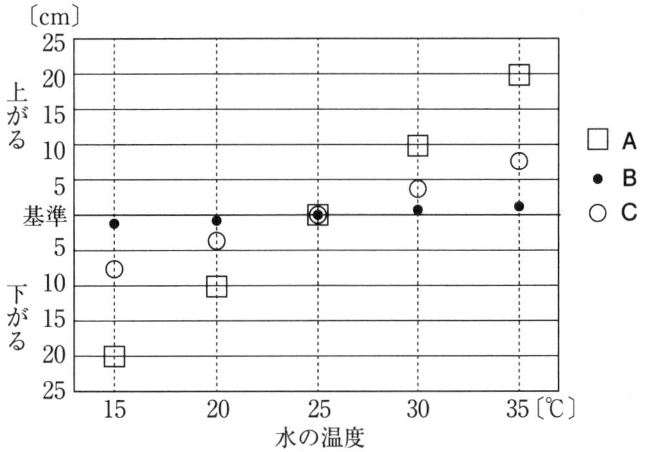

図３　実験結果（水の温度とゼリーが移動した距離）

ちさと：発泡ポリスチレンの容器の水の温度と，ゼリーが移動した距離の関係を**図３**のようにまとめました。今日の室温は25℃なので，20℃以下の水は水温が室温よりも低く，30℃以上の水は水温が室温よりも高いといえます。

ゆうや：先生，**図３**の実験結果から，すべての試験管で，水の温度変化とゼリーが移動した距離は，［　①　］ことがわかります。

ちさと：また，同じ温度の試験管**Ａ～Ｃ**のゼリーのようすを比べると，試験管の中の【　②　】と考えることができます。

先　生：そうですね。

問題１　会話文の【　①　】にあてはまる適切な言葉を書きなさい。また，【　②　】にあてはまる適切な言葉を，「空気」という言葉を使って，ゼリーが移動した距離と試験管の中に入っている空気の量の関係に注目して書きなさい。

問題２　発泡ポリスチレンの容器の水の温度が１℃上がったとき，ゼリーが基準より１cm上がる試験管はどれですか。**図３**の結果をもとに，次の試験管**ア～エ**の中から一つ選び，記号を書きなさい。

ア　**イ**　**ウ**　**エ**

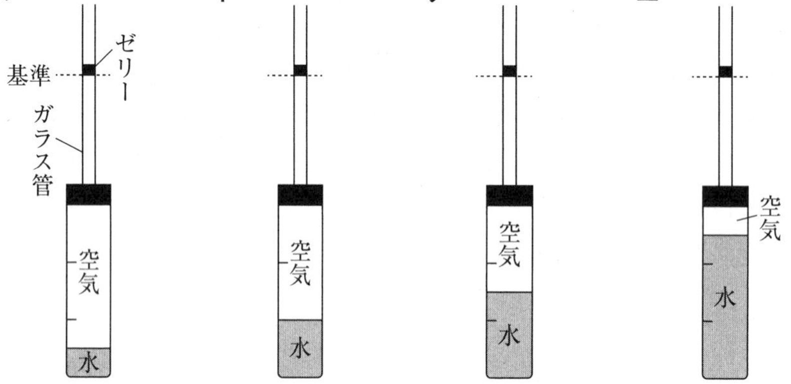

ちさと：ジュースのパックは，実験のように，ガラス管をさしたゴムせんでふたをした試験管とちがって，**図４**のようにストローがジュースのパックの底ちかくまで入っていますね。

ゆうや：でも，実験でゼリーが移動したのと同じように，ジュースも移動したのですよね。

先　生：そうです。実験結果を利用して，**ａ**ゆうやさんとちさとさんのジュースのパックで，ストローの中のジュースの高さがちがっていた理由を説明することができますよ。

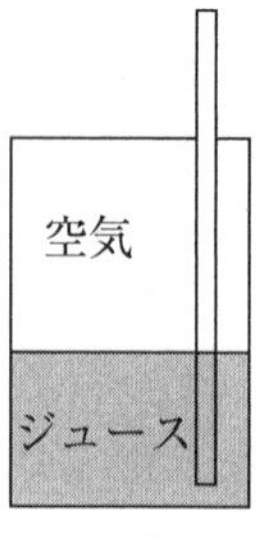

図４　ジュースのパックの中のようす

問題３　下線部**ａ**（ゆうやさんとちさとさんのジュースのパックで，ストローの中のジュースの高さがちがっていた理由）について説明し，ジュースをたくさん飲んだのはゆうやさんとちさとさんのどちらかを書きなさい。

【適性検査Ⅱ】〈第２回・適性検査型試験〉（45分）〈満点：100点〉

1　まさとさんのクラスでは，茨城県でとれる野菜について調べ，発表することになりました。自分たちで情報を集めて，気づいたことを話し合っています。

まさと：茨城県ではピーマンやれんこんのほか，なすの生産量も多いんだって。

よしや：そうなんだ。a 茨城県ではいろいろな野菜をつくっているんだね。

ななみ：なすといえば，「一富士《ふじ》二鷹《たか》三茄子《なすび》」ということばがあるよね。富士山，鷹，なすの三つを初夢で見ると縁起《えんぎ》がいいっていわれるけれど，どうしてだろう。

よしや：ぼくが図書館で借りた本にのっているかもしれない。「物事を成す」という意味につながるからという説や，江戸幕府《えどばくふ》を開いた[あ]がその三つを好んでいたからだという説があるんだって。ほかにも，b お正月の時期のなすはめずらしいものだからだという説ものっているよ。いろんな説があるね。

ななみ：そうなんだ。江戸時代からあることばなんだね。今はスーパーマーケットでいつでもなすが売られているけれど，江戸時代はそうではなかったようだね。

まさと：ぼくも近所のスーパーマーケットで，茨城県産のなすが並《なら》んでいるのをよく見かけるよ。c 茨城県でとれた野菜の魅力《みりょく》を伝えるためにできることについて調べてみようよ。

問題１　まさとさん，よしやさん，ななみさんの上の会話文を見て，[あ]にあてはまる人物名を**漢字**で書きなさい。

問題２　下線部ａ（茨城県ではいろいろな野菜をつくっているんだね）について，次の**資料１**は，2021年のれんこんの収穫《しゅうかく》量が１位である茨城県と，２位である佐賀県の作物栽培《さいばい》と耕地利用率を比較《ひかく》したものです。耕地利用率とは，耕地面積を100としたときの，作付《さくつけ》面積（作物を栽培した面積）です。佐賀県の耕地利用率が100％をこえている理由を，**資料１**をもとに書きなさい。

資料１　茨城県と佐賀県の作物栽培と耕地利用率（2021年）

県名	米（９～10月に収穫）		麦（６～８月に収穫）		耕地利用率（％）
	収穫量（ｔ）	栽培面積（ha）	収穫量（ｔ）	栽培面積（ha）	
茨城県	344800	63500	22300	7380	91.3
佐賀県	118800	23300	103500	21800	133.7

（農林水産省資料などより作成）

問題３　下線部ｂ（お正月の時期のなすはめずらしい）について，その理由を示す資料として，最も適切なものを次の**ア**～**エ**の中から一つ選びなさい。

ア

月ごとのなすの流通量（2022 年）

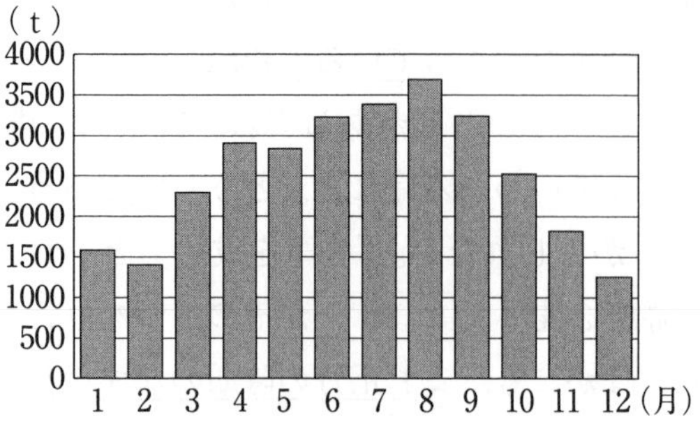

（東京都中央卸売《おろしうり》市場統計より作成）

イ

おもな野菜の年間流通量（2022 年）

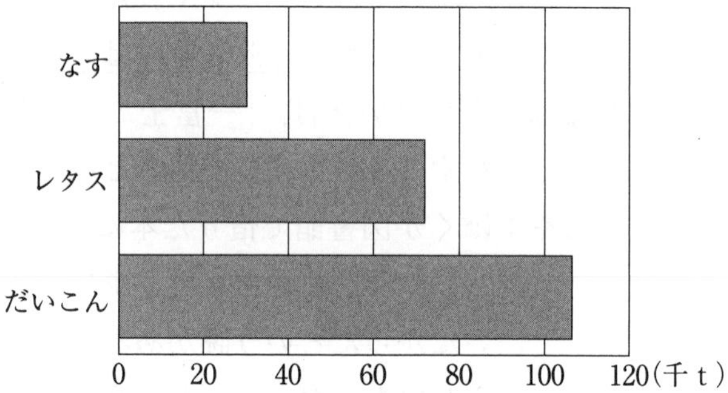

（東京都中央卸売市場統計より作成）

ウ

なすの収穫量の県別割合《わりあい》（2021 年）

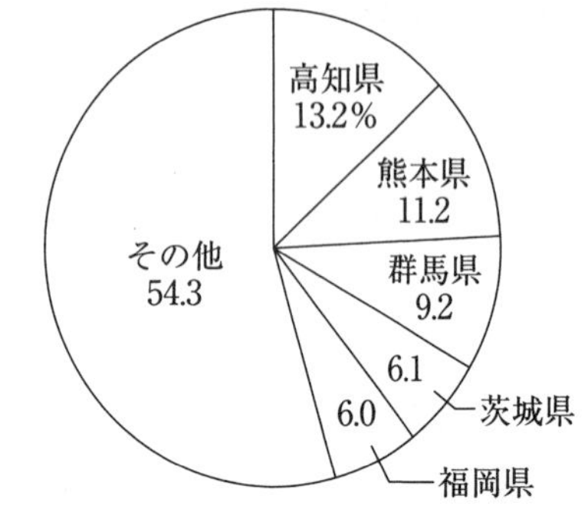

（「データでみる県勢 2023」より作成）

エ

なすの年間収穫量の移り変わり

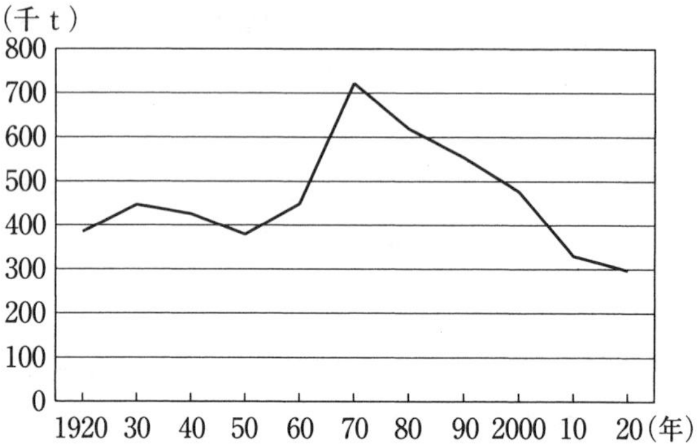

（「数字でみる日本の 100 年第７版」などより作成）

問題４　下線部ｃ（茨城県でとれた野菜の魅《み》力《りょく》を伝えるためにできること）について，まさとさんたちは，茨城県の野菜の魅力を多くの人に発信するのがよいのではないかと考え，情報発信について調べました。**資料２**はそのときに見つけたものです。あとの発言のうち，**資料２**から読み取れる内容として，正しいものには**○**を，誤《あやま》っているものには**×**を書きなさい。

資料２　目的別のメディアの使い方

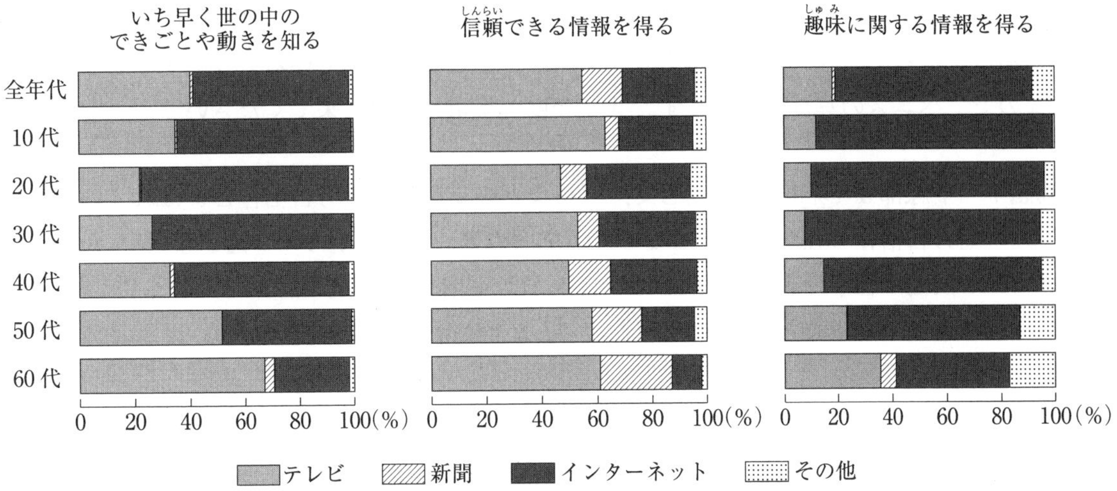

（総務省資料より作成）

まさとさん

10～20 代の人はどの目的であっても，テレビよりもインターネットを使っている割合が高いね。

ななみさん

どの年代でも，信頼できる情報を得るためのメディアとしてはインターネットよりもテレビを使っているんだね。

よしやさん

50 代以上の人は，どの目的であっても新聞を使って情報を得ている人が最も多いね。

2　ななみさんは，大阪府に住む友達のようたさんから，手紙を受け取りました。

> 　ななみさん，元気ですか。ぼくは今，大阪府の a 堺《さかい》市というところに住んでいます。堺市は，日本最大の古墳《こふん》である b 大仙《だいせん》古墳（仁徳天皇陵《にんとくてんのうりょう》）があることで有名です。
> 　今日は，ななみさんにぼくが住んでいる堺市について知ってほしくて，手紙を書きました。堺市は，昔から栄えていたまちで，教科書にのっているような有名人の中にも，c 堺と関わりがあった人物が多くいます。海外からも多くの外国人がやってきて，堺のことを「d 東洋のベニス」と表現したという話もあります。ベニスというのはイタリアにある，とってもきれいな都市で，ヴェネツィアともよばれているそうです。せっかくなので，ベニスの写真も送ります。ぜひ今度，堺市に遊びに来てください。

問題１　下線部 a（堺《さかい》市）に関連して，堺市などの市町村は地方自治体とよばれています。地方自治体の仕事にあてはまるものを次の**ア**～**エ**の中から一つ選びなさい。

ア　内閣《ないかく》の仕事の調査　　　**イ**　法律《ほうりつ》案の審議《しんぎ》

ウ　道路や水道などの整備と管理　　　**エ**　政令の制定

問題２　下線部 b（大仙《だいせん》古墳（仁徳天皇陵《にんとくてんのうりょう》））について，**資料１**は堺市周辺を２万５千分の１の縮尺《しゅくしゃく》で示した地図です。**資料１**をもとに，大仙古墳（仁徳天皇陵）の後円部の直径として，最も適切なものをあとの**ア**～**エ**の中から一つ選びなさい。なお，解答にあたっては，**資料１**中の数値《すうち》を使用して，計算しなさい。

資料１　堺市周辺の地図

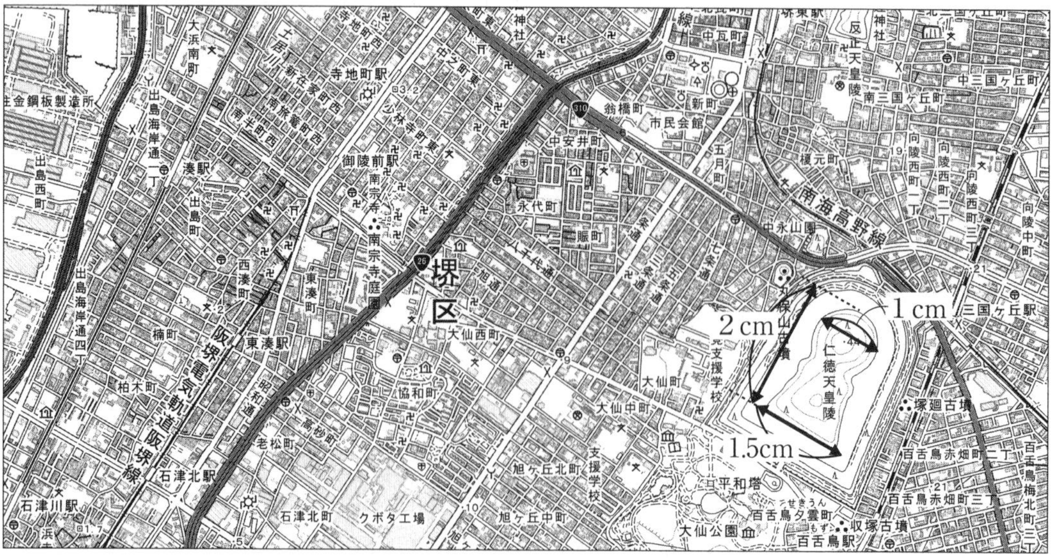

（国土地理院２万５千分の１地形図平成30年「堺」より作成）

〈編集部注：編集上の都合により実際の入試問題の90％に縮小してあります。〉

ア　約200 m　　**イ**　約250 m　　**ウ**　約375 m　　**エ**　約500 m

問題3　下線部c（堺と関わりがあった人物）について，A～Dは堺に関わりがあった人物についてカードにまとめたものです。A～Dのカードを，その人物が活躍《かつやく》した年代の古い順に並べたものとして，最も適切なものをあとのア～エの中から一つ選びなさい。

A

堺出身の歌人。日露《にちろ》戦争に行った弟を思い，『君死にたま《も》ふ《う》ことなかれ』の詩をよんだ。

B

堺の商人。堺の豪商《ごうしょう》に茶の湯を学び，豊臣秀吉《とよとみひでよし》に仕え，わび茶（茶の湯）を大成した。

C

日本に初めてキリスト教を伝えた宣教師《せんきょうし》。京都に向かう途中《とちゅう》に，堺に滞在《たいざい》した。

D

堺生まれの僧《そう》。全国で寺やため池をつくり，東大寺《とうだいじ》の大仏づくりに協力した。

ア　C　→　D　→　B　→　A
イ　C　→　A　→　D　→　B
ウ　D　→　B　→　A　→　C
エ　D　→　C　→　B　→　A

問題4　下線部d（東洋のベニス）について，**資料2**は室町《むろまち》時代の終わりに宣教師たちが堺を訪《おとず》れたときにまとめた文章をわかりやすく改めたもの，**資料3**はようたさんから届《とど》いたベニスの写真，**資料4**は江戸時代の堺の地図を示しています。宣教師たちが堺を「東洋のベニス」と表現した理由を，**資料2**～**資料4**をもとに書きなさい。

資料2　宣教師たちによる堺に関する記述

・日本全国に堺よりも安全な場所はない。ほかの国で争いがあっても，この町では争いは起こらない。…（中略）…町のいたるところには門があって番人がおかれ，争いが起こりそうであればこの門を閉《と》じている。…（中略）…町の西側には海があり，ほかの側にはいつも水が充満《じゅうまん》している深い堀《ほり》がある。（『耶蘇《やそ》会士日本通信』）
・堺の町はとても大きく，有力な商人もたくさんいる。この町はベニスのように，商人が独自に自治を行っている。（『耶蘇会士日本通信』）
・堺の周囲には深い濠《ほり》（土地を掘《ほ》って水を通したところ）がめぐらされ，夜は閉ざされている。日本のヴェネツィアである堺の町以上に重要な場所はないと思われる。町は大きく裕福《ゆうふく》であり，さかんに商取引が行われるだけでなく，いつも各地から人々が集まっていた。（『日本史』）

資料３　ベニスの写真

資料４　江戸時代の堺の地図

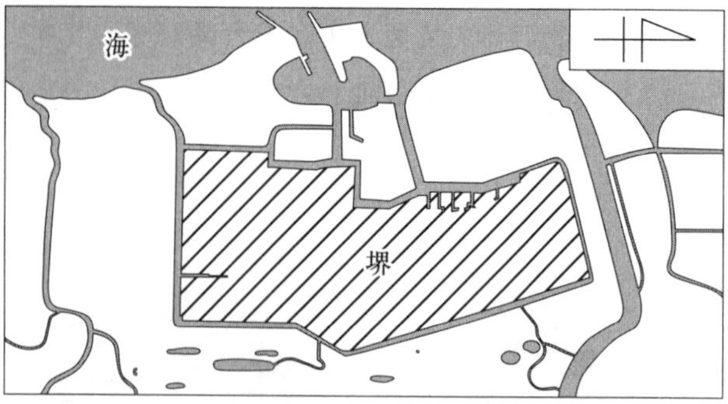

問題５　堺市をはじめとして，大阪府では各地で農業が行われています。**資料５**は農作物におけるトレーサビリティのしくみを示しています。**資料５**中の［A］～［D］のそれぞれにあてはまることばとして，最も適切なものをあとの**ア～カ**の中から一つずつ選びなさい。ただし，同じ記号の［　］には同じことばがあてはまり，それぞれの記号は１回ずつしか使えません。

資料５　トレーサビリティのしくみ

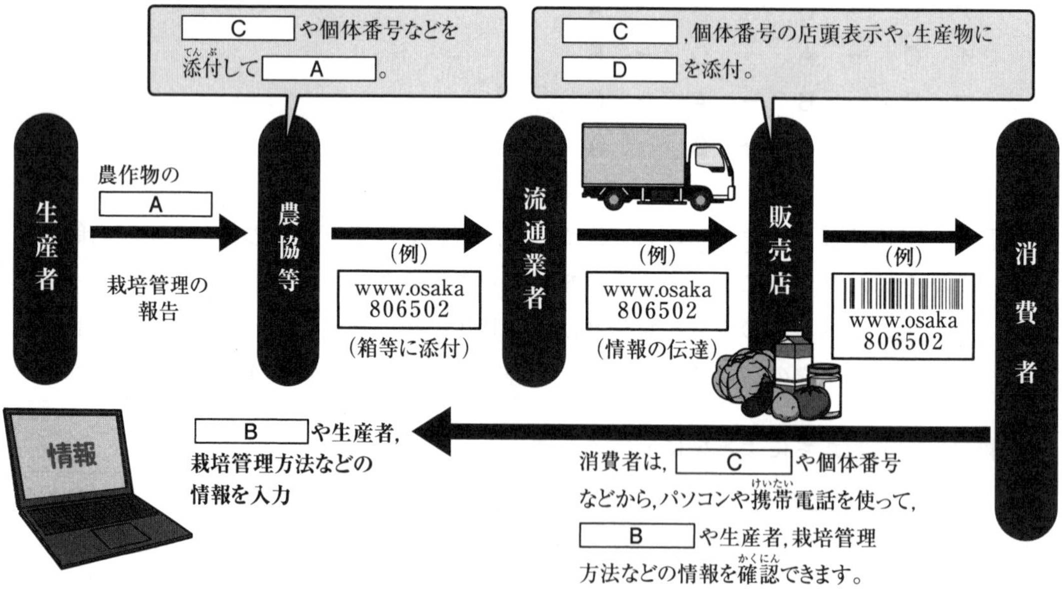

ア　バーコードラベル　　イ　管理　　ウ　出荷《しゅっか》
エ　販売《はんばい》先　　オ　産地　　カ　ホームページアドレス

問題６　資料６は，近畿《きんき》地方の各府県のさまざまな統計を示しています。この統計を正しく読み取ったものとして，最も適切なものをあとの**ア**～**エ**の中から一つ選びなさい。

資料６　近畿地方の統計（2021年，工業出荷額は2019年，農業産出額は2020年）

府県名	人口（万人）	面積（km²）	工業出荷額（億円）	農業産出額（億円）	生産量や出荷額が全国一位のものの例
兵庫県	543.2	8401	163896	1478	ずわいがに（2020年）
京都府	256.1	4612	57419	642	絹《きぬ》織物（2019年）
奈良県	131.5	3691	21494	395	くつした（2019年）
滋賀県	141.1	4017	80754	619	即席《そくせき》めん（2019年）
大阪府	880.6	1905	172701	311	魔法《まほう》びん（2019年）
和歌山県	91.4	4725	26754	1104	みかん（2021年）
三重県	175.6	5774	107685	1043	いせえび（2020年）

（「データでみる県勢2023」などより作成）

ア　７府県のうち２番目に人口が多い府県は，７府県のうち最も人口が少ない府県の７倍以上の人口を持ち，最も人口が多い府県の３分の２以上の人口を持つ。

イ　工業出荷額と農業産出額を見ると，７府県のうち最も多い府県と最も少ない府県の差はいずれも４倍以上である。

ウ　７府県のうち，生産量や出荷額が全国一位のものの例として食べ物が挙げられている府県は，すべて農業産出額が工業出荷額よりも多い。

エ　みかんの生産量が全国一位の府県は，農業産出額が７府県の中で２番目に多いが，工業出荷額は７府県の中で最も少ない。

3　茨城キリスト教学園中学校の１年生になったななみさんたちは，校内の行事である「国語弁論《べんろん》大会」の準備をしています。ななみさんとまさとさんは，「伝わりやすい文章の作り方」について考えています。

ななみ：せっかくみんなの前で発表するからには，私《わたし》の弁論にも興味を持ってほしいな。
まさと：ななみさんは，弁論のテーマを「勉強の必要性」にしたんだよね。
ななみ：うん。先週作った，下書き原稿《げんこう》（**資料１**）がこれだよ。

資料１　下書き原稿

　私は，勉強の必要性について話します。
　みなさんは勉強をすることが好きですか。
　勉強することは大切です。みなさんが今勉強していることは，ただその教科の内容の暗記や練習だけではありません。日々の生活やほかの事がらと関係しているのです。勉強をすると関係なく見えていたことがつながって，世界が広がります。より高い視点《してん》から物ごとを見たり考えたりできるようになります。
　これから勉強の必要性を再認識《にんしき》した上で，授業にのぞんでみてください。

ななみ：この下書き原稿で，聞き手に興味を持ってもらうことはできるかな。
まさと：文章を作る上で聞き手の興味をひく工夫《くふう》ができると思うよ。この本（**資料２**）に，説得力のある話の作り方について書かれているから参考にしてみよう。

資料２

　私は，子どもから高齢者《こうれいしゃ》，ビジネスマン，主婦の方ともセミナーなどで話をする機会がある。大学教授としてはかなり対象に幅《はば》があるほうだろう。
　もちろん，対象によって話の内容は違《ちが》うが，いつも気をつけていることが二つある。一つは（中略）聞き手にビジュアル的なイメージを伝えるということ，そしてもう一つは，聞き手がどのような経験を持っているかを推測《すいそく》し，それを思い起こさせるような話し方をするということだ。この二点を押《お》さえるだけで，説得力はまったく違ってくるのである。
　この後者のことを，私は〝経験喚起《かんき》力〟と呼《よ》んでいる。自分の話によって，それに類する経験を聞き手に思い起こさせるわけだ。これがあると，その話の定着率が俄然《がぜん》高くなるのである。
　（中略）聞き手が犬を飼っているなら，犬に関連した話が有効になる。要は，相手の経験まで降りていくということだ。比喩《ひゆ》を使うにしても，聞き手の経験に即《そく》したものにすることで，聞き手はその話を自分のこととして受け入れやすくなる。
　およそ私たちが新しい知識を定着させるのは，従来《じゅうらい》の知識や経験の延長《えんちょう》線上だ。新しい知識を離《はな》れ小島のようにポンと提供《ていきょう》されても，ほとんど頭から抜《ぬ》けてしまう。多くの人が学校で勉強したことをほとんど覚えていないのは，結局自分の経験とつながってないからだ。この事実を反面教師として，自分が話す際には工夫を加えるべきだろう。

　おそらく多くの人は，こういう〝経験喚起力〟など意識せずに話をしていたはずだ。たしかに，不特定多数を相手に一～二時間かけて講演するといった機会でもないかぎり，そこまで深く考える必要はないかもしれない。

　私は，まさにそういう状況《じょうきょう》で毎日のように鍛《きた》えられてきた経験から，聞き手は自分に関わる問題しか聞く耳を持たないし，また定着しないということを痛感《つうかん》している。だから，そのための情報を常に掘《ほ》り下げなければならないのである。

（齋藤孝《さいとうたかし》「１分で大切なことを伝える技術」による）

ななみ：どんな人たちが聞き手なのかを理解することが大切なんだね。

まさと：そうだね。そして，その聞き手の経験に即した話をすることで，聞く耳を持ってもらえるようになるということだね。

ななみ：「国語弁論大会」の聞き手にはどのような人がいるかな。

まさと：主に，生徒と先生たちが聞き手だよ。

ななみ：では，生徒や先生たちの状況や経験に即した話を考えてみよう。

問題１　「国語弁論大会」の聞き手である生徒・先生に興味を持ってもらう上で，有効な話として適切なものを次の**ア**～**オ**の中からそれぞれ一つずつ選びなさい。

ア　行事で使う台の設計図をかくときに，算数で習った空間図形の知識が生かせた話。

イ　親が子どもにかける教育費と子どもの学力には，関係があるという話。

ウ　教科書の内容や指導の方法は更新《こうしん》されていて，昔と今では違いがあるという話。

エ　時間制で料金をもらう自習室を開くのに，人気な場所や料金プランの話。

オ　興味のあることに関係する職業についた人の，大学での授業の選び方の話。

まさと：聞く耳を持ってもらえる工夫を考えることができたね。

ななみ：もっと聞き手を話にひきつけたいけれど，ほかにいい方法はないかな。

まさと：この資料（**資料３**）が参考になりそうだよ。

資料３

　書く力をつけるには，反論，代案をつくることに目をつけるのが，早道です。誰《だれ》かが言っていることに対し，反論をかましていくのです。難癖《なんくせ》，大歓迎《かんげい》，反論をする力こそが，論理力をつけます。そこには明確な論拠《ろんきょ》が必要となるからです。

　最初は思いっ切り，※つむじ曲がりになればよいのです。それを一貫《いっかん》した主張として相手が納得《なっとく》できるように構築できれば大したものです。

　政策《せいさく》と同じで，どれが正しいか，絶対はありません。現実的にみて，※ベターとして，さらにできるかぎりベストと近い状態にするにはどうすればよいかということです。そのためには，未来をみることが必要となります。今のベストが将来《しょうらい》のワーストになることも多いからです。

たとえば，少子化問題では，皆《みな》，日本の将来を心配しています。どうすれば安心して生める社会になるのかを論じています。

しかし，ここに「少子化の方がよいではないか」という異論《いろん》をぶつけます。すると，各国の例も，かつての中国の一人っ子政策，労働人口を移住で補《おぎな》うアメリカなど，持論に都合のよいデータがあがってくるでしょう。

すぐ少子化を将来の国力に結びつけるのは，前時代的「生めよ増やせ」で，短絡的《たんらくてき》であることもわかってきます。何より人口増加や環境《かんきょう》問題が取りざたされている二十一世紀に，女性の社会的進出や高齢化社会との関係は……とみると，充分《じゅうぶん》に論（仮説）をつくり出せるでしょう。

このように，〝書く力〟とは，仮説，新論や異論である自論を，どこまで裏《うら》づけられるかという勝負になってきます。

人と同じことを言っても，仕方がないというわけではありません。もっと深くものごとを捉《とら》えようと試みたいものです。より深く捉えるということです。

価値《かち》が生じるのは，他人と違うことを，きちんと相手が納得できるように構築できるときです。

相手の主張に対し，反論し，代案を出します。ただ反論するだけでなく相手の主張をも包括《ほうかつ》して，さらに先に，さらに深く展開《てんかい》するのです。この深さは，書き手の人間観や思想から出てきます。

（福島哲史《ふくしまてつし》「『書く力』を身につければ面白《おもしろ》いほど仕事はうまくいく！」による）

※つむじ曲がり　性格がねじけていて，すなおでないこと。
※ベター　よりよいこと。

まさと：この資料では，論理的に文章を書くためには反論をする力が大切だと言っているよ。

ななみ：異論をぶつけて，それに対しての代案を出すと，ものごとを［　X　］捉えることができるね。

まさと：自分の主張に対する異論を考えることで，客観的に考えることができていいね。

ななみ：今回の弁論に対して想定される異論を考えて，論を展開していこうか。

問題２　ななみさんたちの会話文と，**資料３**の文章を参考に次の⑴，⑵の問題に答えなさい。

⑴　会話文の［　X　］にあてはまる最も適切な言葉を，**資料３**から**４字**でぬき出して書きなさい。

(2)　ななみさんの弁論のテーマである「勉強の必要性」に関連し，「算数の勉強は必要である」という主張があるとする。この主張への異論を考え，**25字以上30字以内**で書きなさい。ただし，「，」や「。」も１字に数え，文字に誤《あやま》りがないようにしなさい。

まさと：聞き手を話にひきつける工夫について，知ることができたね。
ななみ：もう一度下書き原稿を見直してみよう。
まさと：**資料２**や**資料３**の工夫を取り入れて，書き足そう。
ななみ：この部分（**A**）に，書き足すのがよさそうだね。

下書き原稿

私は，勉強の必要性について話します。
みなさんは勉強をすることが好きですか。
勉強することは大切です。みなさんが今勉強していることは，ただその教科の内容の暗記や練習だけではありません。日々の生活やほかの事がらと関係しているのです。勉強をすると関係なく見えていたことがつながって，世界が広がります。より高い視点から物ごとを見たり考えたりできるようになります。

A

これから勉強の必要性を再認識した上で，授業にのぞんでみてください。

問題３　下書き原稿の **A** の部分を，**資料２**，**資料３**と会話文を参考にして，**100字以上120字以内**で書き足しなさい。ただし，「，」や「。」も１字に数え，文字に誤りがないようにしなさい。また，**問題２**であつかった「算数の勉強は必要である」という主張への異論は用いないようにしなさい。

4　まさとさんのクラスでは，総合的な学習の時間で環境《かんきょう》問題について調べ，調べた内容を発表することになりました。まさとさんのグループは，「サステナブルファッション」をテーマにすることに決めました。次の**資料１**～**資料５**は，発表のために集めたものです。

資料１　服を手放す手段《しゅだん》の分布

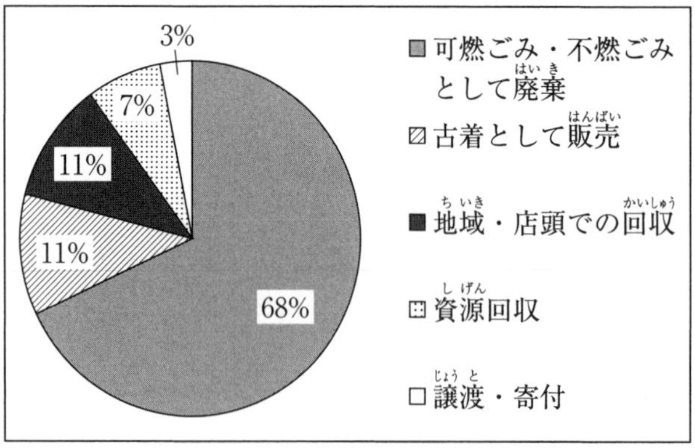

（環境省 Web ページより作成）

資料２　服を処分《しょぶん》するときの工夫《くふう》

1	買取《かいとり》店・バザー・フリーマーケットを活用する
2	お店などでの古着の回収サービスを利用する
3	寄付する
4	リメイクを楽しむ
5	どうしても使い道がない場合には資源回収に出す

（消費者庁 Web ページより作成）

資料３　衣服生産の環境負荷《ふか》

◇１年間で……

・CO_2 排出量…約 90,000kt　　・水消費量…約 83 億 m^3

◇服１着あたりだと……

・CO_2 排出量…約 25.5kg　⇒　500 mℓペットボトルを約 255 本製造するのと同じ！

・水消費量…約 2,300 ℓ　⇒　浴槽《よくそう》約 11 杯《ぱい》分！

◇そのほかにも……

・端材《はざい》等排出量…年間約 45,000t　⇒　端材等だけで服が約 1.8 億着作れる計算に！

（環境省 Web ページより作成）

資料４　服を買うとき，選ぶときの工夫

1	その服が本当に必要かよく考える
2	長く着ることができるものを買う
3	処分するときのことも考える
4	バザーなどで古着を買う
5	レンタルサービスを利用する

（消費者庁 Web ページより作成）

資料５　ある企業《きぎょう》のリユース・リサイクルのしくみ

回収する 不要になった服を各店舗《てんぽ》に設置された回収ボックスで回収	
仕分ける	
リユース	リサイクル
それぞれの需要《じゅよう》にこたえる	加工・再生する
季節，男女，サイズ，気候などによって，分類する	商品に使える素材や，代替《だいたい》燃料などに加工する
必要な服を難民《なんみん》キャンプや被災地《ひさいち》へ届《とど》ける	別の服として生まれ変わる
世界中で役に立つ	

まさと：サステナブルとは持続可能という意味だね。衣服の生産，着用，廃棄まで環境に配慮《はいりょ》して，サステナブルなファッションへの取り組みが広がっているみたいだよ。

よしや：そうなんだ。でも，ぼくはこのテーマについて調べるまで，服を作ることの環境への影響《えいきょう》について，考えたことがなかったよ。

まさと：だから，［　A　］を見て，これほど環境に負担《ふたん》がかかっているとわかっておどろいたな。この資料はインパクトがあるから，発表の最初に出そうよ。

ななみ：そうだね。企業がこういった問題にどのように取り組んでいるのかについてわかる資料もあるよ。企業ができる取り組みと，個人ができる取り組みは少しちがうのかもしれないね。

よしや：ぼくたちの発表では，クラスメート一人ひとりや，それぞれの家庭での意識と行動が変えられるといいね。

まさと：服がたくさんごみとして捨てられていることを知ってもらい，服を手放すときにみんなが意識して行動を変えられるようにするために，［　B　］の内容を重点的に伝えるべきだよ。

問題１　まさとさんたちの会話文と，**資料１～資料５**を参考に，次の(1)，(2)の問題に答えなさい。

(1)　会話文の［　A　］にあてはまる最も適切なものを次の**ア～オ**の中から一つ選びなさい。

ア　資料１　　イ　資料２　　ウ　資料３　　エ　資料４　　オ　資料５

(2)　会話文の［　B　］にあてはまる最も適切なものを次の**ア～カ**の中から一つ選びなさい。

ア　資料１と資料２　　イ　資料２と資料３　　ウ　資料１と資料４
エ　資料３と資料５　　オ　資料２と資料４　　カ　資料４と資料５

ななみ：私《わたし》たちの発表によって，サステナブルファッションへの関心が高まれば，衣服があたえる環境負荷を減らすことへの，間接的な貢献《こうけん》になっているといえるよね。
まさと：うん。服の処分の仕方以外にも，ぼくたち消費者の立場から貢献できることはいろいろあるはずだよ。
よしや：たとえば，[C]とかかな。
まさと：その通りだね。
ななみ：なるほど。発表を聞いた人にも，自分ができることを考えてほしいね。

問題２　まさとさんたちは，これまでに集めた資料や話し合ったことから，**資料６**の発表メモを作成しました。まさとさんたちの会話文と，**資料１～資料６**を参考にして，次の(1)，(2)の問題に答えなさい。

(1)　会話文と発表メモの[C]にあてはまる最も適切なものを次の**ア～エ**の中から一つ選びなさい。

ア　リサイクルしやすい素材を使用して，衣服を生産すること
イ　不要になった服の回収ボックスを，多く設置すること
ウ　安く買って，流行のシーズンが終わったら処分すること
エ　買うときに，処分するときのことも考えること

(2)　発表メモの[D]に入る内容を，**25字以上30字以内**で書いて，原稿を完成させなさい。ただし，「，」や「。」も１字に数え，文字に誤《あやま》りがないようにしなさい。

資料６　まさとさんのグループの発表メモ

	内容	発表原稿のためのメモ
スライド①	服を作ることの環境への影響	服を作るのにこのような環境への影響があることを知っていましたか。このことを知って，服への意識が少しでも変わればいいと思います。
スライド②	処分の方法 処分に関して気を付けてほしいこと	服をどのように処分していましたか。 環境に配慮した処分方法を選びましょう。
スライド③	私たちにできること	私たち消費者にできることは，ほかにもいろいろあるはずです。私たちは[C]や，本当に必要かを考えて買うことが大切だと考えました。なぜなら[D]からです。みなさんも，自分にできることを考えてみてください。

【集団面接】〈第２回・適性検査型試験〉

〈編集部注：問題用紙にはメモ欄が設けられています。編集の都合上，問題文のみを掲載しています。〉

本校では５人程度のグループで集団面接を行います。面接時間は20分程度で面接官は２人です。最初に一人ずつ自己紹介（自己ＰＲ）を述べた後、グループディスカッションを行います。なお、本校の適性検査型試験を受検した生徒には、合格通知と共に「報告書」を同封します。報告書では適性Ⅰ、適性Ⅱの大問ごとに「受検者平均得点率」と各自の得点率（４段階で明示）がわかるようになっています。また、集団面接では１０個の評価基準を設けて面接官が採点していきますが、各自、どの観点が優れていたかを報告書に明示しますので、今後の学習に役立てることができます。

面接の観点		内　容
①	挨拶・言葉遣い	きちんとした挨拶、言葉遣いができている。
②	自己紹介	決められた時間の中で、自己紹介（自己ＰＲ）がよくできている。
③	面接態度	落ち着いた態度で行動し、話をすることができている。
④	共感性	他の人の話・意見を共感を持って聞くことができている。
⑤	積極性	テーマに対して積極的に興味を持つことができている。
⑥	的確な意見	的確にテーマを捉え、テーマに沿った意見を述べることができている。
⑦	表現力	自分の意見を他の人にもわかりやすい言葉で表現できている。
⑧	論理の組み立て	自分の意見を論理的に組み立てながら話すことができている。
⑨	活発性	全体の話し合いが活発になるような意見を述べることができている。
⑩	リーダー性	全体の話し合いをうまくリードすることができている。

課題１

「１から１００までの整数を全部たすと、いくつになりますか？」

数学者のガウスは、少年のころに先生から出されたこの問題を、あっという間に解いてみんなを驚かせたそうです。少年ガウスは、この問題をどのようにして解いたのでしょうか。下の解き方を参考にして説明してください。時間は４分間です。

ただし、解き方を下のスペースに書いて、みんなに見せながら説明してください。解き方は問題用紙のうらに書いてもかまいません。

	１	２	３	４	・・・・・・	９７	９８	９９	１００
＋	１００	９９	９８	９７	・・・・・・	４	３	２	１
	１０１	１０１	１０１	１０１		１０１	１０１	１０１	１０１

課題２

くふうをすると、早く楽しく計算することができます。今度は、次の問題をくふうして計算してみましょう。そして、解き方はもちろん、計算の楽しさやおもしろさを自由に発表してください。どの問題から解いてもかまいません。時間は８分間です。

ただし、課題１のように、解き方を問題用紙のうらに書いてみんなに見せながら説明するか、言葉だけで説明するかは自由です。

（１）

$$\begin{array}{r} 10004 \\ -\ \ 3868 \\ \hline \end{array}$$

（２）３.８ × ７.２ ＋ ６.２ × ７.２ ＝

（３）０.２３ × ２４ ＋ １.３５ × ２４ ＋ ２４ × ２.４２ ＝

（４）７６ × ９９ ＝

（５）１２ × ３４ ＋ ３４ × ５６ ＋ ５５ × ６６ ＋ ６６ × １３ ＝

2024年度

茨城キリスト教学園中学校 ▶解　答

※　編集上の都合により，第２回・適性検査型試験の解説は省略させていただきました。

適性検査Ⅰ ＜第２回・適性検査型試験＞（45分）＜満点：100点＞

解　答

1 **問題１**　**ア**　＋　**イ**　５　**ウ**　１　**エ**　÷　**オ**　３　**問題２**　①　×　②　－　③　÷　④　４　⑤　＋　⑥　３　⑦　＋　⑧　１　⑨　９／**求め方**…(例)　６①２②９＝３の②に入る計算記号は，「－」または「÷」が考えられる。「÷」の場合，６①２の答えが27になり，式が成り立たないから，①は「×」，②は「－」が入る。６－８③④＝４は，６－８が計算できないから，８③④を先に計算することになり，③は「÷」，④は４が入る。残っている計算記号は「＋」が２個で，⑤と⑦に入るから，３＋２×⑥＝４＋５÷⑧が成り立つようにするには，⑧が１，⑥が３，⑨が９となる。

2 **問題１**　**ア**　1749600　**イ**　53000000　**ウ**　530　**エ**　72　**オ**　7.4　**問題２**　**カ**　0.91　**キ**　1.82　**ク**　3.31　**問題３**　0.365反／**求め方**…(例)　１年間に食べる米の量は365合で，これを石で表すと，365合＝36.5升＝3.65斗＝0.365石となる。米１石を収穫するのに必要な田の広さは１反だから，0.365石を収穫するのに必要な田の広さは，１×0.365＝0.365(反)となる。

3 **問題１**　(例)　ふくろの中の二酸化炭素の量を増やすため。　**問題２**　**ア**　蒸散　**イ**　でんぷん　**問題３**　(例)　葉に当たる光が弱く，光合成で取り入れる二酸化炭素や出す酸素の量よりも，呼吸で出す二酸化炭素の量や取り入れる酸素の量の方が多くなったから。

4 **問題１**　①　(例)　比例している　②　(例)　空気の量が多いほど，ゼリーが移動した距離が大きくなる　**問題２**　ウ　**問題３**　**理由**…(例)　温度が上がると，パックの中の空気の体積が大きくなってジュースの水面を押し，ジュースがストローを上がってくる。図１ではゆうやさんのパックのほうが，ジュースがストローの上のほうまで上がっているので，ちさとさんのものよりパックに空気が多く入っていて，ジュースを強く押したと考えられるから。　**どちらが多く飲んだか**…ゆうやさん

適性検査Ⅱ ＜第２回・適性検査型試験＞（45分）＜満点：100点＞

解　答

1 **問題１**　徳川家康　**問題２**　(例)　佐賀県では，１年間に同じ土地で米と麦を栽培しているから。　**問題３**　ア　**問題４**　**まさとさん**…×　**みなみさん**…○　**よしやさん**…×

2 **問題１**　ウ　**問題２**　イ　**問題３**　エ　**問題４**　(例)　ベニスのように，周りを海と

ほりに囲まれていたため安全で，商人たちが自治を行い，商業がさかんだったから。　**問題５**　**A**　ウ　**B**　オ　**C**　カ　**D**　ア　**問題６**　イ

3　**問題１**　**生徒**…ア　**先生**…ウ　**問題２**　⑴　より深く　⑵　（例）　計算はパソコンでできるから算数を学ぶことはむだだ。　**問題３**　（例）　みなさんの中には，歴史は過去のできごとだから学ぶのはむだだと思う人もいると思います。しかし，歴史を学ぶことで，現代で同じあやまちをさけたり，成功の方法を学んだりできます。たとえば，歴史上の人物の言葉が，生きる上での指針になることもあります。

4　**問題１**　⑴　ウ　⑵　ア　**問題２**　⑴　エ　⑵　（例）　本当に必要な服だけを買えば，むだな処分や生産を減らせる

2023年度 茨城キリスト教学園中学校

【算　数】〈第１回試験〉(50分)〈満点：100点〉

1　次の[ア]～[ク]にあてはまる数を答えなさい。

(1) $2023-789=$ [ア]

(2) $56\div7+15\times7=$ [イ]

(3) $(6\times6+8\times8)\div4=$ [ウ]

(4) $2\frac{4}{5}\times1\frac{3}{7}=$ [エ]

(5) $\left(\frac{1}{6}-\frac{1}{9}\right)\div\frac{2}{9}=$ [オ]

(6) $4.6\times5-12\div1.5=$ [カ]

(7) $\left(\frac{7}{12}+0.75\right)\times1\frac{1}{8}=$ [キ]

(8) ([ク] $\times15-144\div8)\div13=9$

2 次の問いに答えなさい。

⑴ 太郎君は，１問５点の問題が20問あるテストを受けました。正解できなかった問題の数が３問だとすると，太郎君の得点は何点ですか。

⑵ 花子さんは，ある週の月曜日から木曜日までの最高気温を調べました。月曜日の最高気温は28℃でした。火曜日は月曜日よりも３℃下がり，水曜日は火曜日よりも２℃上がり，木曜日は水曜日よりも５℃下がりました。木曜日の最高気温は何℃ですか。

⑶ あるきまりにしたがって，下のように整数を並べました。

１，２，２，３，３，３，４，４，４，４，５，５，……

はじめて４があらわれるのは，最初からかぞえて７番目です。はじめて８があらわれるのは，最初からかぞえて何番目ですか。

⑷ 下の図で，アとイは平行な直線で，アとイの間の長さは４cmです。アとイの間に①～④の４つの図形をかきました。①は正方形，②は台形，③は三角形，④は円です。①～④の中で，面積が最も大きい図形はどれですか。番号で答えなさい。

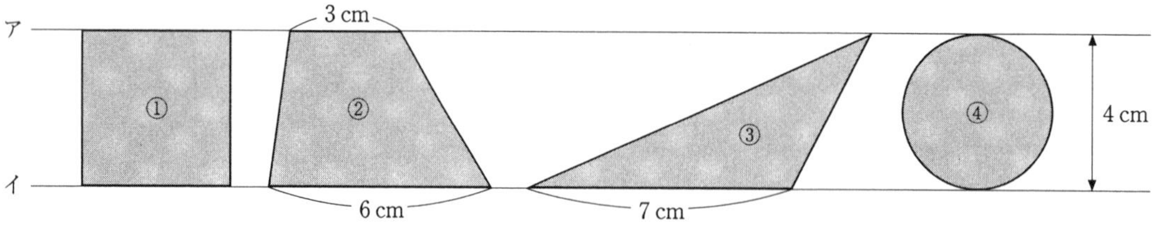

3 ある選挙に，Ａさん，Ｂさん，Ｃさん，Ｄさんの４人の男性と，Ｐさん，Ｑさん，Ｒさんの３人の女性が立候補しました。当選するのは，この中の２人です。これについて，次の問いに答えなさい。

⑴ 女性２人が当選するとき，当選する２人の組み合わせは何通りありますか。

⑵ 男性１人と女性１人が当選するとき，当選する２人の組み合わせは何通りありますか。

4　右の図のような，直方体Aと三角柱Bがあります。三角柱Bの底面は直角三角形で，直方体Aの体積は三角柱Bの体積の1.6倍です。これについて，次の問いに答えなさい。

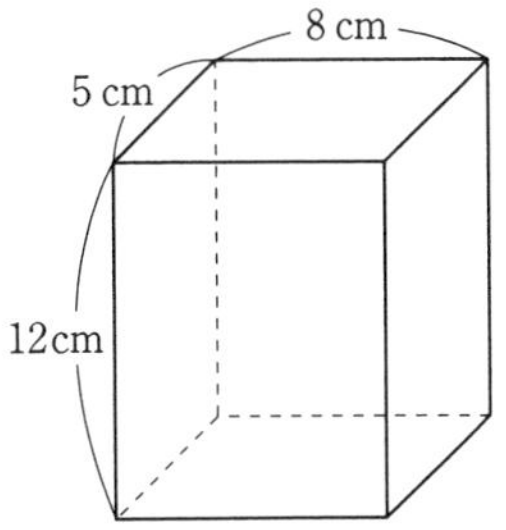

（直方体A）

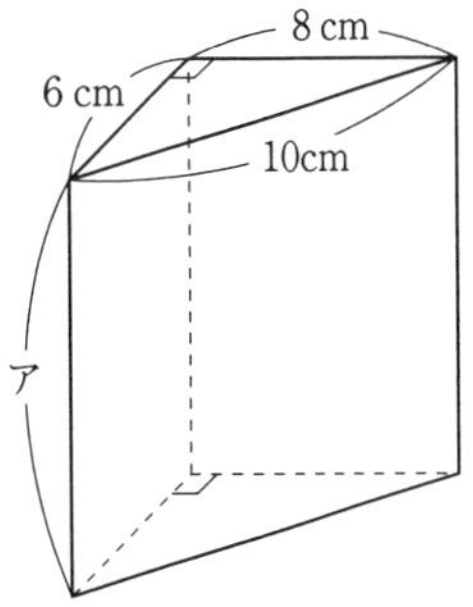

（三角柱B）

(1)　直方体Aの体積は何cm^3ですか。

(2)　三角柱Bの高さ（図のアの長さ）は何cmですか。

5　あるお店では，イチゴ，メロン，ミルク，あずきの4種類のかき氷を売っています。イチゴとメロンは1個200円，ミルクとあずきは1個250円です。ある日，4種類のかき氷が全部で29個売れて，売り上げの合計が6650円でした。右の表は，このとき売れた個数を種類別にまとめたものです。これについて，次の問いに答えなさい。ただし，消費税は考えないものとします。

種類	個数
イチゴ	8個
メロン	ア個
ミルク	イ個
あずき	7個

(1)　メロンとミルクの売り上げの合計は何円ですか。

(2)　ア，イにあてはまる数をそれぞれ答えなさい。

6 右のＡ～Ｉに整数を入れて，たて，横，ななめに並んだ３個の整数の和がすべて等しくなるようにします。すでに，Ｂには５，Ｃには10，Ｇには12が入っています。残りの部分に入れる整数の求め方について，先生と陽子さんが会話をしています。

A	B 5	C 10
D	E	F
G 12	H	I

先生：残りの部分に入れる整数を求めてみましょう。

陽子：これだけでは，何もわかりません。

先生：では，ヒントを出しましょう。

横の列の和である「Ａ＋Ｂ＋Ｃ」と，たての列の和である「Ａ＋Ｄ＋Ｇ」は等しくなります。そのうち，Ａは両方にふくまれますから，「Ｂ＋Ｃ」と「Ｄ＋Ｇ」も等しいです。

陽子：そうか……。そのことから，Ｄは [ア] とわかります。

先生：正解です。

ほかにも，同じように考えられる部分はありませんか？

陽子：はい。ななめの列も利用すると，Ｆは [イ]，Ｈは [ウ] とわかります。

でも，まだＡとＥとＩはわかりません。

先生：ここからが少しむずかしいのですが，ＡとＩの和，ＡとＩの差をそれぞれ求めてみましょう。

陽子：えっと……，３個の数の和が等しいことを利用すると……。

わかりました！　ＡとＩの和は [エ]，ＡとＩの差は [オ] です。

先生：よくできました。

すると，ＡとＩを求めることができますから，最後に残ったＥもわかりますね。

陽子：はい，Ｅは [カ] です。

先生：その通りです。よくがんばりましたね。

これについて，次の問いに答えなさい。

(1) [ア]，[イ]，[ウ] にあてはまる数をそれぞれ答えなさい。

(2) [エ]，[オ]，[カ] にあてはまる数をそれぞれ答えなさい。

【社　会】〈第１回試験〉（30分）〈満点：50点〉

1　次の【カードＡ】～【カードＦ】を見て，あとの問いに答えなさい。

【カードＡ】

この建物は，ある大学を象徴《しょうちょう》する建物です。①1968年，この建物に学生らが立てこもりましたが，翌年，警察の機動隊によって排除《はいじょ》されました。

【カードＢ】

この建物は，浄《じょう》土《ど》教が広まった時代に建てられた阿弥陀《あみだ》堂です。この建物を建てた［　②　］は，その父とともに摂関《せっかん》政治の全盛期を築きました。

【カードＣ】

この建物は，現存する世界最古の木造建築物です。天皇を③補佐《ほさ》する役職である摂政《せっしょう》を務めた人物が建てた寺院として伝えられています。

【カードＤ】

この建物は，徳川家康を祀《まつ》った日《にっ》光東照宮《こうとうしょうぐう》にある豪華絢爛《ごうかけんらん》な姿をした門です。徳川家康は，1603年に④征夷《せいい》大将軍に任じられると，江戸に幕府を開きました。

【カードＥ】

この建物は，その美しい白壁《しらかべ》から，別名「白鷺《しらさぎ》城」ともよばれ，1993年に世界文化遺産に登録されています。この城は，一時⑤豊臣秀吉が城主となったこともあります。

【カードＦ】

この建物は，⑥日清《にっしん》戦争後に，清（中国）から得た賠償《ばいしょう》金を元手に建てられました。その後，この施設《しせつ》を中心として，北九州工業地帯が発展しました。

(1)　【カードＡ】～【カードＦ】の建物とその建物が位置する都道府県の組み合わせとして正しくないものを，次の**ア**～**カ**から１つ選び，記号で答えなさい。

ア　【カードＡ】－東京都　　**イ**　【カードＢ】－京都府　　**ウ**　【カードＣ】－奈良県

エ　【カードＤ】－群馬県　　**オ**　【カードＥ】－兵庫県　　**カ**　【カードＦ】－福岡県

(2)　下線部①について，この当時アメリカが行っていた戦争として正しいものを，次の**ア～エ**から１つ選び，記号で答えなさい。

ア　朝鮮《ちょうせん》戦争　　**イ**　イラク戦争　　**ウ**　ベトナム戦争　　**エ**　湾岸《わんがん》戦争

(3)　父とともに摂関政治の全盛期を築いた，［②］にあてはまる人物の名前を答えなさい。

(4)　下線部③について，鎌倉時代に将軍を補佐した役職の名前を答えなさい。

(5)　下線部④について，征夷大将軍に任命された人物として正しくないものを，次の**ア～エ**から１人選び，記号で答えなさい。

ア　坂上田村麻呂《さかのうえのたむらまろ》　　**イ**　平 清盛《たいらのきよもり》　　**ウ**　源 頼朝《みなもとのよりとも》　　**エ**　足利尊氏《あしかがたかうじ》

(6)　下線部⑤について，この人物に関連の深い文として正しいものを，次の**ア～エ**から１つ選び，記号で答えなさい。

ア　キリスト教の禁止を徹底《てってい》するため，禁教令を出した。

イ　中国を征服する足がかりとして，朝鮮に出兵した。

ウ　南朝と北朝に分裂《ぶんれつ》していた朝廷を統一した。

エ　物価を安定させるために，株仲間を解散させた。

(7)　下線部⑥について，この戦争の講和条約の名前を，次の**ア～エ**から１つ選び，記号で答えなさい。

ア　下関条約　　**イ**　ポーツマス条約

ウ　ベルサイユ条約　　**エ**　南京《なんきん》条約

(8)　【カードＡ】～【カードＦ】の建物が建てられた年代を古い順に並べたとき，３番目となるカードを選び，Ａ～Ｆの記号で答えなさい。

(9)　【カードＡ】～【カードＦ】の建物の名前を，次の**ア～シ**からそれぞれ１つずつ選び，記号で答えなさい。

ア　安土《あづち》城　　**イ**　法隆《ほうりゅう》寺　　**ウ**　南大《なんだい》門　　**エ**　安田《やすだ》講堂

オ　薬師《やくし》寺　　**カ**　姫路《ひめじ》城　　**キ**　平等院鳳凰《びょうどういんほうおう》堂　　**ク**　富岡《とみおか》製糸場

ケ　陽明《ようめい》門　　**コ**　大隈《おおくま》講堂　　**サ**　八幡《やはた》製鉄所　　**シ**　中尊寺金色《ちゅうそんじこんじき》堂

2　次の地形図を見て，あとの問いに答えなさい。

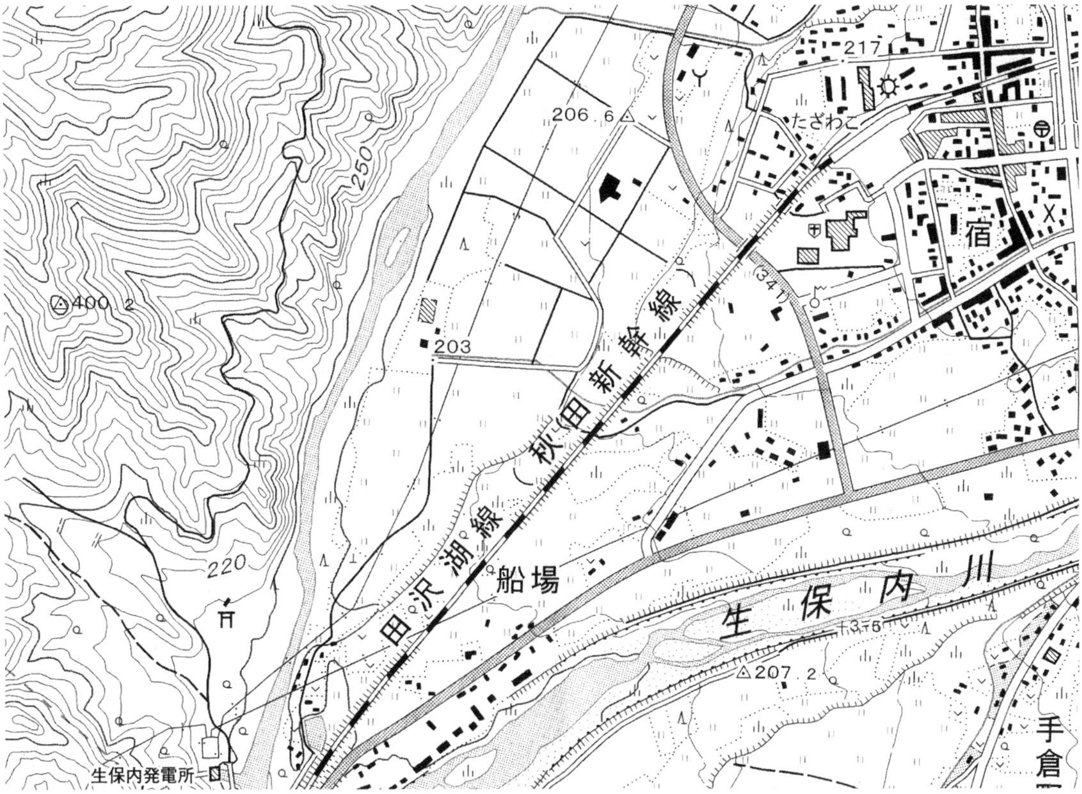

田沢湖　1：12500

国土地理院発行25000分の１地形図「田沢湖」をもとに縮尺が12500分の１となるように加工しました。

〈編集部注：編集上の都合により原図を80%に縮小しました。〉

(1)　交番(X)は，消防署(Y)から見て，どの方角にありますか。次の**ア**～**エ**から１つ選び，記号で答えなさい。

ア　北東　　**イ**　北西　　**ウ**　南西　　**エ**　南東

(2)　地形図の読み取りとして正しいものを，次の**ア**～**エ**から１つ選び，記号で答えなさい。

ア　この地形図の範囲《はんい》内には，保健所や郵便局が見られる。

イ　田沢湖線(秋田新幹線)は，トンネルを通過している。

ウ　この地形図で最も標高が高い地点は，400mを超《こ》えている。

エ　「生保内《おぼない》川」の南側には，畑や果樹園が広がっている。

(3)　「生保内発電所」から「たざわこ」駅まで，地形図上の直線で約15cmあります。実際の距離《きょり》は約何mになりますか。算用数字で答えなさい。

3　中部地方の各県の自然と産業について，次の問いに答えなさい。

(1)　中部地方は，太平洋側の［　①　］地方，日本海側の［　②　］地方，内陸部の中央高地の３つに分けられます。空らん［①］と［②］にあてはまる言葉を答えなさい。

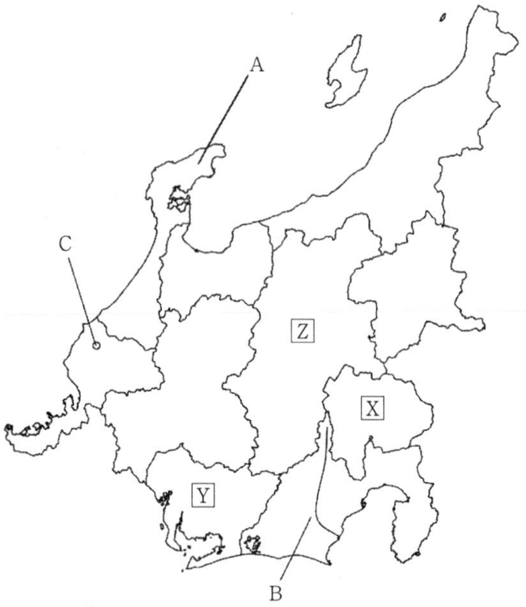

(2)　右の図中のＡの半島名とＢの河川名の組み合わせとして正しいものを，次の**ア**～**エ**から１つ選び，その記号を答えなさい。

ア　Ａ－渥美《あつみ》半島　　Ｂ－長良《ながら》川
イ　Ａ－能登《のと》半島　　Ｂ－大井《おおい》川
ウ　Ａ－渥美半島　　Ｂ－大井川
エ　Ａ－能登半島　　Ｂ－長良川

(3)　次の雨温図のうち，図中のＣ(この県の県庁所在都市)の雨温図として正しいものを，**ア**～**エ**から１つ選び，その記号を答えなさい。

ア

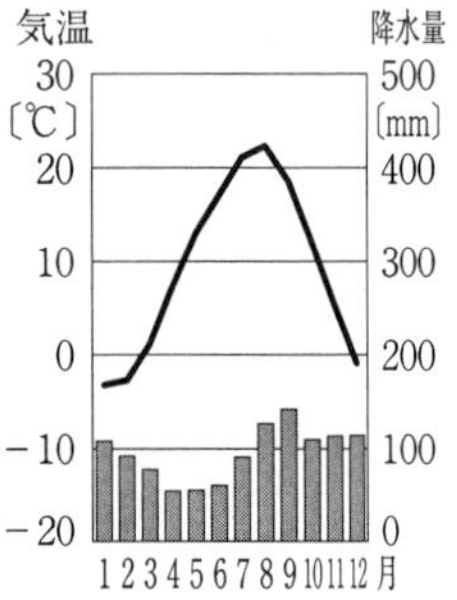

年平均気温　9.2℃
年間降水量　1146.1mm

イ

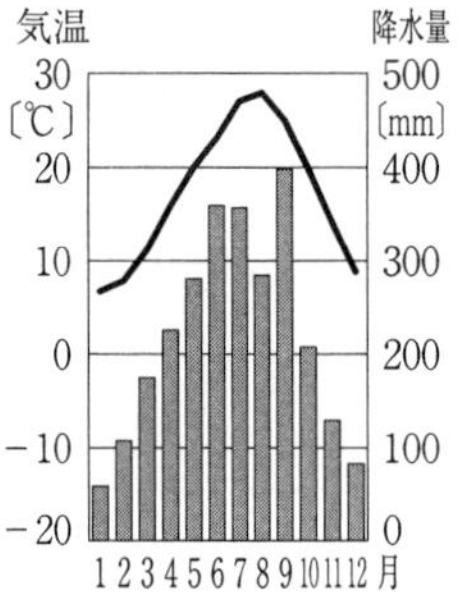

年平均気温　17.3℃
年間降水量　2666.4mm

ウ

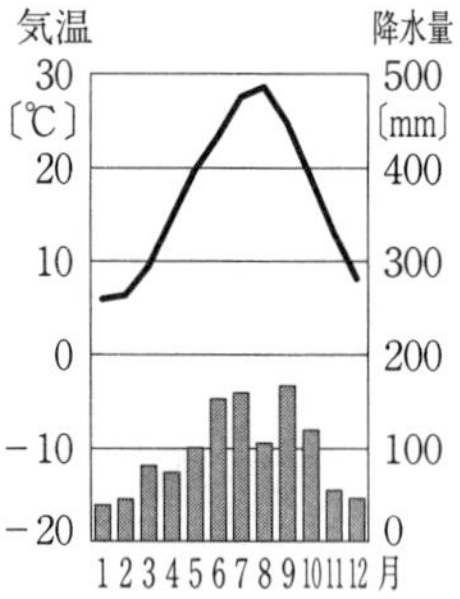

年平均気温　16.7℃
年間降水量　1150.1mm

エ

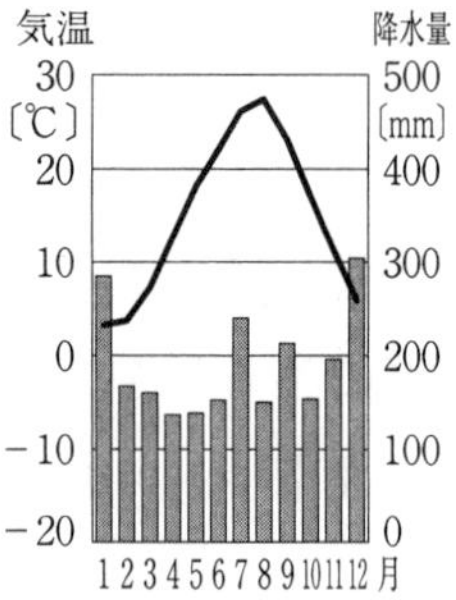

年平均気温　14.8℃
年間降水量　2299.6mm

(『理科年表』2022年版により作成)

(4)　X では，気温の寒暖差や日照時間，水はけの良い土地などの条件が果樹栽培《さいばい》に適していることから，果物がさかんに生産されています。X が収穫《しゅうかく》量第１位をほこる，右の円グラフが主な産地を示す果物の名前を答えなさい。

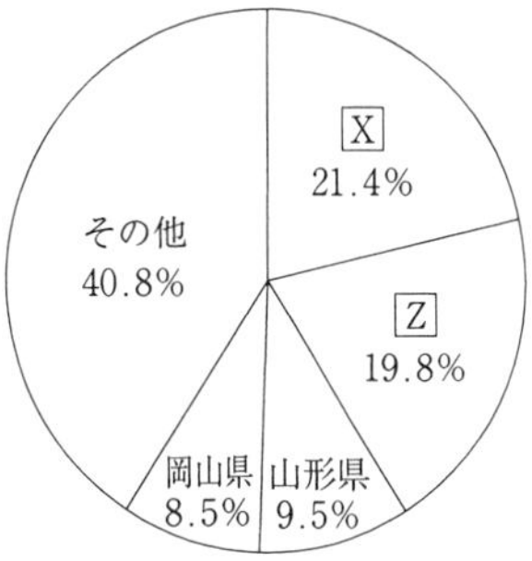

（『日本国勢図会』2022/23年版により作成）

(5)　Y では，企業《きぎょう》城下町である豊田《とよた》市を中心に自動車の生産がさかんです。Y をふくむ地域に広がる工業地帯の製造品出荷額等の構成を表したグラフを，次の**ア**～**エ**から１つ選び，その記号を答えなさい。

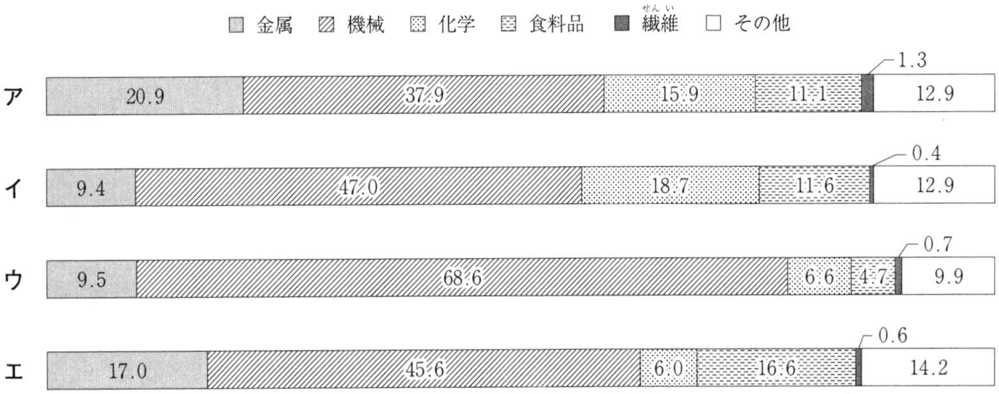

（『日本国勢図会』2022/23年版により作成）

(6)　中部地方でつくられている伝統的工芸品として正しくないものを，次の**ア**～**エ**から１つ選び，その記号を答えなさい。

ア　西陣《にしじん》織

イ　美濃《みの》焼

ウ　小千谷《おぢや》ちぢみ

エ　高岡《たかおか》銅器

(7)　Z は，隣接《りんせつ》する県が最も多い県として知られています。この県では，かつて養蚕《ようさん》業・製糸業がさかんでした。養蚕業と製糸業とはどのような産業か，「桑《くわ》」，「蚕《かいこ》」，「生糸」という言葉を使って25字以上35字以内（句読点をふくめる）で説明しなさい。

4　次の文章を読んで，あとの問いに答えなさい。

日本は，太平洋戦争に敗戦後，アメリカ軍を中心とした連合国軍に占領《せんりょう》されることとなり，GHQ(連合国軍最高司令官総司令部)の指令に基《もと》づき，さまざまな改革が行われました。その改革の１つとして政治の民主化が進められ，日本国憲法が1946年の［　①　］に公布，1947年の［　②　］に施行されました。日本国憲法は，③国民［　A　］，基本的人権の尊重，④平和主義を三大原則とし，国民の義務として，⑤納税の義務，⑥勤労の義務，子女に普通教育を受けさせる義務を定めています。また，⑦憲法を改正する場合の手続きも定めています。

(1)　文中の［①］と［②］にあてはまる月日と，現在の祝日名の組み合わせとして正しいものを，次の**ア**～**エ**から１つ選び，その記号を答えなさい。

ア　①　５月３日／憲法記念日　　②　11月３日／文化の日
イ　①　５月３日／文化の日　　②　11月３日／憲法記念日
ウ　①　11月３日／憲法記念日　　②　５月３日／文化の日
エ　①　11月３日／文化の日　　②　５月３日／憲法記念日

(2)　下線部③について述べた次の文の［A］～［C］にあてはまる言葉を答えなさい。

> 国民［　A　］とは，国の政治の方針を最終的に決定する権限が国民にあるという意味であり，明治時代に制定された［　B　］憲法(明治憲法)では，［　A　］を持つのは［　C　］であるとされていた。

(3)　下線部④について，2022年の２月に世界の平和を脅《おびや》かすできごとが起こりました。このできごとについて述べた文として正しいものを，次の**ア**～**エ**から１つ選び，その記号を答えなさい。

ア　中国が，日本海に向けて短距離弾道《だんどう》ミサイルを発射した。
イ　ロシアが，ウクライナに対して軍事攻撃《こうげき》を開始した。
ウ　アメリカ軍が撤退《てったい》したことにより，アフガニスタンでタリバンが復権した。
エ　ミャンマーでクーデターが起き，国軍が政治の実権を握《にぎ》った。

(4)　下線部⑤について，消費税に関する説明として正しいものを，次の**ア**～**エ**から１つ選び，その記号を答えなさい。

ア　消費税は，税を支《し》払《はら》う人と税を納める人が同じである直接税にふくまれる。

イ　未成年は，買い物をするさいに消費税を支払わなくてよい。

ウ　軽減税率の対象には，ビールやワインなどの酒類もふくまれる。

エ　日本で消費税が最初に導入されたとき，税率は３％だった。

(5)　下線部⑥について，日本の労働環境《かんきょう》や働き方について正しくないものを，次の**ア**～**エ**から１つ選び，その記号を答えなさい。

ア　仕事と生活の調和を意味する「ダイバーシティ」の取り組みが進められている。

イ　結婚や出産・育児を契《けい》機《き》として，仕事をいったん辞める女性が多い。

ウ　コロナ禍《か》をきっかけに，テレワーク（リモートワーク）を導入する企業が増えている。

エ　2019年に「働き方改革関連法」が施行され，長時間労働の是《ぜ》正《せい》などが求められている。

(6)　下線部⑦について，日本国憲法の改正に関する説明として正しくないものを，次の**ア**～**エ**から１つ選び，その記号を答えなさい。

ア　国会が日本国憲法の改正を発議したのちに国民投票が行われ，承認には有効投票数の過半数の賛成を必要とする。

イ　日本国憲法は制定されてから現在まで，一度も改正されたことがない。

ウ　日本国憲法の改正を発議するためには，各議院の出席議員の３分の２以上の賛成が必要となる。

エ　日本国憲法の改正が承認された場合，天皇は国民の名で直ちにこれを公布する。

【理　科】〈第１回試験〉（30分）〈満点：50点〉

1　次の問いに答えなさい。答えは，それぞれの**ア～エ**から１つずつ選び，記号で答えなさい。

(1)　肉などにふくまれるタンパク質という栄養分が，ヒトのからだの中で最初に消化のはたらきを受けるのはどこですか。

ア　口　　**イ**　胃　　**ウ**　小腸　　**エ**　大腸

(2)　赤色リトマス紙の色も青色リトマス紙の色も変えない水溶《よう》液はどれですか。

ア　食塩水　　**イ**　水酸化ナトリウム水溶液

ウ　アンモニア水　　**エ**　レモン汁《じる》

(3)「猛暑《もうしょ》日」とはどのような日のことですか。

ア　一日の最高気温が25℃以上の日　　**イ**　一日の最低気温が30℃以上の日

ウ　一日の最高気温が35℃以上の日　　**エ**　一日の最低気温が25℃以上の日

(4)　次のうち，力点に加える力よりも作用点にはたらく力が小さくなるようにしてある道具はどれですか。

ア　**イ**　**ウ**　**エ**

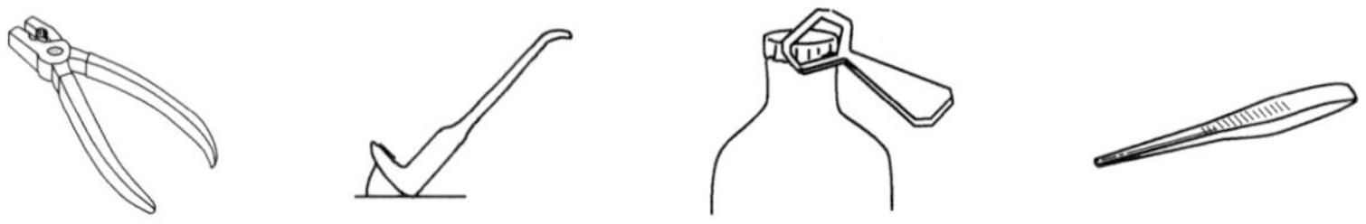

ペンチ　くぎぬき　せんぬき　ピンセット

(5)　2022年の６月中旬《じゅん》から下旬にかけて，たいへん珍《めずら》しい天体現象が見られました。それはどのような現象ですか。

ア　太陽の前に水星と金星が入って，２つとも黒い点に見えた。

イ　地球以外の太陽系の惑星《わくせい》がすべて，明け方の空に勢ぞろいして見えた。

ウ　準惑星である冥王《めいおう》星の太陽からの距離《きょり》が，海王星よりも近くなった。

エ　火星が最接近して，毎晩明るい火星が見えた。

2　メダカの誕生と成長や環境《かんきょう》について，次の問いに答えなさい。

(1)　メダカを飼ってたまごをうませるには，水そうにおすとめすを入れておく必要があります。メダカのおすとめすの見分け方について，正しく述べているのはどれですか。次の**ア**～**オ**から２つ選び，記号で答えなさい。

ア　せびれの形のちがいで見分ける。

イ　むなびれの数のちがいで見分ける。

ウ　尾《お》びれの形のちがいで見分ける。

エ　はらびれの数のちがいで見分ける。

オ　しりびれの形と大きさで見分ける。

(2)　水そうの中を毎日観察していると，水草についたたまごを見つけました。このたまごをどのようにするのが適切ですか。次の**ア**～**エ**から１つ選び，記号で答えなさい。

ア　水草からはがしとって，親メダカと一緒《いっしょ》に別の入れ物に移す。

イ　水草についた状態で，別の入れ物に移す。

ウ　水草からはがしとって，そのまま水そうの中に入れておく。

エ　水草についた状態で，そのまま水そうの中に入れておく。

(3)　次の図は，たまごが成長して子メダカが生まれ出てくるまでのいくつかの時期のようすを示しています。**A**は受精直後のたまごのようすです。**A**～**E**の時期をたまごの成長の順にならべたとき，２番目と４番目になるのはどれですか。**B**～**E**の記号で答えなさい。

A　B　C　D　E

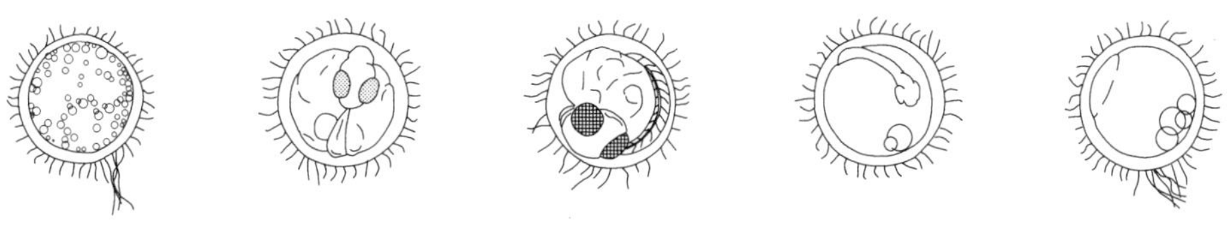

(4)　たまごの中で育つメダカの子どもは，育つための養分をどのようにして得ていますか。次の**ア**～**エ**から１つ選び，記号で答えなさい。

ア　たまごのまくの表面から，水中の養分をとり入れている。

イ　たまごの中に，もともと養分がふくまれている。

ウ　たまごのまくが，水中から水と酸素をとり入れて養分をつくっている。

エ　親メダカがときどき，養分をたまごの中に入れている。

(5)　川や池にすんでいるメダカは，何を食べていますか。次の**ア**～**エ**から１つ選び，記号で答えなさい。

ア　ゲンゴロウやタガメなどの水中にすむこん虫

イ　タニシやカワニナなどの貝

ウ　川や池などの水の中にすんでいる小さな生き物

エ　水中にとけこんでいる養分

(6)　近年，川や池で見られる野生のメダカの数は，非常に少なくなっています。その原因として考えられることを述べた次の文の[ア]，[イ]に，それぞれひらがなで５文字以内の言葉を入れなさい。

[文]

野生のメダカの数が減少したのは，メダカがすむ，水の流れが[　　ア　　]場所が減ったことや，水が[　　イ　　]ことなどが原因として考えられる。

3　水の重さや温度が変わると，もののとける重さはどのように変わるのかを調べるために，次のような【実験１】，【実験２】を行いました。これについて，あとの問いに答えなさい。

【実験１】　水の温度を20℃で一定とし，水の重さを50 g，100 g，150 g，200 g，250 gと変えて，物質Aと物質Bをとけるだけとかしたときの物質の重さを調べた。その結果は下の表１のようになった。

表１　(水温：20℃)　　　　　　　　　(単位：g)

	50 g	100 g	150 g	200 g	250 g
物質A	17.9	35.8	53.7	71.6	89.5
物質B	15.8	31.6	47.4	x	79.0

【実験２】　水の重さを100 gとし，水の温度を10℃，20℃，40℃，60℃，80℃と変えて，物質Aと物質Bをとけるだけとかしたときの物質の重さを調べた。その結果は下の表２のようになった。

表２　　　　　　　　　　　　　　　　(単位：g)

	10℃	20℃	40℃	60℃	80℃
物質A	35.7	35.8	36.3	37.1	38.0
物質B	22.0	31.6	64.0	109.0	169.0

(1) 【実験１】の結果を表す表１の x にあてはまる数を，小数第１位までの値で求めなさい。

(2) 【実験１】の結果からわかることはどれですか。次の**ア**～**エ**から最も適切なものを１つ選び，記号で答えなさい。

ア 物質Ａ，物質Ｂの両方とも，水にとける最大の重さは水の重さに比例する。

イ 物質Ａが水にとける最大の重さは水の重さに比例するが，物質Ｂは比例しない。

ウ 物質Ｂが水にとける最大の重さは水の重さに比例するが，物質Ａは比例しない。

エ 物質Ａ，物質Ｂの両方とも，水にとける最大の重さは水の重さに比例しない。

(3) 【実験１】で，20℃の水300ｇに物質Ｂをとけるだけとかした水溶液をつくると，その濃《こ》さは何％になりますか。小数第１位を四捨五入し，整数で求めなさい。

(4) 【実験２】の結果を参考にすると，【実験１】を40℃の水を用いて行った場合，水の重さを横《よこ》軸《じく》に，とけるだけとかした物質の重さをたて軸にとってグラフを描《えが》くと，どのようになりますか。次の**ア**～**エ**から最も適切なものを１つ選び，記号で答えなさい。

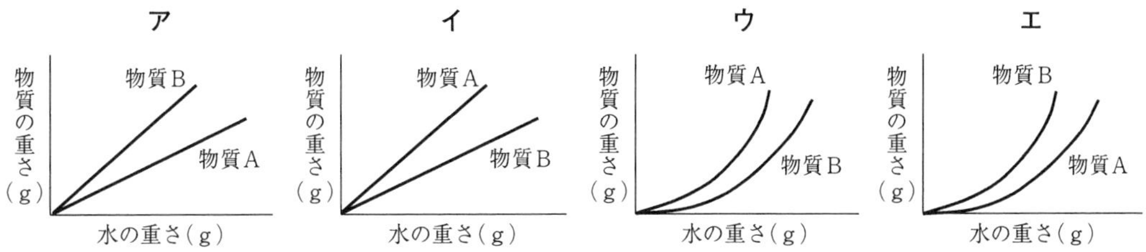

(5) 80℃の水100ｇに物質Ａ，物質Ｂをそれぞれとけるだけとかした水溶液をつくり，その温度を10℃まで下げると，とけきれなくなった物質が出てきます。出てくる物質の重さが大きいのは，物質Ａ，物質Ｂのどちらですか。ＡまたはＢで答えなさい。

(6) (5)で答えた物質は，何ｇ出てきますか。整数で答えなさい。

4　すべて新しいかん電池と豆電球を使って，右の図１や下の図２のような回路をつくりました。これについて，あとの問いに答えなさい。ただし，「すべて選び」という指示でも正解が１つだけの場合があります。

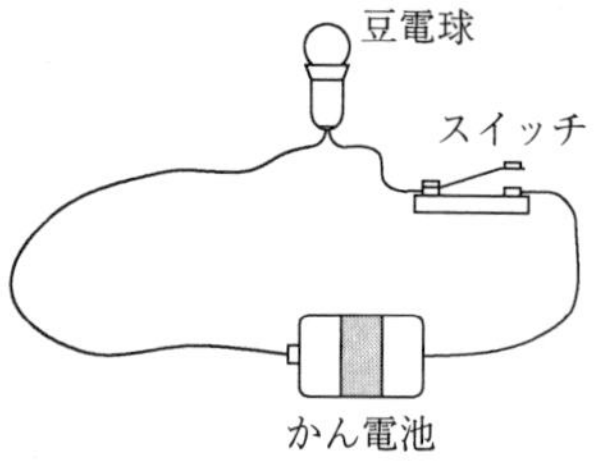

図１

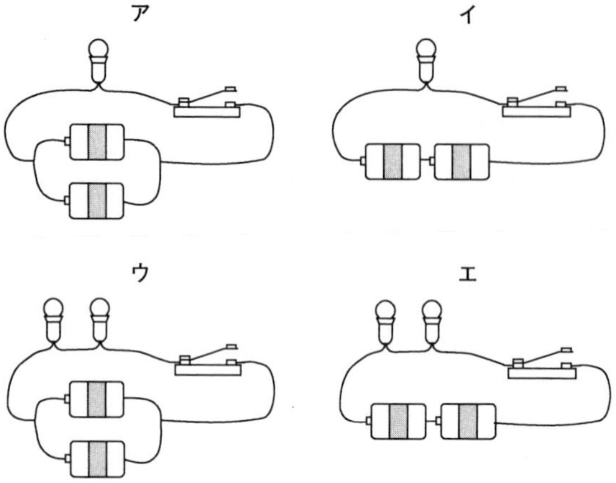

図２

(1)　図２の**ア**の回路におけるかん電池のつなぎ方を，何つなぎといいますか。ひらがなで答えなさい。

(2)　スイッチを入れたとき，図２の**ア**～**エ**の回路のうちで，１個の豆電球が図１の豆電球より明るくつくものはどれですか。**ア**～**エ**からあてはまる回路をすべて選び，記号で答えなさい。

(3)　スイッチを入れたとき，図２の**ア**～**エ**の回路のうちで，１個の豆電球が図１の豆電球とほぼ同じ明るさでつくものはどれですか。**ア**～**エ**からあてはまる回路をすべて選び，記号で答えなさい。

(4)　スイッチを入れてから，かん電池が最も早く使えなくなるのはどの回路ですか。**ア**～**エ**からあてはまる回路を１つ選び，記号で答えなさい。

(5)　スイッチを入れてから，かん電池が最も長持ちするのはどの回路ですか。**ア**～**エ**からあてはまる回路を１つ選び，記号で答えなさい。

(6)　かん電池とは異なり，長い期間にわたって発電することができ，交通ひょうしきや宇宙ステーションなどに使われている電池を何といいますか。漢字３文字で答えなさい。

5　月の動きと満ち欠けなどについて，次の問いに答えなさい。

(1)　日本国内の地点で満月を観察した場合，月が真南にきたときのもようの見え方として最も適切なのはどれですか。次の**ア**～**エ**から１つ選び，記号で答えなさい。

ア　　**イ**　　**ウ**　　**エ**

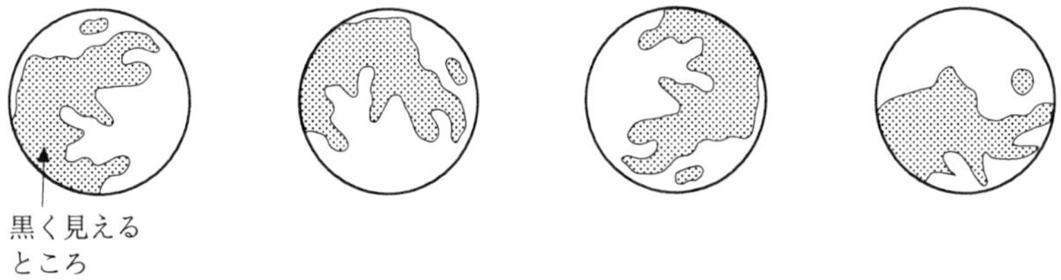

(2)　満月が真南に見えるのは，一日のうちの何時ごろですか。次の**ア**～**エ**から１つ選び，記号で答えなさい。

ア　午前６時ごろ　　　**イ**　正午ごろ

ウ　午後６時ごろ　　　**エ**　真夜中の午前０時ごろ

(3)　月を毎日観察していると，見える形が少しずつ変わっていきます。

①　満月から次の満月までの日数はどれくらいですか。次の**ア**～**エ**から最も適切なものを１つ選び，記号で答えなさい。

ア　約１週間　　　**イ**　約２週間　　　**ウ**　約１か月　　　**エ**　約２か月

②　日の入りのころ，西の空に見える月はどの形の月ですか。次の**ア**～**エ**から１つ選び，記号で答えなさい。

ア　　**イ**　　**ウ**　　**エ**

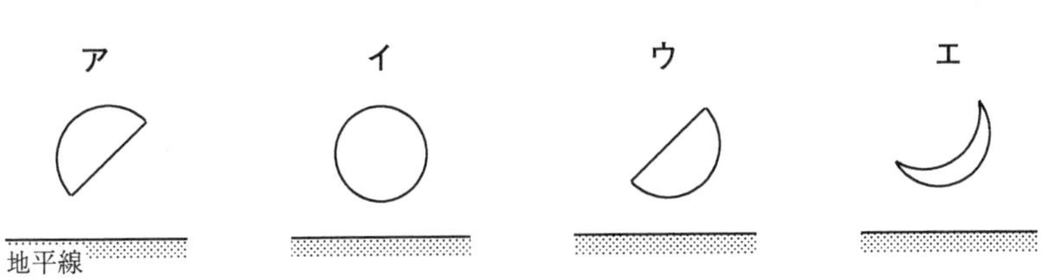

③　月の形が日ごとに変化して見える理由として，**あてはまらない**のはどれですか。次の**ア**～**オ**からすべて選び，記号で答えなさい。

ア　月が地球のまわりを回っているから。

イ　月自身は光を出していないから。

ウ　月は太陽と同じように東から西に動いているから。

エ　地球が反射した太陽の光が月に届くから。

オ　月の表面のうち，太陽に面した部分だけが光るから。

(4)　太陽は月よりもはるかに大きな天体です。地球から見ると太陽と月はほぼ同じ大きさ(同じ直径)に見えますが，太陽の実際の直径は月の直径の400倍ほどです。地球から太陽までの距離を15000万kmとすると，地球から月までの距離は約［　？　］万kmとなります。右の図を参考にして計算し，［？］にあてはまる数を，小数第１位を四捨五入して整数で答えなさい。

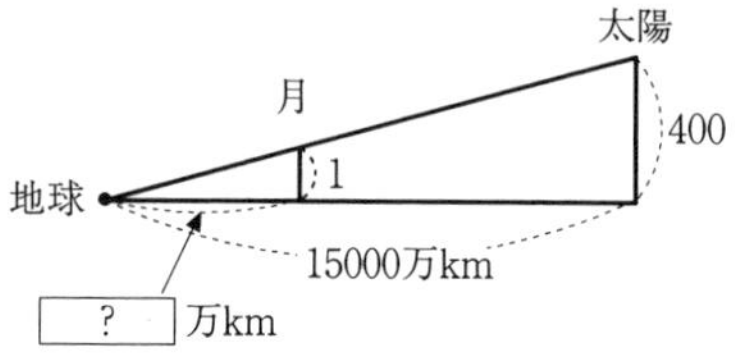

6　日本は火山国といわれるほど火山の多い国です。また，地震《じしん》も多いことでよく知られています。火山や地震について，次の問いに答えなさい。

(1)　火山がふん火すると，火口からいろいろなものがふん出します。そのうち，岩石がどろどろにとけた高温の物質を何といいますか。ひらがな４文字で答えなさい。

(2)　火山のふん火によるふん出物のうち，大きさが２mm 以下の小さいつぶが大量にふん出し，畑などに広くふり積もったり，建物などをうずもれさせたりするものを何といいますか。漢字３文字で答えなさい。

(3)　とくに地震によって起こる災害として，**あてはまらないもの**はどれですか。次の**ア**～**エ**から１つ選び，記号で答えなさい。

ア　地割れ　　**イ**　津波　　**ウ**　液状化現象　　**エ**　高潮

(4)　地震のゆれは波が伝わるようにして大地などを伝わります。このゆれの波には２種類あり，伝わる速さは速いが，ゆれは小さい波をＰ波，伝わる速さはおそいが，ゆれは大きい波をＳ波といいます。気象庁は全国のいろいろな場所に地震計(地震の発生を記録する装置)を設置していて，この地震計による測定をもとに，緊急《きんきゅう》地震速報を発表しています。

緊急地震速報とは，地震が発生するとそのＰ波をとらえ，すばやく分析《ぶんせき》してＳ波が各地点に届く前に警報を発するしくみです。地震が発生した場所(震源)が近いと間に合わない場合もありますが，大きなゆれに備えることができるので，被《ひ》害《がい》を小さくすることに役立ちます。Ｐ波の速さを毎秒８km，Ｓ波の速さを毎秒４kmとして，次の問いに答えなさい。

①　震源から80kmはなれた地点では，Ｐ波が届いてからＳ波が届くまでに何秒かかりますか。整数で答えなさい。

②　震源から16kmの地点にある地震計でＰ波を観測し，その５秒後に緊急地震速報が出されました。このとき，震源から120kmはなれた地点では，緊急地震速報を受け取ってから何秒後に大きなゆれが始まりますか。整数で答えなさい。ただし，緊急地震速報は出されたと同時に各地に伝わるものとし，地震計の観測データが気象庁に届く時間も無視できるものとします。

（九）この文章の内容と表現について説明したものとして適切なものを、次の**ア**～**オ**の中から一つ選び、記号で答えなさい。

ア　会話中に「！」や「？」を多用することで、明るく活発な登場人物たちの感情をはっきりと表現し、物語にめりはりをつけている。

イ　前半は「俺」の視点から、後半は「山口さん」の視点から場面の様子を表現することで、展開に重層的な深みを持たせている。

ウ　両親のうち一方が外国人である登場人物たちが抱く喜びや悲しみを、外来種の植物や生物の話題とからめつつ、わかりやすく伝えている。

エ　生物学的な話題をくわしく説明することで、人間が特別な生きものであることを客観的に読者が理解できる構成になっている。

オ　会話文やそれ以外の部分にも「俺」の思いや考えがていねいに描《えが》かれ、「兄貴」に対する「俺」の気持ちがとらえやすくなっている。

（十）この物語では、「山口さん」の「人間は、同じひとつの『種』」という言葉が、「兄貴」を元気づける言葉になっています。あなたは、だれかの言葉によって元気づけられた経験がありますか。そのときにどんなことを思ったり感じたりしたかを、百字以内で自由に書きなさい。

（七）――線部⑤「兄貴はまた苦しげな顔になった」とありますが、なぜ苦しげな顔になったのですか。その理由を説明した次の文の□に当てはまる適切な言葉を、［1］は十三字、［2］は三字でそれぞれ文章中から抜き出しなさい。

・［1］のような自分が、ホテイアオイ同様、異質なものとして見られてしまうのではないかと強い［2］を抱いたから。

（八）――線部⑥「山口さんが悲しむような、慈しむような目で兄貴を見つめた」とありますが、このときの山口さんの様子の説明として適切なものを、次の**ア**～**エ**の中から一つ選び、記号で答えなさい。

ア　かつて自分は何者なのかと考えていたのと同様に、孤独《こどく》な思いを抱いているだろう「兄貴」をいたわりつつ悲しくなったが、種の本質がわかればそんなふうに苦しむ必要はなくなることを伝えたいと思っている。

イ　「兄貴」のように孤独な思いに苦しむ人がいることがつらく、悲しい気持ちになってしまっているが、一方で甘えてばかりいるのはよくないとはっきり告げ、立ち直らせなければならないと決心している。

ウ　自分もまた、「兄貴」と同じような孤独な思いを感じていたことを思い出し、悲しくなってしまっているが、だからこそここにいる三人ならば悩みを共有しておたがいに支え合うことができると思い直している。

エ　「兄貴」が孤独な思いを感じてしまっていることがあまりにもかわいそうで悲しくなったが、異質な存在であることの希少性を科学的に証明し、それを伝えることで自信を取りもどしてもらおうと思っている。

(四) ――線部②「おさえきれないムカムカが腹の底からわいてきた」とありますが、このときの「俺」の気持ちを説明したものとして適切なものを、次の**ア**～**エ**の中から一つ選び、記号で答えなさい。

ア 心配する家族の気持ちも考えず、いっこうに悪いと思うそぶりを見せない「兄貴」に対していらだたしく思っている。

イ 自分ひとりだけがつらい目にあっていると思いこみ、好き放題にふるまう「兄貴」に対して強いにくしみを抱《いだ》いている。

ウ 自分は「兄貴」を見つけるのに必死だったのに、「山口さん」と仲良くしている「兄貴」に対してやるせない気持ちになっている。

エ 気をもんでいる家族の気持ちも知らずに、ゆうゆうと水草の観察をしていた「兄貴」に対してあきれはてている。

(五) ――線部③「やっぱり続きが出てこない」とありますが、なぜ出てこなかったのですか。その理由を説明した次の文の□に当てはまる適切な言葉を、文章中から十五字で抜き出しなさい。

・今から自分が「兄貴」に言おうとしている言葉は、□と思ったから。

(六) ――線部④「能天気な声が池のふちで響いた」とありますが、どういうことですか。その説明として適切なものを、次の**ア**～**エ**の中から一つ選び、記号で答えなさい。

ア 「俺」と「兄貴」との間の緊迫《きんぱく》した雰囲気《ふんいき》など意に介《かい》さない「山口さん」が、眼前に広がる水草への感動から大きな声をあげたということ。

イ 「俺」と「兄貴」との間のおだやかではない雰囲気に気後《きおく》れした「山口さん」が、話に加わるため無理をしておどけた声をあげたということ。

ウ 「俺」と「兄貴」とのやりとりにあきた「山口さん」が、自分の興味のある話題に二人を引きつけようと急にするどい声をあげたということ。

エ 「俺」と「兄貴」の間にただならぬ気配を感じた「山口さん」が、その場の空気を変えようと意図的にのんきそうな声をあげたということ。

るほど！　そうだったんだ！　って！　知らないときは、『わたしってナニモノ？』って考えたりしてましたけど、生物学的分類ではホモ・サピエンス種のメス。たったそれだけだったんですよ！」

「ホモ・サピエンス種のメス」

兄貴がリピートし、ポカーンと口を開けた。

「じゃあ、僕はそのオスってだけか……。きみのようなモノの見方ができたら、きっと悩みもなく生きられるんだろうな」

「悩み、ありますよ！」と、山口さんは目をむいた。

（安田《やすだ》夏菜《かな》『セカイを科学せよ！』による）

＊仁＝「俺」の科学部の仲間。

（一）［A］～［E］に当てはまる言葉として適切なものを、次の**ア**～**カ**の中から一つずつ選び、記号で答えなさい。

ア　ボソッと　　**イ**　ブルブルと　　**ウ**　ポタポタと

エ　ギュッと　　**オ**　ソワソワと　　**カ**　ガツンと

（二）次の一文は文章中のどこに入りますか。【**ア**】～【**エ**】の中から一つ選び、記号で答えなさい。

・このままだとガキみたいに、ふたりとも泣きそうだったから。

（三）――線部①「早合点」とありますがどういうことですか。それを説明した次の文の［　］に当てはまる適切な言葉を、文章中から六字で抜《ぬ》き出しなさい。

・水面に浮かぶ［　　　］を採ろうとした「兄貴」を見て、池に飛びこもうとしているのではないかと勝手に決めつけてしまったということ。

兄貴もうなずいている。

「ああ。実際世界中で、違う人種や民族同士の対立が起きてるわけだし。人間はひとつ、なんていうのは、きれいごとじゃないかな」

「哺乳綱霊長目《ほにゅうこうれいちょうもく》ヒト科ヒト属ホモ・サピエンス種」

山口さんは、すずやかな目で俺たちを見返した。

「生物学的に、すべてのヒトはその分類です。きれいごととか、きたないごとじゃないんです。科学的には、それが事実なので。ヒト属には北京《ペキン》原人とかジャワ原人とか、ネアンデルタール人とかいろいろいたけど、みーんなもう絶滅《ぜつめつ》しちゃったんですよ。今生き残ってるのは、わたしたちホモ・サピエンス種っていう一種だけ」

「ほんとに？　マジで一種類？　色や見た目が違っても？」

俺は腑《ふ》に落ちなくて、もう一度聞き返した。

「うん。たしかに白やら黒やら黄色やら、わたしたちみたいに混じっている個体もいますけど、種を分けるほどの違いはないんですって！　ＤＮＡを解析《かいせき》した結果、それがわかったんですって！　ゴリラ属には四つの種があって、チンパンジー属にもふたつの種があって、オランウータン属も三つの種に分けられるのに、ヒト属だけはたった一種類。つまりわたしたち、人種とやらが違っても、マウンテンゴリラとニシローランドゴリラほどの違いもないってことですよっ、ＤＮＡ的には！」

「ちょ、ちょっと待って。なんだか頭がごちゃごちゃになってきた」

兄貴はつぶやくと、困ったように黙りこんだ。

首をかしげ、なにか反論したげに口を開け、けれどまた黙った。

膝《ひざ》を抱《かか》えたまま顔を空に向け、考えこんでいる。

「そっか、そういうことか」

しばらくしてうなずき、山口さんを見た。

「きみはそんなふうに、いろいろ自分に言い聞かせて生きてきたんだね」

「んー、かなり違うような気がします。言い聞かせるっていうより、やっと本質がわかってひたすらスッキリした感じ。はっ！　な

山口さんも兄貴の隣《となり》で靴と靴下を脱ぎ、茶色い足の指をピコピコと動かしている。【　ウ　】

「わたしもセアカゴケグモにはかまれたくはないし。このホテイアオイがいくらきれいでも、日本の川や池が、ホテイアオイだけに覆われるのは嫌だな」

「ヒアリとか、カミツキガメとかも、入ってきてほしくねえ」

俺もニュースで見たことのある、そいつらを思い出して口をはさんだ。【　エ　】

「ちょっと違うかもしれないけど、ライオンとかヒョウなんかがどんどん入ってきて、そのへんをウロウロし始めたら、そりゃ危険だろ」

「僕は猛獣《もうじゅう》でもなければ、毒ムシでもない」

兄貴がまた［　D　］言い、聞き取れないくらいの小さな声でつぶやいた。

「……それなのになんでだろ。この疎外《そがい》感……」

「えっ、ああ、そんな気持ちを?」

⑥山口さんが悲しむような、慈《いつく》しむような目で兄貴を見つめた。

「もしかして、お兄さん！　自分のことを外来種とか、外来種との雑種って思ってるんですか?」

「……人間は特別な生きものだから、そういう言葉はふさわしくないってことだよね?　でも、人間も生物だってことには変わりないわけで」

「違いますよっ」

［　E　］首を左右に振る。

「本質的に違います！　わたしは人間が特別な生きものだなんて言ってません。外来種と在来種に分けるにも、『種』自体が一緒《いっしょ》だから、分けようがないんですよ。人間は、同じひとつの『種』ですから」

「ひとつの『種』?」

俺は驚いて、聞き返した。

「それは違うだろ。だって、ほら、人種とかあるじゃん。黒人とか白人とか黄色人種とか」

けど、言われたら心が死にかける言葉だ、これ。

「あららら！」

④能天気な声が池のふちで響《ひび》いた。

「あっらー。ほーんとここ、水草でいっぱいですよねー！」

とってつけたような、わざとらしい声。山口さんが焦《あせ》った顔で池の水面を指さしている。

ぐずっている幼児に困り果てたお母さんが、「あらあら、見てごらん。ワンワンがいるよ！」って言ってるみたいな。

けれど俺も兄貴も、すがるような気持ちでその水草を見つめた。【 イ 】

「ほらほら、あの水草。まあるい、緑の葉っぱのやつ。なんていう名前かなあ」

「……ホテイアオイ」

ボソッと兄貴が答えた。

「へー。花がちょっと咲《さ》きかけてますね、紫《むらさき》色の。これが全部咲いたらきれいでしょうね」

「きれいだけど嫌《きら》われてるよ。世界中で」

池のふちに体操座りをして靴《くつ》と靴下を脱ぎながら、⑤兄貴はまた苦しげな顔になった。

「……もともとは南米の植物だけど、花がきれいだからいろんな国の人が持って帰って。そしたら生命力が強いから世界中で爆発《ばくはつ》的に繁殖《はんしょく》して。川や池を覆《おお》いつくして、船を妨《さまた》げるわ、漁業に影響《えいきょう》出るわで、どこの国でも嫌《いや》がられてる……」

「ああ、外来種の問題ですよね。ムシの世界にもあります。外国から入ってきた種が、その国の生態系を破壊するってやつですよね」

「中学生なのによく知ってるね」

兄貴は背中を丸めて、自分のはだしの足を見ながら薄《うす》く笑った。

「外来種って、元気に生きようとすればするほど問題になるから。害になるとか、元からいる種を駆逐《くちく》するとか、雑種を作って種の純血を絶やすとか。どこの国でも警戒《けいかい》されて」

「うーん、難しいですよね。外来種にはたしかにそういう一面はありますから」

家出していたところを弟に見つけられたくはなかったんだろう。ちょっとふてくされたような顔で、そっぽを向いている。

その横顔を見つめていると、無事でよかったという安堵《あんど》とともに、②おさえきれないムカムカが腹の底からわいてきた。

なんだよ、その態度は！

なにをしれっと横向いてんだよ。

俺がハーハーゼイゼイ息を切らして、つりそうな足でガシガシ自転車こいで、ここまで捜《さが》しに来た気持ちわかってんのか？　俺だけじゃねえぞ。母さんなんか泣いてたからな。親父だってああ見えて、内心オロオロしてたんだぞ。スマホがちょっと鳴っただけで、素《す》っ裸《ぱだか》で風呂《ふろ》から飛び出してきたんだからな。

そういう家族の気持ち、わかってんのか、おいっ。わかってねーだろ。

「こっち向けよ！」

知らず知らず、中一卓球《たっきゅう》部員を怒鳴《どな》りつけたときみたいな声が出てしまった。【　ア　】

「つらいのは自分だけみたいな顔しやがって。十八にもなって情けねーんだよ！　誰《だれ》だって悩《なや》みのひとつやふたつくらいあるだろ。俺だってなー」

そこまで言って言葉が止まった。

兄貴が顔をこわばらせ、ほんとうに苦しげに、［B］こぶしを握《にぎ》り締《し》めていることに気づいたからだ。俺に言われるまでもなく、自分の情けなさは自分がいちばんわかってますって顔だった。

「……お、俺だってなー……」

③やっぱり続きが出てこない。いや、頭の中で言葉は飛び交《か》ってるんだ。

俺だって、いろいろ辛《つら》いことはあるんだよ。けど言ってもしかたがないと思うから、黙《だま》って耐《た》えてきたんだよ。みーんな、そうやって生きてんだよ。いちいち甘《あま》えんな！

けどそれは、あのとき＊仁《じん》に言われた言葉とそっくりで――。

そう思うと声がのど元でつっかえる。鼻の奥《おく》がツンとする。

［C］言ってやりたい。

三　次の文章を読んで、後の問いに答えなさい。問いの中で字数に指定のあるときは、特に指示がない限り、句読点や符号もその字数に含めます。

中学二年生の「俺《おれ》（藤堂《とうどう》ミハイル）」は、日本人の父とロシア人の母をもつ少年。日本生まれの日本育ちでありながら、外国人風の目立つ外見にコンプレックスがあり、学校でも目立たないように生活していた。ところが「俺」のクラスに、同じように日本生まれで日本育ちだが、黒人系アメリカ人の父と日本人の母をもつ「山口《やまぐち》アビゲイル葉奈《はな》」が転校してきたことで、少しずつ世界が変わり始めていく。

「ごめんなさい」

山口さんがしょんぼりと頭を下げている。髪《かみ》から［A］水が落ち、ピンクのTシャツもデニムパンツもビチョビチョだ。

「……僕《ぼく》はただ、そこに浮《う》いてる水草を採ろうとしてただけなのに」

同じように濡《ぬ》れねずみになった兄貴《あにき》が、ため息をついている。いきなり抱《だ》きつかれ、驚《おどろ》いて山口さんともみあいになり、ふたりとも池にはまって尻《しり》もちをついてしまったのだ。浅い池だったから、おぼれることなんて全然なかったけれど。

「誤解もいいとこだよ。それに……あの……ふたりは知り合い？」

ぐちょぐちょに濡れたスニーカーを脱《ぬ》ぎつつ、オズオズと兄貴が聞いている。

「クラスメイトなんです。それに同じ科学部です。わたしもただ、ここにいるミジンコを採ってただけなんですけどね。ずうっと暗い顔して池のふちに座《すわ》ってる人がいたから、気になってしまって。①早合点《はやがてん》してすみませんでした」

再びぺこっと頭を下げると、今度は俺のほうを見て無邪気《むじゃき》に話しかけてきた。

「けど、びっくり。どこかで見たような顔だなあと思ってたら、まさか藤堂くんのお兄さんだったなんて。ふたりはここで待ちあわせでもしてたんですか？」

「いや……」と、俺は首を振《ふ》り、兄貴は気まずそうに俺から目をそらせている。

(七) ――線部⑥「言葉のより深い把握」とありますが、それはどのようなことに必要ですか。その説明として適切なものを、次の**ア**～**エ**の中から一つ選び、記号で答えなさい。

ア 言葉が学校で学ぶ全科目に共通する技量の基礎であることを理解すること。

イ 言葉の持つ意味付けやいろいろなものをつないでいく機能を体得すること。

ウ 社会人に基本的に求められるスキルとしての言語技量をマスターすること。

エ 言葉が世代を通じて受け継がれる文化遺産であることを実感すること。

(八) この文章で述べられている内容に合うものを、次の**ア**～**エ**の中から一つ選び、記号で答えなさい。

ア 今までの言葉の歴史の中で、現代は非常に断片的な言葉が使われている時代と言えるが、そのような状況の中でも、哲学や文学が豊かなものになっているのは、すばらしいことである。

イ 日本語は、漢字、カタカナ、ひらがな、アルファベットというさまざまな文字を使用する世界でもめずらしい言語であり、世界の中で最も豊かな言語であると言われている。

ウ 人間が成長するということは、言葉の世界を拡大していくことであり、二十万年の間に人間が言葉の世界を拡大してきた歴史を、年齢とともに追体験する過程であるとも言える。

エ 高校時代の科目構成は、より広い世界を認識することを目的に編成されているが、その最も基礎的な学科が国語であるため、国語の授業時間が全科目の中で最多となっている。

(三)　――線部②「それ」が指し示す内容として適切なものを、次の**ア**～**エ**の中から一つ選び、記号で答えなさい。

ア　日本という国に昔からある言葉の豊かさや、いろいろな表現の仕方を学んでいく能力。

イ　断片的な言葉のやりとりだけで、哲学を語ったり文学を彩ったりしていく能力。

ウ　多様な言葉を区別しながら、さまざまな文字を混在させて文章を作っていく能力。

エ　旧来の言葉を破壊し、新たな言葉の世界を広げ、言葉の豊かさを見出していく能力。

(四)　――線部③「ホモサピエンス二十万年の言葉の拡大の歴史」とありますが、その「言葉の拡大の歴史」について、次の**ア**～**エ**を正しい順番に並べかえ、記号で答えなさい。

ア　言葉の結合による考えや主張の具体的な表現。

イ　具体的な物の名前やその性質を表す言葉。

ウ　心情や感覚、倫理などの抽象的な概念を表す言葉。

エ　数量や空間、時間などといった抽象性がある言葉。

(五)　――線部④「それぞれ」が具体的に指し示す内容を文章中から二十三字で探し、初めと終わりの五字を書きなさい。

(六)　――線部⑤「国語が全科目の架け橋となる」とありますが、どのようなことですか。その説明として適切なものを、次の**ア**～**エ**の中から一つ選び、記号で答えなさい。

ア　国語は、言葉を主体にした科目には必要であるということ。

イ　国語は、読み書きから表現までのすべてを補足できるということ。

ウ　国語は、自己と他者の関係を深める生きる力であるということ。

エ　国語は、全科目に共通する技量の基礎であるということ。

十八歳《さい》選挙権が得られることになりました。［D］、日本では十八歳で社会的に一人前として位置づけられ、社会に送り出されるわけです。そういうときに、＊スキルとしての言葉の使い方と共に、言葉の持っている意味付けや、色々なものをつないでいく機能があるのだということをきちんと体得していくことが重要です。そのために、高校時代は社会人として基本的に求められる言語技量をマスターする段階と言えるでしょう。その場合、スキルとしての技量の獲得のみならず人間としての相互《そうご》理解のための、⑥言葉のより深い把握が不可欠です。

子供達が基本的に学んでいる部分は本当に基礎の部分なのですが、それは実は営々たる人間の活動の中で見出されてきた文化遺産なのです。そういうものを、私は「基層力」と呼びたいですね。市民が持つ文化に対する基層の力の源泉でもあり、基盤《きばん》的に持っている力のことです。その基礎的な力をいかに充実《じゅうじつ》させていくかということです。それが受け継がれ、次の世代、そしてさらに次の世代へと受け継がれ、豊かになっていくのですから。

（池内《いけうち》　了《さとる》『科学と社会へ望むこと』による）

＊スキル＝訓練によって得られる技術。

（一）［A］～［D］に当てはまる言葉として適切なものを、次の**ア**～**カ**の中から一つずつ選び、記号で答えなさい。

ア　あるいは　**イ**　ところが　**ウ**　さらには

エ　つまり　**オ**　例えば　**カ**　なぜなら

（二）――線部①「政治とからんだ言語の歴史」とありますが、具体的にどういうことを言っているのですか。文章中の言葉を使って、四十字以内で書きなさい。

言葉を豊かにしてきました。現代の私たちは、幼い頃、高校あるいは大学など、育っていく時期に応じて人としての成長段階を辿《たど》りながら、時間をかけて進化するという道を歩んでいます。言い換《か》えると、③ホモサピエンス二十万年の言葉の拡大の歴史を、私たちは十年なり十五年なりの学習で追体験して言葉を豊かにしていると言えそうです。そういう風な見方ができるのではないかと思っています。

［Ａ］、小学校に入って一年生から成長するに従い、会話の意味の深さなどを学んでいくのですが、同時に物の名前を覚え、その性質を覚える作業も並行《へいこう》しています。それから、少しずつ抽象《ちゅうしょう》性がある数量、空間、時間の表現を知っていきます。やがて中学になると、今度は悲しみとか喜びとか、そうした抽象概念《がいねん》が心の中で生まれます。あるいは、抽象的な感覚や倫理《りんり》、愛とか神とか正義とか平等とか平和とか利己とかの概念です。［Ｂ］、利他的というようなより高度な倫理感の基本を成すような感情表現を経験するようになります。高校の段階になってくると、言葉を結び合わせることによる思想や哲学、そして諸学の理解という段階に進みます。様々な状況《じょうきょう》の中で色々な言葉を使いながら、その言葉で表せるものを具体的に、全然違《ちが》うものであろう言葉と結び合わせて、共通のある種のまとまった考え方や主張を具体的に表現し把握《はあく》していきます。こういうふうに、年齢《ねんれい》とともに二十万年の人類の言葉の歴史を追体験していくのです。

高校時代は言葉を使って哲学とか宗教とか歴史とか社会など、あらゆる学問の基本的概念を獲得《かくとく》する世代・段階であると言えるでしょうか。従って、より広い世界を認識《にんしき》できるような科目構成になっています。もう一つ大事なことは、言葉を使うことによって色々な学問の関連を知る時代でもあるということです。要するに各学問が独立して別個にあるのではなく、それらを結び合わせることによって互《たが》いに関連しあっていることがわかってくるということです。それがわかってくるからこそ、④それぞれの大事さみたいなものも理解できるようになるのです。それを通じて、今度は自分で感情とか論理、［Ｃ］概念といったものを表現する術《すべ》を獲得する、そういう段階であるのです。

ここで、⑤国語が全科目の架《か》け橋となるということ、つまり言葉を主体にした科目としての国語が、読み、書き、理解し、学習し、表現し、主張し、納得《なっとく》し、という全科目に共通する技量の基礎《きそ》になるのは必然です。それぞれの言葉を通じて、その中身を表現したり、主張したりするのですから。それを自己と他者の関係、つまり他の人との間でやりとりすることによって深めていくということこそが、生きる力ではないかというふうに思っています。

(四) 次のア～エの中から、敬語の使い方が適切でないものを一つ選び、記号で答えなさい。

ア 先生はその資料をご覧になったことがありますか。
イ お客様のご都合のよい時間をうかがいたいと思います。
ウ 昨日、私は新任の先生に初めてお目にかかった。
エ お客様が応接室のほうに参られています。

二 次の文章を読んで、後の問いに答えなさい。問いの中で字数に指定のあるときは、特に指示がない限り、句読点や符号《ふごう》もその字数に含《ふく》めます。

私たち現代の人間と同じ種のホモサピエンスが地上に現れたのは、約二十万年前です。この二十万年前から現代までに、人類は言葉を多様にし、豊かな表現を可能にしてきました。

日本はこんなに小さい国なのに、こんなに多様な方言があるということは非常におもしろいですね。おそらく、それは江戸時代の地方分権が徹底《てってい》させたのではないでしょうか。そういう①政治とからんだ言語の歴史もあったと思われます。現代のようにＳＮＳとかＬＩＮＥとかで非常に断片《だんぺん》的な言葉が使われている時代というのは、旧来の言葉が破壊《はかい》されていく時代ではないのかと心配しています。ほんの断片的な言葉のやりとりだけで、哲学《てつがく》は語れるのか、文学を多様に彩《いろど》れるのか、ということがすごく気に掛《か》かるからです。日本という国には、言葉の豊かさがあり、色んな表現の仕方があります。それを子供達は小さい頃《ころ》から学んでいくわけですね。これだけ多様な言葉を何ともなしに区別しながら、漢字、カタカナ、ひらがな混じり、時にはアルファベットも入った文章を作っていくことができるわけです。これはすごい能力で素晴《すば》らしいことであって、②それを失わせないということが必要ではないかと思います。果たして、今後ＳＮＳによって新たな能力が開発され、新たな言葉の世界を広げ、言葉の世界の豊かさみたいなものも見出《みいだ》していく、そんなことがあるのでしょうか？

人間の成長というのは、言葉の拡大であるというふうに言えるのではないでしょうか。人間は二十万年という時間をかけて

2023年度 茨城キリスト教学園中学校

【国語】〈第一回試験〉（五〇分）〈満点：一〇〇点〉

一 次の各問いに答えなさい。

（一） 次の①～⑧の――線部のカタカナを漢字に、漢字をひらがなに直しなさい。

① 危険をサけながら探検を続ける。

② 日本は四季の変化にトむ。

③ 兄は舞台《ぶたい》ハイユウをめざしている。

④ 長年のコウセキをたたえる。

⑤ 強敵を接戦で退ける。

⑥ 空が夕焼けに染まる。

⑦ 彼《かれ》は私の腹心の部下だ。

⑧ 行方不明だった船が見つかる。

（二） 次の①～③の熟語と組み立てが同じ熟語を、後の**ア**～**カ**の中から一つずつ選び、記号で答えなさい。

① 帰郷　② 満足　③ 涼風

ア 難化　**イ** 日銀　**ウ** 登山　**エ** 軽傷　**オ** 県営　**カ** 携帯

（三） 次の①～④の□に適切な漢字一字を書き入れ、慣用句を完成させて、正しい文にしなさい。

① おしゃべりばかりして□を売っているから、いつまでも仕事が終わらない。

② この場にふさわしくない彼の発言に、二の□が継《つ》げない。

③ 球技大会になると、兄は水を得た□のような活躍《かつやく》をする。

④ 討論会では□を射た良い質問がたくさん出された。

2023年度

茨城キリスト教学園中学校 ▶解説と解答

算　数　<第１回試験>（50分）<満点：100点>

解　答

1 (1) 1234　(2) 113　(3) 25　(4) 4　(5) $\frac{1}{4}$　(6) 15　(7) $1\frac{1}{2}$　(8) 9

2 (1) 85点　(2) 22℃　(3) 29番目　(4) ②　3 (1) ３通り　(2) 12通り

4 (1) 480cm^3　(2) 12.5cm　5 (1) 3300円　(2) ア　４個　イ　10個　6

(1) ア　3　イ　19　ウ　17　(2) エ　22　オ　14　カ　11

解　説

1 四則計算，逆算

(1) $2023-789=1234$

(2) $56\div 7+15\times 7=8+105=113$

(3) $(6\times 6+8\times 8)\div 4=(36+64)\div 4=100\div 4=25$

(4) $2\frac{4}{5}\times 1\frac{3}{7}=\frac{14}{5}\times\frac{10}{7}=4$

(5) $\left(\frac{1}{6}-\frac{1}{9}\right)\div\frac{2}{9}=\left(\frac{3}{18}-\frac{2}{18}\right)\div\frac{2}{9}=\frac{1}{18}\times\frac{9}{2}=\frac{1}{4}$

(6) $4.6\times 5-12\div 1.5=23-8=15$

(7) $\left(\frac{7}{12}+0.75\right)\times 1\frac{1}{8}=\left(\frac{7}{12}+\frac{3}{4}\right)\times\frac{9}{8}=\left(\frac{7}{12}+\frac{9}{12}\right)\times\frac{9}{8}=\frac{16}{12}\times\frac{9}{8}=\frac{3}{2}=1\frac{1}{2}$

(8) $144\div 8=18$より，$(\square\times 15-18)\div 13=9$，$\square\times 15-18=9\times 13=117$，$\square\times 15=117+18=135$　よって，$\square=135\div 15=9$

2 四則計算，条件の整理，数列，面積

(1) 正解できなかった問題の数が３問だから，正解できた問題の数は，20－３＝17(問)である。よって，得点は，５×17＝85(点)とわかる。

(2) 火曜日の最高気温は，28－３＝25(℃)なので，水曜日は，25＋２＝27(℃)となる。よって，木曜日は，27－５＝22(℃)とわかる。

(3) １が１個，２が２個，３が３個，…のように，並んでいる整数の個数が１個ずつ増えている。よって，１から７までに並んでいる個数の合計は，１＋２＋３＋４＋５＋６＋７＝(１＋７)×７÷２＝28(個)だから，はじめて８があらわれるのは最初からかぞえて，28＋１＝29(番目)とわかる。

(4) ①の面積は，４×４＝16(cm^2)，②は，(３＋６)×４÷２＝18(cm^2)，③は，７×４÷２＝14(cm^2)である。また，④の図形は①の中に完全に入るので，④の面積は①の面積よりも小さい。よって，面積が最も大きい図形は②である。

3 場合の数

(1) {Ｐさん，Ｑさん}，{Ｑさん，Ｒさん}，{Ｒさん，Ｐさん}の３通りある。

(2) 男性１人の選び方は４通りあり，どの場合も女性１人の選び方は３通りずつある。よって，２

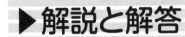

人の組み合わせは，４×３＝12(通り)と求められる。

4 立体図形―体積

(1)　直方体Ａは，たて５cm，横８cm，高さ12cmだから，体積は，５×８×12＝480(cm^3)となる。

(2)　三角柱Ｂの体積を□cm^3とすると，□×1.6＝480(cm^3)と表すことができるので，□＝480÷1.6＝300(cm^3)とわかる。また，三角柱Ｂの底面積は，８×６÷２＝24(cm^2)だから，24×ア＝300(cm^3)と表すことができ，ア＝300÷24＝12.5(cm)と求められる。

5 つるかめ算

(1)　イチゴだけの売り上げは，200×８＝1600(円)，あずきだけの売り上げは，250×７＝1750(円)である。これらの合計は，1600＋1750＝3350(円)だから，メロンとミルクの売り上げの合計は，6650－3350＝3300(円)とわかる。

(2)　メロンとミルクの個数の合計は，29－(８＋７)＝14(個)なので，右のような面積図に表すことができる。この図で，図形全体の面積は3300円にあたり，太線で囲んだ部分の面積は，200×14＝2800(円)なので，斜線《しゃせん》部分の面積は，3300－2800＝500(円)とわかる。また，斜線部分のたての長さは，250－200＝50(円)だから，イ＝500÷50＝10(個)と求められる。さらに，ア＋イ＝14(個)だから，ア＝14－10＝４(個)となる。

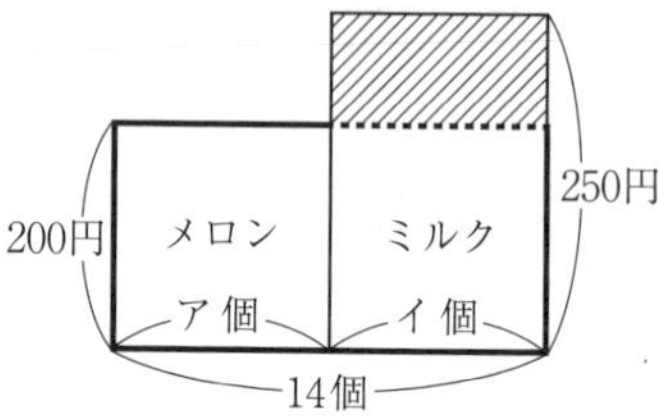

6 条件の整理，和差算

(1)　下の図１で，$A+B+C=A+D+G$であり，Aは等号の両側にふくまれているから，$B+C=D+G$となる。よって，５＋10＝D＋12より，D＝５＋10－12＝３(…ア)とわかる。同様に，$D+E+F=G+E+C$であり，Eは等号の両側にふくまれているので，$D+F=G+C$，３＋F＝12＋10より，F＝12＋10－３＝19(…イ)と求められる。さらに，$C+F+I=G+H+I$であり，Iは等号の両側にふくまれているから，$C+F=G+H$，10＋19＝12＋Hより，H＝10＋19－12＝17(…ウ)となる。

図１

A	B 5	C 10
D	E	F
G 12	H	I

図２

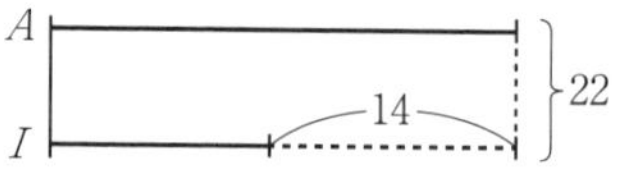

図３

A 18	B 5	C 10
D 3	E 11	F 19
G 12	H 17	I 4

(2)　$A+E+I=G+E+C$であり，Eは等号の両側にふくまれているので，$A+I=G+C$より，$A+I$＝12＋10＝22(…エ)とわかる。次に，$A+B+C=C+F+I$であり，Cは等号の両側にふくまれているから，$A+B=F+I$，A＋５＝19＋Iとなる。この式で，５と19の差は，19－５＝14だから，AとIの差も14(…オ)となる(Aの方が大きい)。よって，AとIの関係は上の図２のように表すことができるので，Aの２つ分が，22＋14＝36となり，A＝36÷２＝18，I＝18－14＝４と求められる。したがって，１列に並んだ３個の整数の和は，$A+B+C$＝18＋５＋10＝33だから，$D+E+F$＝33，３＋E＋19＝33より，E＝33－３－19＝11(…カ)となる。なお，すべて入れると上の図３のようになる。

社　会　＜第１回試験＞（30分）＜満点：50点＞

解　答

1 (1) エ　(2) ウ　(3) 藤原頼通　(4) 執権　(5) イ　(6) イ　(7) ア　(8) E　(9) カードA…エ　カードB…キ　カードC…イ　カードD…ケ　カードE…カ　カードF…サ　2 (1) エ　(2) ウ　(3) (約)1875(m)　3 (1) ① 東海(地方)　② 北陸(地方)　(2) イ　(3) エ　(4) ぶどう　(5) ウ　(6) ア　(7) (例) 桑を栽培し，それをえさとして育てた蚕のまゆから生糸を生産する産業。　4 (1) エ　(2) A 主権　B 大日本帝国　C 天皇　(3) イ　(4) エ　(5) ア　(6) ウ

解　説

1 歴史的建造物とそれらが建てられた時代についての問題

(1) 【カードA】の建物は，東京都文京区本郷に位置する東京大学大講堂(安田講堂)である。1968年に学生らが安田講堂を占拠《せんきょ》したが，翌69年１月，警察の機動隊によって排除された。【カードB】の建物は，京都府宇治市に位置する平等院鳳凰《ほうおう》堂である。11世紀の中ごろ，この世に極楽浄土を再現して阿弥陀仏《あみだぶつ》をまつるために建てられた。【カードC】の建物は，奈良県斑鳩《いかるが》町に位置する法隆寺である。７世紀初めに聖徳太子が建てた現存する世界最古の木造建築物で，多くの建造物や仏像が国宝に指定され，1993年に「法隆寺地域の仏教建造物」としてユネスコ(国連教育科学文化機関)の世界文化遺産に登録された。【カードD】の建物は，栃木県日光市に位置する日光東照宮の陽明門である。江戸時代初めに江戸幕府の第３代将軍徳川家光によって現在の豪華《ごうか》な社殿が造営され，1999年に「日光の社寺」として世界文化遺産に登録された。【カードE】の建物は，兵庫県姫路《ひめじ》市に位置する姫路城である。安土桃山時代から江戸時代初めにかけて築かれた城で，その白壁の美しさから「白鷺城」ともよばれ，1993年に「姫路城」として世界文化遺産に登録された。【カードF】の建物は，福岡県北九州市に位置する八幡製鉄所である。日清戦争の講和条約によって手に入れた賠償金をもとに，鉄鋼の国産化を目指して設立された官営工場で，2015年に「明治日本の産業革命遺産　製鉄・製鋼，造船，石炭産業」の一部として世界文化遺産に登録された。

(2) 1965年，社会主義国のソ連と中国の支援を受ける北ベトナムに対し，アメリカ軍が大規模な爆撃を開始したことで，ベトナム全土に広がる戦争となった。この戦争は和平協定が結ばれる1973年まで続き，1976年にベトナム社会主義共和国が誕生した。なお，アは1950年，イは2003年，エは1991年に起こった戦争。

(3) 父である藤原道長とともに摂関政治の全盛期を築いたのは，1017年に摂政，1019年に関白となった藤原頼通である。深く浄土教を信仰し，京都の宇治に平等院鳳凰堂を建てたことでも知られる。

(4) 鎌倉時代に将軍を補佐した役職を執権《しっけん》という。鎌倉幕府を開いた源頼朝の妻の実家である北条氏が代々この役職につき，源氏の将軍が３代(頼朝・頼家・実朝)でとだえると，執権が政治の実権をにぎって幕府を動かすようになった。

(5) 平清盛は，1167年に武士として初めて太政《だいじょう》大臣となったが，征夷《せいい》大将軍には任命されていない。

(6) 16世紀末，豊臣秀吉は，明(中国)を征服するため，肥前国(佐賀県)名護屋に城を築いて二度に

わたって朝鮮に出兵した(1592年の文禄の役と1597年の慶長の役)が，秀吉が病死すると兵は引き上げられた。

(7)　1895年，日清戦争の講和会議が下関(山口県)で開かれ，日本側の代表として首相の伊藤博文と外務大臣の陸奥宗光が出席した。このとき，下関条約が締結され，日本は多額の賠償金と新たな領土として台湾や遼東《リャオトン》半島(三国干渉により後に返還)などを手に入れた。

(8)　年代を古い順に並べると，【カードＣ】(飛鳥時代)→【カードＢ】(平安時代)→【カードＥ】(安土桃山時代)→【カードＤ】(江戸時代)→【カードＦ】(明治時代)→【カードＡ】(昭和時代)となる。

(9)　(1)の解説を参照のこと。

2　地形図の読み取りについての問題

(1)　特にことわりのないかぎり，地形図では上が北を示しているので，右が東，下が南，左が西となる。消防署(Y)から見て，交番(X)は右斜《なな》め下の方角にあるので，８方位では南東にあたる。

(2)　地形図の西(左)に位置する三角点(△)の数値は400.2とあるので，この地点の標高は400.2mであるとわかる。よって，ウが正しい。なお，アについて，郵便局(〒)はあるが，保健所(⊕)は見られない。イについて，トンネル(⊐::::⊏)は見られない。エについて，畑(∨)は広がっているが果樹園(♁)は見られない。(Q)の地図記号は広葉樹林を示している。

(3)　実際の距離《きょり》は，(地形図上の長さ)×(縮尺の分母)で求められる。この地形図の縮尺は12500分の１なので，地形図上で約15cmの長さの実際の距離は，15×12500＝187500(cm)＝1875(m)となる。

3　中部地方の自然と産業についての問題

(1)　中部地方は，太平洋側の静岡県・愛知県・岐阜県南部で構成される東海地方，日本海側の新潟県・富山県・石川県・福井県で構成される北陸地方，内陸部の山梨県・長野県・岐阜県北部で構成される中央高地の３つの地域に分けられる。

(2)　Ａの能登半島は，日本海に向けて突き出た石川県北部にある半島で，北西部に位置する輪島市では伝統的工芸品の「輪島塗」がつくられている。Ｂの大井川は，赤石山脈の間ノ岳(静岡県・山梨県・長野県)を源流とし，静岡県中部を南に流れ，島田市付近から広がる扇状地を抜け，駿河湾に注ぐ川である。なお，渥美半島は愛知県南東部にある半島，長良川は岐阜県を流れて伊勢湾に注ぐ川である。

(3)　Ｃは福井県福井市で，日本海側に位置しているため，冬は大陸から吹《ふ》くしめった北西の季節風の影響を受けて雨や雪が多く降る。なお，アは北海道札幌市，イは高知県高知市，ウは香川県高松市の雨温図。

(4)　地図中Ⓧは山梨県，Ⓩは長野県である。ぶどうは昼と夜の温度差が大きく，年間を通して降水量の少ない盆地でさかんに生産され，収穫量全国第１位の山梨県，第２位の長野県，第３位の山形県で全国収穫量の約半分を占《し》める。

(5)　地図中Ⓨの愛知県から三重県にかけての伊勢湾沿岸に発達した工業地帯を中京工業地帯といい，豊田市(愛知県)を中心に自動車(輸送用機械)工業がさかんで，機械工業の内訳が製造品出荷額等のうち約３分の２の割合を占めている。なお，アは阪神工業地帯，イは京浜工業地帯，エは北九州工業地域のグラフ。

(6)　西陣織は近畿地方の京都府でつくられる伝統的工芸品である。1467年に起こった応仁の乱が終わると，西軍の陣地がおかれていたあたりで織物づくりが再開され，それ以来，この地域で生産される絹織物は西陣織とよばれるようになった。なお，イは岐阜県，ウは新潟県，エは富山県の伝統的工芸品。

(7) 栽培した桑を絹の糸をつくるための蚕のえさにして養蚕業を営んでいる農家が多くあった。この養蚕農家がつくるまゆから生糸を生産する産業を製糸業といい，明治時代から昭和時代にかけて日本の重要な産業であった。

4 日本国憲法や現代社会についての問題

(1) 日本国憲法は，1946年11月３日に公布され，翌47年５月３日に施行された。現在，11月３日は文化の日，５月３日は憲法記念日として，それぞれ国民の祝日になっている。

(2) 国の政治をどのように進めていくのかを最終的に決める権限を主権といい，日本国憲法では主権が国民にあることが定められている。これを国民主権といい，日本国憲法の三大原則の一つに位置づけられている。1889年２月11日に発布された大日本帝国憲法では，主権を持つのは天皇で，国民は天皇の臣民とされていた。

(3) 2022年２月，ロシアはウクライナに対して全面的な軍事侵攻《しんこう》を行った。なお，アは「中国」ではなく「朝鮮民主主義人民共和国(北朝鮮)」が正しい。ウは2021年８月，エは2021年２月のできごと。

(4) 消費税は，竹下登内閣の1989年に税率３％で導入され，税率は，橋本龍太郎内閣の1997年に５％，安倍晋三内閣の2014年に８％，2019年に10％に引き上げられた。なお，アについて，消費税は税を支払う人と税を納める人が異なる間接税にふくまれる。イについて，未成年も消費税を支払っている。ウについて，軽減税率の対象は，酒類や外食をのぞく飲食料品と定期購読している新聞である。

(5) 仕事と生活の調和を図ることを「ワーク・ライフ・バランス」といい，働き方改革によって，長時間労働をなくすこと，正規雇用者と非正規雇用者の待遇格差をなくすこと，子育てや介護と仕事の両立ができることなどが目指されている。なお，「ダイバーシティ」は多様性を意味する英語で，性別，年齢，人種，宗教，価値観にこだわらず，多様性を受け入れようとする取り組みが行われている。

(6) 日本国憲法第96条や憲法改正国民投票法では，憲法改正を国会で発議するために，衆議院・参議院それぞれの総議員の３分の２以上の賛成が必要で，承認にはその後に行われる国民投票で有効投票数の過半数の賛成を必要とすることが定められている。

理 科 ＜第１回試験＞（30分）＜満点：50点＞

解 答

1 (1) イ　(2) ア　(3) ウ　(4) エ　(5) イ　2 (1) ア，オ　(2) イ　(3) **２番目**…E　**４番目**…B　(4) イ　(5) ウ　(6) (例) **ア** ゆるやかな　**イ** よごれた　3 (1) 63.2　(2) ア　(3) 24％　(4) ア　(5) B　(6) 147g　4 (1) へいれつ(つなぎ)　(2) イ　(3) ア，エ　(4) イ　(5) ウ　(6) 光電池

5　(1)　イ　(2)　エ　(3)　①　ウ　②　エ　③　ウ，エ　(4)　約38万km
6　(1)　ようがん　(2)　火山灰　(3)　エ　(4)　①　10秒　②　23秒後

解　説

1　小問集合

(1)　タンパク質は肉や魚などにふくまれていて，ヒトのからだでは，はじめに胃から出される胃液によって消化され，次にすい液や腸液によって消化されて，小腸の毛細血管から吸収される。

(2)　食塩水のような中性の水溶液《すいようえき》は，赤色リトマス紙の色も青色リトマス紙の色も変えない。なお，水酸化ナトリウム水溶液やアンモニア水のようなアルカリ性の水溶液は赤色リトマス紙の色を青色に変え，レモン汁《じる》のような酸性の水溶液は青色リトマス紙の色を赤色に変える。

(3)　一日の最高気温が35℃以上の日を猛暑《もうしょ》日という。なお，一日の最高気温が30℃以上の日を真夏日，一日の最高気温が25℃以上の日を夏日といい，気温が夜になっても下がらず，一日の最低気温が25℃以上の日を熱帯夜という。

(4)　てこを利用した道具のうち，ピンセットのように力点が支点と作用点の間にある道具は，支点から力点までの長さが，支点から作用点までの長さより短くなるので，作用点に力点に加える力より大きな力をはたらかせることができない。ただし，力点より作用点の動きの方が大きくなるので，細かい作業に向いている。

(5)　水星，金星，火星，木星，土星，天王星，海王星と地球は太陽系の惑星《わくせい》である。2022年６月中旬《ちゅうじゅん》から下旬にかけて，地球以外の太陽系惑星がすべて，明け方の東の空に勢ぞろいして見えた。

2　メダカの誕生と成長，生育環境《かんきょう》についての問題

(1)　メダカのおすは，せびれに切れこみがあり，しりびれが平行四辺形に近い形をしているが，めすのせびれには切れこみがなく，しりびれは三角形に近い形をしている。

(2)　親メダカは産みつけられたたまごを食べてしまうことがあるので，たまごが水草についた状態で別の水そうに移す必要がある。

(3)　産みつけられたばかりの受精卵は，油のつぶがたまごの中全体に散らばっている(A)が，片側に油のつぶが集まり(E)，はいが成長しはじめる(D)。その後まず目がはっきりしてきて(B)，血液が送り出される様子や心臓も確認できるようになり(C)，水温25℃の場合は10日ほどでたまごのからをやぶって子メダカが生まれ出てくる。

(4)　魚類はふつう子育てをしない。メダカのたまごの中には，もともと子メダカになるまでの養分がふくまれていて，その養分を使って育つ。

(5)　川や池の水の中には，メダカのエサとなるプランクトンとよばれる小さな生物がすんでいる。

(6)　野生のメダカは流れの速い大きな川には住まず，流れのゆるやか(おだやか)なところを好むが，近年は小川がコンクリートで固められるなどして流れのゆるやかな場所が減り，メダカの数が減っている。また，家庭の排水《はいすい》や農薬が流出するなどして水がよごれたことも，メダカの数の減少の原因と考えられる。

3　もののとけ方についての問題

(1)，(2)　表１より，物質A，物質Bともに，水の温度が一定であれば水の重さと水にとける物質の最大の重さは比例することがわかる。よって，$x = 15.8 \times \frac{200}{50} = 63.2$(g)となる。

(3)　水溶液の濃《こ》さは，(とけている物質の重さ)÷(水溶液の重さ)×100で求めることができ，とけるだけとかした水溶液の濃さは，水の量が50ｇの場合も300ｇの場合も同じになる。よって，15.8÷(15.8＋50)×100＝24.0…より，24％と求められる。

(4)　物質Ａ，物質Ｂとも水の温度が一定であれば，水にとける最大の量は水の重さに比例する。また，水の温度が40℃のときは物質Ｂの方が物質Ａよりも多く水にとけるので，アのグラフを選ぶ。

(5)，(6)　表２より，水100ｇに対して，物質Ａは80℃では38.0ｇ，10℃では35.7ｇとけ，物質Ｂは，80℃では169.0ｇ，10℃では22.0ｇとける。よって，80℃の水100ｇに物質Ｂをとけるだけとかした水溶液を10℃まで下げると，169.0－22.0＝147(ｇ)がとけきれなくなって出てくる。同様に，物質Ａは，38.0－35.7＝2.3(ｇ)出てくる。したがって，物質Ｂの方が出てくる物質の重さが大きいことがわかる。

4　豆電球とかん電池についての問題

(1)　２個以上のかん電池を＋極どうしと－極どうしでつなぐ方法を，かん電池の並列つなぎという。かん電池を並列につないでも，電気を流そうとするはたらきはかん電池１個のときと変わらない。

(2)　２個以上のかん電池を＋極と別のかん電池の－極とをつなぐ方法を，かん電池の直列つなぎといい，電気を流そうとするはたらきはかん電池１個のときより大きくなる。また，豆電球に流れる電流が大きいほど，豆電球は明るくつく。イの回路は，２個のかん電池の直列つなぎに，豆電球が１個つながれているので，豆電球が図１の豆電球よりも明るくつく。

(3)　２個のかん電池の並列つなぎでは，電気を流そうとするはたらきが１個のかん電池のときと変わらないので，アの回路の豆電球は，図１の豆電球と同じ明るさでつく。また，豆電球を直列つなぎにすると電気が流れにくくなるので，エの回路のように２個のかん電池の直列つなぎに２個の豆電球を直列つなぎにしたものは，豆電球が，図１の豆電球と同じ明るさでつく。

(4)　イの回路は，かん電池が電気を流そうとするはたらきが大きくなり，豆電球１個を明るくつけているので，かん電池が早く使えなくなる。

(5)　２個のかん電池を並列つなぎにすると，それぞれのかん電池は電池$\frac{1}{2}$個分の電流しか流さない。それに２個の豆電球を直列につないだウの回路は，電気が流れにくく，豆電球は，図１の豆電球より暗くつくのでかん電池は最も長持ちする。

(6)　光電池は，太陽光を直接電気に変える装置で，交通ひょうしき，電卓《でんたく》，腕《うで》時計や，電池の交換《こうかん》がむずかしい宇宙ステーションなどで使われている。

5　月の動きと満ち欠けについての問題

(1)　満月が真南にきたときのもようはイのようになり，ウサギがもちつきをしている様子にたとえられることもある。

(2)　月は太陽の光を反射して光っているので，満月は月が地球をはさんで太陽と反対側にあるときに見られ，午後６時ごろに東から出て，真夜中の午前０時ごろ真南にきて，午前６時ごろにしずむ。

(3)　①　月は地球のまわりを約１か月で１回公転するので，満月から次の満月までの日数も約１か月となる。　②　月は太陽の光を反射して光っているので，午後６時に太陽がしずむ日の入りのころ，西の空にある月は，太陽に照らされてわずかに光っているところが見える三日月となる。

③　月自身は光を出しておらず，月の表面のうち太陽に面した部分だけが光って見えるため，太陽，月，地球の位置が変わると月の形は変化して見える。また，月は地球のまわりを西から東の向きに

回っているため，月の形は向かって右側から欠け，向かって右側から満ちていくように変化して見える。

(4)　図において，(地球から月までの距離《きょり》)：(月の直径)＝(地球から太陽までの距離)：(太陽の直径)となる。したがって，地球から月までの距離を□万kmとすると，□万km：１＝15000万km：400より，□＝15000万km÷400＝37.5(万km)より，約38万kmと求められる。

6　火山や地震《じしん》についての問題

(1)　地下深くにある岩石が何かの原因でとけて液体状になったものをマグマといい，マグマが地表にふん出した液体状のものや固まったものを溶岩という。

(2)　火山のふん火によるふん出物のうち，直径が２mm以下のものを火山灰という。火山灰は軽いため風に流されて，農作物への被害《ひがい》や交通障害，航空機への被害などの影響《えいきょう》を及《およ》ぼすことがある。

(3)　強い地震により地表に生じた割れ目を地割れという。津波《つなみ》は，地震により海底が急に隆起《りゅうき》し，海水が持ち上げられて生じた波が周囲へ伝わっていくもので，場合によっては大きな被害をもたらすことがある。液状化現象は，ふだんは互《たが》いにかみ合わさって支え合っている砂のつぶが，地震のゆれによって地下水と混じり合い，地盤《じばん》が急激にかたさを失ってどろ状になる現象である。高潮は，台風が接近したときなどに，気圧が下がることが原因で海水が盛り上げられ，加えて台風の強風によって海水が吹《ふ》き寄せられて，海面の高さが高くなる現象のことで，地震により起こる災害にはあてはまらない。

(4)　①　震源から80kmはなれた地点に，Ｐ波が届くまでにかかる時間は，80÷８＝10(秒)，Ｓ波が届くまでにかかる時間は，80÷４＝20(秒)である。よって，Ｐ波が届いてからＳ波が届くまでにかかる時間は，20－10＝10(秒)となる。　②　震源から16kmの地点にＰ波が届くまでに，16÷８＝２(秒)かかるので，緊急《きんきゅう》地震速報は地震発生から，２＋５＝７(秒後)に発せられたことになる。震源から120kmはなれた地点に大きなゆれ(Ｓ波)が届くまでにかかる時間は，120÷４＝30(秒)なので，緊急地震速報を受け取ってから，30－７＝23(秒後)に大きなゆれ(Ｓ波)が始まることがわかる。

国　語　＜第１回試験＞（50分）＜満点：100点＞

解　答

一　(1)　①～④　下記を参照のこと。　⑤　しりぞ(ける)　⑥　そ(まる)　⑦　ふくしん　⑧　ゆくえ　(2)　①　ウ　②　カ　③　エ　(3)　①　油　②　句　③　魚　④　的　(4)　エ　二　(1)　Ａ　オ　Ｂ　ウ　Ｃ　ア　Ｄ　エ　(2)　(例)　江戸時代に地方分権が徹底されていたために，小さな国ながら多様な方言があること。　(3)　ウ　(4)　イ→エ→ウ→ア　(5)　哲学とか宗～らゆる学問　(6)　エ　(7)　イ　(8)　ウ　三　(1)　Ａ　ウ　Ｂ　エ　Ｃ　カ　Ｄ　ア　Ｅ　イ　(2)　イ　(3)　ホテイアオイ　(4)　ア　(5)　言われたら心が死にかける言葉だ　(6)　エ　(7)　１　外来種とか，外来種との雑種　２　疎外感　(8)　ア　(9)　オ　(10)　(例)　私は，どんなに練習してもテニスがうまくならなくて，やる気を失っていたことがある。そのときに，友人が「練習は裏切らないよ」と言ってくれたことに元気づけられ，練習にはげみ，今ではテニスが大好きになった。

●漢字の書き取り

一　(1)　①　避(け)　②　富(む)　③　俳優　④　功績

解　説

一　漢字の書き取りと読み，熟語の組み立て，慣用句の完成，敬語の知識

(1)　①　音読みは「ヒ」で，「避難《ひなん》」などの熟語がある。　②　音読みは「フ」で，「豊富」などの熟語がある。　③　演劇や映画などで演技する役者。　④　過去に積み重ねた成果。　⑤　音読みは「タイ」で，「進退」などの熟語がある。　⑥　音読みは「セン」で，「染色」などの熟語がある。　⑦　心から信頼《しんらい》する相手。　⑧　人や集団が行った先や，これから向かう将来。

(2)　①　「帰郷」は“ふるさとに帰る”という意味で，上の漢字が動作を，下の漢字が動作の対象を表す。よって，「登」が動作を，「山」が動作の対象を表して“山に登る”という意味になるウが選べる。　②　「満足」は「満」「足」ともに“満ち足りる”という意味で，似た意味の漢字を重ねている。よって，「携」「帯」ともに“引き連れる”という意味のカがよい。　③　「涼風《りょうふう》」は上の漢字が下の漢字を修飾《しゅうしょく》し，“涼《すず》しい風”を意味する。よって，「軽」が「傷」を修飾して“軽い傷”を表すエが正しい。

(3)　①　「油を売る」とは，“するべき仕事をせずに時間をやり過ごす”という意味。　②　「二の句が継《つ》げない」とは，“おどろいたり，あきれたりして言葉が出ない”という意味。　③　「水を得た魚のよう」とは，自分にぴったりの環境《かんきょう》に置かれて，いきいきと輝《かがや》くさま。　④　「的を射る」とは，“本質をついていて，的確である”という意味。

(4)　エの主語は「お客様が」なので，「行く」の謙譲《けんじょう》語である「参る」は合わない。この場合は，「お客様が応接室にいらっしゃいます(おいでです)」のようにするのがよい。

二　出典は池内了《いけうちさとる》の『科学と社会へ望むこと』による。筆者は言葉の世界の豊かさや機能，子供が言葉を学ぶ過程について説明し，言葉は次世代に受け継ぐべき文化の基盤《きばん》だと論じている。

(1)　A　続く部分で筆者は，子供が成長とともに豊かな言葉を学んでいく過程を，例をあげて説明している。よって，具体的な例をあげるときに用いる「例えば」が選べる。　B　筆者は中学生が学ぶものとして，「悲しみ」「喜び」「愛」「平等」といった抽象《ちゅうしょう》的な感覚や概念《がいねん》に加え，「利他的」のような「より高度な倫理《りんり》感の基本を成すような感情表現」があると説明している。よって，前のことがらに別のことをつけ加えるときに用いる「さらには」がよい。　C　筆者は高校生が自分で表現できるようになるものとして，「感情」「論理」「概念」の三つをあげている。よって，同類のことがらを並べ立て，いろいろな場合があることを表す「あるいは」が正しい。　D　続く部分で筆者は，「十八歳《さい》選挙権」をわかりやすい言葉で説明し直している。よって，前に述べた内容を“要するに”とまとめて言いかえるときに用いる「つまり」が合う。

(2)　直前に「そういう」とあるので，これより前の部分に注目する。地方分権が徹底《てってい》されていた江戸時代に，それぞれの地域で方言が生まれ，多様性を持つようになったことを，筆者は「政治」と「言語の歴史」のからみ合いと表現している。

(3)　前の部分で筆者は，日本の子供達は「多様な言葉」を区別しながら，「漢字」「カタカナ」「ひらがな」「アルファベット」が入り混じった文章をつくれると説明している。筆者はその能力を失わせてはいけないと主張しているので，ウがよい。

(4)　筆者は，子供が成長とともに言葉を身につける過程は「人類の言葉の歴史」と同じだとして，具体的に説明している。小学校で「物の名前」や「その性質」を覚える段階はイにあたる。続いて「数量，空間，時間」といった抽象的な表現を知る段階はエにあたる。中学校で「悲しみ」「愛」といった抽象的な概念や感覚，倫理を覚える段階はウにあたる。高校生になり，言葉を「結び合わせ」て「考え方や主張」を表現する段階がアとなる。よって，イ→エ→ウ→アの順番となる。

(5)　前の部分では，高校生は「色々な学問」を学びながら，言葉を使って「各学問」の関連も知ると述べられている。「哲学とか宗教とか歴史とか社会など，あらゆる学問」がこれにあたる。

(6)　続く部分で筆者は，国語は「言葉を主体にした科目」であり，読み書きをはじめとした「全科目に共通する技量の基礎《きそ》」になると述べている。よって，エがふさわしい。

(7)　前の部分で筆者は，高校時代は「スキルとしての言葉の使い方」のみならず，「言葉の持っている意味付けや，色々なものをつないでいく機能がある」ことを体得するのが重要だと主張している。

(8)　ア　ぼう線部①に続く部分で筆者は，「ほんの断片的な言葉のやりとり」だけで「哲学」や「文学」を豊かに表現できるのか「すごく気に掛《か》かる」と述べている。よって，合わない。　イ　日本語が世界で最も豊かな言語であるとは書かれていないので，誤り。　ウ　筆者は，人類の「言葉の拡大の歴史」を現代人は「十年なり十五年なりの学習」で「追体験」していると説明しているので，正しい。　エ　高校で国語の授業時間が全科目の中で最多であるとは書かれていないので，正しくない。

三　**出典は安田夏菜《やすだかな》の『セカイを科学せよ！』による**。日本人の父とロシア人の母を持つ中学二年生の「俺《おれ》」(藤堂《とうどう》ミハイル)は，似たように日本人ではない親を持つ同級生・山口《やまぐち》さんと兄貴と三人で外来種について話すうちに，兄貴の悩《なや》みや山口さんの考え方に触《ふ》れていく。

(1)　A　池にはまり，「濡《ぬ》れねずみ」のようになった山口さんの髪《かみ》から「水が落ち」ているので，しずくが途切《とぎ》れ途切れにしたたるさまを表す「ポタポタと」がよい。　B　「俺」に怒鳴《どな》られた兄貴は苦しそうな顔でこぶしを握《にぎ》り締《し》めているので，力を強くこめるようすを表す「ギュッと」が合う。　C　「俺」は兄貴を厳しい言葉でしかりつけようとしているので，言葉で強い衝撃《しょうげき》を与《あた》えるさまを表す「ガツンと」がふさわしい。　D　前の部分で兄貴が「ホテイアオイ」という名前をつぶやいたときと同じく，小さな声で発言したようすを表すので，「ボソッと」が正しい。　E　山口さんは兄貴の言葉を力強く打ち消しているので，身体を震《ふる》わせるように動かすさまを表す「ブルブルと」が選べる。

(2)　【イ】に文をもどすと，「俺」と兄貴が山口さんの発言に「わざとらし」さを感じながらも，そのまま感情的なやりとりを続けて泣き出してしまわないように，あえて素直《すなお》に聞いたという流れになる。

(3)　ぼう線部④に続く部分で兄貴は，池の水面に浮《う》かんでいる水草の名前は「ホテイアオイ」だと明かしている。

(4)　続く部分で「俺」は，必死で兄貴を探しに来た自分自身や，心配のあまりうろたえていた両親のことを思い返し，そんな「家族の気持ち」がまるでわかっていないような兄貴の態度にいらだっている。よって，アがふさわしい。

⑸　続く部分で「俺」は，兄に「言ってやりたい」言葉を具体的に思い浮かべている。一方で，「俺」自身も似たような言葉を言われた経験があり，「言われた」人にとっては「心が死にかける言葉」だとわかっているので，口に出せずにいる。

⑹　続く部分で山口さんは，「ぐずっている幼児」の気をまぎらわせる母親のように，「わざとらしい声」で明るく話題をそらしている。山口さんが「焦《あせ》った顔」を見せていることから，「俺」たち兄弟の深刻なようすにあわてて，空気を和ませようと気を回したことが読み取れる。よって，エがふさわしい。

⑺　１　ぼう線部⑥に続く部分で，自分を「外来種とか，外来種との雑種」のように思っているのかと山口さんから問われた兄貴は，遠回しに肯定《こうてい》し，人間も動物や植物と同じだと話している。

２　ぼう線部⑥の前の部分で兄貴は，繁殖《はんしょく》した先で嫌《いや》がられる外来種の話をふまえて，自分は「猛獣《もうじゅう》」や「毒ムシ」のように危険な存在ではないが，それでも「疎外感《そがいかん》」があると打ち明けている。

⑻　続く部分で山口さんは，人間の生物学的分類はただひとつ，ホモ・サピエンス種しかないこと，それはきれいごとではなく科学的な事実であることを力説している。自分の存在に悩む兄貴に対し，山口さんは似たような境遇《きょうぐう》の者として，気持ちを思いやりながらも明るく勇気づけようとしていることが読み取れるので，アが選べる。なお，山口さんは“甘えるのはよくない”と兄貴を突《つ》き放すようすはなく，事実として自分たちは異質ではないのだと主張しているので，イは正しくない。また，山口さんは自分なりに出した答えを示しているが，三人で悩みを共有しようとはしていないので，ウもふさわしくない。さらに，山口さんは自分や兄貴は異質な存在ではないと主張しているので，エも合わない。

⑼　ア　会話中の「！」によって主人公の怒りや山口さんの声の大きさなどが表現されているが，それが物語にめりはりをつけているとは言えないので，合わない。　イ　文章の後半においても視点は変わらず，主人公の目線から描《えが》かれているので，誤り。　ウ　両親の一方が外国人であることについて，兄貴が悩むようすは描かれているが，喜びについては特に書かれていないので，正しくない。　エ　山口さんは「人間が特別な生きものだなんて言ってません」と話しているので，ふさわしくない。　オ　主人公が家族の心配そうなようすを思い返す場面や，兄貴に厳しい言葉を言いかけてためらう場面などで，主人公の気持ちが会話文や地の文でていねいに描かれている。

⑽　「だれか」から声をかけられる前はどんな状況《じょうきょう》にあり，どんな気持ちだったか，そして声をかけられた後はどのように変化したかを書く。その経験が今の自分にどう影響《えいきょう》しているかにも触れるとなおよい。

Dr.福井の 入試に勝つ！脳とからだのウルトラ科学

歩いて勉強した方がいい？

みんなは座って勉強しているよね。だけど，暗記するときには歩きながら覚えるといいんだ。なぜかというと，歩いているときのほうが座っているときに比べて，心臓が速く動いて（脈はくが上がって）脳への血のめぐりがよくなるし，歩いている感覚が背骨の中を通って脳をつつくので，頭が働きやすくなるからだ（ちなみに，運動による記憶力アップについては，京都大学の久保田名誉教授の研究が有名）。

具体的なやり方は，以下のとおり。まず，机の上にテキストを広げ，１ページぐらいをざっと読む。そして，部屋の中をゆっくり歩き回りながら，さっき読んだ内容を思い出す。重要な語句は，声に出して言ってみよう。その後，机にもどってテキストをもう一度読み直し，大切な部分を覚え忘れてないかをチェック。もし忘れている部分があったら，また部屋の中を歩き回りながら覚え直す。こうしてひと通り覚えることができたら，次のページへ進む。あとはそのくり返しだ。

さらに，この“歩き回り勉強法”にひとくふう加えてみよう。それは，なかなか覚えられないことがら（地名・人名・漢字など）をメモ用紙に書いてかべに貼っておくこと。ドンドン貼っていくと，やがて部屋中がメモでいっぱいになるハズ。これらはキミの弱点集というわけだが，これを歩き回りながら覚えていくようにしてみよう！　このくふうは，ふだんのときにも自然と目に入ってくるので，知らず知らずのうちに覚えることができてしまうという利点もある。

歴史の略年表や算数の公式などを大きな紙に書いて貼っておくのも有効だ。

Dr.福井（福《ふく》井《い》一成《かずしげ》）…医学博士。開成中・高から東大・文Ⅱに入学後，再受験して翌年東大・理Ⅲに合格。同大医学部卒。さまざまな勉強法や脳科学に関する著書多数。

2023
年度

茨城キリスト教学園中学校

【適性検査Ⅰ】〈第２回・適性検査型試験〉（45分）〈満点：100点〉

1 よしやさんとみのりさんは，音楽会で演奏《えんそう》する曲の練習をしています。

よしや：ぼくは，大だいこを担当《たんとう》することになったんだ。みのりさんはどの楽器を担当することになったの？

みのり：私《わたし》は，小だいこを担当することになったよ。先生から**図１**のような，大だいこ，中だいこ，小だいこの楽ふをもらったわ。

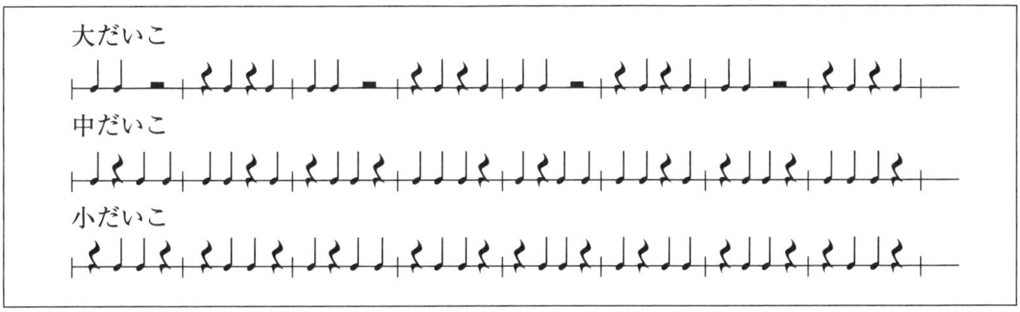

図１　先生からもらった楽ふ

よしや：楽ふの見方を復習したいな。

みのり：縦《たて》の線で区切られている１区切りを１小節というよ。**図２**のように大だいこの楽ふの最初の２小節を例にして，説明するね。リズムの単位を「はく（ぱく）」というよ。今回の音楽会で使う楽ふでは１小節の中に４ぱくあるの。「♩」は１ぱくにたいこを１回たたくことを表していて，「𝄽」はたいこをたたくのを１ぱく分お休みすることを表していて，「𝄼」はたいこをたたくのを２はく分お休みすることを表しているよ。

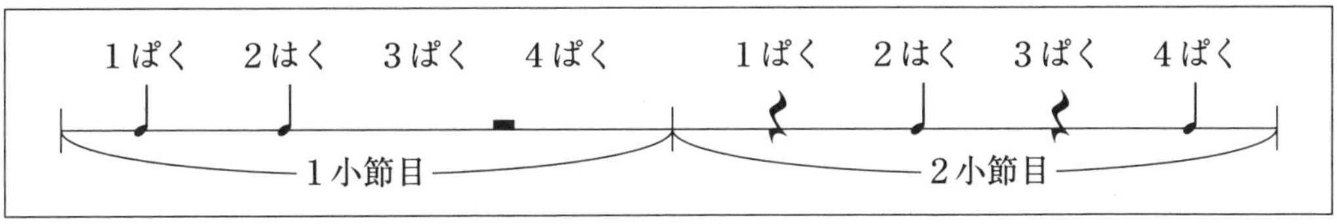

図２　みのりさんが説明に使っている楽ふ

よしや：教えてくれてありがとう。１曲の間に，たいこを何回たたくのかな。

みのり：よしやさんが担当する大だいこの楽ふは，２小節ごとに同じパターンをくり返しているね。はじめから２小節目までの間に大だいこを４回たたくから，はじめから10小節目までの間に20回たたくことになるね。

よしや：大だいこより，中だいこのほうが，たたく回数が多そうだね。

みのり：中だいこは，［　ア　］小節ごとに同じパターンをくり返しているから，はじめから10小節目までの間にたたく回数は，［　イ　］回だよ。

問題１　会話文中の［　ア　］，［　イ　］にあてはまる数を書きなさい。

みのり：この曲は，たいこだけでなく，シンバルも使うんだね。

よしや：シンバルは，曲が始まってから８小節目の４ぱく目にはじめてたたくというパターンを，曲が終わるまでくり返すそうだよ。

みのり：シンバルはたたく回数が少なそうね。大だいこ，小だいこ，シンバルを同時にたたくことはあるのかな。

よしや：この曲は全部で72小節あると先生が言っていたよ。

問題２　この曲を最後まで演奏する間に，大だいこ，小だいこ，シンバルを同時にたたく回数は全部で何回かを求めなさい。また，どのように求めたのかを言葉や数，式，図，表などを使って説明しなさい。

２　よしやさんは，学習発表会のために，教室のかざりつけをしています。

よしや：画用紙を使って，いろいろな正多面体を作るから，みのりさんも手伝ってくれるかな。

みのり：もちろん。でも，正多面体がどのような形かわからないから教えてくれる？

よしや：正多面体は，すべての面が同じ正多角形で，各頂点《ちょうてん》に集まる面の数が同じになる立体のことで，正四面体（**図１**），正六面体（**図２**），正八面体（**図３**），正十二面体，正二十面体の５種類しかないと，お父さんに教えてもらったよ。

みのり：正六面体は，すべての面が正方形からなる立方体のことなのね。

よしや：そうだね。正四面体と正八面体は，すべての面が正三角形になっているよ。それから，正二十面体も正三角形，正十二面体は正五角形になっているよ。

みのり：すべての面が正三角形の正多面体は３種類あるから，画用紙を正三角形の形にたくさん切って，正三角形をつなぎ合わせていけばいいわね。

よしや：そうしよう。正四面体は，１つの頂点に正三角形を３つ，正八面体は，１つの頂点に正三角形を４つ，正二十面体は，１つの頂点に正三角形を５つ集めるように，つなぎ合わせてみて。

みのり：わかったわ。それぞれの正多面体の辺の本数と頂点の個数がわかると，つなぎ合わせやすくなりそうね。

よしや：たしかにそうだね。それぞれの正多面体の辺の本数と頂点の個数の求め方を，正四面体を例として考えてみよう。正四面体は，４つの正三角形からなる立体だから，これらの正三角形の辺の本数の合計は，$3 \times 4 = 12$（本）になるね。でも，１つの辺について二重に数えていることになるから，正四面体の辺の本数は，$12 \div 2 = 6$（本）になるよ。

みのり：そうすると，正八面体の辺の本数は12本だね。

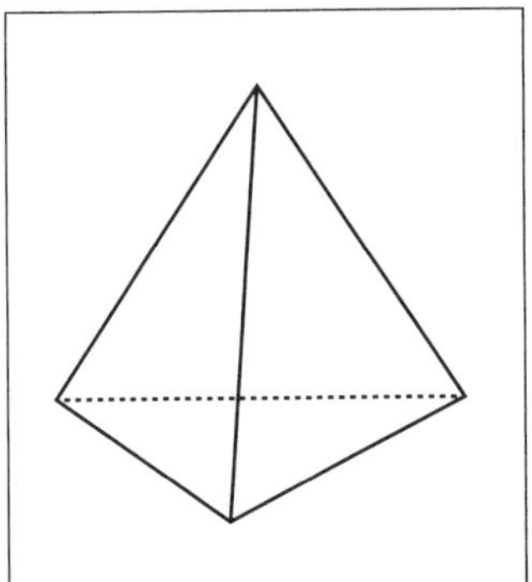

図１　正四面体

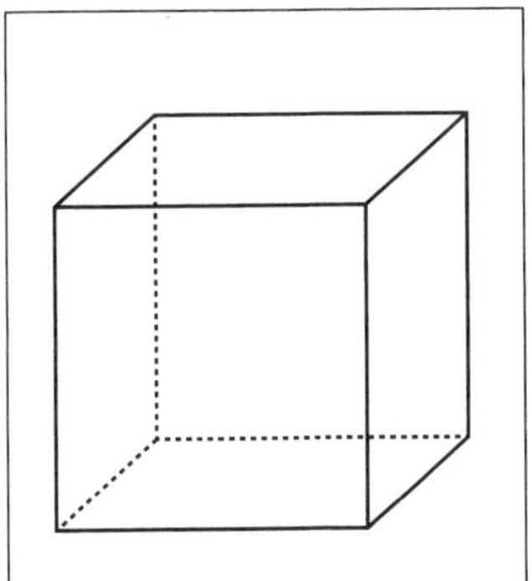

図２　正六面体

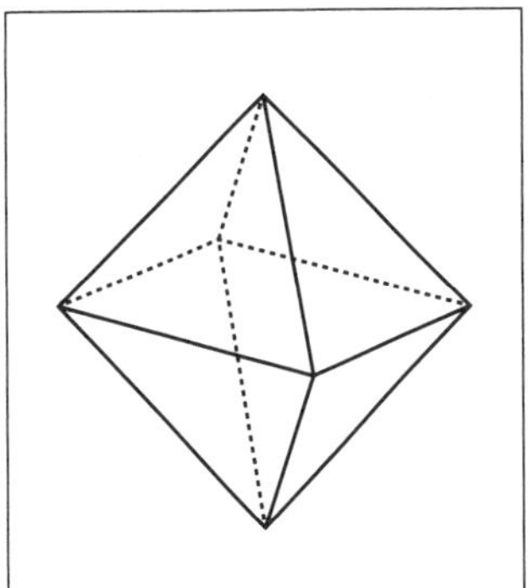

図３　正八面体

よしや：あたりだよ。同じように考えると，頂点の個数は，正四面体の場合，全部で，３×４＝12（個）になるけれど，１つの頂点に面が３つ集まっているから，12÷３＝４（個）になるよ。正八面体の場合，頂点の個数は６個になるね。

みのり：なるほど。これなら辺の本数や頂点の個数を計算で求めることができるね。

よしや：みのりさんが手伝ってくれたから，かざりがたくさんできたよ。

みのり：このあとは何をすればいいのかしら？

よしや：正六面体に１～６の数字をかいて，サイコロのようにしてほしいな。（**図４**）

みのり：向かい合う面の数字の合計が７になるようにするのね。次に，色をぬるのはどうかな。

よしや：いいね。赤，青，緑の絵の具があるから，これを使って色をぬろう。

みのり：どの数字がかかれた面にどの色をぬるかによって，いろいろなかざりができるね。

よしや：１つの面は１色でぬることにして，かならず３色を使うことにすると，何通りのかざりができるかな。

みのり：考えてみよう！

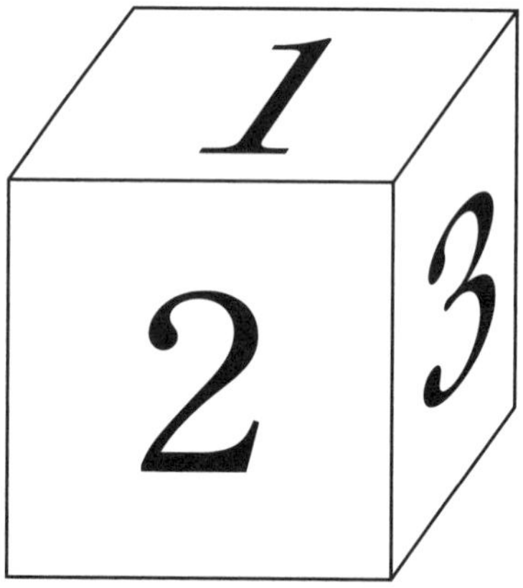

図４　数字をかきいれた正六面体

問題１　正二十面体の辺の本数と頂点の個数をそれぞれ求めなさい。

問題２　となり合う面が同じ色にならないように，赤，青，緑の３色の絵の具を使って**図４**の正六面体に色をぬる方法は全部で何通りかを求めなさい。また，どのように求めたのかを言葉や数，式，図，表などを使って説明しなさい。

3 ちさとさんは，先生と，昨日の夜に発生した地震《じしん》について話しています。

ちさと：先生，昨日の夜，地震がありましたね。ゆれが強かったので怖《こわ》かったです。母のスマートフォンで緊急《きんきゅう》地震速報を受信しました。でも，大きいゆれが始まったのは，緊急地震速報を受信するより前だったので，驚《おどろ》きました。

先　生：そうだったのですね。地震が起こると，**a** 別の災害が起こることもあります。早めに地震の情報を入手して，次の災害にそなえることは重要なことです。

ちさと：なぜ，緊急地震速報を受信するより早く大きいゆれが起こったのでしょうか？

先　生：それでは，まず地震がどうやって起こるか説明しましょう。地球の表面は，プレートという十数枚のとても大きくてかたい板状の岩盤《がんばん》でおおわれています。このプレートは，時間をかけて少しずつ移動しているのです。

ちさと：あ，それをプレートテクトニクスとよぶんですね！

先　生：そうです。日本列島付近には４枚のプレートがあります。例えば，海のプレートは，陸のプレートの下にもぐりこむようにして移動しています。すると，陸のプレートは海のプレートに引きずられてひずむのです。陸のプレートは，ひずみがたまってたえられなくなると，もとにもどろうとしてはね上がります。このときに大きな地震が起こります。このような地震は **b** 海溝《かいこう》型地震とよばれます。

ちさと：東日本大震災も，海溝型地震が原因でしたね。

先　生：そうでしたね。そして，地震発生後には別の災害が起こりました。

ちさと：少しでも早く避難《ひなん》を開始するために，緊急地震速報を受信することが大切なのですね。

先　生：そうです。**図１**を見てください。地震が発生すると，小さなゆれを伝える波（Ｐ波）と大きなゆれを伝える波（Ｓ波）が同時に発生します。**c** 小さなゆれを伝える波は，大きなゆれを伝える波よりも速く伝わるので，各地に小さなゆれが伝わってから大きなゆれが伝わるまでには時間があります。観測所の地震計で小さなゆれを感知したら，その情報をもとに，震源や地震の規模《きぼ》，大きなゆれを伝える波の伝わる速さなどをコンピュータが計算します。そして，震度４以上の大きなゆれが起こると考えられる地域に，大きなゆれが伝わるよりも前に緊急地震速報を発信するのです。

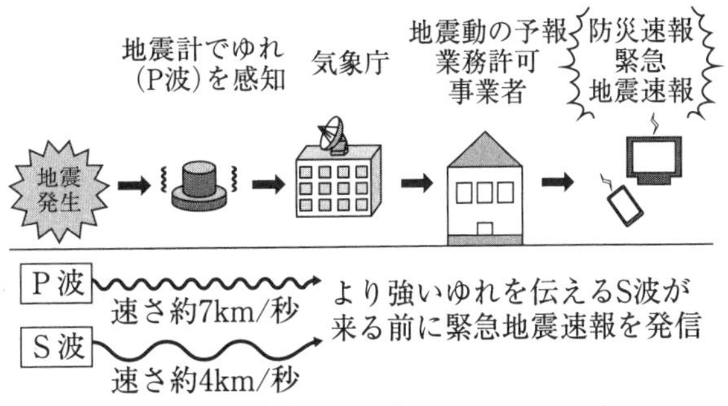

図１　緊急地震速報のしくみ

ちさと：なるほど。つまり，私の家は［　あ　］から，緊急地震速報を受信する前に大きなゆれが起こったのですね。

先　生：そのとおりです。

問題１　会話文の下線部**a**（別の災害）について，地震が発生したとき，①海沿い，②山，③うめたて地でそれぞれ起こると考えられる災害を，次の**ア**～**キ**の中からそれぞれ一つずつ選び，記号を丸で囲みなさい。

ア　高潮《たかしお》　**イ**　干《かん》ばつ　**ウ**　火さい流　**エ**　土砂崩《どしゃくず》れ
オ　津波《つなみ》　**カ**　液状化　**キ**　集中豪雨《ごうう》

問題２　**図２**は、日本列島付近の海プレート（太平洋プレートとフィリピン海プレート）と陸プレート（北アメリカプレートとユーラシアプレート）のようすを表したものです。下線部**b**（海溝型地震）について，海溝型地震が起こりやすいと考えられる場所を**図２**の**A**～**D**の中から**すべて**選び，記号を丸で囲みなさい。

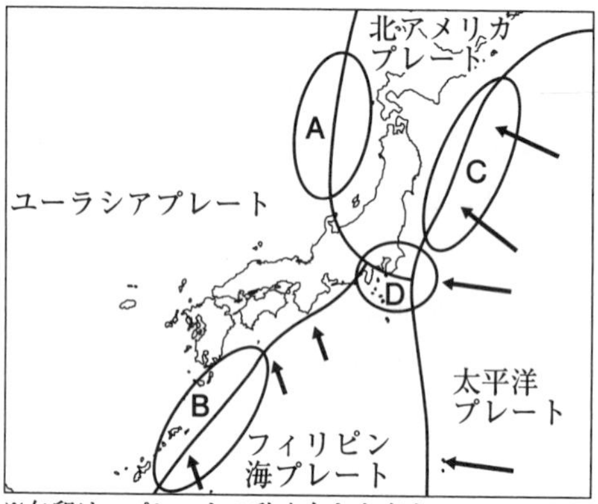

※矢印は，プレートの動く向きを表す。

図２　日本列島付近のプレートのようす

問題３　下線部**c**（小さなゆれを伝える波は，大きなゆれを伝える波よりも速く伝わるので，各地に小さなゆれが伝わってから大きなゆれが伝わるまでには時間があります）を参考にして，会話文中の　**あ**　にあてはまる適切な内容を，「震源」という言葉を使って，簡単《かんたん》に書きなさい。

4　ちさとさんは，先生と，音について調べる実験をしています。

ちさと：大きい音や小さい音，高い音や低い音は，何がちがうのでしょうか？

先　生：今日は音について，実験をして調べましょう。まず，**図1**のように，空き箱に輪ゴムをかけて楽器をつくりましょう。輪ゴムと空き箱の間にえんぴつを入れて，輪ゴムでつくった弦《げん》の長さを1本ずつ変えます。弦をはじいて音を出し，その音をオシロスコープの画面に表示させると，音の波形がわかりますよ。

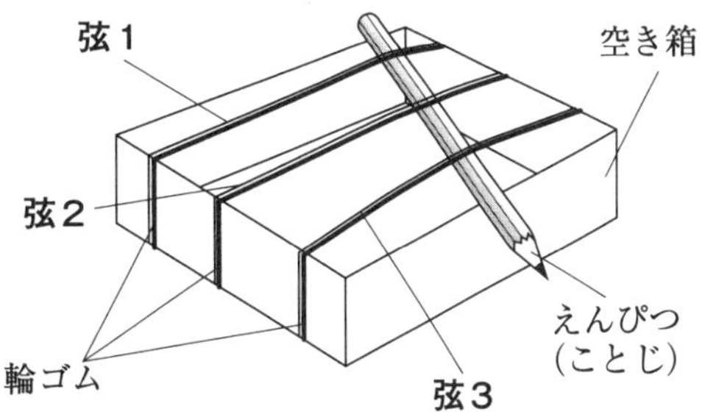

図1　楽器

ちさと：長さを変えた，**弦1**，**弦2**，**弦3**の中央をそれぞれ指で1回はじいて，出た音をオシロスコープに表示させました（**図2**）。弦を指ではじく強さは，なるべく同じになるように気をつけました。

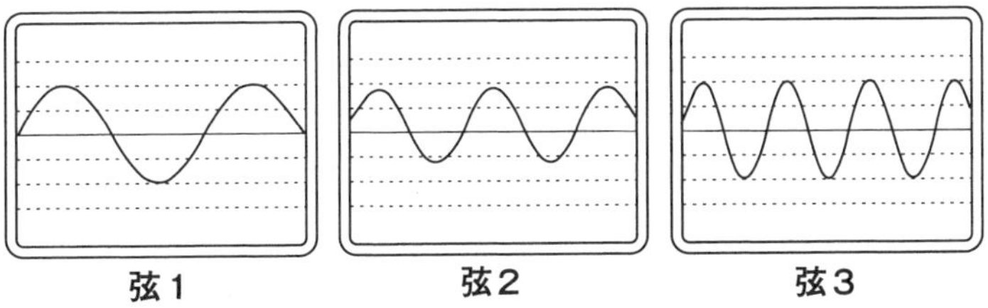

図2　オシロスコープの画面

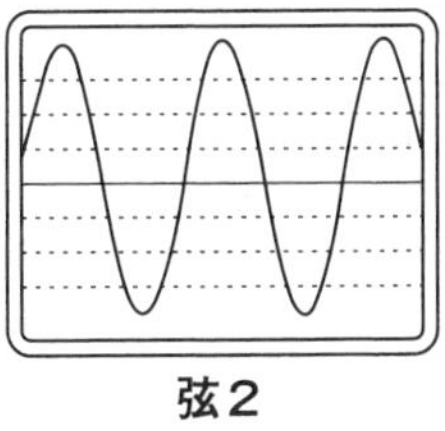

図3　オシロスコープの画面

ちさと：画面の横軸《よこじく》は，時間を表しています。波の高さはほとんど同じになっていますね。画面に表示される波の数はすべて異なっています。

先　生：横軸で，1秒間を表す長さの間に表示される波の数を振動数《しんどうすう》といい，振動数が多いほど高い音になります。

ちさと：次に，**弦2**を，さっきより強くはじいて，出た音をオシロスコープに表示させました（**図3**）。今度は，波の数は**図2**の**弦2**と同じで，**図2**の**弦2**より波の高さが高くなりました。

先　生：波の高さは振幅《しんぷく》といいます。振幅が大きいほど，大きい音です。

ちさと：つまり，弦が長いほど音は［　あ　］なり，弦が短いほど音は［　い　］なるということですね。

先　生：そのとおりです。

問題１　ちさとさんと先生の会話文中の[あ]，[い]にあてはまる適切な言葉を，それぞれ書きなさい。

先　生：次に，**図４**のようなプラスチック製のパイプ（ブームワッカー）を使い，曲を演奏することを考えましょう。

ちさと：パイプの色ごとに，パイプをたたいたときに出る音がちがうんですね。どのパイプがどんな音が出るんだろう。確かめてみましょうか。

先　生：確かめる前に，どのパイプがどんな音が出るか，**図２**，**図３**の実験結果をもとにして考えてみましょう。

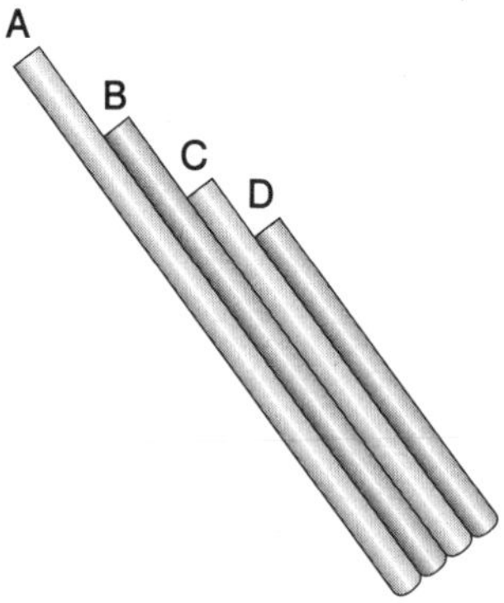

図４　プラスチック製のパイプ（ブームワッカー）

ちさと：パイプをたたいたときに出る音の高さは，弦をはじいたときに出る音の高さのしくみと同じなのでしょうか。

先　生：そうです。最も高い音が出るパイプ，最も低い音が出るパイプがそれぞれどれか，わかりますか。

ちさと：はい。**図４**のパイプでは，最も高い音が出るパイプは[う]，最も低い音が出るパイプは[え]ということですね。

先　生：そのとおりです。

問題２　会話文中の[う]，[え]にあてはまる記号を，**図４**の**A**～**D**の中からそれぞれ一つずつ選び，記号を丸で囲みなさい。

問題３　音の高さは，何によってどのように変化すると考えられますか。物体の形に注目して，「音を出しているもの」という言葉に続けて，簡単に書きなさい。

【適性検査Ⅱ】〈第２回・適性検査型試験〉（45分）〈満点：100点〉

1　まさとさんは，お父さんとドライブに出かける計画を立てています。

まさと：茨城県の歴史と地理について調べたいんだ。
お父さん：それなら，まず山のふもとにある［あ］に行って郷土の歴史について学んでから，海岸の近くにある［い］に行って関連する本を借りてみたらいいと思うよ。
まさと：なるほどね。じゃあ，その２つの場所に行ってみようかな。それと，神社にも行ってみたいな。
お父さん：それじゃあa鹿嶋《かしま》神社にも行ってみようか。

問題１　まさとさんとお父さんの上の会話文と**資料１**の地図を見て，［あ］・［い］にあてはまる建物を書きなさい。

資料１　まさとさんとお父さんが出かけたまちの地図

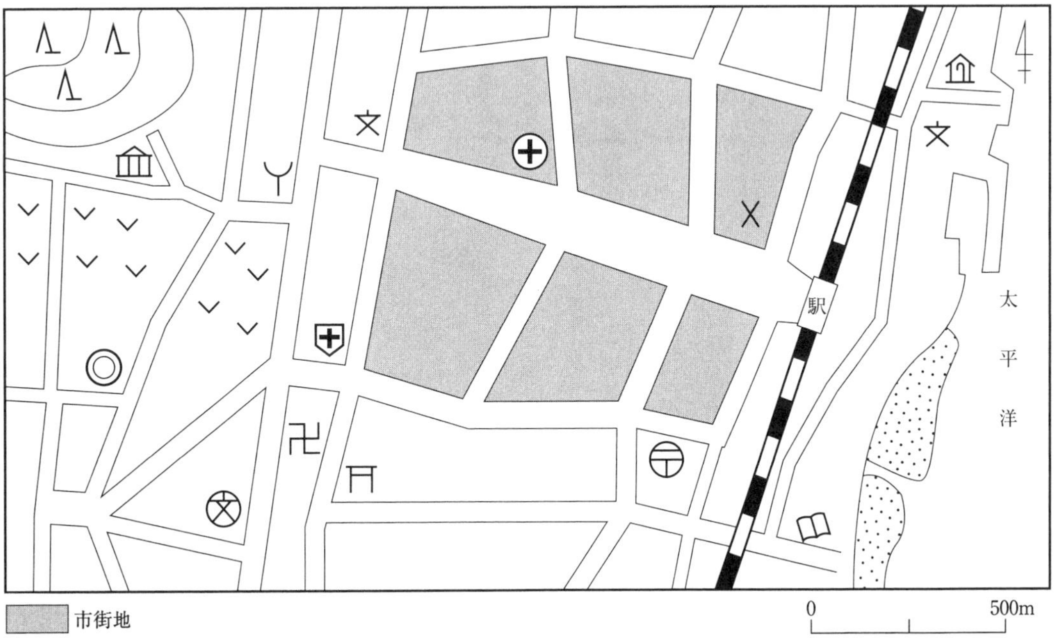

問題２　**資料１**の地図を正しく読み取ったものとして，最も適切なものを次の**ア**～**エ**の中から一つ選びなさい。

ア　地図中に小・中学校は３つあります。
イ　消防署から見て，市役所は南東の方向にあります。
ウ　病院は２つあり，１つは市街地の中にあります。
エ　郵便局から寺院までの距離《きょり》は，およそ1000mあります。

問題３　下線部ａ（鹿嶋神社《かしま》）について，まさとさんが調べたところ，鹿嶋神社は茨城県鹿嶋市にある鹿島神宮《かしまじんぐう》から分かれたもので，鹿島神宮は徳川家康《とくがわいえやす》などが信仰《しんこう》していたことがわかりました。徳川家康と関係が深い建物として，最も適切なものを次の**ア〜エ**の中から一つ選びなさい。

ア

イ

ウ

エ

問題４　まさとさんとお父さんは，茨城県の歴史についての本を見て，茨城県の市町村がどのように変わってきたかを調べ，**資料２**をつくりました。次のページの**Ａ〜Ｄ**はある年の茨城県の市町村地図です。**資料２**を参考に，**Ａ〜Ｄ**を年代の古い順に並べたものとして，最も適切なものを次の**ア〜エ**の中から一つ選びなさい。

ア　Ｄ　→　Ｂ　→　Ｃ　→　Ａ
イ　Ｄ　→　Ｂ　→　Ａ　→　Ｃ
ウ　Ｂ　→　Ｄ　→　Ａ　→　Ｃ
エ　Ｂ　→　Ｄ　→　Ｃ　→　Ａ

資料２　茨城県で新しく誕生した市
（1987年以降）

年	誕生した市
1987	つくば市
1994	ひたちなか市
1995	鹿嶋市
2001	潮来《いたこ》市
2002	守谷《もりや》市
2004	常陸大宮《ひたちおおみや》市
2005	桜川《さくらがわ》市　鉾田《ほこた》市　神栖《かみす》市 行方《なめがた》市　稲敷《いなしき》市　かすみがうら市 筑西《ちくせい》市　坂東《ばんどう》市　那珂《なか》市
2006	小美玉《おみたま》市　つくばみらい市 常総《じょうそう》市

A

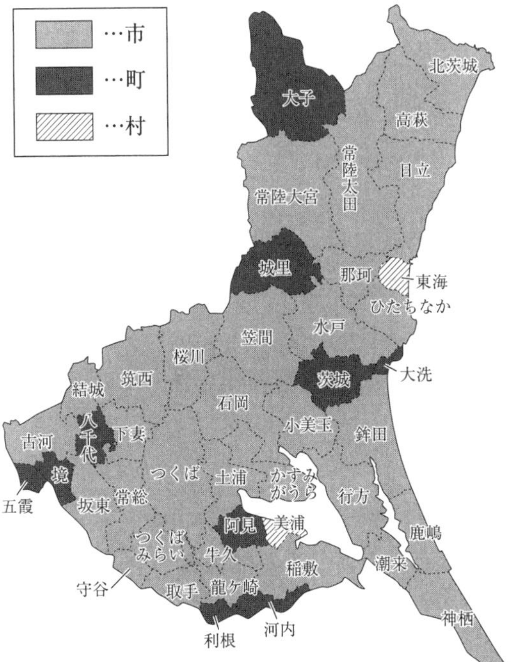
…市
…町
…村
大子
北茨城
高萩
常陸太田
日立
常陸大宮
城里
那珂
東海
ひたちなか
笠間
水戸
桜川
筑西
結城
大洗
茨城
石岡
小美玉
鉾田
八千代
下妻
古河
境
五霞
つくば
土浦
かすみがうら
行方
坂東
常総
阿見
美浦
鹿嶋
つくばみらい
牛久
稲敷
潮来
守谷
取手
龍ケ崎
神栖
利根
河内

B

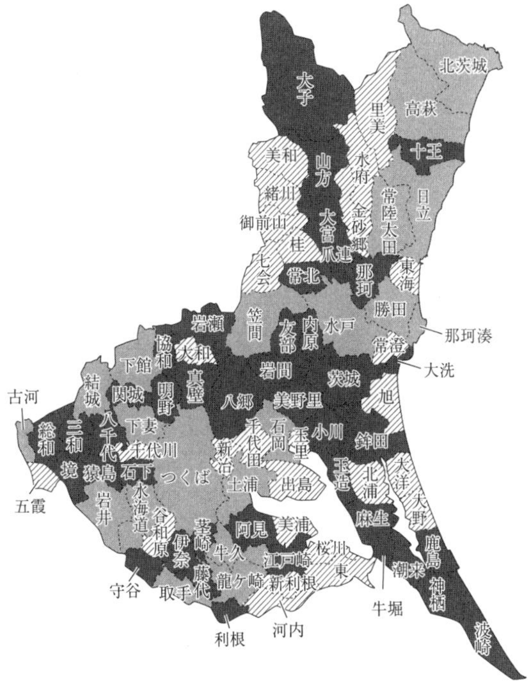
大子
北茨城
里美
高萩
美和
十王
山方
水府
緒川
常陸太田
日立
御前山
大宮
金砂郷
桂
瓜連
七会
常北
那珂
東海
岩瀬
笠間
友部
内原
水戸
勝田
那珂湊
協和
大和
常澄
大洗
下館
岩間
茨城
結城
関城
真壁
明野
八郷
美野里
旭
古河
総和
三和
八千代
下妻
千代田
石岡
玉里
小川
鉾田
新治
千代川
北浦
大洋
境
猿島
石下
つくば
土浦
出島
玉造
五霞
岩井
水海道
大野
谷和原
茎崎
阿見
美浦
麻生
鹿島
伊奈
牛久
江戸崎
桜川
東
潮来
守谷
藤代
龍ケ崎
新利根
取手
神栖
牛堀
利根
河内
波崎

C

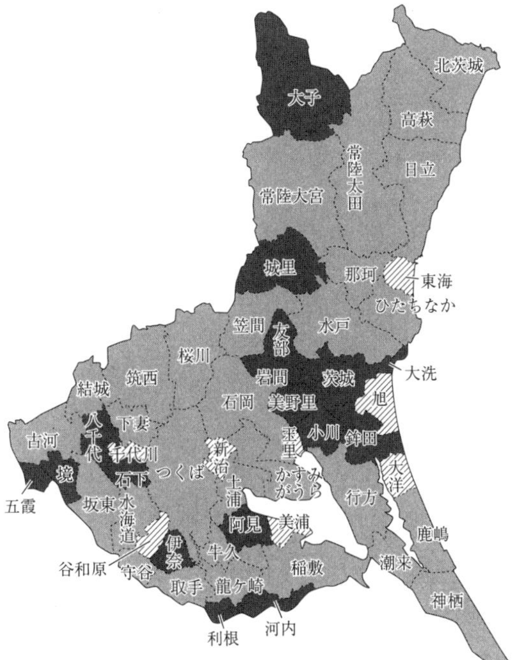
大子
北茨城
高萩
常陸太田
日立
常陸大宮
城里
那珂
東海
ひたちなか
笠間
友部
水戸
桜川
筑西
大洗
結城
岩間
茨城
八千代
石岡
美野里
下妻
旭
古河
千代川
小川
鉾田
新治
玉里
境
石下
つくば
土浦
かすみがうら
大洋
五霞
坂東
水海道
行方
阿見
美浦
鹿嶋
伊奈
谷和原
守谷
牛久
潮来
稲敷
取手
龍ケ崎
神栖
利根
河内

D

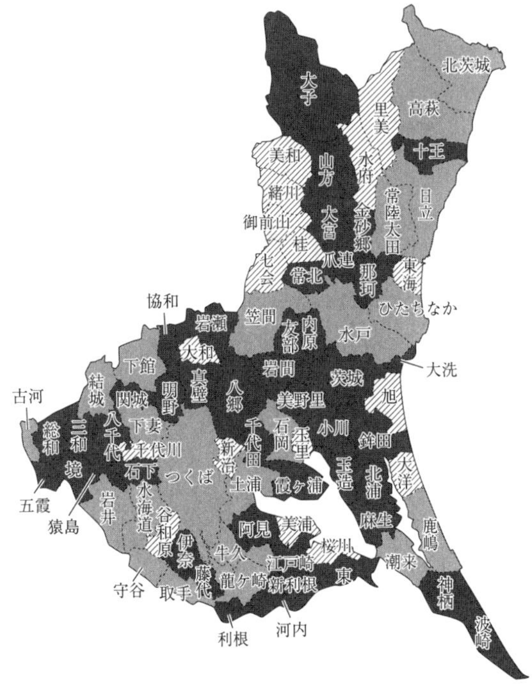
大子
北茨城
里美
高萩
美和
十王
山方
水府
緒川
常陸太田
日立
御前山
大宮
金砂郷
桂
瓜連
七会
常北
那珂
東海
協和
ひたちなか
岩瀬
笠間
友部
内原
水戸
大和
下館
岩間
結城
関城
真壁
茨城
大洗
古河
明野
八郷
美野里
旭
総和
三和
八千代
下妻
千代田
石岡
玉里
小川
鉾田
千代川
新治
大洋
境
石下
つくば
玉造
北浦
五霞
猿島
水海道
土浦
霞ケ浦
岩井
谷和原
阿見
美浦
麻生
鹿嶋
伊奈
桜川
牛久
江戸崎
潮来
守谷
取手
藤代
龍ケ崎
新利根
東
神栖
利根
河内
波崎

2 ななみさんの学校では，日本の領土について調べ学習を行うことになりました。そこで，ななみさんたちは，疑問点などを出してみました。

ななみ：日本の領土は島が列のように並んでいるね。a日本から近い国はどこかしら。
よしや：日本は火山が多いらしいね。b火山が多いことで，ぼくたちの生活にはどんな影響《えいきょう》があるのだろう。
ななみ：日本の領土の歴史を調べてみると，奈良時代には，東北地方から九州地方までが日本として治められていたようだね。今の奈良県にあったc都では天皇《てんのう》や貴《き》族《ぞく》が豊かなくらしをしていたみたいだね。
よしや：日本は，これまでの歴史をふまえて，d平和的な国際関係を保ちながら，領土問題を解決していくことが望ましいね。

問題1 下線部a（日本から近い国）について，**資料1**の地図にある都市を，東京から近い順に並べたものとして，最も適切なものをあとの**ア**～**エ**の中から一つ選びなさい。

資料1　日本の周辺の地図

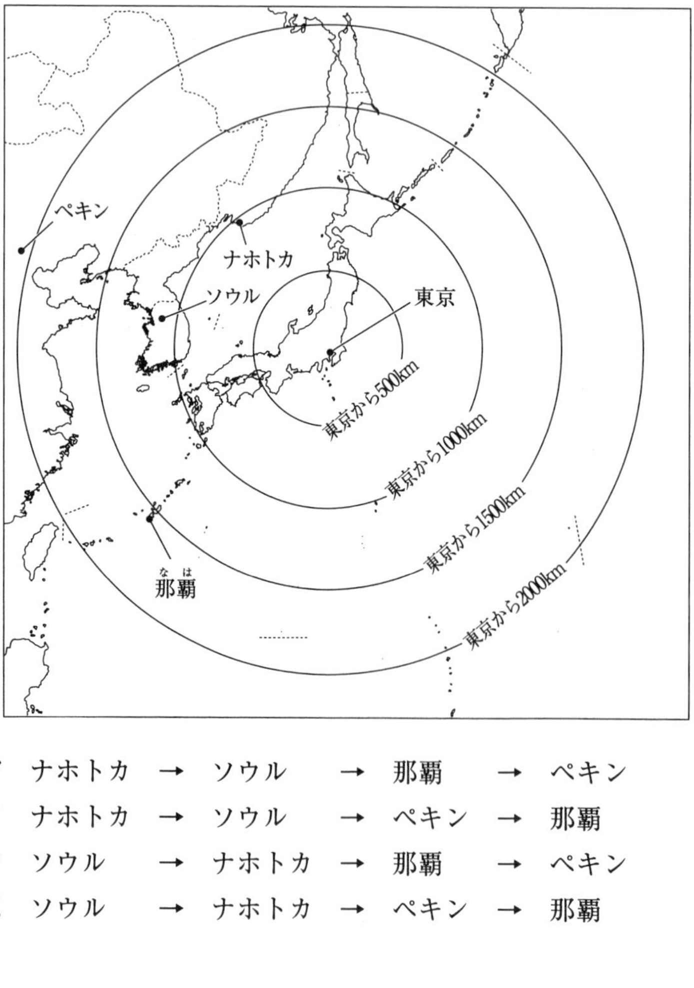

ア ナホトカ → ソウル → 那覇 → ペキン
イ ナホトカ → ソウル → ペキン → 那覇
ウ ソウル → ナホトカ → 那覇 → ペキン
エ ソウル → ナホトカ → ペキン → 那覇

問題２　下線部ｂ（火山が多いこと）について，火山が多いことと関連するものとして，適切なものを次の**ア**～**オ**の中から**二つ**選びなさい。

ア　温暖化　　**イ**　温泉　　**ウ**　流氷
エ　地熱発電　　**オ**　洪水《こうずい》

問題３　下線部ｃ（都では天皇《てんのう》や貴族《きぞく》が豊かなくらしをしていた）について，**資料２**は当時の貴族の食事を示しており，**資料３**は当時の庶民《しょみん》の食事を示しています。**資料４**は奈良時代における人々のおもな負担を示しています。奈良時代の貴族の食事が豪華《ごうか》だった理由を，**資料２**～**資料４**をもとに書きなさい。

資料２　奈良時代の貴族の食事

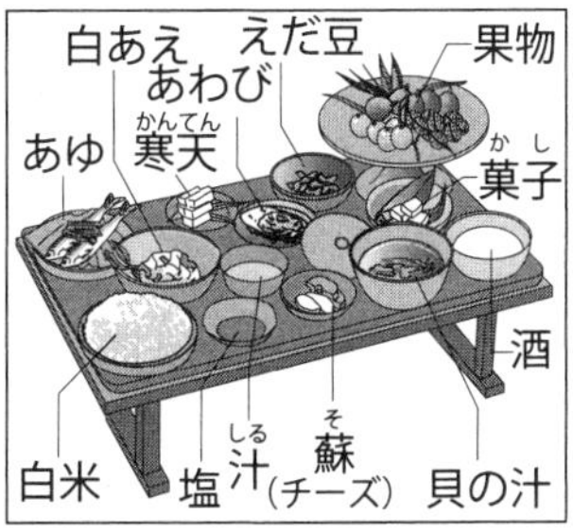

資料３　奈良時代の庶民の食事

資料４　奈良時代の人々のおもな負担

負担	内容
租《そ》	収穫量《しゅうかく》の約３％の稲を納める。
調《ちょう》	地方の特産物を都まで運んで納める。
庸《よう》	都で働くか，布を納める。

問題４　下線部ｄ（平和的な国際関係）について，現在国際的な平和維持組織として国際連合があります。国際連合ができる前には国際連盟が存在していました。国際連盟が，第二次世界大戦の勃発《ぼっぱつ》を防ぐことができなかった理由を，**資料５**のできごとをもとに書きなさい。

資料５　国際連盟に関連するできごと

年	できごと
1918	第一次世界大戦が終わる。
1920	国際連盟が発足する。 （イギリス・フランス・イタリア・日本が常任理事国となる。）
1926	ドイツが国際連盟に加盟し，常任理事国となる。
1933	日本が国際連盟を脱退《だったい》する。
	ドイツが国際連盟を脱退する。
1937	イタリアが国際連盟を脱退する。
1939	第二次世界大戦が始まる。

問題５　日本の領土は，明治時代の国境の確定（画定）以降，戦争などによって拡大や縮小が行われています。日本の領土に関する年表である**資料６**を参考に，**資料６**の時期の日本の領土を示したあとの**Ａ**～**Ｄ**の地図を年代の古い順に並べたものとして，最も適切なものを下の**ア**～**エ**の中から一つ選びなさい。

資料６　日本の領土に関する年表

年	できごと
1895	日清《にっしん》戦争後の下関《しものせき》条約で，日本が遼東《りょうとう》半島，台湾《たいわん》などを獲得《かくとく》する。
1905	日露《にちろ》戦争後のポーツマス条約で，日本が南樺太《みなみからふと》を獲得する。
1910	日本が韓国《かんこく》を併合《へいごう》する。
1951	日本がアメリカ合衆国《がっしゅうこく》など48か国とサンフランシスコ平和条約を結び，独立を回復する。 （それまで戦争で獲得した領土を放棄《ほうき》し，沖縄県などはアメリカ合衆国が治めることとする。）

Ａ

Ｂ

Ｃ

Ｄ

ア　Ａ　→　Ｂ　→　Ｄ　→　Ｃ
イ　Ａ　→　Ｄ　→　Ｃ　→　Ｂ
ウ　Ｂ　→　Ａ　→　Ｃ　→　Ｄ
エ　Ｂ　→　Ｃ　→　Ａ　→　Ｄ

問題６　**資料７**は日本人のアメリカ合衆国に対する，**資料８**は日本人の中国に対する親近感の世論調査の回答の割合を示しています。**資料７**，**資料８**の調査の結果を正しく読み取ったものとして，最も適切なものをあとの**ア**～**エ**の中から一つ選びなさい。

資料７　日本人のアメリカ合衆国に対する親近感

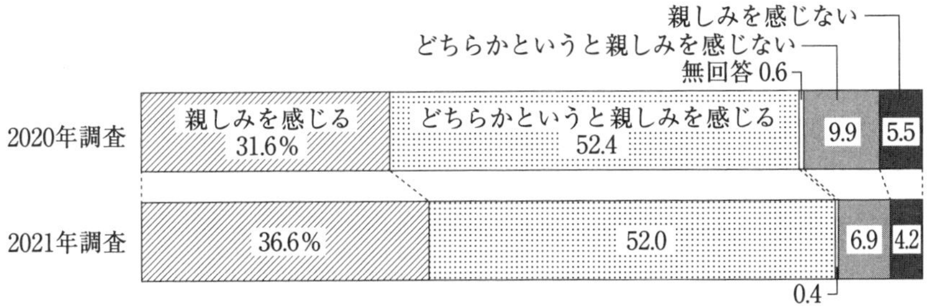

（内閣府資料より作成）

資料８　日本人の中国に対する親近感

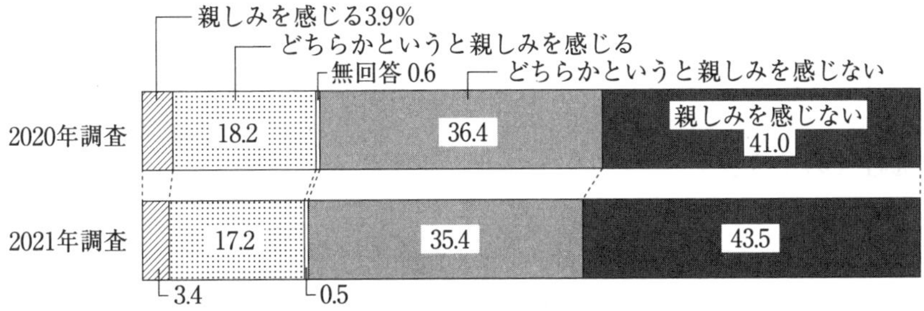

（内閣府資料より作成）

ア　2021年調査でアメリカ合衆国に対して「親しみを感じる」と「どちらかというと親しみを感じる」という回答を合計した割合は，2021年調査で中国に対して「親しみを感じる」と「どちらかというと親しみを感じる」という回答を合計した割合の４倍よりも少ない。

イ　2021年調査で中国に対して「どちらかというと親しみを感じない」と「親しみを感じない」という回答を合計した割合は，2021年調査でアメリカ合衆国に対して「どちらかというと親しみを感じない」と「親しみを感じない」という回答を合計した割合の７倍よりも多い。

ウ　2021年調査でアメリカ合衆国に対して「親しみを感じる」と「どちらかというと親しみを感じる」という回答を合計した割合は，2020年調査でアメリカ合衆国に対して「親しみを感じる」と「どちらかというと親しみを感じる」という回答を合計した割合から５％以上増えている。

エ　2021年調査で中国に対して「親しみを感じる」と「どちらかというと親しみを感じる」という回答を合計した割合は，2020年調査で中国に対して「親しみを感じる」と「どちらかというと親しみを感じる」という回答を合計した割合から５％以上減っている。

3　まさとさんのクラスでは，体育祭で着るクラスＴシャツを制作することになりました。Ｔシャツの制作を依頼《いらい》する会社を決めようとしています。

まさと：クラスＴシャツの制作をどの会社に頼《たの》もうか。
ななみ：前回クラスで話し合って出てきた希望を書いたメモがこれだよ。

資料１　クラスの希望メモ

クラスカラーと同じ青色のＴシャツにしたい
イラストをプリントしたい
クラスメートの名前の文字をプリントしたい

ななみ：昨日，先生からＴシャツを制作する予算は１人あたり1500円だと伝えられたよ。
まさと：わかった。予算内でクラスの希望を叶《かな》えられるといいね。
ななみ：そうだね。
まさと：Ｔシャツ制作の会社を探《さが》していたら，このチラシ（**資料２**）を見つけたよ。どうかな。

資料２　会社Ｘのチラシ

白Ｔシャツ	1000円
色Ｔシャツ	1300円
文字プリント	無料
イラストプリント	600円

お買い得

☆色Ｔシャツは30色から選べます！
※店頭でのお渡《わた》しのみとなります。
（配送は行っておりません。）

ご注文例①

白Ｔシャツ＋文字プリント
＋イラストプリント
1600円

ご注文例②

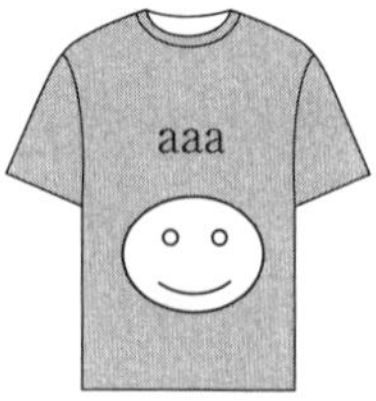

色Ｔシャツ＋文字プリント
＋イラストプリント
1900円

ご注文例③

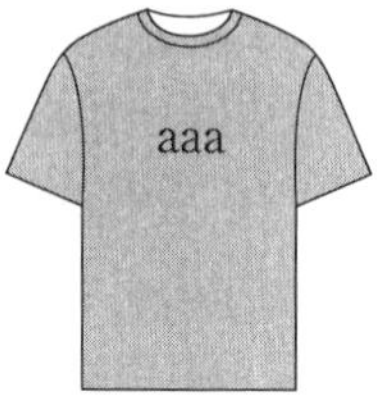

色Ｔシャツ
＋文字プリント
1300円

まさと：この会社にお願いすれば，クラスの希望を叶えることができそうだよ。
ななみ：ただ，クラスの希望をすべて叶えようとすると，予算内に収《おさ》まらなくなってしまうみたいだね。

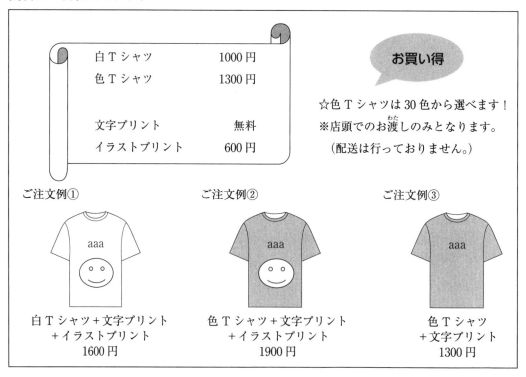

まさと：本当だ。予算内でできるだけ希望を満たそうとしても，［　A　］をあきらめなければならないね。

ななみ：そうだね。インターネットにはこんな広告（**資料３**）もあったよ。

資料３　会社Ｙのインターネット上の広告

お買い得

☆30色の豊富なカラーバリエーション！
☆無料配送サービス！
（ご希望の場所へお届《とど》けします。）

白Ｔシャツ	1000円
色Ｔシャツ	1000円
文字プリント	無料
イラストプリント	500円

ご注文例①

白Ｔシャツ＋文字プリント
＋イラストプリント
1500円

ご注文例②

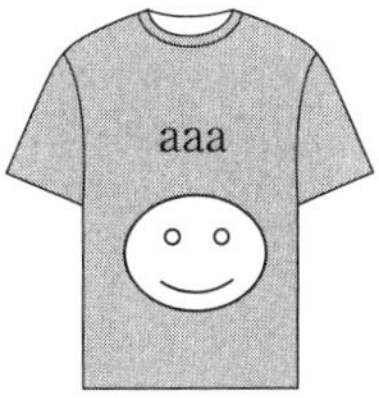

色Ｔシャツ＋文字プリント
＋イラストプリント
1500円

ご注文例③

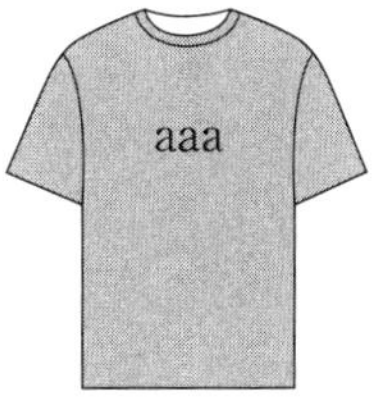

色Ｔシャツ
＋文字プリント
1000円

ななみ：この会社の方がいいと思う理由が二つあるの。これなら予算内で［　B　］からだよ。

まさと：確かにそうだね。ぼくも会社Ｙにお願いするのがいいと思う。

ななみ：先生にも相談してみよう。

問題１　会話と**資料１，２**の内容をふまえて，会話文の［　A　］にあてはまる最も適切なものを次の**ア**～**カ**の中から一つ選びなさい。

ア　白色のＴシャツにすること　　**イ**　青色のＴシャツにすること
ウ　文字をプリントすること　　**エ**　イラストをプリントすること
オ　青色のＴシャツにすることと文字をプリントすることの両方
カ　文字をプリントすることとイラストをプリントすることの両方

問題２　ななみさんが**資料２**と**資料３**を比べて，まさとさんに伝えた内容を，**20字以上30字以内**で，会話文の［　B　］にあてはまるように書きなさい。ただし，「,」や「。」も１字に数え，文字に誤《あやま》りがないようにしなさい。

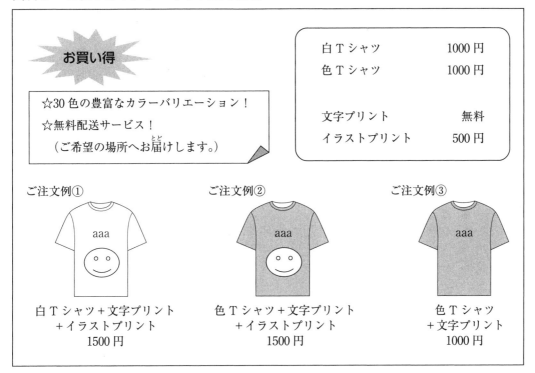

4 茨城《いばらき》キリスト教学園中学校の１年生になったななみさんたちは，東京《とうきょう》大学の教員が自らの専門分野のおもしろさをわかりやすく伝える『金曜特別講座』の講義を受けられることになりました。ななみさんとまさとさんは，「内容の理解を深める話の聞き方」について考えています。

ななみ：せっかくの機会だから，しっかりと話を聞いて理解を深めたいね。

まさと：そうだね。でも「しっかりと話を聞く」って，具体的に何を意識すればいいのかな。

ななみ：話を聞くときは，５Ｗ１Ｈ，つまり，「いつ」・「どこで」・「だれが」・「なにを」・「なぜ」・「どのように」に注目するのがいいと，よく耳にするよ。

まさと：ここに，５Ｗ１Ｈに注目するときに気をつける点が書かれているから参考にしようよ。

資料１

５Ｗ１Ｈということは，単に情報の要素をそろえるということではありません。要素どうしの関係も大切です。

【中略】

一つ例を挙げましょう。例えば，

三人の狩人《かりうど》が二匹《にひき》の獲物《えもの》をしとめた。

と言うとき，どれだけの獲物があることになるのでしょうか。狩人一人で二匹ずつだと解釈《かいしゃく》するならば全部で六匹ということになりますが，協力して二匹の獲物をしとめたのであれば，全部で二匹ということになります。形の上では５Ｗ１Ｈが与《あた》えられていて，情報の要素があるように思えても，どう解釈するか，にも立ち止まる必要があるのです。

どういうことなのか，を考える場合，時には早とちりをすることもあります。条件を言う文の意味を例にして，その早とちりについても考えてみましょう。例えば，ある人がＢ大学を志望校として考えているとします。そして，

Ａ高校に入るとＢ大学に入れる。

という文を聞くとしましょう。ああ，それならＡ高校に入ろう，と思って受験しました。しかし，失敗して，Ａ高校に入れなかったとします。では，その人はもう，Ｂ大学に入る望みはないのでしょうか。もちろん，違《ちが》います。実はこの文は，

Ａ高校に入らないとＢ大学に入れない。

と同じではないのです。別の高校（仮にＣ高校）に入ってからＢ大学に進学することもあり得ます。ほかの可能性はどうか，ということについて，私《わたし》たちは，ともすればそのような勘違《かんちが》いをしてしまいがちです（もしも，「Ａ高校に入った場合に限ってＢ大学に入れる」ということであれば，その人はＢ大学への進学をあきらめないといけないのですが）。

このように，「どういう条件でどうなる」というような関係のあり方にも注意して話を聞き，判断をする必要があります。これも，狭《せま》い意味での５Ｗ１Ｈとは違ったことですが，重要な情報の要素と言えるでしょう。

（森山卓郎《もりやまたくろう》「コミュニケーションの日本語」による）

ななみ：ただ５Ｗ１Ｈに注目するだけでは，しっかりと話を聞いているとは言い切れないのね。

まさと：ワークシート（**資料２**）で，情報どうしの関係を整理する練習をしてみようよ。

資料２　ワークシート

下の**例文**について，どのような解釈ができるかを考えてみよう。 **例文**：私は「毎日30分読書をするとテストで満点を取れる」と言いながらいつものように８時ごろに家を出て図書館に向かう兄を見送った。

問題１　ワークシート（**資料２**）の**例文**から考えられる解釈として**適切でない**ものを次の**ア～オ**の中から**二つ**選びなさい。

ア　「私」は「毎日30分読書をするとテストで満点を取れる」と言った。
イ　「私」は毎日30分読書をしないとテストで満点を取れない。
ウ　「私」はいつものように８時ごろに家を出て図書館に向かった。
エ　「兄」は「毎日30分読書をするとテストで満点を取れる」と言いながら家を出た。
オ　「兄」はいつものように８時ごろに家を出て図書館に向かった。

まさと：しっかりと話を聞くときのポイントは，ほかにどのようなものがあるかな。
ななみ：こっちには，事実と意見の違いについて書いてあるよ。参考になりそうだね。

資料３

事実と意見とは何が違うのでしょう。事実とは誰《だれ》もが共有できる情報です。一方，意見とは個人的な観点による情報で誰もが共有できないものです。例えば， この本はおもしろい。 という文は人によってどう感じるかが違うので，事実とは言えません。ただし，仮にAさんという人がこう言っていたとして，「Aさんがこの本はおもしろいと言っていた」のような文になれば，事実と言えます。 また，一方， この本は五〇〇円だ。 というのは事実です。誰が確かめても変わらないことだし，その情報は共有できるからです。

（森山卓郎「コミュニケーションの日本語」による）

まさと：事実か意見かは，誰もが共有できる内容かどうかという違いなんだね。
ななみ：それなら「毎日30分読書をするとテストで満点を取れる」という文は［　X　］だね。
まさと：なるほど。この文の内容が，［　Y　］からだね。

問題２　**資料３**の文章を読んで二人が気づいたことを考えましょう。［　X　］には**事実・意見**のどちらかを選んで書き，［　Y　］にはその理由を**25字以上30字以内**で書きなさい。ただし，「，」や「。」も１字に数え，文字に誤《あやま》りがないようにしなさい。

まさと：しっかりと話を聞くときのポイントについて，具体的に知ることができたね。
ななみ：そうだね。『金曜特別講座』の講義を受けるときに，さっそく試《ため》してみよう。

問題３　**資料１～３**と会話文を参考にして，「講義を受けるときに，どのようなことを意識して話を聞くか」についてのあなたの考えを，**100字以上120字以内**で書きなさい。ただし，「，」や「。」も１字に数え，文字に誤りがないようにしなさい。

【集団面接】〈第２回・適性検査型試験〉

〈編集部注：問題用紙にはメモ欄が設けられています。編集の都合上，問題文のみを掲載しています。〉

本校では５人程度のグループで集団面接を行います。面接時間は20分程度で面接官は２人です。最初に一人ずつ自己紹介（自己ＰＲ）を述べた後、グループディスカッションを行います。なお、本校の適性検査型試験を受検した生徒には、合格通知と共に「報告書」を同封します。報告書では適性Ⅰ、適性Ⅱの大問ごとに「受検者平均得点率」と各自の得点率（４段階で明示）がわかるようになっています。また、集団面接では１０個の評価基準を設けて面接官が採点していきますが、各自、どの観点が優れていたかを報告書に明示しますので、今後の学習に役立てることができます。

面接の観点		内　容
①	挨拶・言葉遣い	きちんとした挨拶、言葉遣いができている。
②	自己紹介	決められた時間の中で、自己紹介（自己ＰＲ）がよくできている。
③	面接態度	落ち着いた態度で行動し、話をすることができている。
④	共感性	他の人の話・意見を共感を持って聞くことができている。
⑤	積極性	テーマに対して積極的に興味を持つことができている。
⑥	的確な意見	的確にテーマを捉え、テーマに沿った意見を述べることができている。
⑦	表現力	自分の意見を他の人にもわかりやすい言葉で表現できている。
⑧	論理の組み立て	自分の意見を論理的に組み立てながら話すことができている。
⑨	活発性	全体の話し合いが活発になるような意見を述べることができている。
⑩	リーダー性	全体の話し合いをうまくリードすることができている。

課題１

次の文章は、言語学者の北原保雄先生の著書『問題な日本語』の一部です。

＊＊＊＊＊＊＊＊＊＊＊＊＊＊＊＊＊＊＊＊＊＊＊＊＊＊＊＊＊＊＊＊＊＊＊＊＊

【質問】Ｅメールのタイトルの欄に「お連絡」とあるメールが来ましたが、
「ご連絡」が正しいのではないでしょうか。

【答え】「お」と「ご」の使い分けには、かなりしっかりした決まりがあります。
漢語には「ご」を冠し、和語には「お」を冠するというルールです。
ただ、かなりしっかりはしていますが、ずいぶんゆれのあることも事実です。

＊＊＊＊＊＊＊＊＊＊＊＊＊＊＊＊＊＊＊＊＊＊＊＊＊＊＊＊＊＊＊＊＊＊＊＊＊

皆さんは、「お連絡」と「ご連絡」のどちらを使いますか。
場面や相手によって使い分ける場合は、「どちらも」と答えてください。

課題２

次の語を敬語表現で使うとき、「お」と「ご」のどちらをつけますか。場面や相手によって使い分ける場合は、「どちらでもよい」としてください。

「漢語には『ご』、和語には『お』をつける」というルールに当てはまらない例も探しながら、自由に話し合ってください。

①記入	②安心	③家族	④注文	⑤立派
⑥予算	⑦相伴	⑧誕生	⑨返事	⑩礼状
⑪時間	⑫食事	⑬人柄	⑭体	⑮詳しい
⑯気遣い	⑰支払い	⑱知り合い	⑲ゆっくり	⑳身内

2023年度

茨城キリスト教学園中学校　▶解　答

※　編集上の都合により，第２回・適性検査型試験の解説は省略させていただきました。

適性検査Ｉ　＜第２回・適性検査型試験＞（45分）＜満点：100点＞

解　答

1 **問題１**　**ア**　4　**イ**　28　**問題２**　**答え**…３回／**求め方**…（例）　曲が始まってから，大だいこを４ぱく目にたたくのは２小節ごと，小だいこを４ぱく目にたたくのは３小節ごとである。２と３と８の最小公倍数は24だから，24小節ごとに，大だいこ，小だいこ，シンバルを同時にたたくことがわかる。よって，全部で，72÷24＝３（回）ある。

2 **問題１**　**辺の本数**…30本，**頂点の個数**…12個　**問題２**　**答え**…６通り／**求め方**…（例）　となり合う面が同じ色にならないようにするには，向かい合う面が同じ色になるようにすればよいので，１～３の面に色をぬる方法が何通りかを考えればよい。よって，右の図より６通りある。

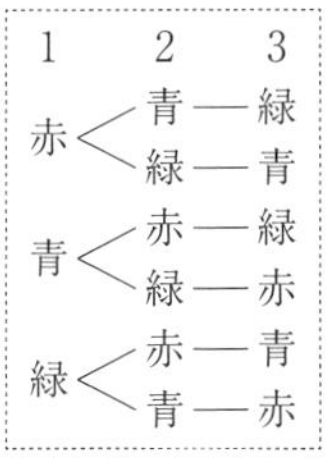

3 **問題１**　①　オ　②　エ　③　カ　**問題２**　B，C，D　**問題３**　（例）　震源から近かった

4 **問題１**　**あ**　低く　**い**　高く　**問題２**　**う**　D　**え**　A　**問題３**　（例）　音を出しているものが短いほど高い音が出て，音を出しているものが長いほど低い音が出る。

適性検査Ⅱ　＜第２回・適性検査型試験＞（45分）＜満点：100点＞

解　答

1 **問題１**　**あ**　博物館(美術館)　**い**　図書館　**問題２**　エ　**問題３**　イ　**問題４**　エ

2 **問題１**　ア　**問題２**　イ，エ　**問題３**　（例）　地方の特産物は，その地方の庶民の食卓に上ることなく，調という形で都に運ばれ，貴族の食事をいろどる食材となったから。　**問題４**　（例）　日本，ドイツ，イタリアといった，常任理事国の脱退が相次いだから。　**問題５**　ウ　**問題６**　省略

3 **問題１**　エ　**問題２**　（例）　クラスの希望をすべて叶えられるし，配送もしてくれる

4 **問題１**　イ，ウ　**問題２**　**X**　意見　**Y**　（例）　誰もが共有でき，誰が確かめても変わらないとは言えない　**問題３**　（例）　講義を受けるときには，５Ｗ１Ｈの情報を聞き取るだけでなく，情報どうしの関係まで気をつけて正しく整理することや，誰もが共有できる事実と，そうでない意見とを区別することに注意して，誤った解釈をしないように意識して話を聞きたいです。

※　編集部注…学校より，適性検査Ⅱの2の問題６に不備があったため，この問題については受験生全員を正解としたとの発表がありました。

Memo

2022年度　茨城キリスト教学園中学校

〔電　話〕　(0294)52－3215
〔所在地〕　〒319－1295　茨城県日立市大みか町６－11－１
〔交　通〕　JR常磐線―「大みか駅」より徒歩７分

【算　数】〈第１回試験〉（50分）〈満点：100点〉

1　次の $\boxed{ア}$ ～ $\boxed{ク}$ にあてはまる数を答えなさい。

(1)　$108\times35=\boxed{ア}$

(2)　$1512\div12=\boxed{イ}$

(3)　$50-(7\times8-14)=\boxed{ウ}$

(4)　$\dfrac{1}{2}+\dfrac{1}{4}+\dfrac{1}{6}=\boxed{エ}$

(5)　$1\dfrac{2}{3}\div1\dfrac{1}{9}=\boxed{オ}$

(6)　$0.6\times\dfrac{5}{7}+\dfrac{1}{14}=\boxed{カ}$

(7)　$(1.4\times1.1+0.16)\div5=\boxed{キ}$

(8)　$(\boxed{ク}+24)\div12+2=8$

2　次の問いに答えなさい。

(1)　１個15ｇのおもりＡが６個と，１個25ｇのおもりＢが３個あります。これらのおもりの重さの合計は何ｇですか。

(2)　兄と弟は，２人合わせて６個のおにぎりを食べました。兄と弟が食べたおにぎりの個数の組み合わせは，全部で何通り考えられますか。ただし，どちらも１個は食べたものとし，兄が食べた個数と弟が食べた個数が逆になっているものも，別の組み合わせと考えます。

(3)　下のように，あるきまりにしたがって，{○，□，△}の記号を並べました。

○　○　□　△　○　△　○　○　□　△　○　△　○　○　□　△　……

左からかぞえて50番目の記号は何ですか。○，□，△で答えなさい。

(4)　右の図で，(図形Ａ)は２つの長方形を組み合わせたもので，(図形Ｂ)は正方形です。(図形Ａ)と(図形Ｂ)の面積が等しいとき，(図形Ｂ)の１辺の長さは何cmですか。

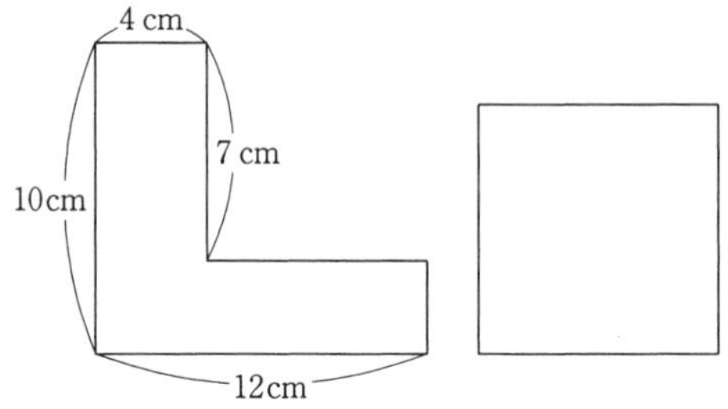

(図形Ａ)　(図形Ｂ)

3　$1\,km^2$あたりに住んでいる人の数のことを，「人口密度」といいます。右の表は，Ａ町とＢ町の面積と人口をまとめたものです。これについて，次の問いに答えなさい。

	面積	人口
Ａ町	$50km^2$	12800人
Ｂ町	$30km^2$	24000人

(1)　Ａ町の人口密度は$1\,km^2$あたり何人ですか。

(2)　Ａ町とＢ町がいっしょになって，新しくＰ市になりました。Ｐ市の人口密度は$1\,km^2$あたり何人ですか。

4　右の図のような，たての長さが24m，横の長さが36mの長方形の土地があります。この土地のまわりに，６ｍの間かくで木を植えます。また，木と木の間に，２ｍの間かくでくいを打ちます。ただし，長方形の角の部分には必ず木を植え，木が植えてあるところにはくいを打ちません。これについて，次の問いに答えなさい。

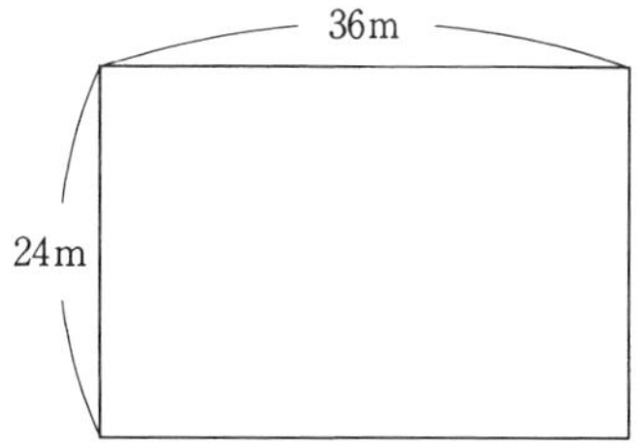

(1)　木は全部で何本植えますか。

(2)　くいは全部で何本打ちますか。

5　右の図のように，半径が10cmのおうぎ形OABを直線ACを折り目として折り返したところ，点Oが曲線AB上の点Dの位置にきました。また，角BCDの大きさが90度になりました。これについて，次の問いに答えなさい。ただし，円周率は3.14とします。

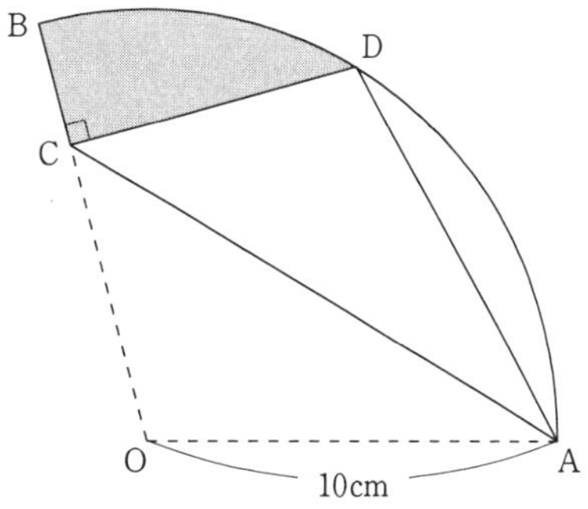

(1)　折り返す前のおうぎ形の中心角(図の角AOB)の大きさは何度ですか。

(2)　かげの部分の面積は何cm^2ですか。

6 田中さんの家には，Ａ君，Ｂ君，Ｃさん，Ｄさんの４人の子どもがいます。ある日，お母さんが右のようなメモを残して出かけました。その後，Ａ君，Ｂ君，Ｃさん，Ｄさんがこの順番で帰ってきましたが，４人は自分が何番目に帰ってきたのかわかりません。次の文章は，Ａ君，Ｂ君，Ｃさんの行動を表したものです。

> クッキーを焼きました。
> お皿の上に置いておきます。
> ４の倍数の個数だけあります。
> ４人で同じ数ずつ食べてね…。
> 母より

（Ａ　君）　自分が最初に帰ってきたと思い，お皿の上にあるクッキーの$\frac{1}{4}$を食べました。

（Ｂ　君）　自分が最初に帰ってきたと思い，お皿の上にあるクッキーの$\frac{1}{4}$を食べました。

（Ｃさん）　お皿の上にあるクッキーの数をかぞえたところ，全部で27個ありました。

これについて，次の問いに答えなさい。

(1)　最初にお皿の上にあったクッキーは何個ですか。

(2)　Ｃさんは次のように考えて，クッキーを食べました。

・もし，自分が帰ってきたのが１番目だとしたら，お皿の上にあるクッキーの数は [ア] の倍数でなければならない。でも，27は [ア] の倍数ではないから，自分が帰ってきたのは１番目ではない。
・もし，自分が帰ってきたのが３番目で，自分の前の２人が正しい数だけ食べているとしたら，お皿の上にあるクッキーの数は [イ] の倍数でなければならない。でも，27は [イ] の倍数ではないから，自分が帰ってきたのは，たぶん３番目ではない。
・もし，自分が帰ってきたのが４番目で，自分の前の３人が正しい数だけ食べているとしたら，お母さんが用意してくれた１人分の数は27個になる。でも，お母さんがそんなにたくさん用意するはずはないから，自分が帰ってきたのは，たぶん４番目ではない。
・したがって，自分が帰ってきたのは，たぶん２番目だから，[ウ] 個のクッキーを食べよう。

このとき，[ア]，[イ]，[ウ] にあてはまる数を答えなさい。ただし，同じ文字には同じ数が入ります。

【社　会】〈第１回試験〉（30分）〈満点：50点〉

1　次の【カードA】～【カードF】を見て，あとの問いに答えなさい。

【カードA】

わたしは，衆議院議員として，①足尾銅山鉱毒事件について帝国議会で取り上げましたが，政府が動かなかったため，議員を辞職したのち，天皇に直接訴《うった》えようとしました。

【カードB】

わたしは，②中国へ派遣《はけん》された使者の代表を２度務めました。帰国後には，その功績が朝廷から認められ，冠《かんむり》の色で地位を区別する③冠位十二階の最高位を与《あた》えられました。

【カードC】

④わたしは，大坂町奉行所《ぶぎょうしょ》の元役人でしたが，天保のききんで人々が苦しんでいるのに，幕府がきちんとした対応をとらないことから，抗議《こうぎ》するために反乱を起こしました。

【カードD】

わたしは，各地から税を都に運んできた人々を救ったり，ため池をつくったりする活動をしていましたが，のちに，⑤天皇から大仏をつくるのを手伝うように頼《たの》まれました。

【カードE】

⑥わたしは，法《ほう》然《ねん》の弟子となりましたが，その教えをさらに進め，阿《あ》弥陀如来《みだにょらい》は欲望や悩《なや》みの多い人こそ救うのだから，必ず極楽浄土《ごくらくじょうど》に行けるという教えを人々に広めました。

【カードF】

わたしは父とともに，将軍の⑦足利義満の支援《しえん》を受けて，能という芸能を大成させました。また，父の教えを基にして，『風姿花伝』とよばれる能の理論書を記しました。

(1)　下線部①について，足尾銅山があった場所を，現在の都道府県名で答えなさい。

(2)　下線部②について，このときの中国の王朝の名を，次の**ア**～**エ**から１つ選び，記号で答えなさい。

ア　漢《かん》　　**イ**　隋《ずい》　　**ウ**　唐《とう》　　**エ**　宋《そう》

(3)　下線部③について，推古《すいこ》天皇のおいで冠位十二階の制度を定めたとされる人物の名前を答えなさい。

(4)　下線部④について，この人物が学んだ学問とその学問について述べた文の組み合わせとして正しいものを，次の**ア**～**エ**から１つ選び，記号で答えなさい。

ア　国学／日本の古い書物から，中国などの影響《えいきょう》を受ける前の日本人の心を学んだ。

イ　陽明学／日本の古い書物から，中国などの影響を受ける前の日本人の心を学んだ。

ウ　国学／中国の学問のうち，理論だけでなく実践《じっせん》することが大切だという教えを学んだ。

エ　陽明学／中国の学問のうち，理論だけでなく実践することが大切だという教えを学んだ。

(5)　下線部⑤について，この天皇の名前を，次の**ア**～**エ**から１つ選び，記号で答えなさい。

ア　天智《てんじ》天皇　　**イ**　天武《てんむ》天皇　　**ウ**　聖武《しょうむ》天皇　　**エ**　桓武《かんむ》天皇

(6)　下線部⑥について，この人物が開いた仏教の宗派の名前を，次の**ア**～**エ**から１つ選び，記号で答えなさい。

ア　浄土《じょうど》宗　　**イ**　臨済《りんざい》宗　　**ウ**　天台《てんだい》宗　　**エ**　浄土真《じょうどしん》宗

(7)　下線部⑦について，この人物に関連の深い文としてあてはまらないものを，次の**ア**～**エ**から１つ選び，記号で答えなさい。

ア　後醍醐《ごだいご》天皇に協力して，鎌倉幕府の六波羅《ろくはら》探題を攻《せ》めた。

イ　中国の明《みん》との間で，勘合《かんごう》という証明書を用いた貿易を行った。

ウ　京都の北山に金閣とよばれる建物を建てた。

エ　南北に分裂《ぶんれつ》していた朝廷を１つにまとめた。

(8)　【カードＡ】～【カードＦ】の人物が活躍《かつやく》した時代を年代の古い順に並べたとき，３番目となるカードを選び，Ａ～Ｆの記号で答えなさい。

(9)　【カードＡ】～【カードＦ】の「わたし」にあてはまる人物の名前を，次の**ア**～**コ**から１つずつ選び，記号で答えなさい。

ア　行基《ぎょうき》　　**イ**　空海《くうかい》　　**ウ**　千利休《せんのりきゅう》　　**エ**　田中正造《たなかしょうぞう》　　**オ**　大塩平八郎《おおしおへいはちろう》

カ　鑑真《がんじん》　　**キ**　小野妹子《おののいもこ》　　**ク**　菅原道真《すがわらのみちざね》　　**ケ**　世阿弥《ぜあみ》　　**コ**　親鸞《しんらん》

2　次の地形図を見て，あとの問いに答えなさい。

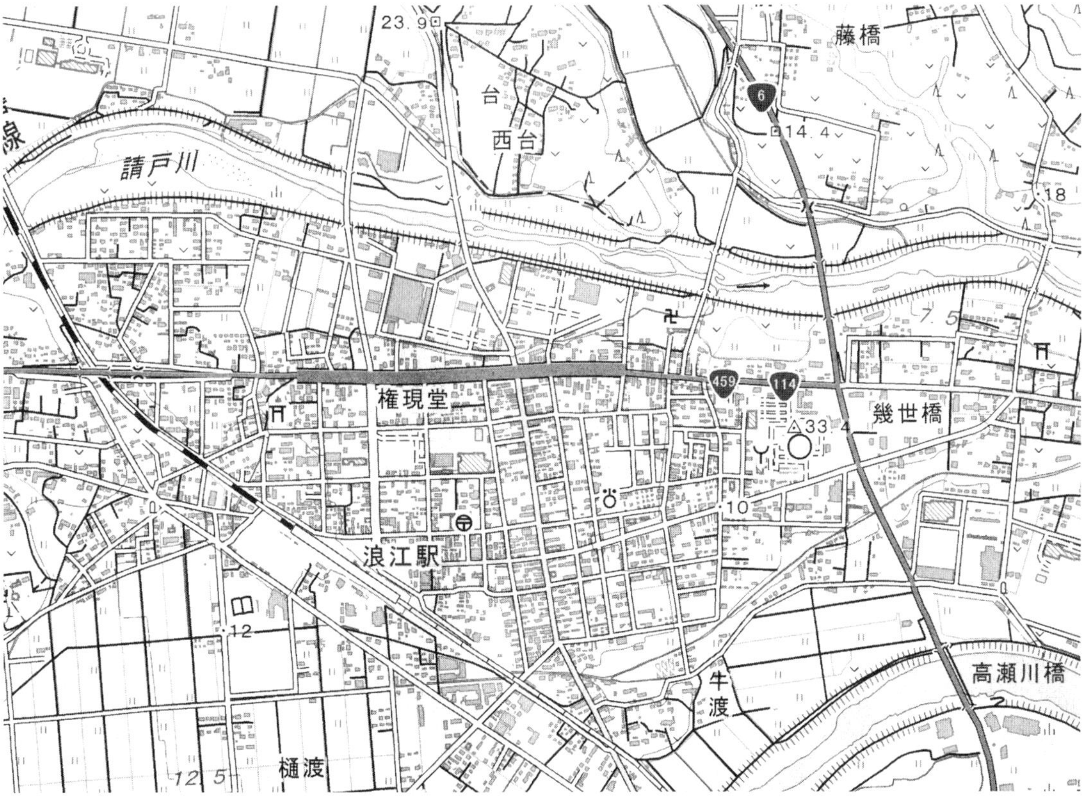

浪江　1：12500

国土地理院発行25000分の1地形図「浪江」をもとに縮尺が12500分の1となるように加工しました。

〈編集部注：編集上の都合により原図を80%に縮小しました。〉

(1)　JR線(━━▭━━)が「請戸《うけど》川」を渡《わた》る地点は，「浪江《なみえ》駅」から見て，どの方角にありますか。次の**ア**～**エ**から1つ選び，記号で答えなさい。

ア　北東　　**イ**　北西　　**ウ**　南東　　**エ**　南西

(2)　地形図の読み取りとして正しいものを，次の**ア**～**エ**から1つ選び，記号で答えなさい。

ア　「請戸川」は東から西に向かって流れている。

イ　「請戸川」の北側には，果樹園が広がっている。

ウ　この地形図の範囲《はんい》内には，複数の神社が見られる。

エ　この地形図には，標高が50mを超《こ》える地点がある。

(3)　「浪江駅」から「高瀬《たかせ》川橋」まで，地形図上の直線で約10cmあります。実際の距離《きょり》は約何mになりますか。算用数字で答えなさい。

3　次の表を見て，あとの問いに答えなさい。

面積の大きい都道府県	
第１位	北海道
第２位	A
第３位	福島県
第４位	長野県
第５位	新潟県

面積の小さい都道府県	
第１位	香川県
第２位	B
第３位	東京都
第４位	沖縄県
第５位	神奈川県

人口の多い都道府県	
第１位	東京都
第２位	神奈川県
第３位	B
第４位	愛知県
第５位	埼玉県

人口の少ない都道府県	
第１位	鳥取県
第２位	島根県
第３位	高知県
第４位	徳島県
第５位	福井県

みかんの収穫量の多い都道府県	
第１位	和歌山県
第２位	愛媛県
第３位	C
第４位	熊本県
第５位	長崎県

りんごの収穫量の多い都道府県	
第１位	青森県
第２位	長野県
第３位	A
第４位	山形県
第５位	福島県

米の収穫量の多い都道府県	
第１位	新潟県
第２位	北海道
第３位	秋田県
第４位	山形県
第５位	宮城県

製造品出荷額等の多い都道府県	
第１位	愛知県
第２位	神奈川県
第３位	B
第４位	C
第５位	兵庫県

（『日本国勢図会』2021/22年版により作成）

(1)　表中の［A］～［C］にあてはまる都道府県名を答えなさい。

(2)　米の収穫量の上位５都道府県の中で，都道府県名と都道府県庁所在地名が異なるものはいくつありますか。算用数字で答えなさい。

(3)　東京都と神奈川県を比較《ひかく》した場合，人口密度はどちらのほうが高いですか。

(4)　製造品出荷額等の第１位である愛知県について述べた文として正しくないものを，次の**ア**～**エ**から１つ選び，記号で答えなさい。

ア　企業《きぎょう》城下町である豊田市は，自動車産業を中心とした工業都市である。

イ　県南東部の渥美《あつみ》半島では，メロンやキャベツ，電照菊《でんしょうぎく》が栽培されている。

ウ　遠洋漁業の基地として有名な焼津港があり，まぐろやかつおの水揚《みずあげ》量が多い。

エ　伊勢湾《いせわん》海上の人工島には中部国際空港があり，セントレアの愛称《あいしょう》で知られる。

(5)　人口の少ない５都道府県がふくまれない地方の名前を，次の**ア**～**エ**から１つ選び，記号で答えなさい。

ア　北陸地方　　**イ**　四国地方　　**ウ**　山陰《さんいん》地方　　**エ**　九州地方

(6)　りんごの収穫量の上位５都道府県と，みかんの収穫量の上位５都道府県を比較してわかることを，その地域の気候に注目して25字以上30字以内(句読点をふくめる)で答えなさい。

4　次の文章を読んで，あとの問いに答えなさい。

選挙は，民主政治の基本です。①選挙権が得られる年齢《ねんれい》になると，日本では，②衆議院議員選挙，③参議院議員選挙，都道府県［　④　］選挙，都道府県議会議員選挙，⑤市(区)町村長選挙，市(区)町村議会議員選挙に有権者として投票することができるようになります。一方，⑥アメリカでは，2020年に大統領選挙が行われ，2021年１月に新しい大統領が就任しました。

(1)　下線部①について，正しく述べた文を，次の**ア**～**エ**から１つ選び，記号で答えなさい。

ア　日本では，選挙によって投票できる年齢が異なる。
イ　高校生でも，日本の選挙権を持つ人がいる。
ウ　日本では，有権者が選挙を棄権《きけん》すると罰則《ばっそく》がある。
エ　海外に住んでいる日本人には，日本の選挙権がない。

(2)　下線部②について，衆議院議員に立候補できるのは満何歳以上か，算用数字で答えなさい。

(3)　下線部③について，2021年７月現在，参議院議員定数何人のうち何人の女性議員がいるか，次の**ア**～**エ**から１つ選び，記号で答えなさい。

ア　245人中56人　　**イ**　245人中156人　　**ウ**　465人中46人　　**エ**　465人中246人

(4)　文中の［　④　］にあてはまる言葉を，漢字２字で答えなさい。

(5)　下線部⑤について，区長や区議会議員が選挙で選ばれる区を，次の**ア**～**エ**から１つ選び，記号で答えなさい。

ア　横浜市青葉区　　**イ**　札幌市白石区
ウ　東京都世田谷区　　**エ**　大阪市中央区

(6)　下線部⑥について，次の文中の［　A　］～［　D　］にあてはまる言葉を，下の**ア**～**コ**から１つずつ選び，記号で答えなさい。

> 現職の大統領であった［　A　］党の［　B　］氏を破って，［　C　］党の［　D　］氏が当選し，新しい大統領となった。

ア　民主　　**イ**　共産　　**ウ**　保守　　**エ**　共和　　**オ**　労働
カ　オバマ　　**キ**　バイデン　　**ク**　ハリス　　**ケ**　トランプ　　**コ**　ジョンソン

【理　科】〈第１回試験〉(30分)〈満点：50点〉

1　次の問いに答えなさい。答えは，それぞれの**ア**～**エ**から１つずつ選び，記号で答えなさい。

(1)　右の図は，枝についていたヘチマの実を表しています。花びらやがくがついていた位置は**ア**～**エ**のうちどれですか。

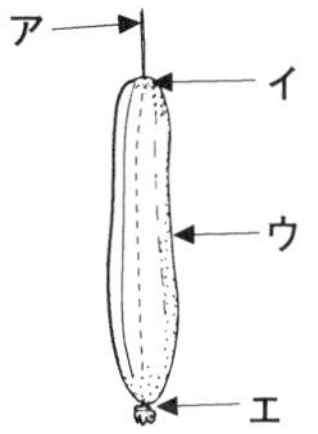

(2)　次の**ア**～**エ**のうち，金属に共通の性質ではないものはどれですか。

ア　たたくとうすく広がる。　　**イ**　電気を通しやすい。

ウ　磁石にくっつく。　　**エ**　熱を伝えやすい。

(3)　次の**ア**～**エ**のうち，日本で12月の真夜中に観測することができない星座はどれですか。

ア　おおいぬ座　　**イ**　さそり座　　**ウ**　オリオン座　　**エ**　こいぬ座

(4)　温度計の中の赤色に着色した液体が入っている管は，とても細くつくられています。その最も大きな理由は次の**ア**～**エ**のうちどれですか。

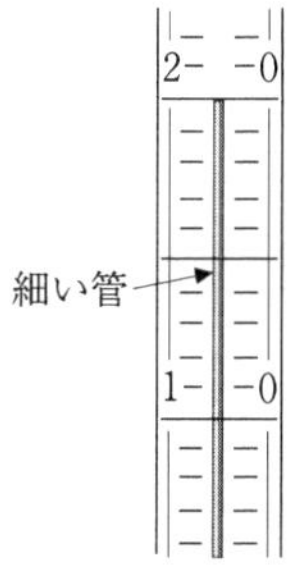

ア　中に入っている赤色の液体の量を節約できるから。

イ　細い管の方が太い管よりじょうぶでこわれにくいから。

ウ　液体の体積の変化が小さくても，液面の高さは大きく動くので見やすいから。

エ　温度計をつくるガラスが冷えるとき，自然に細くなるから。

(5)　次の**ア**～**エ**の回路のうち，かん電池が最も長持ちするものはどれですか。ただし，豆電球，かん電池などはすべて同じで新しいものとします。

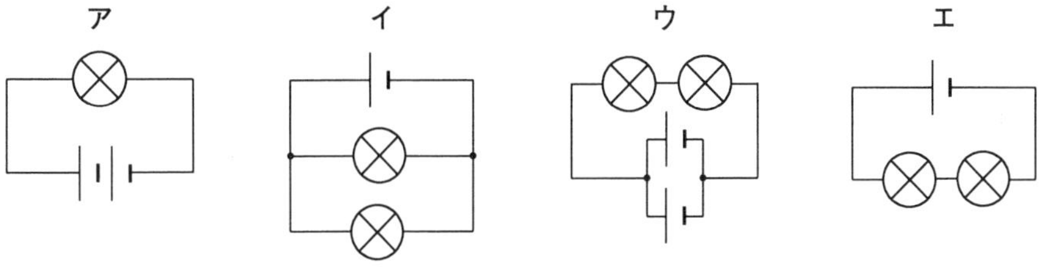

(6)　暦《こよみ》の上では，季節ごとにいろいろな節目《ふしめ》の日が設けられています。2021年には，ある節目の日が1897年(明治30年)以来124年ぶりに，例年よりも１日前の日にずれることになりました。その節目の日とは**ア**～**エ**のうちどれですか。

ア　節分　　**イ**　夏至　　**ウ**　大みそか　　**エ**　お彼岸

2　日本の気温の変化や気象について，次の問いに答えなさい。

(1)　右のグラフは，９月の一日中よく晴れていたある日と，一日中くもっていた別のある日の，０時から24時までの気温の変化を表しています。これについて，①～③の問いに答えなさい。

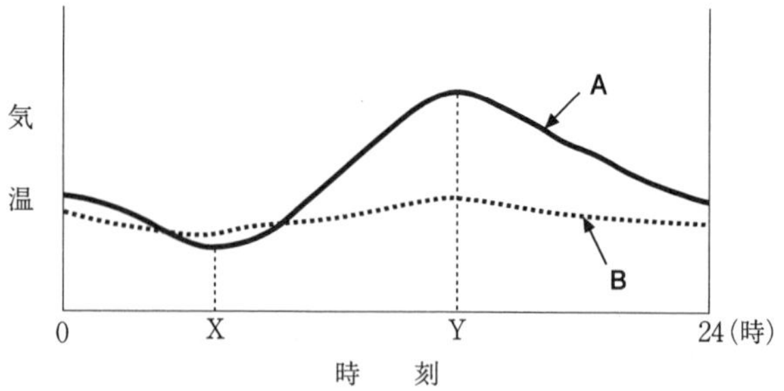

①　晴れ(快晴もふくむ)やくもりは，
どのようにして決められていますか。次の**ア**～**エ**から最も適切なものを１つ選び，記号で答えなさい。

ア　太陽が６時間以上出ていたら晴れ，６時間未満ならくもり
イ　太陽が３時間以上出ていたら晴れ，３時間未満ならくもり
ウ　雲の量が空全体の０～８なら晴れ，９～10ならくもり
エ　雲の量が空全体の０～５なら晴れ，６～10ならくもり

②　一日中よく晴れていた日のグラフは**A**，**B**のどちらですか。記号で答えなさい。

③　グラフのX，Yにあてはまる時刻として，最も適切なものはどれですか。次の**ア**～**カ**からそれぞれ１つずつ選び，記号で答えなさい。ただし，時刻は24時制です。

ア　３時　　**イ**　６時　　**ウ**　９時
エ　12時　　**オ**　14時　　**カ**　16時

(2)　日本付近の天気が，西から東に移り変わることが多いのはなぜですか。次の**ア**～**エ**から最も適切なものを１つ選び，記号で答えなさい。

ア　地球が１年かけて，太陽のまわりを回っているから。
イ　日本付近の上空には，強い西寄りの風がふいているから。
ウ　日本列島の陸地は，常にまわりの海よりもあたたまりやすく冷めやすいから。
エ　日本列島の中央部に高い山脈が連なっているから。

3　植物が日光を利用して，水と二酸化炭素からでんぷんなどの栄養分と酸素をつくるはたらきを光合成といいます。光合成を行うために必要な条件を確かめるために，次のような実験を行いました。これについて，次の問いに答えなさい。

〈実験〉

【実験１】　同じくきについているほぼ同じ大きさのアサガオの葉Ａ，Ｂ，Ｃを選び，葉Ａと葉Ｃはそのままにし，葉Ｂは全体をアルミニウムはくで包んだ。ただし，葉Ｃの一部には「ふ」とよばれる「白い部分」がある。

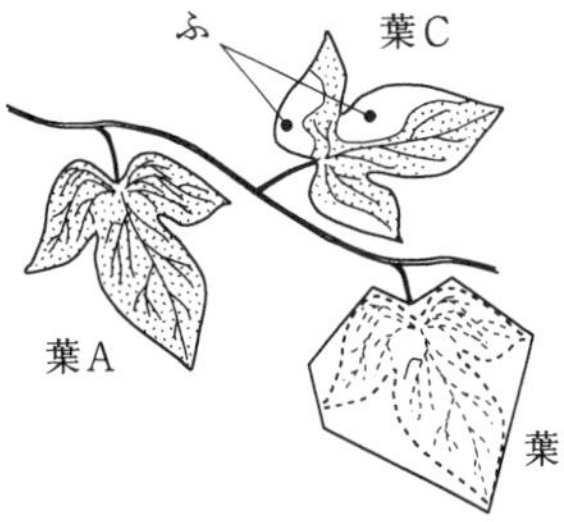

【実験２】　葉Ａ，Ｂ，Ｃを，一晩暗いところに置いておいた。

【実験３】　翌朝，葉Ａ，Ｂ，Ｃを日光の当たる明るいところに数時間置いたあとつみ取り，葉Ｂはアルミニウムはくを取りはずしてから，これらの葉を熱い湯の中にしばらくひたした。

【実験４】　葉Ａ，Ｂ，Ｃを湯から取り出し，あたためたアルコールの中にしばらくひたした。

【実験５】　葉Ａ，Ｂ，Ｃをアルコールから取り出し，水洗いした後，液体の薬品Ｘにひたした。

〈結果〉

【実験５】で，葉Ａ全体と葉Ｃの「ふ」以外の部分が青むらさき色を示した。葉Ｂでは色の変化は見られなかった。

(1)　【実験３】で，葉を熱い湯の中にひたしたのはなぜですか。次の**ア**〜**エ**から最も適切なものを１つ選び，記号で答えなさい。

ア　アサガオの葉の表面を消毒するため。

イ　アサガオの葉の緑色をとかし出すため。

ウ　アサガオの葉にできたでんぷんを分解するため。

エ　アサガオの葉をやわらかくするため。

(2) 【実験４】で，葉をあたためたアルコールにしばらくひたしたのはなぜですか。次の**ア〜エ**から最も適切なものを１つ選び，記号で答えなさい。

ア　アサガオの葉の表面を消毒するため。

イ　アサガオの葉の緑色をとかし出すため。

ウ　アサガオの葉にできたでんぷんを分解するため。

エ　アサガオの葉をやわらかくするため。

(3) 【実験５】で用いた薬品Ｘは何ですか。名前を答えなさい。

(4) 光合成に必要な水と二酸化炭素は，それぞれどこから取り入れていますか。次の**ア〜エ**から１つずつ選び，記号で答えなさい。

ア　葉の気こう　　**イ**　根　　**ウ**　くき　　**エ**　花

(5) これらの実験の手順とその結果について述べた文章のうち，最も適切なものはどれですか。次の**ア〜エ**から１つ選び，記号で答えなさい。

ア　葉Ａと葉Ｂの結果を比べると，光合成によりでんぷんがつくられるためには，水が必要であることがわかる。

イ　葉Ａと葉Ｃの結果を比べると，葉の緑色の部分ででんぷんがつくられたことがわかる。

ウ　薬品Ｘは，葉の緑色の物質にも反応して青むらさき色を示す可能性もあるので，この実験だけではでんぷんができたとはいえない。

エ　この実験では，光合成に日光が必要であることは確かめられたが，葉の緑色の部分が必要かどうかはわからない。

(6) 近年は，人間が化石燃料を大量に使用することで，大気中の二酸化炭素の濃度《のうど》が上昇《じょうしょう》しつつあることが大きな問題となっています。しかし，植物や植物がつくる物質を原料としてつくられた燃料を使用すれば，化石燃料に比べて，大気中の二酸化炭素の濃度の上昇を大きくおさえられると考えられています。その理由を「光合成」と「二酸化炭素」という言葉を使って説明しなさい。

4　水溶《よう》液の性質について，次の問いに答えなさい。

(1)　次の図は，いろいろな水溶液の性質を酸性～中性～アルカリ性に分け，その強さの程度を直線上で示したものです。直線上で左はしに近いほど酸性が強く，右はしに近いほどアルカリ性が強いことを表します。これについて，あとの①～②の問いに答えなさい。

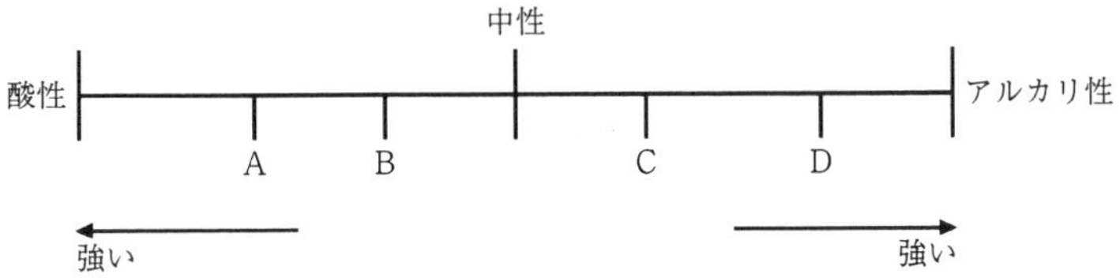

①　水溶液の酸性・アルカリ性を調べるには，リトマス紙やムラサキキャベツ液などを利用します。これについて，正しく述べているのはどれですか。次の**ア**～**エ**から１つ選び，記号で答えなさい。

ア　赤色リトマス紙を青色に変える水溶液は酸性である。

イ　青色リトマス紙を酸性の水溶液につけても色は変化しない。

ウ　ムラサキキャベツ液は，強いアルカリ性で黄色を示す。

エ　ムラサキキャベツ液は，強い酸性で黄色を示す。

②　この図のA～Dにあてはまる水溶液の正しい組み合わせはどれですか。次の**ア**～**エ**から１つ選び，記号で答えなさい。

ア　A…石灰水　B…お酢　C…炭酸水　D…石けん水

イ　A…石けん水　B…石灰水　C…お酢　D…炭酸水

ウ　A…炭酸水　B…石けん水　C…石灰水　D…お酢

エ　A…お酢　B…炭酸水　C…石けん水　D…石灰水

(2)　うすい水酸化ナトリウム水溶液（X液とする）を，７個のビーカーに100cm^{3}ずつとりました。それぞれにうすい塩酸（Y液とする）を体積を変えて加え，その溶液をゆっくりと加熱し水分を蒸発させて，残った固体の重さをはかる実験を行ったところ，その結果は次の表のようになりました。これについて①～③の問いに答えなさい。

X液(cm^3)	100	100	100	100	100	100	100
Y液(cm^3)	0	20	40	60	80	90	100
固体(g)	0.4	A	0.5	0.55	0.6	0.6	0.6

① Ｘ液の濃度(こさ)は何％ですか。ただし，Ｘ液１cm^3の重さは濃度に関係なく１ｇであるものとします。

② 表のＡにあてはまる数を，小数第２位まで求めなさい。

③ 100cm^3のＸ液が中和されて中性になるときの，Ｙ液の体積は何cm^3ですか。

5 鏡の像の見え方について，次の問いに答えなさい。

(1) 右の図１のように，鏡の前で鏡から５ｍの距離の位置に立って自分の像を見るとします。このとき，鏡の中の自分の像は，自分から何ｍはなれているように見えますか。

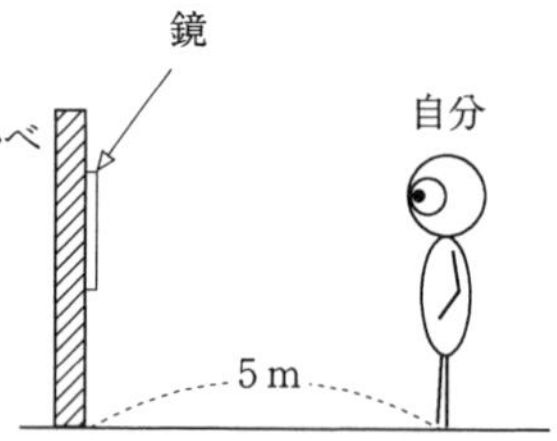

図１

(2) (1)の位置から鏡まで，まっすぐ毎秒１ｍの速さで近づいてみました。このとき，鏡の中に見える自分の像と自分の位置は毎秒何ｍで縮まっていくように見えますか。

(3) 次の図２は，ある丁字路を真上から見たところを表しています。図中の太郎君には，カーブミラーの中に左手から近づく車の像が見えました。これについて，あとの①～③の問いに答えなさい。 ※カーブミラーなどの大きさの割合は正しくはありません。

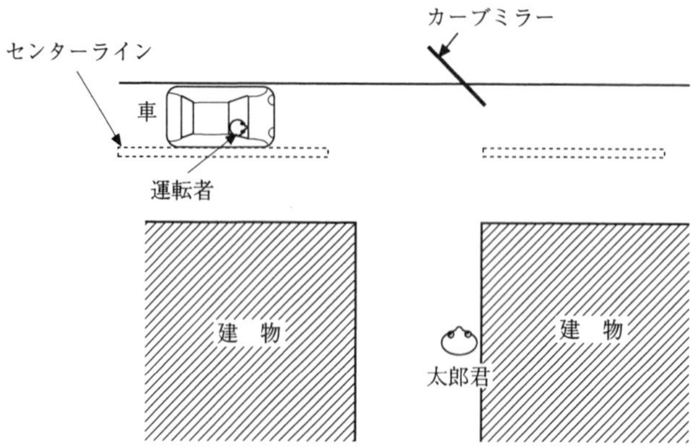

図２

① カーブミラーの面が，図２のように道路の方向に対してななめの向きに取りつけられているのはなぜですか。次の**ア**～**エ**から最も適切なものを１つ選び，記号で答えなさい。

ア 曲がり角の先からとどく光が，鏡で反射して運転者などの方へ進むようにするため。

イ 車の運転者に，自分が乗った車のすがたがよく見えるようにするため。

ウ 鏡に太陽がうつりこまないようにするため。

エ 鏡を取りつける場所がせまいところでも，取りつけやすいため。

② 太郎君には，カーブミラーの中の像はどのように見えていますか。次の**ア**～**エ**から１つ選び，記号で答えなさい。

ア　**イ**　**ウ**　**エ**

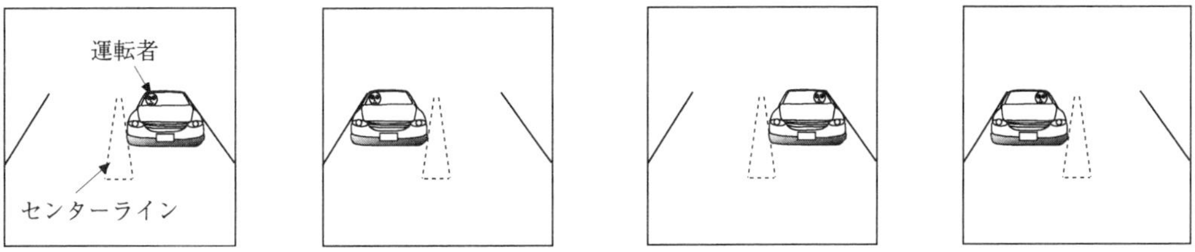

③ 多くのカーブミラーの鏡は，中央部が盛り上がった形の「とつ面鏡」という種類の鏡が用いられています。平らな鏡ではなく「とつ面鏡」が使われているのはなぜですか。次の**ア**～**エ**から最も適切なものを１つ選び，記号で答えなさい。

ア とつ面鏡は平らな鏡よりも割れにくくじょうぶだから。

イ とつ面鏡は平らな鏡に比べて軽いから。

ウ とつ面鏡は平らな鏡より広い範囲をうつすことができるから。

エ とつ面鏡は平らな鏡に比べて像が大きくうつるから。

(4) 鏡に像がうつって見えるのは，鏡が光を反射するためです。このような光の反射を利用していることがらはどれですか。次の**ア**～**エ**から１つ選び，記号で答えなさい。

ア 日光に当てて，コンブをかわかす。

イ 虫めがねで，小さなものを拡大して観察する。

ウ 晴れた日に，ふとんや洗たく物をほす。

エ モモの木の下に銀色のシートをしくと，実全体が赤くなる。

6 ものの重さや形，体積について，次の問いに答えなさい。

(1) ある量のねん土の重さを，次のＡ～Ｃのようにいろいろな方法ではかってみました。その結果について正しいものはどれですか。あとの**ア**～**エ**から１つ選び，記号で答えなさい。

Ａ：ねん土を１つのかたまりにして，重さをはかる。

Ｂ：ねん土を細いひも状にして巻いた形にし，重さをはかる。

Ｃ：ねん土をいくつかの細かいかたまりにして，重さをはかる。

ア Ａの方法ではかったときが，最も重くなった。

イ Ｂの方法ではかったときが，最も重くなった。

ウ Ｃの方法ではかったときが，最も重くなった。

エ どの方法ではかっても同じ重さになった。

(2) 国語辞典の重さを，次のＡ～Ｃのようにしてはかってみました。その結果について正しいものはどれですか。あとの**ア**～**エ**から１つ選び，記号で答えなさい。

Ａ：辞典を，いちばん面積の小さい面を下にして立て，重さをはかった。

Ｂ：辞典を，いちばん面積の大きい面を下にしてねかせ，重さをはかった。

Ｃ：辞典を，真ん中の大きさの面積の面を下にして立て，重さをはかった。

ア Ａの方法ではかったときが，最も重くなった。

イ Ｂの方法ではかったときが，最も重くなった。

ウ Ｃの方法ではかったときが，最も重くなった。

エ どの方法ではかっても同じ重さになった。

(3) 右の表のように，体積と重さがそれぞれちがっている物体Ａ～Ｃがあります。これについて，あとの①～②の問いに答えなさい。

物体	体積	重さ
A	$10cm^3$	27 g
B	$20cm^3$	156 g
C	$15cm^3$	12 g

① 同じ体積で比べたとき，最も重いものはどれですか。Ａ～Ｃの記号で答えなさい。

② 同じ重さで比べたとき，最も体積が大きいものはどれですか。Ａ～Ｃの記号で答えなさい。

（六）――線部⑤「環奈ちゃんが環奈ちゃんだという才能」とありますが、この表現から環奈ちゃんはどういう性格・性質の持ち主だといえますか。その説明として適切なものを、次の**ア**～**エ**の中から一つ選び、記号で答えなさい。

ア 周囲に流されることなく、自分が信じたことをつらぬき通す。

イ 他人に迷惑《めいわく》をかけても、勝手気ままにふるまおうとする。

ウ すべてのことを犠牲《ぎせい》にして、自分らしく生きることをどこまでも追求しようとする。

エ 周囲からの反発を受け入れつつも、自分の思うとおりの生き方にこだわり続ける。

（七）次の**ア**～**オ**は、この文章の内容について説明したものです。当てはまるものには○を、当てはまらないものには×を、それぞれ記号で答えなさい。

ア「わたし」は、相手のことを思いやることができる少女だが、妙《みょう》に気をつかって相手の話に合わせてしまうところもある。

イ「わたし」は、「エリーゼさん」に手についての悩《なや》みを相談したが、望んだような答えが得られなかったので失望している。

ウ「エリーゼさん」は、娘のデッサンを描き直すように指示した学校の先生に対して強い不信感を覚えて、腹を立てている。

エ「エリーゼさん」は、世の中の大人の手のひらにはいろんな皺のつき方があることを知り、今では自分の手を受け入れている。

オ「エリーゼさん」の娘の話を聞いて、「わたし」は自分が同じ立場ならば、きっと周囲の目を気にするだろうと考えている。

（八）あなたは、周りの人の目を気にして自分の思うとおりにできなかったことがありますか。次の①か②のどちらかを選び、百字以内で自由に書きなさい。

①「ある」という人は、そのときの様子と気持ちを書きなさい。

②「ない」という人は、そうなりそうなときにどうすればよいと思うかを書きなさい。

（三）――線部②「あたしね、薬指に、一本ずつ余分な皺の線があるのよ」とありますが、「エリーゼさん」は「わたし」にどのようなことを伝えたくてこの話をしたのですか。「～ということ。」に続くように、文章中から十七字で抜き出しなさい。

（四）――線部③「巧みな手になれないのなら、優しい手におなりなさい」とありますが、「エリーゼさん」は「わたし」にどのようなことを伝えようとしたと考えられますか。それを説明した次の文の□に当てはまる適切な内容を、「ピアノ」「練習」という言葉を使って、四十字以内で書きなさい。

□ことで、自分らしくあるほうがよいということ。

（五）――線部④「わたしはエリーゼさんの娘さんのことを考えた」とありますが、このときの「わたし」の心情として適切なものを、次の**ア**～**エ**の中から一つ選び、記号で答えなさい。

ア　エリーゼさんの娘さんが先生に指示されて絵を描き直したことに同情しながらも、自分ならば先生に言われる前に、うその絵を描いていただろうと思い、そんな自分の考えを恥ずかしく思っている。

イ　エリーゼさんの娘さんの体験を自分に重ねて想像してみて、自分ならば目立ちたくないという思いから、きっとうその絵を描いていただろうと思いいたり、自分の性格をもどかしく思っている。

ウ　エリーゼさんの娘さんの立場に自分を置くことで、描き直しを命じた先生に不快なものを感じながらも、自分も同じ対応をしたはずだと考えて、結局はあきらめるしかないと思っている。

エ　エリーゼさんの娘さんが落ち込んでいたことに共感しながらも、自分も結局はうその絵を描いていたはずだと思い、周囲の目ばかりを気にして自分らしく生きられない自分を、腹立たしく思っている。

といったら珍《めずら》しい指の皺に注目が集まってしまうことになるし、そんなの、どちらもいやだ。でも、そうなったら、エリーゼさんが子どもだったときみたいに、人に手のひらを見せないように、じゃんけんするときにはパーを出さないようにして、過ごすんだろう。自分の手を、恥《は》ずかしいもののように隠《かく》しながら。

環奈ちゃんだったら、どうするだろう。指のどんな皺でも堂々と描き、自分のなにが間違っているかに納得できるまで、消さなかったと思う。あるものをないとはいわない。消す必要のない線だったら、だれになにをいわれても消したりしないはず。環奈ちゃんだったら、そうする。そういうのも「才能」っていうのかもしれない。

ピアニストの才能？　ううん、⑤環奈ちゃんが環奈ちゃんだという才能。

（梨屋《なしや》アリエ『エリーゼさんをさがして』による）

（一）――線部①「水野くんのことでずっと頭がいっぱいになっていた」とありますが、このとき「わたし」はどのような気持ちでいたのですか。それを説明した次の文の［１］・［２］に当てはまる適切な言葉を、それぞれ指定された字数で、文章中から抜き出しなさい。

> 水野くんにとって、自分が友だちとして［１（五字）］のかどうかばかりを考えて、水野くんが［２（四字）］するのではないかと不安を感じていた。

（二）［Ａ］～［Ｅ］に当てはまる会話文として適切なものを、次の**ア**～**オ**の中から一つずつ選び、記号で答えなさい。

ア　きれいな手ね

イ　えっと、そうですね

ウ　そんなことないですよ

エ　ピアノを弾くには小さいんです

オ　こうして見ると、本当におばあさんの手になったものねったかしら」

「ピアノを弾くには、少し手が小さくて」

「そうそう。みんなとおんなじ手にならなくていいのよ。みんな違うの」

　エリーゼさんはにこりと笑った。

「でも、手が小さいと、どんなに練習しても弾けない曲がたくさんあるんです。小さいということは『ピアニストの才能』に欠けているってことなんです」

「③巧《たく》みな手になれないのなら、優《やさ》しい手におなりなさい。あなたの手は、あなたが好きなように使っていいのよ。ピアノ、好きなんでしょう？　好きなピアノを弾きたいように弾くのでいいのよ」

　クラシックピアノは、楽譜《がくふ》のとおりに弾くのが基本だ。楽譜どおりに弾かないと、弾けたことにならないんだけど……。エリーゼさんはわたしを元気づけようとしていってくれているから、いい返したら悪い。

「［　E　］」

「娘がね、学校で、自分の手のデッサンを描《か》きなさいっていうからそっくりに描いたのよ。そのとき、先生から指の皺が変になっているっていわれたらしいの。それで、娘は先生に自分の手を見せたのよ。あたしの指はこういう指なんですって。お母さんの指の皺もそうですって。そうしたら先生は、あなたはそうかもしれないけれど、そういう皺は間違っているから、描いた線を消しなさいっていったらしいの。それで、娘は絵の皺を消してしまった。消さなくてもよかったのにねぇ……」

　エリーゼさんはよーいしょっとベンチから立ち、ショッピングカートをつかみ、帰り支度をした。

「娘のデッサンは学校の文化祭で金賞をもらったの。娘は賞状をもらって帰ってきたわ。喜んでいたと思う？　落ち込《こ》んでいたわよ。見たままの絵を描かなきゃいけないのに、うその絵を描いちゃったって。みんなと違う自分の指の余分な皺のほうを消せたらよかったのにって……。それじゃあね」

　さよならをいってペンギン歩きを見送りながら、④わたしはエリーゼさんの娘さんのことを考えた。

　自分だったら、絵の指の皺を消さなかっただろうか。ううん、先生にいわれたら消してしまっただろう。みんなの目を気にして、自分だけにある皺なんてはじめから描こうとしなかったかもしれない。間違えて描いているなんて思われたくないし、間違ってない

「手を見せて」

エリーゼさんの隣《となり》に座《すわ》って、両手をパーにして差し出した。日暮れどきであたりは薄《うす》暗くなり始めていたので、手のひらは白く浮《う》かんで見えた。

「 A 」

「 B 」

エリーゼさんはもそもそとフリースの手袋《てぶくろ》を外した。皺《しわ》だらけでシミだらけの、赤っぽい手の甲《こう》が現れた。

「 C 」

「 D 」

社交辞令でいったけど、確かにお年寄りの手だった。

エリーゼさんはわたしに手のひらを見せた。

「②あたしね、薬指に、一本ずつ余分な皺の線があるのよ」

エリーゼさんの薬指には、第一関節を曲げたところの皺から一センチくらい離《はな》れた第二関節側のところにくっきりと横一本の余分な皺がある。両方の手とも薬指だけそうだった。わたしの手には関節のところにしか皺はない。

「子どものとき、気持ち悪いっていじめられてね。自分の指はおかしいんじゃないかって、いつも不安だった。じゃんけんをするときに、見られたくなくてパーを出さなかったくらいよ」

「痛くないんですか？」

「痛くないわよ。関節や骨の異常でもなくて、ただ皺が多いだけなの。あたしのおばあさんも、同じような皺があったから家族は心配してなかった。あたしの娘《むすめ》にもやっぱり皺があったのよ。一重《ひとえ》まぶたと二重《ふたえ》まぶたの違《ちが》いのようなもの。でもね、なんともないってわかっていても、人にいわれると子どもだから気になるじゃない？」

「そうかも」

「あたしはいろんな大人の手のひらを見せてもらったわ。薬指だけでなく、小指に余分な皺がある人もいたのよ。ほかにもときどきこういう皺のつきかたの人がいるの。異常なんじゃなくて、いろんな皺のつきかたの人がいるのよ。ええと、あなたの、なんの話だ

三　次の文章を読んで、後の問いに答えなさい。問いの中で字数に指定のあるときは、特に指示がないかぎり、句読点や符号もその字数に含めます。

> 中学二年生の「わたし（亜美《あみ》）」は、ピアノを弾《ひ》くのが大好きだが、なかなか上達しないために母親からピアノ教室をやめるように言われショックを受ける。そんなときに、たまたま知り合ったおばあさんと、会うたびに話をするようになる。亜美はそのおばあさんのことをひそかに「エリーゼさん」と呼んでいた。

水野《みずの》くんと話したあと、教室にもどったら環奈《かんな》ちゃんはいなかった。先に帰ってしまっていた。

きょうも一人で下校か。グラウンドや体育館から聞こえてくる部活動のかけ声を聞かないようにして、足早に学校の門を出た。

わたしのことを知ったら、水野くんはがっかりしないかな。

もっとわたしがピアノもソフトテニスもうまかったらよかったのに。勉強ができたり、どこから見てもかわいかったり、お金持ちのおうちの子だったらよかったのに……。せめて環奈ちゃんくらい、自分に自信を持てたらよかった。

そんなことを考えてしまう自分って、小学校のころから全然成長していない。

水野くんと友だちになれたのに、自分が水野くんにふさわしい友だちの女の子なのかが、不安になるなんて。

角を曲がって太鼓《たいこ》橋が見えてくると、いつものベンチにエリーゼさんがいるのがわかった。

わたしはまっすぐに、エリーゼさんのところに向かった。

「こんにちは」

「あらあ、こんにちは。お歌の伴奏《ばんそう》は続けているの？」

え？　そういえばきのう、そんな話をしたんだった。①水野くんのことでずっと頭がいっぱいになっていた。わたしはエリーゼさんに「はい」と答えた。うそなのに。

「たまにだけです。わたしは手が小さいから指が届かないことが多くて」

(五) ④ に当てはまる言葉として適切なものを、文章中から三字で抜き出しなさい。

(六) ――線部⑤「知る、というより、ただしく組み立てていく」とありますが、「組み立てていく」とは、どうすることですか。それを説明した次の文の □ に当てはまる適切な内容を、「自分」「目と耳」「考える」「判断する」という言葉を使って五十字以内で書きなさい。（活用する言葉は、適当な形に活用させて使いなさい。）

旅を通して、□こと。

(七) この文章で述べられている内容に合うものを、次の**ア**～**エ**の中から一つ選び、記号で答えなさい。

ア 「今ここ以外」の世界を旅することで、日本の女性性や差別ということを筆者があらためて知り、考えるようになったのと同じく、世界を旅したり本を読んだりすることでしか、「今ここ」の世界にある問題を知ることはできない。

イ 「今ここ以外」の世界を旅するときには、自分自身が体験したことについて、自分で考え、自分の言葉で感想を持つことが大切なのであるから、「今ここ」で暮らす家族や友人とではなく、ひとり旅をすることが有効である。

ウ 本を読むことも旅をすることも「今ここ以外」の世界があることを知らせてくれるが、大切なのは知ることだけでなく、旅を通して自分が体験したことについて確認や検証をして、あらたな自分自身を手に入れていくことである。

エ 「今ここ」という限定された世界から逃げられる場所をたくさん持つことによって生きることは楽になるが、実際には「今ここ以外」の場所に逃げてはいけないという覚悟《かくご》を持って「今ここ」を生きていくことも大切である。

(一) [A]～[C]に当てはまる言葉として適切なものを、次の**ア**～**オ**の中から一つずつ選び、記号で答えなさい。

ア なぜなら　**イ** けれども　**ウ** たとえば

エ さて　**オ** だから

(二) ――線部①「それ」が指し示している内容を、文章中から十九字で抜《ぬ》き出しなさい。

(三) ――線部②「そんなこと」とありますが、どのようなことですか。このことを説明した次の文の[1]・[2]に当てはまる適切な言葉を、それぞれ指定された字数で、文章中から抜き出しなさい。

> 自分が属している「今ここ」以外の世界を知ることで、ひとつの世界の[1（十七字）]というような制約から、[2（九字）]ような体験をすること。

(四) ――線部③「旅は、私がいる『今ここ』の現実、『今ここ』の日常をも、よりはっきり見せてくれる」とありますが、どのようなことですか。その説明として適切なものを、次の**ア**～**エ**の中から一つ選び、記号で答えなさい。

ア 旅をして「今ここ」以外の逃げ場所をたくさん作ることで、「今ここ」の現実や日常が納得《なっとく》できないものであっても、今まで以上に耐《た》えることができるようになるということ。

イ 旅をして「今ここ」以外の正義や倫理、価値観などを知ることで、「今ここ」の現実や日常の中にもすばらしい部分があることに、あらためて気づけるようになるということ。

ウ 旅をして「今ここ」以外の人と出会うことで、自分が存在している現実や日常の中で、自分がいかに孤立《こりつ》した存在であったかを、いっそう実感できるようになるということ。

エ 旅をして「今ここ」以外の現実や日常を体験していくことで、自分が属している現実や日常の中にあるさまざまな問題点も、より明確に理解できるようになるということ。

動する他者について、思いを馳《は》せることができる。そして「今ここ」にも、「今ここ以外」の現実にも世界にも、存在するのはつねにひとりの私と、数え切れない私以外の他者だ。

女性性と差別という＊ネガティブな面を挙げたけれど、それはどちらかというと旅の＊些末《さまつ》な点だ。女性を弱者と思わない文化と人々、差別感情を持たない文化と人々のほうが、圧倒的《あっとうてき》に多い。あるいは、女性だからと親切にされることもあるし、日本人だからと親切にされる場合もある。そうではなくて、ただたんに親切で面倒見《めんどうみ》がいい人もいるし、困っている人を放っておけない人もいる。「どうしてそこまでしてくれるのだろう」と思う人に出会うこともまた、私たちの ④ をきたえてくれる。

ひとり旅でなくても、家族や友人との旅でも、まったくかまわない。でも、何人で旅しても、つねに自分の目で見て、自分のあたまで考えて、自分の言葉で感想を持つことがだいじだと思う。そうすることで、自分にとって何がうつくしくて何がみにくいか、何が大きくて何がちいさいか、何がおもしろくて何が退屈《たいくつ》か、何を信じられて何は信じられないか、ひとつひとつ、きちんと知ることができる。いや、⑤知る、というより、ただしく組み立てていく、というほうが近い。「今ここ」以外の、いくつもの現実を生きることで、私たちはあらたな私たち自身を手に入れていくのだと思う。

「今ここ」、この限定した場から逃げられる場所は、たくさんあればたくさんあるほど、今ここを生きているのは楽ちんになる。私はそう思っている。

（角田光代《かくたみつよ》「いくつもの世界がある」による）

＊意に染まない＝気に入らない。
＊余儀なくされる＝やむを得ずそうせざるを得ない。
＊照射＝光をあてて照らし出すこと。
＊ネガティブ＝否定的な。
＊些末＝重要ではない。

私の知っている「今」以外に今があり、「ここ」以外にここがあり、私のいる世界以外に世界があり、さらに、私のよく知っている以外の「私」がいる、と身をもって知ることができる。

ひとつの現実、ひとつの世界しか知らないと、それがすべてになる。そこで生きている私がすべてになる。[B]、お金を持っているほうが、持っていないことよりずっといい、という世界で生きていると、そのルールに則《のっと》って生きなければならない。そこでもし、私がお金を持っていないとすると、生きていくのはとてもつらい。なんとかしてお金を得ようとする。そしてお金をたくさん持ったとする。そのとき、なぜお金をたくさん持ったほうがいいのだったか、わからなくなっている。

けれども、お金がさほど意味をなさない世界もあるし、お金ではないほかのものがもっと価値を持つ世界もある。お金はあったほうがいいが、それがなぜなのか、はっきりとわかる世界もある。旅をすると、そういうことをすべて、体感できる。お金がなくてつらい、と信じているときに、お金なんて意味がない世界にいくと、まずはびっくりして、それから、体も心も解放される。

お金はひとつのたとえでしかない。旅は、②そんなことの連続だ。自分の持っている既成概念《きせいがいねん》がことごとく崩《くず》されていく。既成概念が崩されたあとで、私たちはひとつひとつ自分のあたまで考えて自分の言葉を使って、既成ではない自分だけの概念を作ることを＊余儀《よぎ》なくされる。

そして同時に、③旅は、私がいる「今ここ」の現実、「今ここ」の日常をも、よりはっきり見せてくれる。＊照射するように。

たとえば私はひとり旅をするようになって、自分が女性であり、女性という存在が世界において、ひいては日本において、どのようなものであるのか、知った。もちろん旅する前だって、私は自分の性別はきちんと知っていた。でも、女性という性別であることはどういうことなのか、考えたことがなかった。女性が弱者になり得ると思ったことはなかった。日本で女性がどういう位置にあるか、それはなぜなのか、考えたことがなかった。

差別ということも、旅してはじめて知った。もちろん、あたまではわかっていた。[C]差別される側になってはじめて、差別ということが何であるのか、体感した。国により文化により、さまざまな差別がある。それを知ることは、私が日常を生きている場でも当然差別があると知ることでもあった。旅をすることによって私ははじめてそれらについて知り、考え、自分の暮らす国でのそれらについてあらためて知り、考えた。

知り、考えることによって、私たちは想像力をゆたかにすることができる。自分とは異なる正義、異なる倫理《りんり》、異なる価値観で行

(四) 次の**ア**～**エ**の中から、文として適切なものを一つ選び、記号で答えなさい。

ア 異常気象で降雨量が増えたのだから、対策を取る必要はいっさいあるだろう。

イ 計画は難しいけれども、みんなが協力し合えばいかにも成功するはずだ。

ウ これだけ星がきれいなのだから、明日の遠足はまさか中止にならないだろう。

エ どのような試合展開になったとしても、どうして負ける要素はないはずだ。

二

次の文章を読んで、後の問いに答えなさい。問いの中で字数に指定のあるときは、特に指示がないかぎり、句読点や符号《ふごう》もその字数に含《ふく》めます。

トークイベントでご一緒《いっしょ》したときに、作家の江國香織《えくにかおり》さんが、本を読むことのよさとは何かと質問され、「自分が見ている現実以外に、いくつもの現実が確実に存在していると知ることができる」ことだと言っていて、なるほどたしかにそうだなあ、と思ったことがある。私が見ている今、ここ、がすべてではない。世界はもっと幾重《いくえ》にも存在していて、私たちは本を読むことで、そのどこへでもいくことができる。

子どものころから本を読んでいると、言葉として実感しなくても、その「今ここ」以外に自在にいきできることを、感覚として学ぶ。［A］、今暮らしているここで、何か＊意に染《そ》まないことがあっても、つらいことがあっても、今もここもここにいる人たちも好きではなくても、ふんばることができる。逃《に》げ場所がいくつもあることを、知っているから。そして逃げながら、ひとつずつ年齢《ねんれい》を重ね、私たちは子どものころよりずっと自分向きの「今ここ」にたどり着くことができる。それまでたくさんの逃げ場所があり、そこに好きなだけ逃げて過ごしてきたからこそ、たどり着ける「今ここ」だ。

旅というのは、まさに①それを物理的に行うことだと思う。本ならば、パスポートも持たず乗りものにも乗らず異世界にいくことができるけれど、旅では、この体を動かして、この体に必要なものを自分で持って、自分の足で進まなければならない。でも効用は本を読むこととよく似ている。

二〇二二年度　茨城キリスト教学園中学校

【国語】〈第一回試験〉（五〇分）〈満点：一〇〇点〉

一　次の各問いに答えなさい。

（一）次の①～⑧の――線部のカタカナを漢字に、漢字をひらがなに直しなさい。

①　自分の意志をツラヌき通す。　　②　夕方までに宿題をスませる。

③　コウチャにミルクを入れる。　　④　学校でケンコウ診断《しんだん》を受ける。

⑤　実家はレストランを営む。　　⑥　波止場に船を見に行く。

⑦　無造作に品物を配置する。　　⑧　破格な値段で販売《はんばい》する。

（二）次の①～③の熟語と組み立てが同じ熟語を、後の**ア**～**カ**の中から一つずつ選び、記号で答えなさい。

①　作文　　②　新年　　③　図形

ア　思考　　**イ**　遠近　　**ウ**　暖冬　　**エ**　着席　　**オ**　日没　　**カ**　劇的

（三）次の①～④の□に適切な漢字一字を書き入れ、（　）の意味の四字熟語を完成させなさい。

①　□刀直入　（前置きなどをはぶいて、すぐに本題に入ること。）

②　□果応報　（行いが良いか悪いかによってそれにふさわしいむくいがあること。）

③　異□同音　（みんなが同じことを言うこと。）

④　□機応変　（そのときどきに応じて、適切に処置すること。）

2022年度

茨城キリスト教学園中学校　▶解説と解答

算　数　＜第１回試験＞（50分）＜満点：100点＞

解　答

1 (1) 3780　(2) 126　(3) 8　(4) $\frac{11}{12}$　(5) $1\frac{1}{2}$　(6) $\frac{1}{2}$　(7) 0.34　(8) 48

2 (1) 165 g　(2) 5通り　(3) ○　(4) 8 cm　**3** (1) 256人　(2) 460人

4 (1) 20本　(2) 40本　**5** (1) 105度　(2) 14.25cm^2　**6** (1) 48個　(2)

ア　4の倍数　イ　2の倍数　ウ　9個

解　説

1 **四則計算，逆算**

(1) $108\times35=3780$

(2) $1512\div12=126$

(3) $50-(7\times8-14)=50-(56-14)=50-42=8$

(4) $\frac{1}{2}+\frac{1}{4}+\frac{1}{6}=\frac{6}{12}+\frac{3}{12}+\frac{2}{12}=\frac{11}{12}$

(5) $1\frac{2}{3}\div1\frac{1}{9}=\frac{5}{3}\div\frac{10}{9}=\frac{5}{3}\times\frac{9}{10}=\frac{3}{2}=1\frac{1}{2}$

(6) $0.6\times\frac{5}{7}+\frac{1}{14}=\frac{6}{10}\times\frac{5}{7}+\frac{1}{14}=\frac{3}{7}+\frac{1}{14}=\frac{6}{14}+\frac{1}{14}=\frac{7}{14}=\frac{1}{2}$

(7) $(1.4\times1.1+0.16)\div5=(1.54+0.16)\div5=1.7\div5=0.34$

(8) $(\square+24)\div12+2=8$ より，$(\square+24)\div12=8-2=6$，$\square+24=6\times12=72$　よって，$\square=72-24=48$

2 **四則計算，場合の数，周期算，面積**

(1) おもりＡ６個の重さの合計は，$15\times6=90$(g)，おもりＢ３個の重さの合計は，$25\times3=75$(g)である。よって，これらのおもりの重さの合計は，$90+75=165$(g)となる。

(2) (兄，弟)の順に表すと，(１個，５個)，(２個，４個)，(３個，３個)，(４個，２個)，(５個，１個)の５通りある。

(3) {○，○，□，△，○，△}の６個の記号がくり返し並んでいる。これを周期と考えると，$50\div6=8$余り２より，50番目までには８個の周期と２個の記号が並んでいることがわかる。最後の２個の記号は{○，○}だから，50番目の記号は○である。

(4) (図形Ａ)は，右の図のようにア，イの２つの長方形に分けることができる。アの長方形の面積は，$7\times4=28(\text{cm}^2)$，イの長方形の面積は，$(10-7)\times12=36(\text{cm}^2)$なので，(図形Ａ)の面積は，$28+36=64(\text{cm}^2)$と求められる。よって，(図形Ｂ)の面積も$64\text{cm}^2$だから，$64=8\times8$より，(図形Ｂ)の１辺の長さは８cmとわかる。

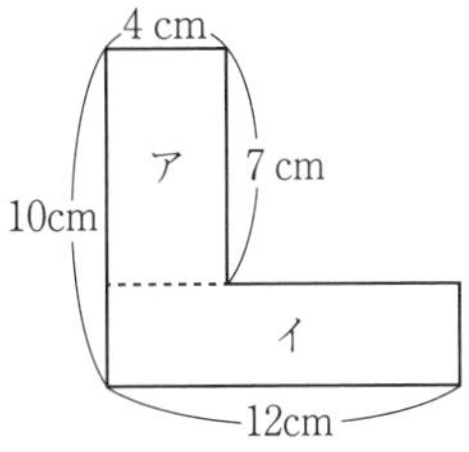

3 **割合と比**

⑴　(人口密度)＝(人口)÷(面積)で求める。A町は人口が12800人，面積が50km²だから，A町の人口密度は，１km²あたり，12800÷50＝256(人)とわかる。

⑵　P市は人口が，12800＋24000＝36800(人)，面積が，50＋30＝80(km²)なので，P市の人口密度は，１km²あたり，36800÷80＝460(人)と求められる。

4　植木算

⑴　たて24m，横36mの長方形のまわりの長さは，(24＋36)×２＝120(m)だから，６mの間かくで木を植えるとき，木と木の間の数は，120÷６＝20(か所)になる。また，土地などのまわりに木を植えるとき，木の本数は，木と木の間の数と等しくなる。よって，木は全部で20本植えることになる。

⑵　右の図のように，木と木の間には１か所あたり２本ずつくいを打つことになる。木と木の間は20か所あるので，くいは全部で，２×20＝40(本)打つことになる。

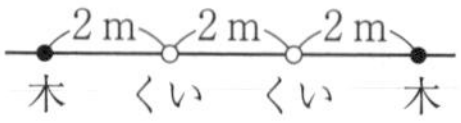

5　平面図形―角度，面積

⑴　右の図で，三角形OACと三角形DACは合同だから，同じ印をつけた部分の長さはそれぞれ等しい。よって，三角形CODは直角二等辺三角形なので，角CODの大きさは45度である。また，OAとODはどちらもおうぎ形の半径だから長さは等しく，三角形OADは正三角形とわかる。したがって，角DOAの大きさは60度なので，角AOBの大きさは，45＋60＝105(度)と求められる。

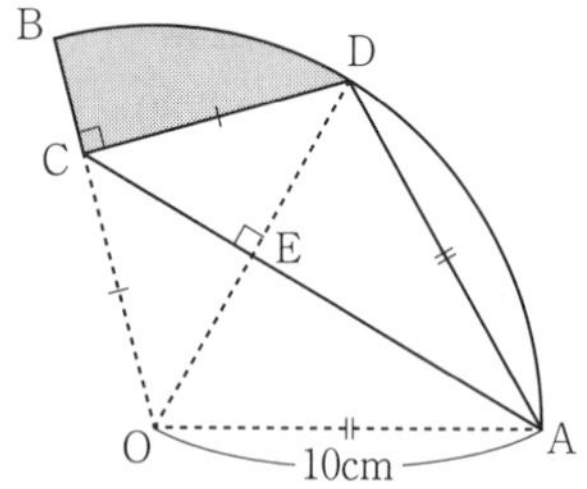

⑵　角DOBの大きさは45度だから，おうぎ形ODBの面積は，10×10×3.14×$\frac{45}{360}$＝39.25(cm²)となる。また，ODの長さは10cmであり，三角形COEと三角形CDEは合同な直角二等辺三角形なので，OEの長さは，10÷２＝５(cm)とわかり，CEの長さも５cmとわかる。よって，三角形CODの面積は，10×５÷２＝25(cm²)だから，かげの部分の面積は，39.25－25＝14.25(cm²)と求められる。

6　割合と比，相当算

⑴　右の図のように，最初にあったクッキーの数を１とすると，A君が食べた数は，１×$\frac{1}{4}$＝$\frac{1}{4}$だから，その残りは，１－$\frac{1}{4}$＝$\frac{3}{4}$となる。すると，B君はこの$\frac{1}{4}$を食べたので，B君が食べた数は，$\frac{3}{4}$×$\frac{1}{4}$＝$\frac{3}{16}$，その残りは，$\frac{3}{4}$－$\frac{3}{16}$＝$\frac{9}{16}$とわかる。これが27個だから，(最初の数)×$\frac{9}{16}$＝27と表すことができ，最初の数は，27÷$\frac{9}{16}$＝48(個)と求められる。

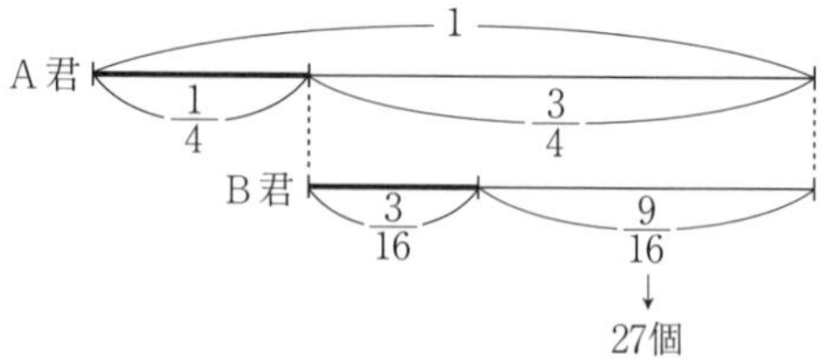

⑵　もし，Cさんが帰ってきたのが１番目だとしたら，お皿にはお母さんが焼いたクッキーがすべて残っているはずなので，お皿にある数は４の倍数(…ア)でなければならない。しかし，27は４の倍数ではないから，Cさんは自分が１番目ではないと考えた。また，もし，Cさんが帰ってきたのが３番目であり，自分の前の２人が正しい数だけ食べているとしたら，お皿にはあと２人分の数が残っているはずである。つまり，お皿にある数は２の倍数(…イ)でなければならない。しかし，27は２の倍数ではないので，Cさんは自分が３番目ではないと考えた。さらに，Cさんは自分が４番目ではないと考えて，自分が帰ってきたのが２番目と予想したことになる。すると，このとき，お

皿の上には最初の数の，$1-\frac{1}{4}=\frac{3}{4}$にあたる数があることになる。これが27個だから，(最初の数)$\times\frac{3}{4}=27$と表すことができ，最初の数は，$27\div\frac{3}{4}=36$(個)と推測できる。よって，1人分の数は，$36\times\frac{1}{4}=9$(個)なので，Cさんが食べた数は9個(…ウ)とわかる。

社　会　＜第1回試験＞（30分）＜満点：50点＞

解　答

1 (1) 栃木県　(2) イ　(3) 聖徳太子　(4) エ　(5) ウ　(6) エ　(7) ア　(8) E　(9) **カードA** エ　**カードB** キ　**カードC** オ　**カードD** ア　**カードE** コ　**カードF** ケ　2 (1) イ　(2) ウ　(3) (約)1250(m)　3 (1) **A** 岩手県　**B** 大阪府　**C** 静岡県　(2) 2(つ)　(3) 東京都　(4) ウ　(5) エ　(6) (例) りんごはすずしい地域で，みかんは暖かい地域で収穫量が多い。　4 (1) イ　(2) (満)25(歳以上)　(3) ア　(4) 知事　(5) ウ　(6) **A** エ　**B** ケ　**C** ア　**D** キ

解　説

1 古代から近代までの歴史上の人物についての問題

(1) 足尾銅山は現在の栃木県日光市にあった鉱山で，明治時代には，鉱石を掘《ほ》り出すときや，鉱石を金属に加工するときに出る毒物である鉱毒によって公害が起こった。栃木県選出の衆議院議員であった【カードA】の田中正造は，この足尾銅山鉱毒事件を帝国議会で取り上げて政府にその対策をせまったが，政府の対応は誠意を欠くもので被害がやまなかったため，1901年，議員を辞職して天皇に直訴《じきそ》を試みるなど，問題解決のために一生をささげた。

(2), (3) 603年，推古天皇のおいの聖徳太子は，家がらにとらわれず，個人の能力や功績に応じて役人に取りたてるため，冠位十二階の制度を定めた。この制度では役人の位階が6階，各大小の12に分けられ，各階ごとに決められた色の冠《かんむり》が授けられた。また，聖徳太子は607年に【カードB】の小野妹子を遣隋使として隋(中国)に派遣した。翌608年には，隋から遣隋使への返答を伝える返答使が来日し，妹子は返答使を隋に送る使者として再び隋に渡った。

(4) 陽明学は，中国の学問である儒学《じゅがく》の1つで，理論や知識を学ぶだけでなく，それらを行動に移し実践《じっせん》することが大切だと説いた。大坂(大阪)町奉行所の元役人で，陽明学者でもあった【カードC】の大塩平八郎は，1837年，天保のききんに対する幕府の対応に不満を持ち，同志や弟子たちとともに乱を起こしたが，一日で平定された。なお，アは国学とその説明として正しい。

(5) 【カードD】の人物は僧の行基で，民間に布教活動をしながら，弟子や信者とともに橋をかけたり，かんがい用の池や溝《みぞ》をつくったりするなどの社会事業を行い，人々の信望を集めた。行基が活躍《かつやく》した8世紀前半は，伝染病や貴族どうしの争いなどで世の中が乱れていたため，仏教を厚く信仰していた聖武天皇は仏教の力で国を安らかに治めようと願い，地方の国ごとに国分寺・国分尼《に》寺を，都の平城京には総国分寺として東大寺を建てるよう命じた。また，大仏をつくる命令を出し，行基も弟子たちを率いて大仏づくりに参加した。

(6) 【カードE】の人物は親鸞《しんらん》で，浄土《じょうど》宗を開いた法然《ほうねん》の弟子として教えを受けた。そして，阿弥《あみ》

陀如来《だにょらい》は欲望や悩《なや》みの多い人こそ救うのだから，どのような人も必ず極楽浄土に行けるという教えを広め，浄土真宗を開いた。なお，臨済宗を開いたのは栄西，天台宗を開いたのは最澄。

(7)　1333年，足利尊氏は後醍醐《ごだいご》天皇のよびかけに応じて鎌倉幕府の出先機関である京都の六波羅《ろくはら》探題を攻《せ》め，鎌倉幕府を倒すことに大きく貢献《こうけん》した。尊氏はのちに室町幕府の初代将軍となり，孫にあたる義満は第３代将軍となった。よって，アがあてはまらない。

(8)　【カードＡ】の人物は明治時代，【カードＢ】の人物は飛鳥時代，【カードＣ】の人物は江戸時代，【カードＤ】の人物は奈良時代，【カードＥ】の人物は鎌倉時代，【カードＦ】の人物は室町時代に活躍したので，年代の古い順に並べると，【カードＢ】→【カードＤ】→【カードＥ】→【カードＦ】→【カードＣ】→【カードＡ】となる。

(9)　【カードＡ】は(1)の解説，【カードＢ】は(2)，(3)の解説，【カードＣ】は(4)の解説，【カードＤ】は(5)の解説，【カードＥ】は(6)の解説を参照のこと。【カードＦ】の人物は世阿弥で，足利義満の支援を受けて父の観阿弥とともに現代に伝わる能を大成し，『風姿花伝』を著した。なお，イの空海は平安時代に真言宗を開いた僧，ウの千利休は侘茶《わびちゃ》を完成させた安土桃山時代の茶人，カの鑑真《がんじん》は仏教の正しい教えを伝えるために奈良時代に来日した唐(中国)の僧，クの菅原道真は平安時代に遣唐使の廃止を進言するなどした貴族。

2　地形図の読み取りについての問題

(1)　地形図中には方位記号が示されていないので，上が北，右が東，下が南，左が西となる。「浪《なみ》江《え》駅」から見て，JR線が「請戸《うけど》川」を渡る地点は左上に位置しているので，８方位では北西にあたる。

(2)　ア　「請戸川」の流路に右向きの矢印(→)が示されていることから，「請戸川」は西から東に向かって流れているとわかる。　イ　「請戸川」の北側には果樹園(ό)はなく，水田(ıı)や畑(∨)，針葉樹林(Λ)などが見られる。　ウ　「権現堂《ごんげんどう》」の西と「幾世橋《きよはし》」の北東の２か所に神社(⛩)が見られるので，正しい。　エ　この地形図には標高33.4ｍを示す三角点(△)が見られるが，これ以上高い場所を示す等高線などは見られない。

(3)　実際の距離は，(地形図上の長さ)×(縮尺の分母)で求められる。この地形図の縮尺は12500分の１なので，地形図上で10cmの長さの実際の距離は，10×12500＝125000(cm)＝1250(m)となる。

3　面積や人口，農作物収穫量，製造品出荷額等の上位５都道府県についての問題

(1)　**A**　岩手県は東北地方の太平洋側に位置し，面積が北海道についで２番目に大きい。また，りんごの収穫量は全国第３位となっている。　**B**　近畿地方の西部に位置する大阪府は，面積は香川県についで２番目に小さいが，人口と製造品出荷額等は全国第３位で，周辺の府県とともに大阪大都市圏《けん》を形成している。　**C**　中部地方の太平洋側(東海地方)に位置する静岡県はみかんの栽培がさかんで，収穫量は和歌山県，愛媛県についで３番目に多い。また，沿岸部には東海工業地域が広がり，製造品出荷額等は愛知県・神奈川県・大阪府についで４番目に多い。

(2)　新潟県，秋田県，山形県は県名と県庁所在地名が同じだが，北海道は札幌市，宮城県は仙台市に道県庁がある。

(3)　人口密度は，(人口)÷(面積)で求められる。東京都は神奈川県よりも人口が多く，面積が小さいことから，人口密度は東京都のほうが神奈川県よりも高いとわかる。

(4)　焼津《やいづ》港は静岡県にある日本有数の漁港で，遠洋漁業の基地としてまぐろやかつおが多く水揚《みずあ》げ

されることで知られる。よって，ウが正しくない。

(5)　人口の少ない５都道府県のうち，鳥取県と島根県は山陰地方(中国地方の日本海側)に，高知県と徳島県は四国地方に，福井県は北陸地方(中部地方の日本海側)にふくまれるが，九州地方は人口の少ない５都道府県がふくまれていない。

(6)　みかんは，和歌山県，愛媛県，静岡県，熊本県，長崎県といった，暖かい気候の地域を中心につくられていることがわかる。一方りんごは，青森県，長野県，岩手県，山形県，福島県といったすずしい気候の地域で多く収穫されていることがわかる。

4　選挙についての問題

(1)　ア　日本では，国政選挙，地方選挙にかかわらず，満18歳で選挙権が与えられる。　イ　満18歳になっていれば，高校生であっても選挙権が与えられる。よって，正しい。　ウ　日本では，有権者が選挙を棄権《きけん》しても罰則《ばっそく》はない。　エ　海外に住んでいる日本人にも，在外選挙制度によって衆議院議員選挙や参議院議員選挙の選挙権が認められている。

(2)　満25歳になると，衆議院議員と市(区)町村長，地方議会議員(都道府県議会議員，市(区)町村議会議員に立候補できる。なお，参議院議員には満30歳以上で立候補できる。

(3)　2021年７月現在の参議院議員定数は245人で，そのうちのおよそ20%にあたる56人が女性議員である。

(4)　知事は都道府県の行政の長で，住民の直接選挙によって選ばれる。任期は４年で，満30歳以上で立候補できる。

(5)　区長や区議会議員が選挙で選ばれるのは東京特別区(23区)のみで，政令指定都市の区では選挙は行われない。

(6)　2020年に行われたアメリカ大統領選挙では，現職の大統領であった共和党のトランプ氏を破って民主党のバイデン氏が当選し，新しい大統領となった。

理　科　＜第１回試験＞（30分）＜満点：50点＞

解　答

1　(1)　エ　(2)　ウ　(3)　イ　(4)　ウ　(5)　ウ　(6)　ア　2　(1)　①　ウ　②　A　③　**X**　イ　**Y**　オ　(2)　イ　3　(1)　エ　(2)　イ　(3)　ヨウ素液　(4)　**水**…イ　**二酸化炭素**…ア　(5)　イ　(6)　(例)　植物は光合成によって大気中の二酸化炭素を吸収し，自分の体や物質をつくっている。これらを燃料として燃やすだけなら，二酸化炭素の全体量は変わらないから。　4　(1)　①　ウ　②　エ　(2)　①　0.4%　②　0.45　③　$80cm^3$　5　(1)　10m　(2)　毎秒２m　(3)　①　ア　②　エ　③　ウ　(4)　エ　6　(1)　エ　(2)　エ　(3)　①　B　②　C

解　説

1　小問集合

(1)　ヘチマはお花とめ花をさかせ，め花には花びらやがくの下にふくらみがあり，これを子房《しぼう》という。受粉後に子房が大きく成長して実(図のウ)になると，その先端《せんたん》(図のエ)にはかれた花びらやがくがついていることがある。

⑵　磁石にくっつくのは鉄やニッケルなどの一部の金属だけで，金や銅，アルミニウムなどは磁石にくっつかない。

⑶　おおいぬ座，オリオン座，こいぬ座は冬の星座であるが，さそり座は夏の星座であるから，イが選べる。なお，おおいぬ座のシリウス，オリオン座のベテルギウス，こいぬ座のプロキオンを結んでできる三角形を冬の大三角という。

⑷　円柱の体積は，(底面積)×(高さ)で求められるから，体積が同じだとすると，底面積が小さいほど高さが高くなる。よって，液体が入った温度計は管が細いほど，温度変化にともなって液体の体積が変化したときに液面の高さが大きく動き，温度変化が見やすくなる。

⑸　回路につなぐ豆電球を直列に増やすと，それだけ電流が流れにくくなり，かん電池から流れ出る電流が小さくなって，かん電池が長持ちする。また，かん電池を並列に増やすと，それぞれのかん電池から流し出す電流が小さくてすみ，その結果かん電池が長持ちする。

⑹　節分は一般《いっぱん》に立春の前日を指し，鬼《おに》をはらうために豆まきを行ったり恵《え》方巻《ほうまき》を食べたりする習慣がある。例年は２月３日であるが，地球の公転と暦《こよみ》が少しずれているため１日前後することがあり，2021年は２月２日が節分となった(2022年は２月３日)。

2　天気の変化についての問題

⑴　①　晴れやくもりは空を占《し》める雲の量によって決められていて，空全体を10としたとき，雲の量が０～８のときは晴れ(０～１のときを特に快晴と呼ぶことがある)，９～10のときはくもりとしている。　②　昼によく晴れていると，日光が地面によく当たり，地面の温度が上がってその上の空気もあたたまるため，気温が大きく上がりやすい。よって，１日中よく晴れていた日は，グラフのＡのように１日の気温の変化が大きくなる。グラフのＢは１日中くもっていた日のもので，くもりや雨の日はふつう１日の気温の変化が小さい。　③　１日中よく晴れていた日は一般に，日の出ごろに気温が最も低くなり，太陽が南中してから約２時間後の14時ごろに気温が最も高くなる。グラフのＡで，Ｘは気温が最も低いときなのでイの６時が選べ，Ｙは気温が最も高いときなのでオの14時が適切である。

⑵　日本付近の天気は西から東に移り変わることが多いが，これは，日本の上空には偏西《へんせい》風という強い西寄りの風がつねにふいていて，移動性の高気圧や低気圧がこの風に流されて西から東に移動することが多いからである。

3　光合成のはたらきを確かめる実験についての問題

⑴　はじめに葉を熱い湯にひたすのは，葉をやわらかくして，その後の実験操作の効果を高めるためである。

⑵　葉が緑色のままだと，薬品Ｘによる色の変化が見えにくい。そのため，あたためたアルコールにひたして緑色をとかし出す。

⑶　実験５の結果，薬品Ｘが青むらさき色に変化したので，この薬品Ｘはヨウ素液と考えられる。ヨウ素液は，でんぷんがあると反応して青むらさき色に変化することから，でんぷんがあるかどうかを確かめる薬品として用いられる。

⑷　アサガオは，光合成に必要な水を根から取り入れ，葉のうらに多くある気こうという小さな穴から二酸化炭素を取り入れている。

(5)　日光の条件だけが異なっている葉Ａと葉Ｂの結果を比べることで，光合成には日光が必要なことが確かめられる。また，葉Ａと葉Ｃの結果から，光合成は葉の緑色の部分で行われ，「ふ」の部分では光合成が行われないことがわかる。

(6)　植物や植物がつくる物質を原料としてつくられた燃料は，植物が光合成により吸収した二酸化炭素がもとになっている。この燃料を使用しても，排出《はいしゅつ》される二酸化炭素の量は光合成で植物が吸収した二酸化炭素の量とほぼ等しく，大気中の二酸化炭素を増加させないと見なせる。

4　水溶液《すいようえき》の性質についての問題

(1)　①　酸性の水溶液は，赤色リトマス紙の色は変えないが，青色リトマス紙を赤色に変える。また，アルカリ性の水溶液は，青色リトマス紙の色は変えないが，赤色リトマス紙を青色に変える。一方，水溶液にムラサキキャベツ液を加えたときの色は，強いアルカリ性で黄色，弱いアルカリ性では緑色，中性でむらさき色，弱い酸性でうすい赤色，強い酸性で赤色となる。　②　お酢《す》と炭酸水はともに酸性の水溶液であるが，お酢は炭酸水よりも酸性が強い。また，石けん水と石灰水はともにアルカリ性の水溶液であるが，石灰水の方が石けん水よりもアルカリ性が強い。

(2)　①　加えたＹ液(うすい塩酸)が０cm^3のとき，ビーカーにはＸ液(うすい水酸化ナトリウム水溶液)しか入っていない。そして，Ｘ液100cm^3(100ｇ)にとけている固体は0.4ｇとわかる。濃度《のうど》は，(とけている物質の重さ)÷(水溶液の重さ)×100で求められるから，0.4÷100×100＝0.4(％)となる。②　表を見ると，加えたＹ液が０～80cm^3の範囲《はんい》では，加えたＹ液が20cm^3増えるごとに固体の重さが0.05ｇずつ増えている。よって，*A*にあてはまる値は，0.4＋0.05＝0.45である。　③　加えたＹ液が80cm^3までは固体の重さが規則的に増えているが，加えたＹ液が80cm^3をこえると固体の重さは0.6ｇのまま増えていない。このことから，Ｘ液100cm^3とＹ液80cm^3が過不足なく中和して，液が中性になることがわかる。

5　光の進み方と鏡についての問題

(1)　鏡で自分の像を見たとき，像は鏡をはさんで反対側にあるように見える。鏡の前で鏡から５ｍの距離《きょり》の位置に立っているとき，自分の像は鏡の奥《おく》５ｍにあるように見えるので，自分からは，５×２＝10(ｍ)はなれているように見える。

(2)　(1)の位置から鏡まで，まっすぐ毎秒１ｍの速さで近づいたとき，自分の像も鏡に向かって毎秒１ｍの速さで近づくので，自分の像と自分の位置は毎秒，１＋１＝２(ｍ)の速さで縮まっていくように見える。

(3)　①　光が反射するとき，鏡の面に垂直に立てた線と光がつくる角度を入射角，反射する光がつくる角度を反射角といい，入射角と反射角は等しい。図２において，鏡の面を道路の方向に対してななめの向きに取りつけることで，運転者は曲がり角の先からとどく光を見ることができるようになる。　②　鏡にうつった像は左右が反対に見える。車の進行方向の先の方から見て，車が向かって右側の車線を走り，運転手が向かって左側にすわっている場合，太郎君がカーブミラーを見ると，車が向かって左側の車線を走り，運転手が向かって右側にすわっているように見える。　③　とつ面鏡に光を当てると，光は広がるように反射する。この光を逆にたどると，とつ面鏡は広い範囲をうつせることがわかる。

(4)　アとウでは日光がものに直接当たっている。イでは虫めがねを通った光がレンズによって進路が折り曲げられて(くっ折して)いる。エでは銀色のシートで日光を反射させることで，モモの実の下の方にも光が当たるようにしている。

6 ものの重さや形，体積についての問題

(1) ねん土の量が決まっているとき，かたまりのままにしても形を変えても重さは変わらない。

(2) 国語辞典のようなものの重さを，はかりにのせる面を変えてはかっても，同じ重さになる。

(3) ① $1\,cm^3$あたりの重さを求めて比べる。物体Ａは，27÷10＝2.7(ｇ)，物体Ｂは，156÷20＝7.8(ｇ)，物体Ｃは，12÷15＝0.8(ｇ)である。　② 同じ体積で比べたときに最も軽いものが，同じ重さで比べたときに最も体積が大きくなる。

国　語　＜第１回試験＞（50分）＜満点：100点＞

解　答

一 (1) ①～④ 下記を参照のこと。　⑤ いとな(む)　⑥ はとば　⑦ むぞうさ　⑧ はかく　(2) ① エ　② ウ　③ ア　(3) ① 単　② 因　③ 口　④ 臨　(4) ウ　二 (1) Ａ オ　Ｂ ウ　Ｃ イ　(2) 「今ここ」以外に自在にいきできること　(3) 1 ルールに則って生きなければならない　2 体も心も解放される　(4) エ　(5) 想像力　(6) (例) さまざまなことを自分の目と耳で確かめ，自分で考え，何が大切なのかを自分で判断していく(こと。)　(7) ウ　三 (1) 1 ふさわしい　2 がっかり　(2) Ａ ア　Ｂ エ　Ｃ オ　Ｄ ウ　Ｅ イ　(3) みんなとおんなじ手にならなくていい(ということ。)　(4) (例) 練習しても弾けない曲があることにこだわらず，好きなピアノを弾きたいように弾く　(5) イ　(6) ア　(7) ア ○　イ ×　ウ ×　エ ○　オ ○　(8) (例) 代表委員会で他の生徒や先生方に注目され，緊張して弱気になり，学校をよりよくするための意見を求められても言えずにいたことがある。そんな中，自分と同じ考えを持った他の委員の発言が賞賛され，とても後悔した。

●漢字の書き取り

一 (1) ① 貫(き)　② 済(ませる)　③ 紅茶　④ 健康

解　説

一 漢字の書き取りと読み，熟語の組み立て，四字熟語の完成，ことばの呼応

(1) ① 音読みは「カン」で，「貫通」などの熟語がある。　② 音読みは「サイ」で，「返済」などの熟語がある。　③ 茶葉と芽を発酵《はっこう》させ，かわかしたもの。そこに湯をさした赤茶色の飲み物。　④ 病気にかかっていない元気な状態。　⑤ 音読みは「エイ」で，「経営」などの熟語がある。　⑥ 海の中に細長く突《つ》き出した船着き場。　⑦ もったいぶらず，たやすいようす。　⑧ 並はずれていること。

(2) ① 「作文」と「着席」は，下の漢字が上の漢字の目的・対象となっている熟語である。② 「新年」と「暖冬」は，上の漢字が下の漢字を修飾《しゅうしょく》している。　③ 「図形」と「思考」は，同じような意味の漢字を重ねた熟語である。

(3) ① 「単刀直入」は，前置きなしにいきなり要点や本題に入ること。　② 「因果応報」は，行いの善悪に応じてその報《むく》いがもたらされるということ。　③ 「異口同音」は，多くの人が同じ意見を言うこと。　④「臨機応変」は，その場の状況《じょうきょう》に応じて適切な対応をとること。

⑷　ウの「まさか」は，後に打消しのことばをともなって，“いくらなんでも”という意味になるので，正しい表現といえる。アの「いっさい」は，「ない」など打ち消しの意味を持つ語とともに用いられる。イの「いかにも」は，“なるほど，確かに”という意味なので，「成功するはずだ」を修飾することばとしてふさわしくない。エの「どうして」は，強く否定する気持ちを表すこともあるが，その場合は「要素があるだろうか」などの表現とともに用いられる。

二　**出典は『旅が好きだ！―21人が見つけた新たな世界への扉《とびら》』所収の「いくつもの世界がある(角田光代《かくたみつよ》著)」による**。旅には，自分のいる世界以外の世界を知ることができたり，自分のいる世界の現実をはっきり見せてくれたりするなどの効用があることが述べられている。

⑴　A　「本を読んでいる」と「『今ここ』以外に自在にいききできることを，感覚として」学べるので，「今暮らしているここ」で「意に染まないこと」や「つらいこと」などがあっても「ふんばることができる」，という文脈になる。前のことがらを理由・原因として，後にその結果をつなげるときに用いる「だから」が合う。　B　「ひとつの現実，ひとつの世界しか知らないと，それがすべてになる」ということを説明するために，「お金を持っているほうが，持っていないことよりずっといい，という世界で」生きることの例があげられている。具体的な例をあげるときに用いる「たとえば」が入る。　C　「私」は，「差別」について「あたまではわかっていた」が，「差別される側になってはじめて，差別ということが何であるのか，体感した」，という文脈になる。前に述べたことと対立することがらを後に続けるときに使う「けれども」が合う。

⑵　「旅」というのは，本を読むことで感覚として学べる「『今ここ』以外に自在にいききできること」を，「物理的に行うこと」であるといえる。

⑶　「ひとつの現実，ひとつの世界」しか知らないと，「そのルールに則《のっと》って生きなければならない」という制約にしばられてしまうが，旅に出て「自分の持っている既成概念《きせいがいねん》がことごとく崩《くず》されていく」と，「体も心も解放される」のだと考えられる。

⑷　「私」は，「自分が女性」であることも，「差別ということ」も理解してはいたが，旅に出たことで，「女性という性別であることはどういうことなのか」といったことを考えたり，「差別ということが何であるのか」を体感できたりした。つまり，旅をして「今ここ」の現実や日常以外の体験をすることで，自分自身や自分の属する世界のことが「はっきり」と理解できたということなので，エがふさわしい。

⑸　旅に出て，「自分とは異なる正義，異なる倫理《りんり》，異なる価値観で行動する他者」に接すると，どうしてそのような行動をとるのだろうなどと考えるようになる。つまり，旅に出ると「想像力をゆたかにすることができる」のである。

⑹　ぼう線部⑤と同じ段落に「つねに自分の目で見て，自分のあたまで考えて，自分の言葉で感想を持つことがだいじだ」とあることに着目する。体験したことの意味を自分自身で考え，何が大切なのかを自分で判断していくことが，旅においては大切なのである。

⑺　旅をすると，読書で得られる感覚と同じように，「今ここ」以外の世界があることを知ることができる。ただし，旅において大切なのは，自分で体験し，自分で考え，「自分の言葉で感想」を持ち，「あらたな私たち自身を手に入れていく」ことなので，ウの内容が正しいといえる。

三　**出典は梨屋《なしや》アリエの『エリーゼさんをさがして』による**。ピアノ教室をやめるようにいわれてショックを受けている「わたし」に，エリーゼさんは自分の手を見せて元気づけようとする。

⑴　自分に自信を持てない「わたし」が，自分のことを知ったら「水野《みずの》くんはがっかりしないかな」「自分が水野くんにふさわしい友だちの女の子なのか」などという思いで，「頭がいっぱい」になっていたことが，ぼう線部①の前の部分からわかる。

⑵　A　差し出された「わたし」の手を見たエリーゼさんの感想が入るものと想像できる。よって，アがよい。　B　エリーゼさんから「きれいな手ね」といわれたものの，「わたし」は手が小さいためにうまくピアノを弾《ひ》けないことを気にしていたのだから，エが合う。　C「皺《しわ》」や「シミだらけの」自らの手を見てエリーゼさんがつぶやいた言葉があてはまるので，オがふさわしい。　D　直後に「社交辞令でいったけど」とあるので，自らの手を「おばあさんの手」だと話すエリーゼさんの言葉を「わたし」は否定したものと考えられる。よって，ウが正しい。　E　クラシックピアノは楽譜《がくふ》どおりに弾くのが基本だが，自分を元気づけようと「好きなピアノを弾きたいように弾くのでいいのよ」といってくれたエリーゼさんの思いを「わたし」は受け止めようと思ったのだから，イが選べる。

⑶　エリーゼさんは，娘の指にも皺があったことを話して，いろいろな皺のつき方があると教えてくれた。手は「みんな違《ちが》う」から，「みんなとおんなじ手にならなくていい」ということを伝えるためだったとわかる。

⑷　エリーゼさんは，「楽譜《がくふ》のとおり」に弾けないのなら「巧《たく》み」に弾くことにこだわるのではなく，「好きなピアノを弾きたいように弾く」ことが大切だと「わたし」に伝えようとしたと考えられる。

⑸　エリーゼさんの娘は，金賞をもらっても，指の皺を消したことを後かいし，落ち込《こ》んでいた。それに比べて「わたし」は，「間違えて描《か》いている」と思われたくないし，「珍《めずら》しい指の皺」が注目されることも心配なので，初めから皺を描かなかったかもしれないと考えた。「わたし」は，エリーゼさんの娘と自分を比べて，自分の手を「恥《は》ずかしいもの」のように隠《かく》して過ごそうとする自分の性格を歯がゆく思っていると考えられる。

⑹　自分の手に皺があったらそれを隠そうとする自分に比べて，環奈《かんな》ちゃんは「指のどんな皺でも堂々と」描くだろうと「わたし」は思った。「消す必要のない線だったら，だれになにをいわれても消したりしないはず」なので，周囲の目など気にせず，自分の考えを貫く性格だといえる。

⑺「わたし」は，エリーゼさんのことを気づかい，皺だらけの手を見たときに「そんなことないですよ」といったが，「好きなピアノを弾きたいように弾くのでいいのよ」という言葉に対し，自分の思いをはっきりといえず，「えっと，そうですね」と合わせてしまったので，アは正しい。また，エリーゼさんは，自分や娘の手には皺があるという事実を話し，手は「みんな違う」ということを「わたし」に伝えたかったのだと考えられるので，エの内容も正しい。そして，その話を聞いても，「わたし」は，自分の手に皺があったらきっと隠すだろうと思っているので，オの内容も合っている。イは，悩《なや》みに対するエリーゼさんの話に「わたし」が失望していることは読み取れないので正しくない。ウは，娘に皺を消すよう指示した先生に，エリーゼさんが不信感を覚えたり，腹を立てたりしているという内容は書かれていないので誤り。

⑻　まず，自分の体験をふり返り，「ある」場合には，そのときの様子や自分の気持ちを正確に思い出してみる。「ない」場合には，周囲の目を気にして自分の思いどおりにできなくなりそうなと

きは，どのようにしたらよいかを考える。実際に書くさいには，制限字数を意識し，誤字や脱字《だつじ》はないか，主語と述語はきちんと対応しているかといったことにも注意するとよい。

Dr.福井の
入試に勝つ！ 脳とからだのウルトラ科学

入試当日の朝食で，脳力をアップ！

朝食を食べない学生は，朝食をきちんと食べる学生に比べて成績が悪かった――という研究発表がある。まあ，ちょっと考えればわかると思うけど，朝食を食べないということは，車にガソリンを入れないで走らせようとするようなものだ。体がガス欠になった状態では，頭が十分に働くわけがない。入試当日の朝食はちゃんと食べよう！　朝食を食べた効果があらわれるように，試験開始の２時間以上前に食べるようにするとよい。

では，入試当日の朝食にふさわしいものは何か？

まず，脳の直接のエネルギー源はブドウ糖だけであるから，それを補給するためのご飯やパン，これは絶対に必要だ。また，砂糖や果物の糖分は吸収されやすく，効果が速くあらわれやすいので，パンにジャムをぬったり果物を食べたりするのもよいだろう。

次に，タンパク質。これは脳の温度を上げる作用がある。温度が低いままでは十分に働かないからね。タンパク質を多くふくむのは肉や魚，牛乳，卵，大豆などだが，ここでは大豆でできたとうふのみそ汁や納豆をオススメする。そして，記憶力がアップするDHAを多くふくんでいる青魚，つまりサバやイワシなども食べておきたい。

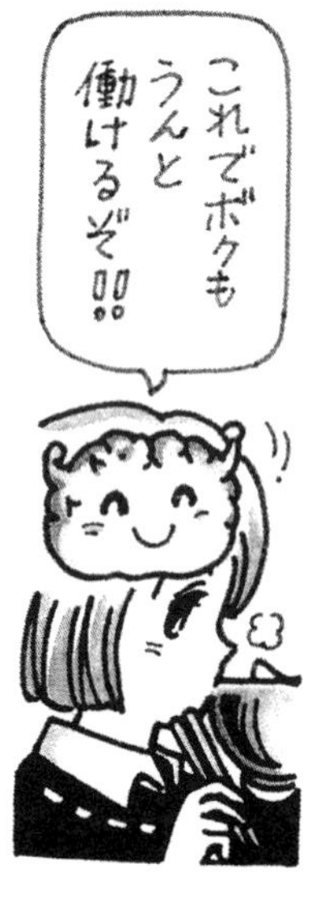

生野菜も忘れてはならない。その中にふくまれるビタミンBは，ブドウ糖を脳に吸収しやすくする働きを持つので，結果的に脳力アップにつながるんだ。

コーヒーや紅茶，緑茶は，カフェインという成分の作用で目覚めをうながすが，トイレが近くなってしまうので，飲みすぎに注意！　試験当日はひかえたほうがよいだろう。眠気を覚ましたいときはガムをかむといい。脳が刺激《しげき》されて活性化し，目が覚めるんだ。

Dr.福井（福井《ふくい》一成《かずしげ》）…医学博士。開成中・高から東大・文Ⅱに入学後，再受験して翌年東大・理Ⅲに合格。同大医学部卒。さまざまな勉強法や脳科学に関する著書多数。

2022年度　茨城キリスト教学園中学校

〔電　話〕　(0294)52－3215
〔所在地〕　〒319－1295　茨城県日立市大みか町６－11－１
〔交　通〕　JR常磐線─「大みか駅」より徒歩７分

【適性検査Ⅰ】〈第２回・適性検査型試験〉（45分）〈満点：100点〉

1　よしやさんとみのりさんは，春の野外観察の記録（**図**）について話しています。

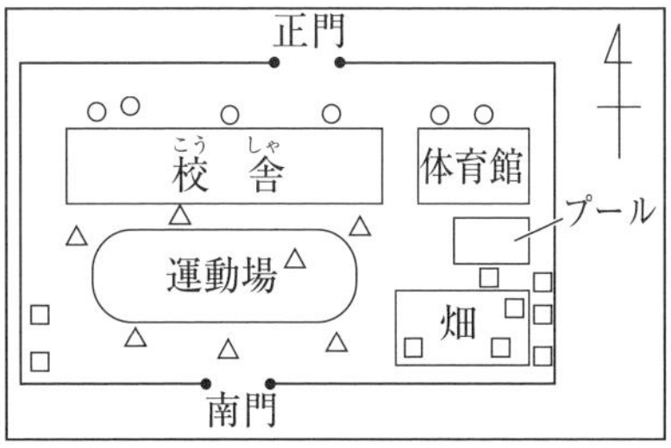

図　春の野外観察の記録

よしや：アブラナ，オオバコ，ゼニゴケが見られた場所を，記号で地図にかき入れたよ。この記録から，植物の種類によって，見られる場所に条件があると考えたんだ。

みのり：**図**を見ると，アブラナは日の当たる場所に見られるね。それに，くきを高くのばすから，人が来ない場所に多く見られるね。

よしや：オオバコはアブラナとは反対に，人が来る場所にも見られたよ。

みのり：○で表しているのは［あ］だね。

よしや：なぜわかったの？

みのり：［あ］は［い］からだよ。

問題１　よしやさんとみのりさんの会話文をもとに，△の表す植物を書きなさい。また，会話文の［あ］にあてはまる植物と［い］にあてはまる内容を書きなさい。

よしや：学校の外では，ミツバチやモンシロチョウを見つけたよ。

みのり：こん虫もあたたかくなって活動を始めたんだね。でも，こん虫はどうやって冬ごしをしたのかな。

よしや：こん虫の冬ごしのしかたを調べたよ。**表**のＡ～Ｄのグループはそれぞれ，卵《たまご》，幼虫《ようちゅう》，さなぎ，成虫のいずれかの姿《すがた》で冬ごしをするこん虫をまとめたものだよ。

表　こん虫の冬ごしの姿のグループ

〈Ａグループ〉 モンシロチョウ	〈Ｂグループ〉 テントウムシ ミツバチ
〈Ｃグループ〉 バッタ カマキリ	〈Ｄグループ〉 カブトムシ

みのり：私《わたし》は夏に田んぼで見つけたヤゴを飼育したけれど，そのまま冬ごしをして，春に羽化《うか》してシオカラトンボになったよ。

よしや：それなら，シオカラトンボは**表**の［う］グループに入れることができるね。

問題2　会話文の[う]にあてはまる記号を書きなさい。

よしや：むかし，バッタが[え]のを見たことがあるんだ。
みのり：えっ，それはすごいね。そういえば，テレビ番組でライオンがシマウマを追いかけてつかまえるのを見たことがあるよ。なんだかそれと似ているね。
よしや：そうか。シマウマは植物を食べるけれど，ライオンは動物を食べるんだね。
みのり：それと同じように，植物を食べるこん虫とそのこん虫を食べるこん虫がいるんだね。

問題3　会話文の[え]にあてはまる内容を，**表**にあるこん虫の名前を1つ使って書きなさい。

2　よしやさんとみのりさんは，水と空気の体積の変わり方について話しています。

よしや：ロケット遊び，楽しかったね。プラスチックの容器に水と発ぽう入浴《にゅうよく》ざいを入れて，発生するあわの力でロケットを飛ばすんだよね（**図1**）。みのりさんのロケットは高く飛んだ？

図1　プラスチックロケット

みのり：容器の半分まで水を入れたロケットAと，容器いっぱいに水を入れたロケットBをつくって，両方に同じ量の発ぽう入浴ざいを入れてどちらが高く飛ぶか調べたら（**図2**），[あ]のほうが高く飛んだよ。[あ]は，発ぽう入浴ざいのあわが発生して[X]がおし縮《ちぢ》められたから，高く飛んだんじゃないかな。

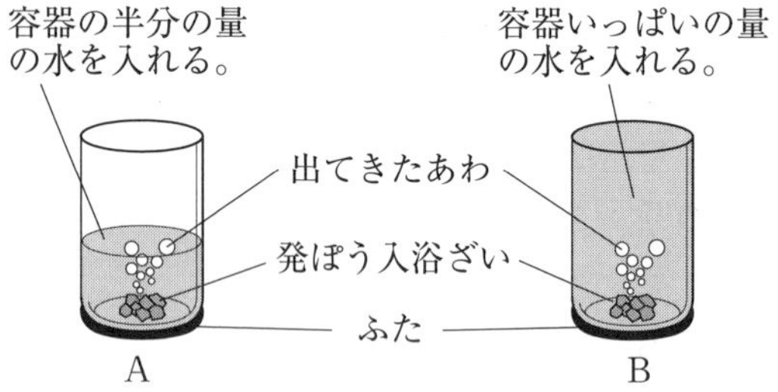

図2　水の量を変えて飛び方を比べる実験

よしや：そういえば，理科の授業で水と空気の性質について習ったよね。
みのり：空気を満たした注射《ちゅうしゃ》器Cと，水を満たした注射器Dを用意して，それぞれピストンを同じ力でおすと（**図3**），[い]はピストンをたくさんおしこむことができたよね。
よしや：つまり，[X]はおし縮められるんだね。
みのり：そうだね。[う]は[X]が入っていないから，高く飛ばなかったのではないかな。

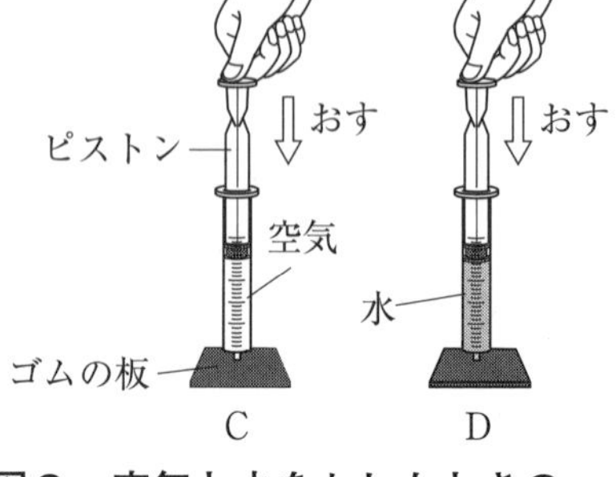

図3　空気と水をおしたときの体積の変わり方を調べる実験

問題1　会話文の[あ]～[う]にあてはまる記号を，**図2**，**図3**のA～Dから1つずつ選び，書きなさい。

問題２　会話文の［　X　］にあてはまる言葉を書きなさい。

よしや：ところで，発ぽう入浴ざいから出てくるあわは二酸化炭素だと聞いたことがあるけれど，本当なのかな。

みのり：あわをポリエチレンのふくろに集めて，二酸化炭素かどうかを調べる実験を考えようよ。火を使うのは危険《きけん》だからしてはいけないと先生が言っていたよ。

問題３　発ぽう入浴ざいから発生したあわを集めたポリエチレンのふくろの中の気体の二酸化炭素の体積の割合《わりあい》が，空気よりも大きくなっているかを調べる方法として，火を使わないものを，２つ書きなさい。

３　よしやさんとみのりさんのクラスでは，総合的な学習の時間に，「ごみと食品」をテーマにして発表会を行いました。

よしや：ごみを出すときは，ルールに従《したが》って出すことが大切だね。

みのり：きちんと分別して出せば，リサイクルできるものもたくさんあるからね。

問題１　よしやさんとみのりさんは，下の**資料１**～**資料３**のようなごみについて，どのように分別すればよいか話し合いました。**資料４**のルールに従って，それぞれのごみの出し方を，全て二つに分ける出し方で書きなさい。

資料１　食品ラップの残り

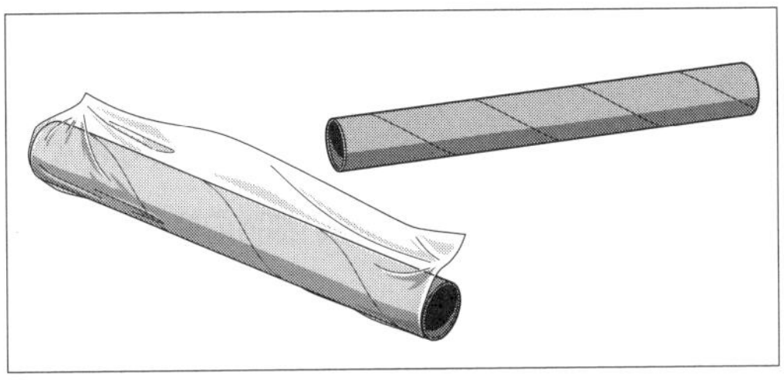

資料２　金属リング付ノートと新聞紙と雑誌《ざっし》

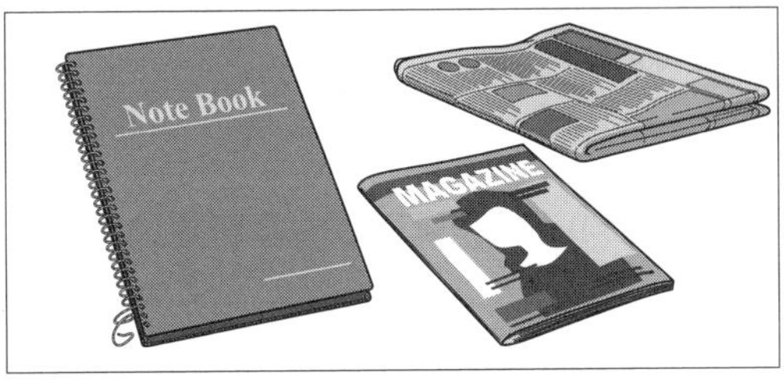

資料３　食べ残しのある弁当
(コンビニエンスストアで買った)

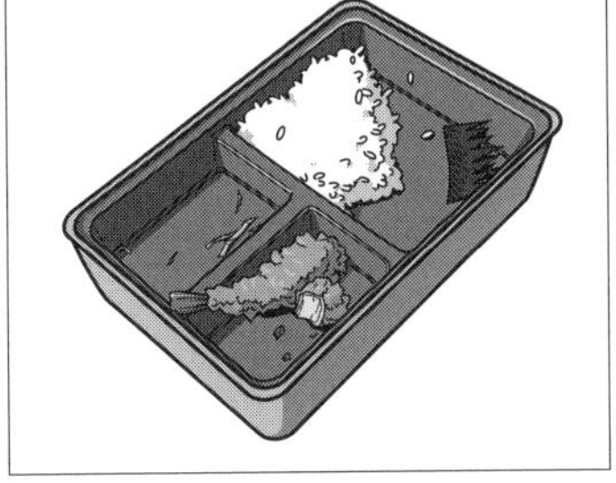

資料４　ごみの出し方のルール

ごみの種類	ごみの出し方
生ごみ	燃えるごみに分類
ビニール・食品トレイ	プラスチックごみに分類
金属	資源《しげん》ごみに分類
ラップのしん	紙類に分類
新聞紙・雑誌・ノートなど	重ねて十字にしばる

よしや：ごみの中に，食べ残しのある弁当があったね。

みのり：食べ残しや期限切れ食品のはいきは，食品ロスの問題になっているね。

資料５　日本の食品ロスの量

年度	年間ではいきされた食品の量
2018	約 600 万 t

よしや：年間でこんなに多くの食品が捨《す》てられているんだね。

みのり：これは，毎日 10 t トラック約［　　　］台分の食品を捨てていることになるね。

問題２　会話文中の［　　　］にあてはまる数字を書きなさい。そのさい，小数第１位を四《し》捨《しゃ》五入して整数で書きなさい。

よしや：今度は，食料生産について見てみよう。

みのり：そうだね。日本と茨城県の食料生産にはどんな特徴《とくちょう》があるのか考えよう。

資料６　日本の品目別食料自給率の変化

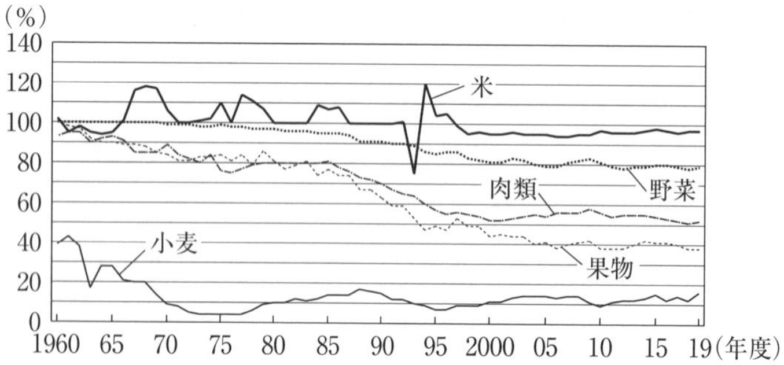

（農林水産省資料より作成）

資料７　茨城県の種類別農業産出額割合《わりあい》（2018 年）

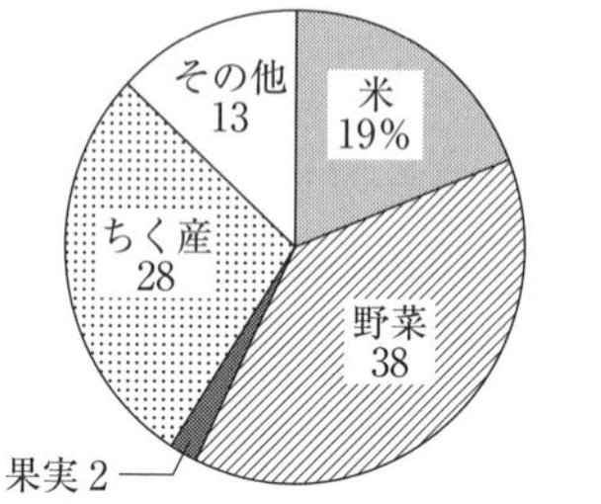

（「データでみる県勢 2021」より作成）

問題３　次の文は，**資料６～資料８**について説明したものです。**ア～エ**の中から説明として正しいものを一つ選び，記号を書きなさい。

ア　米の自給率が，90％を下回った年はない。

イ　茨城県の農業産出額で最も割合が大きい種類の，2019 年度の自給率は 70％をこえている。

ウ　農業産出額が５位までの都道府県に，東北地方の県が一つ入っている。

エ　1960 年度から 2019 年度にかけて，自給率が最も下がったのは小麦である。

資料８　農業産出額の多い都道府県(2018 年)

順位	都道府県	産出額（億円）
1	北海道	12593
2	鹿児島県	4863
3	茨城県	4508
4	千葉県	4259
5	宮崎県	3429

（「データでみる県勢 2021」より作成）

よしや：茨城県は農業がさかんだけれど，さまざまな問題がありそうだね。

みのり：出《しゅっ》荷《か》できない野菜を利用するなどの農業の６次産業化が行われているよ。これは，いい取り組みなのではないかしら。

資料９　農業の６次産業化

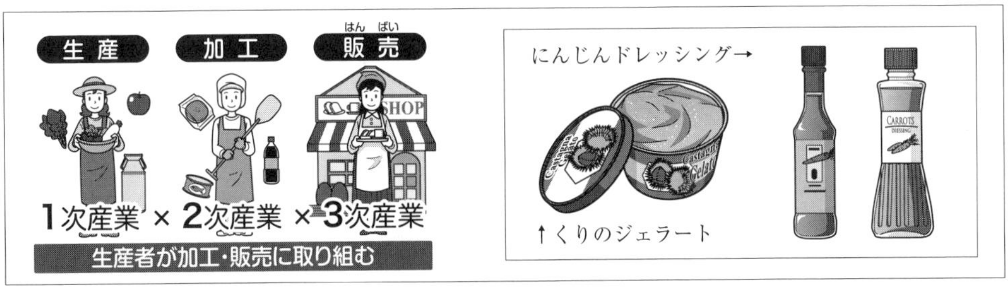

問題４　あなたは，農業の６次産業化にはどのような利点があると考えますか。**資料９**を参考に，「食品ロスをなくす取り組み」，「農家にとっての利点」，「消費者にとっての利点」の三つがわかるように 90 字以上 120 字以内で書きなさい。また，「,」や「。」も１字に数え，文字に誤《あやま》りがないようにしなさい。

4　よしやさんとみのりさんは，算数の時間に，コンパスを使った模様《もよう》のかき方について，話をしています。

よしや：コンパスを使うと，きれいな曲線をかくことができるね。この曲線を使って，模様をかいてみようよ。

みのり：１マスの正方形の１辺の長さが１cm の方眼紙があるから，この方眼紙を使うのはどうかしら。

よしや：いいね！　さっそくかいてみよう。

みのり：コンパスの開く幅《はば》を変えて，**図１**のような模様をかいてみたよ。

よしや：このとき，コンパスでかいた曲線の長さの合計は何 cm になるだろう。どのようにして**図１**の模様をかいたの？

みのり：１辺の長さが４cm の正方形の中にぴったり入る円と，半径１cm の円を半分にした形の曲線部分を組み合わせてかいたよ。

よしや：なるほど。そうすると，**図１**のコンパスでかいた曲線の長さの合計を求めると［　　　］cm だ。

みのり：うん。私も同じ長さになったわ。

よしや：そういえば，ぼくとみのりさんが入っている飼育委員会では，小学校のうさぎ小屋のかべに模様をかくことになったよね。

みのり：自分たちでうさぎ小屋のかべにかく模様を決められるなんて，わくわくするね。どんな模様をかこうかな。

よしや：何か考えている案はあるの？

みのり：いや，考えているんだけれど，まだ何も思いうかんでいないの。

よしや：それなら，今考えていたコンパスを使ってかいた模様にするのはどうかな。

みのり：それがいいわ！　よしやさんは，どんな模様をかいたの？

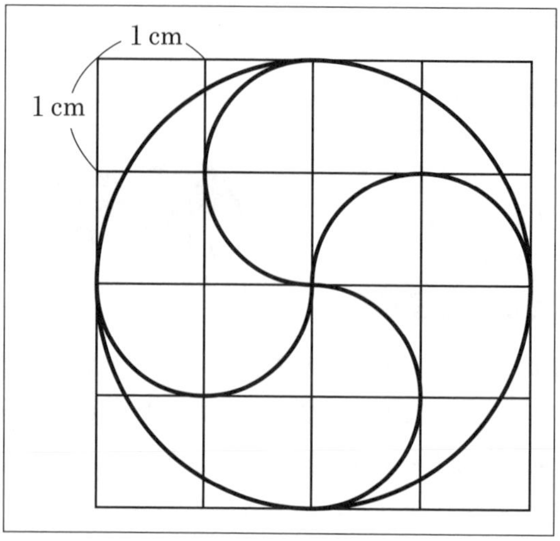

図１　みのりさんがかいた模様

よしや：ぼくがかいた模様は**図２**の模様だよ。大きい円を１つと同じ大きさの小さい円を４つ組み合わせてかいたんだ。小さい円の直径は大きい円の直径の半分になっているよ。

みのり：きれいな模様だね。この模様を拡大《かくだい》して，かべにかいてみよう。模様をかくスペースは，１辺の長さが２ｍの正方形の形をしているみたいだね。この正方形の中にぴったり模様が入るようにして，できるだけ大きな模様をかきたいな。

よしや：そうしよう。**図３**のように，うさぎ小屋のかべにかくイメージ図をかいてみたんだ。かげをつけた部分に青色のペンキで色をぬろうよ。

みのり：すてきな模様になりそうだね。できあがるのが楽しみだな。

よしや：ペンキはどれくらい用意すればいいんだろう。

みのり：まず，色をぬる部分の面積を求める必要があるね。かげをつけた部分を移動させると，面積を求めやすくなりそうよ。

よしや：そうだね。計算してみよう。

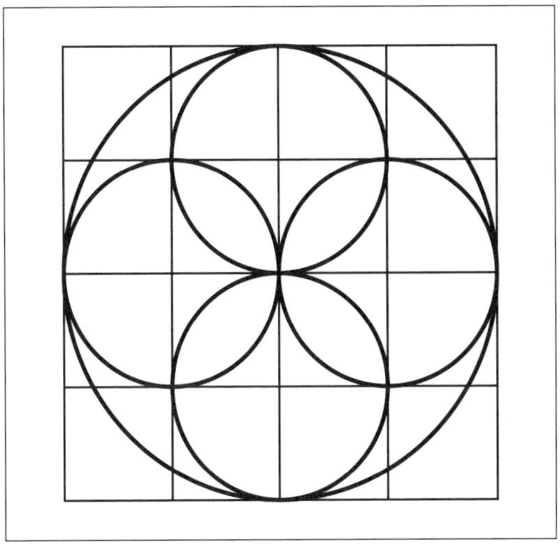

図２　よしやさんがかいた模様

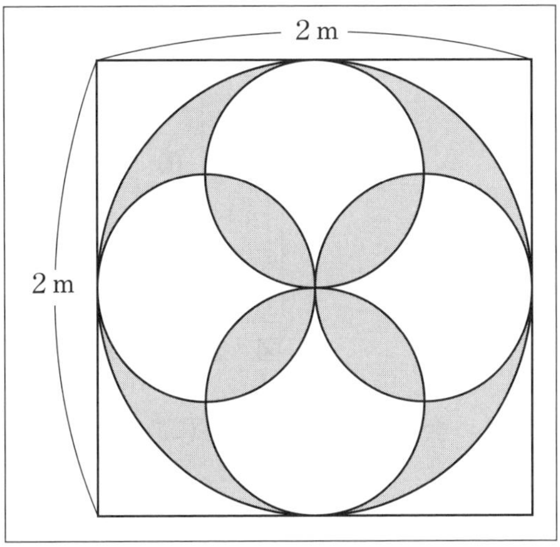

図３　うさぎ小屋のかべにかくイメージ図

問題１　会話文中の［　　　］にあてはまる数を書きなさい。ただし，円周率は3.14とします。

問題２　うさぎ小屋のかべに色をぬるとき，１m^2あたり0.5Lの青色のペンキを使います。うさぎ小屋のかべに模様をかくのに必要な青色のペンキの量は何Lか，求めなさい。また，どのように求めたのか，言葉や数，式，図，表などを使って説明しなさい。ただし，円周率は3.14とします。

5　よしやさんは，白色と黒色のご石の並《なら》べ方について，みのりさんと話をしています。

よしや：白色と黒色のご石を１行に７個ずつ，**図**のように並べて，１から順にご石に数を書き入れてみたよ。①のご石を１行１列のご石と表すことにしよう。１～３行のご石を見ただけで，７行１列のご石の色とご石に書かれている数を言えるかな？

みのり：行ごとに並ぶ数を見ると，奇数《きすう》の行は１列から順に数が１ずつ大きくなって，偶数《ぐうすう》の行は１ずつ小さくなっているね。列ごとに並ぶ数には，何かきまりがあるのかしら。

よしや：白色のご石だけ，黒色のご石だけのように色ごとに注目して見てごらん。

みのり：なるほど。きまりを見つけたわ。７行１列のご石は［　ア　］色で，ご石に書かれている数は［　イ　］だね。

よしや：正解！

	１列	２列	３列	４列	５列	６列	７列
１行	①	②	③	④	⑤	⑥	⑦
２行	⓮	⓭	⓬	⓫	❿	❾	❽
３行	⑮	⑯	⑰	⑱	⑲	⑳	㉑
⋮						…	㉒

図　よしやさんが並べたご石

問題１　会話文中の ア にあてはまる色と イ にあてはまる数を書きなさい。

よしや：ほかにも，おもしろいきまりを見つけたよ。
みのり：どのようなきまりを見つけたの？
よしや：それぞれの行に並ぶ７個のご石に書かれた数の平均を考えてみて。
みのり：７個のご石に書かれた数の平均は，１行が４，２行が11，３行が18だから…。わかった！　４列に並ぶご石に書かれた数は，それぞれの行に並ぶ７個のご石に書かれた数の平均になるのね。
よしや：その通り。１つの行に並ぶ７個のご石に書かれた数の平均がわかると，その行に並ぶ７個のご石に書かれた数の和もわかるよ。
みのり：本当だね。ほかにも，何かきまりがないか考えてみるわ。

問題２　１つの行に並ぶご石に書かれた数の和が763になるのは何行目か，求めなさい。また，どのように求めたのか，言葉や数，式，図，表などを使って説明しなさい。

【適性検査Ⅱ】　〈第２回・適性検査型試験〉（45分）〈満点：100点〉

1　茨城キリスト教学園中学校の１年生になったななみさんたちのクラスでは，アメリカ人の留学生をむかえることになりました。そこで，ななみさんとまさとさんは，「外国人とのコミュニケーション」について考えています。

ななみ：どんな人が留学生として来るのか楽しみだね。仲良くなれるといいな。

まさと：そうだね。でも，今まで外国人と話したことがあまりないから，ちょっと不安だな。

ななみ：国によって，態度やしぐさの意味が違《ちが》うと聞いたことがあるよ。私《わたし》たちの何気ないしぐさが，トラブルのきっかけになることもあるのかな。

まさと：ここに，コミュニケーションの行き違いについて書いてあるから，参考にしようよ。

資料１

日本人はおかしい，ことばに答えないで奇妙《きみょう》な反応をする。日本語のすこしわかるアメリカ人が，そう言って不思議がる。

工場で実習しているアメリカ人が同僚《どうりょう》の日本人技術者に向かって，

「○○はないか」

と日本語できく。きかれた方は，黙《だま》って姿《すがた》を消す。どうしたんだろう，と思っていると，○○をもってあらわれた日本人は，

「これ」

と言って差し出す。

アメリカ人は喜ばない。どうして，ものを言わないのか。「あるか」ときいたら，「ある」か「ない」のどちらかをまず返事しないといけない。黙ってどこかへ行ってしまうのは，きいた人間を無視《むし》することになって，けしからん。なければ，ない，でよい。取ってきてくれとまで頼《たの》んでいるのではない。アメリカ人はそんな風に考える。

日本人の気持ちはまったく違う。「あるか」ときかれたら，あるか，ないかをきかれているのではなく，それが入り用，ほしいと言っているのであると解釈《かいしゃく》する。手許《てもと》になければ，探《さが》してきて渡《わた》せば，相手の要求に応えることになる。親切である。文句を言われたりするのははなはだ心外である，と考える。

アメリカ人はことばをことばで処理《しょり》するコミュニケーションを考えているのに，日本人はことばを心理的に受けとめるからこうした行き違いが生じる。日本人は，

「あるか」

ときかれて，

「ないよ」

と答えるのはあまりにもそっけないから，気を利《き》かせて，ことばには出さずに，反応するのが親切だと思っている。

ことばの上だけでやりとりするのではない。ことばを心で受けとめる。

（外山滋比古《とやましげひこ》「逆説の生き方」による）

ななみ：アメリカ人と違って，日本人は，　ア　と考えているから，黙って行動で対応することがあるとわかったよ。

まさと：悪気がなくてもいやな思いをさせてしまうかもしれないから，気をつけないとね。

問題１　ななみさんが，**資料１**の文章を読んで，日本人のコミュニケーションについて気づいたことを考えましょう。会話が成り立つように，［ア］に入る内容を本文中の言葉を使って，40字以上60字以内で書きなさい。ただし，「，」や「。」も１字に数え，文字に誤《あやま》りがないようにしなさい。

ななみ：具体的にはどのような行き違いが起こる可能性があるかな。
まさと：ワークシート（**資料２**）を使って日本人と外国人のとらえ方の違いを考えてみよう。

資料２　**ワークシート**

外国人：コーヒーを飲みますか。
日本人：大丈夫《だいじょうぶ》です。
このあと，外国人はコーヒーを出したが，日本人は困惑《こんわく》していた。「大丈夫」という言葉を，日本人は［イ］という意味で使い，外国人は［ウ］という意味でとらえた。

問題２　**資料２**のやりとりで，「大丈夫」という言葉を，日本人と外国人はどのようにとらえたと考えられますか。［イ］，［ウ］に入る内容を，考えて書きなさい。

ななみ：外国人とコミュニケーションをとるときには英語が使えた方が便利だよね。
まさと：日本でも常に英語を話している会社もあるみたいだよ。これを読んでみて。

資料３

社内公用語を英語にすることを決めた企業《きぎょう》は，そこに大きなメリットを見出《みいだ》したからこそ決断したのだと思います。

確かに，普段《ふだん》から英語を話していれば，国際社会でビジネスをしても，普段の言葉がそのまま通用します。また，英語を使うことで，曖昧《あいまい》になりがちな日本人のイエス・ノーが明確になるので，交渉《こうしょう》の場で誤解《ごかい》が生じるリスクを回避《かいひ》することができます。

しかし企業は，こうしたメリット以上に，言葉を英語にすることで，日本人特有の押《お》しの弱さを克服《こくふく》することも目指しているのではないでしょうか。「会社で英語を用いるようになったら決断が早くなった」「曖昧な返答をしなくなった」という声も聞きます。

確かに，日本人が押しの弱さを克服するためには，日本語を捨《す》てるのが，最も確実な方法だと思います。でも，日本語を捨てるということは，その時点で日本人ではなくなるということです。

（齋藤孝《さいとうたかし》「日本人は，なぜ世界一押しが弱いのか？」による）

ななみ：英語でのコミュニケーションには，メリットがたくさんあるようだね。
まさと：そうだね。でも私は，日本語のコミュニケーションも大切にしたいと思うな。

問題３　**資料１～３**と会話文を参考にして，「日本人と外国人のどちらのコミュニケーションの仕方の方がよいか」についてのあなたの考えを，100字以上120字以内で書きなさい。ただし，「，」や「。」も１字に数え，文字に誤りがないようにしなさい。

2　ななみさんとまさとさんは，総合的な学習の時間に，「私たちと水産業」をテーマにして学習することになりました。自分たちで情報を集めて，気づいたことを話し合っています。

まさと：日本は，周りが海に囲まれていることから，魚《ぎょ》介《かい》類が豊富なようだね。

ななみ：そうだね。**資料１**にあるように，日本の太平洋側は，北から流れてくる寒流の親潮《おやしお》と南から流れてくる暖流の［　ア　］がぶつかって，好漁場となっているようだよ。

まさと：日本は，世界の中でも魚介類をたくさん食べているらしいよ。でも，近ごろは，外国でも魚介類を食べる人が増えているみたいなんだ。日本の水産業にも影響《えいきょう》はあるのかな。

ななみ：日本の水産業は，1970 年代の終わりごろから，魚介類を獲《と》ることができる範《はん》囲《い》が沿岸《えんがん》から［　イ　］海里の水域《すいいき》に限られたことで，遠洋漁業の漁獲《ぎょかく》量は減少したみたいだよ。世界全体の漁獲量も少なくなってきていると聞いたけれど，今，日本の水産業では，どのような工夫が見られるのだろう。

資料１　日本近海のようす

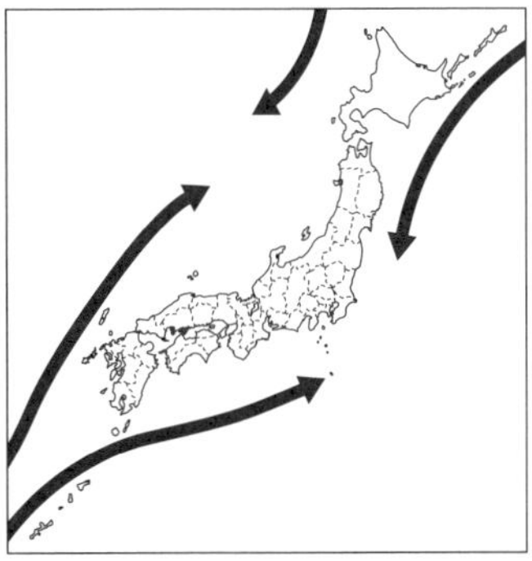

問題１　会話文中の［　ア　］に入る言葉を書きなさい。

問題２　会話文中の［　イ　］に入る数字を書きなさい。

問題３　まさとさんは，水産業について，さらに調べてみることにしました。次の(1)，(2)の問題に答えなさい。

(1)　獲った魚が私たちの食卓《しょくたく》に届《とど》くまでには，さまざまな作業があり，水あげ，選別，せり，輸送などがあることがわかりました。**資料２**の**ア**～**エ**の中から，選別とせりの作業を選び，それぞれ記号を書きなさい。

(2)　魚をより普《ふ》及《きゅう》させるために，国の機関（水産庁）では，**資料３**のようなファストフィッシュという商品をつくることを，水産業者にすすめていることがわかりました。このファストフィッシュはどのような商品であると言えますか。**資料３**を参考にして，二つ書きなさい。

資料２　水産業に関わる作業

資料３　ファストフィッシュの例

問題４　まさとさんは，水産業について調べている中で，**資料４～資料６**を見つけました。次の(1)，(2)の問題に答えなさい。

(1)　日本において，獲る漁業はおとろえていますが，日本国内で流通する魚介類の量は減っていません。その理由を，**資料４**を見て一つ書きなさい。

(2)　養殖《ようしょく》における問題点を，**資料５**，**資料６**を見て一つ書きなさい。

資料４　漁業種類別生産量と輸入量の変化

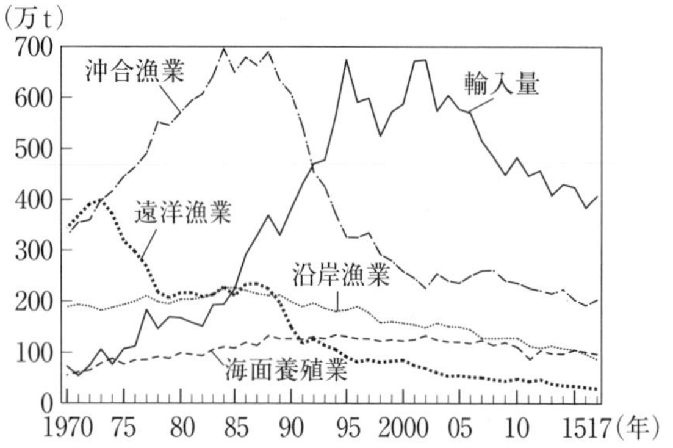

（水産庁資料より作成）

資料５　養殖を行う人の話

サーモンやぶり，まぐろの養殖には，えさとして，海で獲れた小魚が必要です。

資料６　養殖にかかるえさの量

魚の種類	えさとする魚の量
サーモン（1kg）	1kg 以下
ぶり（1kg）	6～9kg
まぐろ（1kg）	15kg

（WWF資料より作成）

問題５　ななみさんは，外国で魚介類の消費量が増えていることを知り，外国の人に日本の水産物を買ってもらえるように，紹介《しょうかい》文を書こうと思いました。

資料７の紹介文を書くポイントに従《したが》い，**資料８～資料10**の内容を関連づけて，80字以上100字以内で紹介文を書きなさい。ただし，「，」や「。」も１字に数え，文字の誤りがないようにしなさい。

資料７　紹介文を書くポイント

【紹介文を書いてくれるみなさんへ】
○あなたが書いた紹介文は，実際に外国の人に届けます。
【紹介文を書くポイント】
○外国の人が買いたくなるようにアピールしましょう。
○日本の水産物の特長をアピールしましょう。

資料８　魚にふくまれる栄養素

成分	多くふくむ魚介類	効果
ＤＨＡ	まぐろ，ぶりなど	脳《のう》の発達など
ＥＰＡ	いわし，さばなど	血をさらさらにするなど
タウリン	さざえ，かきなど	視力《しりょく》回復など
アスタキサンチン	さけ，たいなど	免疫《めんえき》向上など

（水産庁資料より作成）

資料９　水産エコラベル

海のエコラベル
持続可能な漁業で獲られた水産物
MSC認証
www.msc.org/jp
TM

魚を獲ってよい場所や量，時期を守っている商品に与《あた》えられるラベル

資料10　日本近海の魚介類

海流	魚介類
暖流の魚	さば，かつお，いわし，あじ，さわら，ぶりなど
寒流の魚	さんま，いか，たら，さけ，ほっけ，にしんなど

（水産庁資料より作成）

3 ななみさんとまさとさんは，日本各地の都市の発展《はってん》について話し合っています。

まさと：日本は現在，各地で工業が発展しているけれど，昔は岩手県の都市のように地元でとれた原料を使って工芸品を生産していたところもあるようだね。

ななみ：今は，鉄の原料の鉄鉱石は□やブラジルから多く輸入しているようだわ。

まさと：日本で初めてつくられた製鉄所は，現在の北九州《きたきゅうしゅう》市の八《や》幡《はた》製鉄所だね。そこは，製鉄の原料をうまく利用することができたんだ。

ななみ：製鉄の原料は，鉄鉱石と石炭，石灰石《せっかいせき》ね。製鉄所でつくられる鉄鋼《てっこう》は，自動車工業など，機械工業の材料になるんだね。

資料１　日本の鉄鉱石の輸入先（2019年）

国名	千ｔ	％
□	68519	57.3
ブラジル	31481	26.3
カナダ	7436	6.2
その他	12125	10.2
合　計	119561	100.0

（「日本国勢図会 2020/21」より作成）

資料２　世界地図

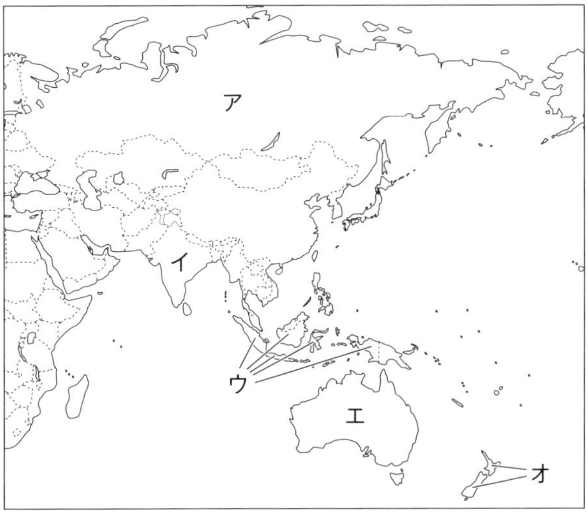

資料３　八幡製鉄所に関わる地図

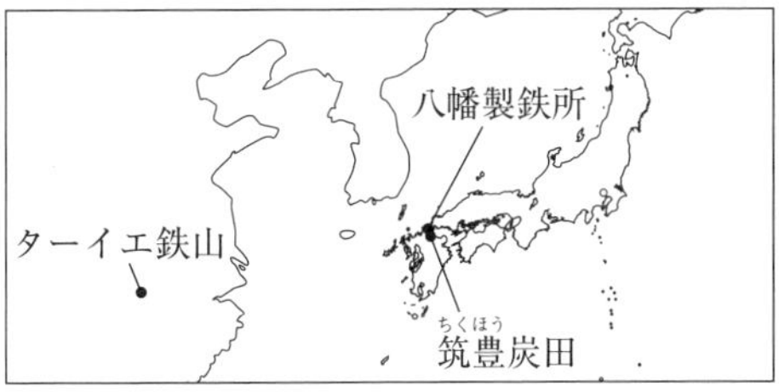

問題１　下線部（昔は岩手県の都市のように地元でとれた原料を使って工芸品を生産していたところもある）について，岩手県の伝統的工芸品を**ア**～**エ**の中から一つ選び，記号を書きなさい。

ア

イ

ウ

エ

問題２　会話文中や**資料１**中の□に入る国名を書きなさい。また，その国の位置を**資料２**の**ア**～**オ**の中から一つ選び，記号を書きなさい。

問題３　下線部（製鉄の原料をうまく利用することができた）について，**資料３**をもとに，八幡製鉄所が原料をうまく利用できた理由を書きなさい。なお，石灰石については考えなくてよいものとします。

まさと：次に，歴史がある都市について見てみよう。

ななみ：戦国《せんごく》時代から江戸《えど》時代にかけて，大名の住む城の近くには城下町ができたわ。

まさと：江戸時代には，城下町のほかに，宿場町や門前町など，いろいろな形で都市が発達したようだね。

ななみ：江戸時代に都市が発達したのには，理由がありそうね。

資料４　雨温図

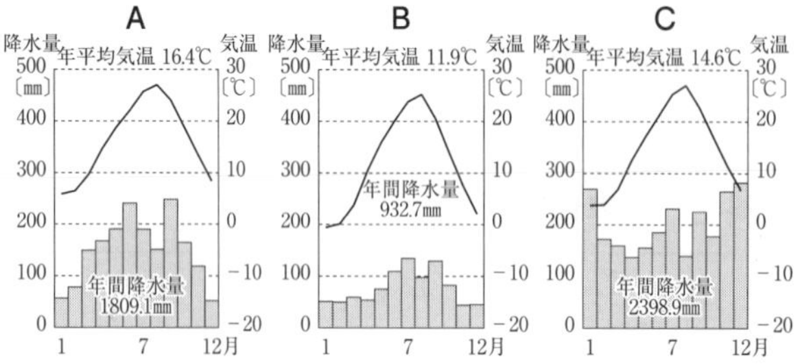

（「理科年表」2021 年）

資料５　五街道と都市

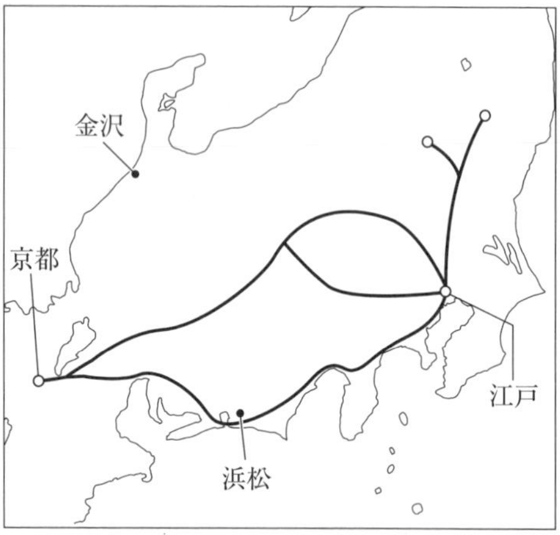

資料６　武家諸法度《ぶけしょはっと》　　（1635 年）

一，諸国《しょこく》の大名は，領地と江戸に交替《こうたい》で住むこと。毎年４月中に江戸へ参勤すること。

問題４　城下町の地形図を次のア～ウの中から一つ選び，記号を書きなさい。また，城下町の町《まち》並《な》みの特徴《とくちょう》を書きなさい。

ア

イ

ウ

問題５　会話文中の下線部（城下町のほかに，宿場町や門前町など）について，城下町から発展した都市である金沢《かなざわ》市と，宿場町から発展した都市である浜松《はままつ》市の雨温図を，**資料４のＡ～Ｃ**の中から一つずつ選び，記号を書きなさい。

問題６　江戸時代に，江戸を中心として街道や宿場町が発達した理由を，**資料５**，**資料６**をもとに書きなさい。

ななみ：次に，外国との交流があった都市について，くわしく調べてみましょうよ。

まさと：戦国時代には，西日本を中心にキリスト教が広まったため，長崎市などキリスト教徒が多く住む都市もできたようだね。

ななみ：江戸時代の終わりには，開国したことで，外国と貿易するために港町が発達したわ。

まさと：明治《めいじ》政府は，貿易によって新しい国をつくろうとしたようだね。

資料７　マリア観音像《かんのんぞう》

資料８　絵踏《えぶみ》の様子

資料９　鎖国《さこく》に関する年表

年代	できごと
1612	幕領でキリスト教を禁止する
1635	日本人の海外渡航《とこう》・帰国を禁止する
1637	島原《しまばら》・天草一揆《あまくさいっき》がおこる
1639	ポルトガル船の来航を禁止する
1641	平戸《ひらど》のオランダ商館を出島《でじま》に移す

資料10　開国後の年表

年代	できごと
1858	日米修好通商条約を結ぶ
1868	明治維新《いしん》，新政府になる
1873	徴兵令《ちょうへいれい》が出される
1877	西南《せいなん》戦争がおこる
1894	日清《にっしん》戦争がおこる

資料11　主力の輸出品とその生産工場

資料12　明治時代につくられたおもな官営工場

武器・弾薬	大阪砲兵工廠《ほうへいこうしょう》* 東京砲兵工廠
造船	長崎造船所 兵庫造船所
炭鉱	高島《たかしま》炭鉱 三池《みいけ》炭鉱

＊工廠…軍需《ぐんじゅ》品の製造工場

問題７　会話文中の下線部（キリスト教徒が多く住む都市）について，江戸時代に**資料７**のマリア観音像がつくられた理由を，**資料７～資料９**をもとに書きなさい。なお，マリア観音像とは，外見は仏像で，中に十字架《じゅうじか》などを隠《かく》している像のことです。

問題８　会話文中の下線部（貿易によって新しい国をつくろうとした）について，開国した当時の輸出品を明らかにして，明治政府がどのような国づくりを目指したのかを，**資料10～資料12**をもとに書きなさい。

【集団面接】〈第２回・適性検査型試験〉

〈編集部注：実際の試験問題では，新聞記事はカラー印刷です。また，問題用紙にはメモ欄が設けられています。編集の都合上，問題文のみを掲載しています。〉

本校では５人程度のグループで集団面接を行います。面接時間は20分程度で面接官は２人です。最初に一人ずつ自己紹介（自己ＰＲ）を述べた後、グループディスカッションを行います。なお、本校の適性検査型試験を受検した生徒には、合格通知と共に「報告書」を同封します。報告書では適性Ⅰ、適性Ⅱの大問ごとに「受検者平均得点率」と各自の得点率（４段階で明示）がわかるようになっています。また、集団面接では１０個の評価基準を設けて面接官が採点していきますが、各自、どの観点が優れていたかを報告書に明示しますので、今後の学習に役立てることができます。

面接の観点		内　容
①	挨拶・言葉遣い	きちんとした挨拶、言葉遣いができている。
②	自己紹介	決められた時間の中で、自己紹介（自己ＰＲ）がよくできている。
③	面接態度	落ち着いた態度で行動し、話をすることができている。
④	共感性	他の人の話・意見を共感を持って聞くことができている。
⑤	積極性	テーマに対して積極的に興味を持つことができている。
⑥	的確な意見	的確にテーマを捉え、テーマに沿った意見を述べることができている。
⑦	表現力	自分の意見を他の人にもわかりやすい言葉で表現できている。
⑧	論理の組み立て	自分の意見を論理的に組み立てながら話すことができている。
⑨	活発性	全体の話し合いが活発になるような意見を述べることができている。
⑩	リーダー性	全体の話し合いをうまくリードすることができている。

次のページの切り抜きは、令和３年９月２１日の読売新聞の記事です。この記事を読み、感想や意見を１人ずつ発表してください。発表する内容は、前の人と同じになってもかまいません。記事を読む時間は２分間です。

学校で上履きを廃止することについてはいろいろな見方や意見があると思いますが、あなたは賛成ですか、それとも反対ですか。自由に討論してください。

小中学校　上履き廃止の動き　首都圏

関心アリ!

上履きを廃止する動きが、首都圏の小中学校で出ているという。大人になってから、その存在をすっかり忘れていた。そういえば、制服の着こなしへの関心は高かったのに、上履きには無頓着だった。子どもたちの足元で今、何が起きているのだろう。（福元理央）

夏休み明けの登校日。東京都中野区立美鳩小の教室内で児童が履いていたのは、白い上履きではなく、思い思いのスニーカーだった。

美鳩小は昨年９月、上履きを廃止。校舎の出入り口にげた箱はなく、児童はマットを踏んで靴裏の汚れを落とし、靴のまま入る。６年の A さんは「履き替えの順番待ちで混まなくなった」と喜ぶ。校舎内外の移動がスムーズ、災害時に避難しやすい、げた箱へのいたずらといったトラブルを防ぐ――。こんな目的で、中野区は昨年度から、全区立小中学校で順次、建て替えと同時に上履きを廃止することにした。校庭も靴が汚れにくい人工芝にする。

移動や災害時の避難 スムーズ

美鳩小は最初のケース。ただ、廃止後も、雨の日に長靴を履いたままでは蒸れるとして、親が上履きを持たせる例があり、体育館専用シューズを履くことも認めた。校長の佐藤民男さんは「試行錯誤の段階です」と話す。

東京都北区立田端中も2019年の建て替えを機に上履きを廃止。敷地が狭く８階建てとなる校舎で、げた箱をなくして省スペース化を図る狙いもあったという。港区でもここ数年、廃止が進み、区立小18校中15校が土足制に。同様の動きは神奈川県内でも。

学校建築の専門誌「スクールアメニティ」編集部の B さんは「都会の学校の多くが周辺の住宅に配慮し、校庭に土が舞わない人工芝やゴムチップ舗装を導入している。土足でも校舎内が汚れにくく、上履き廃止を検討する例は増えるだろう」とみる。

◇

明治以降、建築物が西洋化する中でも、学校では土足が主流ではなかった。神戸女子大教授（建築学）の C さんによると、明治初期、寺や武家屋敷を校舎に転用し、履物を脱いで入った影響で、西洋建築の校舎にも「下足室」が設けられ、靴を脱いだ。「学びやを神聖な場と見なし、土足を避ける日本人の精神性がうかがえる」。当初は素足だったが、足袋などを経て、1960年代頃に現在の上履きが広まった。

「上履きは教育指導上のツールとしても利用されてきた」と話すのは、埼玉大教授（家庭科教育学）の D さん。「上履きのかかとを踏まない」「履物をそろえる」といった指導が、規律ある生活態度の育成に効果的とされてきたという。

◇

一方で、大阪や京都、沖縄などでは、昔から土足制の学校もあるようだ。逆に、今になって上履きにする動きが見られる。

神戸市では2016年度時点で、市立小の４分の３が土足制だったが、校舎内の汚れを防ぐため、順次、建て替えの際に上履きを導入している。神戸女子大の C さんは「ひな壇状の土地が多く、下足室のスペースを確保できずに土足が定着していた。児童数がピークを過ぎ、昇降口のスペースを確保できるようになったことが、導入の後押しになっているのでは」と話す。

学校文化に詳しい京都精華大元教員の E さんは、「大学や大病院も土足制で、小中学校で上履きを使う絶対的な理由はない。当たり前のものとせず、地域の事情に合ったあり方を、個別に柔軟に検討するのが望ましい」と指摘する。

子どもの頃、何も考えずに履いていたが、学校周辺の環境や時代の影響を受けていると知り、奥が深いと感じた。大人同士で上履きを話題にすると、意外と盛り上がるかもしれない。

▲中野区立美鳩小では、児童らは土足のまま教室で授業を受ける（画像は一部修整しています）

F さんが「デコパージュ」を施した上履き（本人提供）

〔編集部注…ここには，「デコパージュ」を施した子どもの上履きを写した写真がありましたが，著作権上の問題により掲載《けいさい》できません。〕

幼稚園では「上履きデコ」人気

幼稚園でも上履きは使われている。保護者の間では、子どもの上履きをおしゃれに装飾するのが人気だ。絵柄のあるペーパーナプキンを使った技法「デコパージュ」がよく使われているようだ。

ムック本「かんたん　かわいい　子供が喜ぶ　上履きデコのつくり方」（コスミック出版）を監修した京都府の F さんは、自身のブログでデコパージュの方法やデザインを紹介している。「息子の上履きに恐竜のデコパージュを施し、喜ばれたのがきっかけ。知人の子どもにプレゼントしたこともあります」

ペーパーナプキンの絵柄を切り取って専用液で上履きに貼り付け、乾いたら、その上に専用液を２～３回塗り重ねる。専用液は手芸店などで購入できる。「中敷きやかかと部分にワンポイントで付けるのも、目立ち過ぎず、お勧めです」と F さん。園で禁止されていないか確認の上、楽しみたい。

〈編集部注：著作権の都合により，記事内の人物名を変更してあります。〉

2022年度

茨城キリスト教学園中学校　▶解　答

※　編集上の都合により，第２回・適性検査型試験の解説は省略させていただきました。

適性検査Ⅰ　＜第２回・適性検査型試験＞（45分）＜満点：100点＞

解　答

[1] **問題１**　**△**　オオバコ　　**あ**　ゼニゴケ　　**い**　（例）　日の当たらないしめった場所に多く見られる　　**問題２**　D　　**問題３**　（例）　カマキリに食べられている

[2] **問題１**　**あ**　A　　**い**　C　　**う**　B　　**問題２**　（容器に入っていた）空気　　**問題３**　（例）　ポリエチレンのふくろの中の気体を石灰水に通して，石灰水が白くにごるか調べる。／ポリエチレンのふくろの中の気体に対し二酸化炭素用の気体検知管を使って，二酸化炭素の割合を調べる。

[3] **問題１**　**資料１**…（例）　残ったラップ（ビニール）はプラスチックごみ，ラップのしんは紙類に分類する。　**資料２**…（例）　ノートの金属リングは資源ごみに分類し，ノートの紙の部分・新聞紙・雑誌は重ねて十字にしばる。　**資料３**…（例）　食べ残しは燃えるごみ，食品トレイはプラスチックごみに分類する。　**問題２**　1644　　**問題３**　イ　　**問題４**　（例）　出荷できなくなった規格外の野菜を捨てずにジュースなどの加工品にすることで食品ロスを減らすことができる。また，農家にとっては新たな利益を生み出す商品となり，消費者にとっては新しい商品に出会う機会が増えるといった利点がある。

[4] **問題１**　25.12cm　　**問題２**　0.57Ｌ／**求め方**…（例）　模様のかげをつけた部分を移動させると，かげをつけた部分は，半径１ｍの円から，対角線の長さが２ｍの正方形をひいた形になる。円の面積は，１×１×3.14＝3.14(m^2)で，正方形の面積は，２×２÷２＝２(m^2)だから，かげをつけた部分の図形の面積の合計は，3.14－２＝1.14(m^2)となる。よって，うさぎ小屋のかべに模様をかくのに必要な青色のペンキの量は，1.14×0.5＝0.57(Ｌ)である。

[5] **問題１**　**ア**　白（色）　　**イ**　43　　**問題２**　16行目／**求め方**…（例）　７個のご石に書かれた数の和が763のとき，その平均は，763÷７＝109となる。４列に並ぶご石に書かれた数は，１行が４，２行が11，３行が18，…のように，１行から順に７ずつ大きくなっている。よって，４列のご石に書かれた数が109になるのは，(109－４)÷７＋１＝16(行目)である。

適性検査Ⅱ　＜第２回・適性検査型試験＞（45分）＜満点：100点＞

解　答

[1] **問題１**　（例）　ことばをことばの上だけでやりとりするのではなく，心で受けとめて，ことばには出さずに反応することが親切だ　　**問題２**　**イ**　（例）　コーヒーを飲まない　　**ウ**　（例）

コーヒーを飲む　**問題３**　(例)　私は，日本人のコミュニケーションの仕方のほうがよいと考える。日本人のコミュニケーションは，相手を気づかう思いやりがあるからだ。相手の考えや感じていることを想像して，行動で示す日本人式のコミュニケーションを行っていきたいと思う。

2　**問題１**　黒潮(日本海流)　**問題２**　200(海里)　**問題３**　⑴　**選別**…イ　**せり**…ア　⑵　(例)　料理に手間がかからない商品。／新しい魚の食べ方を提案している商品。　**問題４**　⑴　(例)　外国から魚介類を輸入するようになったから。　⑵　(例)　サーモンやぶり，まぐろを養殖するのに，小魚など海で獲れた魚を大量にえさとしなければならない点。　**問題５**　(例)　魚にはDHAやEPAなどの栄養素が豊富にふくまれています。日本近海には，暖流の魚も寒流の魚も泳いでおり，種類が多様です。これらの水産物を獲りつくさないよう，漁業が持続可能になるように輸出しています。

3　**問題１**　イ　**問題２**　オーストラリア，エ　**問題３**　(例)　中国から鉄鉱石を輸入し，九州でとれる石炭を利用することができたから。　**問題４**　ウ／(例)　敵の侵入を防ぐため，道路が複雑な形に曲がっている。　**問題５**　**金沢市**…Ｃ　**浜松市**…Ａ　**問題６**　(例)　大名が，江戸までの参勤交代を義務づけられたことで，往来しやすい街道や大人数がとまれる宿が必要になったから。　**問題７**　(例)　キリスト教が禁止されたので，キリスト教徒は，仏像をよそおったマリア観音像をすう拝して，自分たちの信仰を守ろうとしたから。　**問題８**　(例)　生糸をおもな輸出品とし，獲得した外貨を用いて軍事産業を発展させた。同時に，徴兵令によって，内乱や外国の侵略から日本を守るための軍事力を有する国づくりを目指した。

Memo

2021年度　茨城キリスト教学園中学校

〔電　話〕　(0294)52－3215
〔所在地〕　〒319－1295　茨城県日立市大みか町６－11－１
〔交　通〕　JR常磐線―「大みか駅」より徒歩７分

【算　数】〈第１回試験〉（50分）〈満点：100点〉

1　次の［ア］～［ク］にあてはまる数を答えなさい。

(1)　$8\times7+9=$［ア］

(2)　$(12+15)\div3=$［イ］

(3)　$\dfrac{5}{6}+\dfrac{1}{10}=$［ウ］

(4)　$2\dfrac{1}{3}-\dfrac{5}{6}=$［エ］

(5)　$\dfrac{7}{8}\times\dfrac{4}{15}=$［オ］

(6)　$\dfrac{5}{9}\div1\dfrac{2}{3}=$［カ］

(7)　$\left(\dfrac{2}{3}-0.25\right)\times7.2=$［キ］

(8)　$81-($［ク］$\times3-13)=49$

2 次の問いに答えなさい。

(1) おさむ君は180円持っています。また，ごろう君は，おさむ君よりも70円多く持っています。おさむ君とごろう君が持っているお金は，合わせて何円ですか。

(2) 赤，青，緑の折り紙が，それぞれ何枚《まい》かあります。赤の折り紙の枚数は12枚で，青の折り紙の枚数は，赤の折り紙の枚数の２倍です。また，青の折り紙の枚数は，緑の折り紙の枚数の３倍です。緑の折り紙は何枚ありますか。

(3) 次の**ア**～**オ**の中には等しい比があります。どれとどれですか。記号で答えなさい。

ア　4：6　　**イ**　4：9　　**ウ**　20：30　　**エ**　9：6　　**オ**　32：40

(4) 秒速15mで走る馬がいます。この馬が2.4km 走るのにかかる時間は何分何秒ですか。

3 右の図のような，たての長さが４cm，横の長さが８cm で，高さがわからない直方体があります。これについて，次の問いに答えなさい。

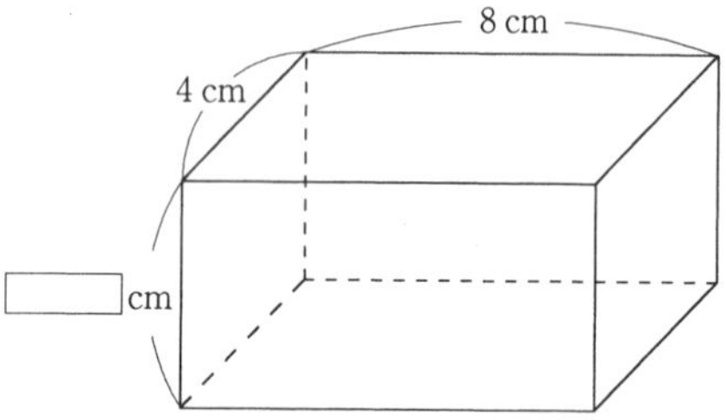

(1) この直方体の高さが５cm のとき，体積は何 cm^3 ですか。

(2) この直方体の体積が128cm^3 のとき，高さは何cm ですか。

4　みさきさんが入っているバレーボールのチームでは，スパイクの練習のときには４人ずつのグループに分かれて練習し，サーブの練習のときには６人ずつのグループに分かれて練習します。どちらの場合も，人数があまったり不足したりすることはありません。これについて，次の問いに答えなさい。

(1)　このチームの人数は，もっとも少ない場合で何人ですか。

(2)　このチームの人数が，40人以下でもっとも多い場合を考えます。この場合，サーブの練習をするときに６人ずつのグループが何グループできますか。

5　ゆうじ君は，自分の歩はば(１歩で進む長さ)について調べるために，10歩で進んだ長さをはかることにしました。すると，次の図のように，10歩で５m82cm進むことがわかりました。これについて，下の問いに答えなさい。

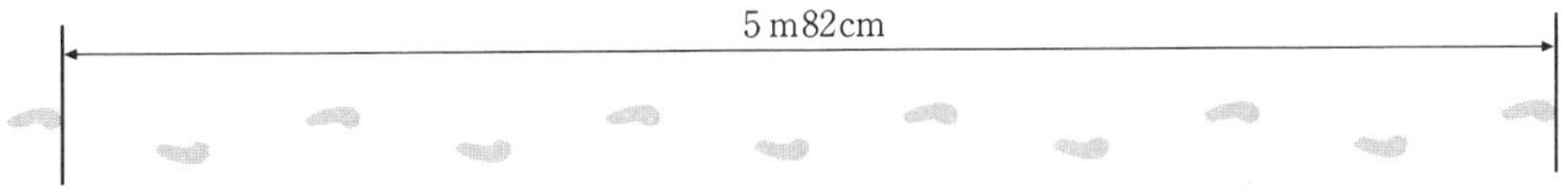

(1)　ゆうじ君の歩はばは，およそ何cmと考えられますか。小数第１位を四捨《しゃ》五入して，整数で答えなさい。

(2)　ゆうじ君が家からポストまで歩いたところ，225歩ありました。家からポストまでのきょりは，およそ何mと考えられますか。ゆうじ君の歩はばは(1)で答えた長さを用い，答えは，小数第１位を四捨五入して，整数で答えなさい。

6 次の図のように，長方形の形をした畑があります。この畑は道で2つの部分に分かれていて，左側はじゃがいも畑，右側はキャベツ畑になっています。じゃがいも畑とキャベツ畑の面積の合計を求める方法について，みかさんとゆみさんが，それぞれ下のように話しています。

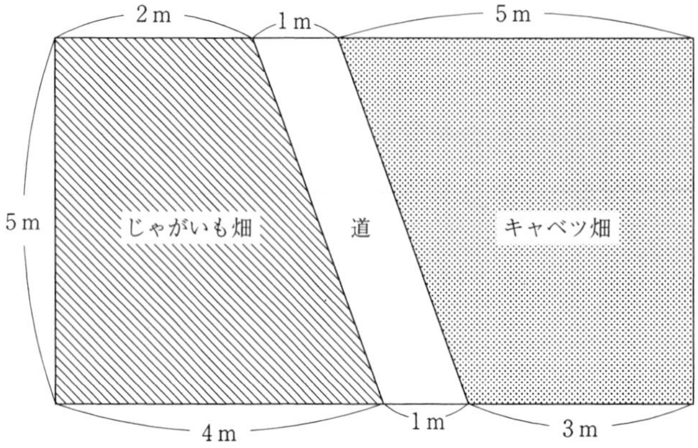

『みかさんの考え』

じゃがいも畑の面積は［ ア ］m^{2}で，キャベツ畑の面積は［ イ ］m^{2}だから，これらをたして求めればいいわ。

『ゆみさんの考え』

長方形の畑全体の面積が［ ウ ］m^{2}で，そのうち，道の面積が［ エ ］m^{2}だから，全体の面積から道の面積をひいて求めればいいわ。

これについて，次の問いに答えなさい。

(1) ［ア］～［エ］にあてはまる数を答えなさい。

(2) じゃがいも畑とキャベツ畑の面積の合計は何m^{2}ですか。

【社　会】〈第１回試験〉（30分）〈満点：50点〉

1　次の【カード１】～【カード６】を見て，あとの問いに答えなさい。

【カード１】
a　Ⓐ遣隋使《けんずいし》が派遣《はけん》される。
b　遣唐使《けんとうし》が派遣される。
c　足利義満《あしかがよしみつ》が日明貿易を始める。

【カード２】
a　朝鮮《ちょうせん》半島から日本にⒷ仏教が伝わる。
b　ザビエルが日本にキリスト教を伝える。
c　大陸から日本に稲作が伝わる。

【カード３】
a　『万葉集』がまとめられる。
b　Ⓒ『源氏物語』が著《あらわ》される。
c　『古事記伝』が著される。

【カード４】
a　Ⓓ足利尊氏《あしかがたかうじ》が［　Ⓔ　］幕府を開く。
b　藤原道長《ふじわらのみちなが》が摂政《せっしょう》となる。
c　徳川慶喜《とくがわよしのぶ》がⒻ大政奉還《たいせいほうかん》を行う。

【カード５】
a　太平洋戦争が始まる。
b　日露《にちろ》戦争が始まる。
c　西南戦争が始まる。

【カード６】
a　Ⓖ東日本大震災《だいしんさい》が起こる。
b　阪神淡路《はんしんあわじ》大震災が起こる。
c　関東大震災が起こる。

(1)　下線部Ⓐについて，607年に聖徳太子(厩戸《うまやどの》皇子)が遣隋使として派遣した人物の名前を，次の**ア**～**エ**から１つ選び，記号で答えなさい。

ア　犬上御田鍬《いぬがみのみたすき》　**イ**　小野妹子《おののいもこ》　**ウ**　阿倍仲麻呂《あべのなかまろ》　**エ**　吉備真備《きびのまきび》

(2)　下線部Ⓑについて，平安時代の初めに新しい仏教の宗派を開いた２人の僧《そう》の名前を，次の**ア**～**エ**から１つ選び，記号で答えなさい。

ア　行基《ぎょうき》と鑑真《がんじん》　**イ**　法然《ほうねん》と親鸞《しんらん》　**ウ**　栄西《えいさい》と道元《どうげん》　**エ**　最澄《さいちょう》と空海《くうかい》

(3)　下線部Ⓒについて，『源氏物語』の作者の名前を答えなさい。

(4)　下線部Ⓓについて，次の①・②に答えなさい。

①　足利尊氏に京都から追われて吉野で南朝を開いた天皇の名前を，次の**ア**～**エ**から１つ選び，記号で答えなさい。

ア　後白河《ごしらかわ》天皇　**イ**　後醍醐《ごだいご》天皇　**ウ**　後鳥羽《ごとば》天皇　**エ**　後三条《ごさんじょう》天皇

②　足利尊氏が開いた［Ⓔ］にあてはまる幕府の名前を，漢字２字で答えなさい。

(5)　下線部Ⓕについて，こののち王政復古の大号令が出されると，江戸幕府が廃止《はいし》され，明治天皇のもと薩摩《さつま》藩や長州《ちょうしゅう》藩を中心とする新政府が発足しました。その結果，旧幕府軍と明治新政府軍による戦いが始まり，この戦いは函館《はこだて》五稜郭《ごりょうかく》で旧幕府軍が降伏《こうふく》したことにより終結しました。この一連の戦いを何といいますか。解答欄《かいとうらん》に合うように答えなさい。

(6)　【カード５】の３つの戦争の説明としてあやまっているものを，次の**ア**～**エ**から１つ選び，記号で答えなさい。

ア　太平洋戦争の末期，アメリカ軍は日本に原子爆弾《ばくだん》を投下した。

イ　日露戦争の講和会議は，アメリカのポーツマスで開かれた。

ウ　西南戦争は，九州地方の士族が起こした反乱である。

エ　この３つの戦争は，すべて国民全体を巻きこんだ総力戦となった。

(7)　下線部Ⓖについて，東日本大震災について説明した次の文中の[X]と[Y]にあてはまる言葉を答えなさい。

> 東日本大震災では，巨大地震とともに発生した[X]が主に東北地方の太平洋岸をおそい，多くの死者や行方《ゆくえ》不明者を出した。また，地震と[X]によって電源《でんげん》を失った福島第一[Y]発電所では，さまざまな機能が停止して，大量の放射性《ほうしゃせい》物質がもれ出すという重大な事故へと発展した。

(8)　【カード１】～【カード６】について，ａ～ｃのできごとをそれぞれ年代の古い順に並べたとき，ａ→ｂ→ｃの順になるカードは何枚ありますか。次の**ア**～**エ**から１つ選び，記号で答えなさい。

ア　１枚　　**イ**　２枚　　**ウ**　３枚　　**エ**　４枚

2　次の地形図を見て，あとの問いに答えなさい。

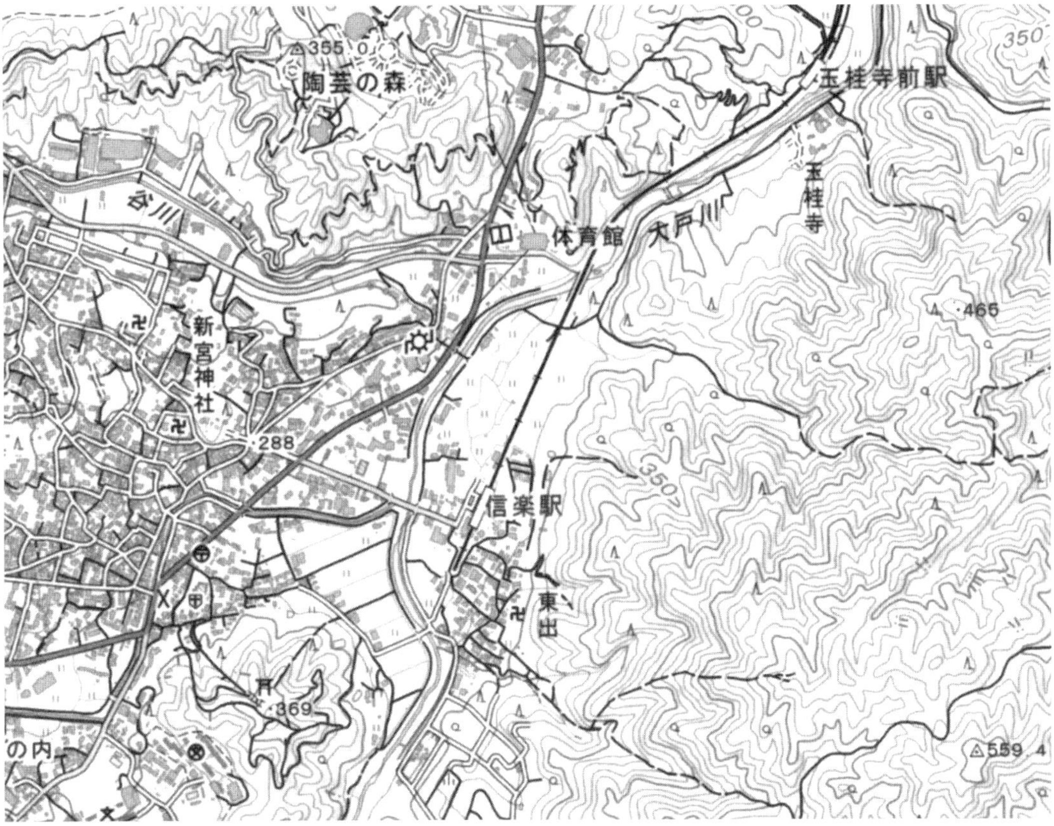

信楽（滋賀県）　1：12500

〈編集部注：編集上の都合により原図を80％に縮小しました。〉

(1)「玉桂寺《ぎょくけいじ》前駅」は「信楽《しがらき》駅」から見て，どの方角にありますか。次の**ア**～**エ**から１つ選び，記号で答えなさい。

ア　北東　　**イ**　北西　　**ウ**　南東　　**エ**　南西

(2)　地形図の読み取りとして正しいものを，次の**ア**～**エ**から１つ選び，記号で答えなさい。

ア　この地形図では，平地は主に畑として利用されている。

イ　病院や郵便局，警察署は比較《ひかく》的集まって立地している。

ウ「陶芸《とうげい》の森」がある山には，針葉樹林や広葉樹林が広がっている。

エ　この地形図で最も低い地点は，標高がほぼ０ｍである。

(3)「信楽駅」から「玉桂寺」まで，地形図上の直線で約８cm あります。実際の距離《きょり》は約何ｍになりますか。算用数字で答えなさい。

3　次の文章を読んで，あとの問いに答えなさい。

2020年，新型コロナウイルス感染《かんせん》は全世界に広がり，多くの死者や感染者を出して，人々の生活にも大きな影響《えいきょう》を与《あた》えた。３月11日には，Ⓐ世界保健機関の事務局長が，世界的な大流行を意味するパンデミック宣言《せんげん》を行った。中国で始まったこのウイルス感染は，アジア，ヨーロッパ，アメリカ合衆国などに拡大《かくだい》したあと，国土の大部分がⒷ南半球に位置するブラジルや，アフリカ諸国にも広がった。

日本でも３月ごろから感染者が増加し，政府は４月７日には埼玉県，Ⓒ千葉県，東京都，神奈川県，大阪府，兵庫県，福岡県に緊急《きんきゅう》事態宣言を発し，４月16日にはそれを全国に拡大した。学校の臨時《りんじ》休校も実施《じっし》され，全国の学生や生徒・児童は学校に通えない日が続いた。

各方面で準備が進んでいたⒹ東京オリンピック・パラリンピックも，３月末には2021年に延期することが決まった。

Ⓔ経済活動の復興とウイルスの感染拡大防止との間で手探《てさぐ》りが続いている。

(1)　下線部Ⓐについて，世界保健機関の略称《りゃくしょう》を，次の**ア**～**エ**から１つ選び，記号で答えなさい。

ア　WHO　　**イ**　WTO　　**ウ**　PKO　　**エ**　IOC

(2)　下線部Ⓑについて，南半球の説明として正しいものを，次の**ア**～**エ**から１つ選び，記号で答えなさい。

ア　北半球とは本初子午線を境とする。
イ　北半球とは季節が逆である。
ウ　北半球より陸地の面積が大きい。
エ　北半球より人口が多い。

(3)　次の表は，下線部Ⓒの４都府県の統計《とうけい》です。このうち，神奈川県にあてはまるものを，表中の**ア**～**エ**から１つ選び，記号で答えなさい。

	農業産出額《がく》：億円	印刷・同関連業製造品出荷額等：億円	生乳生産量：t	政令指定都市の数
ア	274	8133	9191	0
イ	839	1850	33674	3
ウ	357	4848	9346	2
エ	4700	1033	202130	1

（『データでみる県勢』2020年版により作成）

(4)　下線部Ⓓについて，日本では，これまで冬季オリンピックが２回開催《かいさい》されています。冬季オリンピックが開催された都市を，次の**ア**～**エ**から２つ選び，記号で答えなさい。

ア　札幌　　**イ**　青森　　**ウ**　長野　　**エ**　新潟

(5)　下線部Ⓔに関連して，次の資料は，産業別人口の割合を，第三次産業人口の割合の多い上位５都道府県について示したものと，[X]県のある報告書です。これらについてあとの①・②に答えなさい。

【第三次産業人口の割合の多い都道府県上位５位】　（『データでみる県勢』2020年版により作成）

都道府県名	第一次産業割合(％)	第二次産業割合(％)	第三次産業割合(％)
東京都	0.5	15.8	83.7
[X]県	4.0	15.4	80.7
神奈川県	0.8	21.1	78.1
千葉県	2.8	19.6	77.6
北海道	6.1	17.4	76.5

注：第一次産業は農林水産業，第二次産業は鉱業，採石業，砂利採取業，建設業，製造業，第三次産業は電気・ガス・熱供給・水道業をふくむその他の産業。

【[X]県[Y]産業実態調査事業令和２年度第１四半期報告書】　（一部を改めてある）

> [X]県の主要な産業である[Y]産業の持続的発展を図るため，[Y]関連事業者の現状と課題をつかみ，産業基盤《きばん》の強化，および雇用環境《こようかんきょう》の改善につながることを目的にこの調査を実施した。
>
> 新型コロナウイルス感染症《しょう》によって経営にマイナスの影響があると回答した事業所・店舗《てんぽ》は全体の98.8％に上っており，多くの[Y]関連事業者において，経営への打《だ》撃《げき》があることが明らかとなった。
>
> ４月７日の７都府県への緊急事態宣言の発令，その後の緊急事態宣言の全国への拡大等を受け，[Y]業がいそがしくなる Z GW(ゴールデンウィーク)期間の集客が大きく落ちこんだことが主な要因と考えられる。

①　資料中の[X]にあてはまる県名と，[Y]にあてはまる言葉の組み合わせとして正しいものを，次の**ア**～**エ**から１つ選び，記号で答えなさい。

ア　X　沖縄　Y　観光　　**イ**　X　奈良　Y　観光

ウ　X　沖縄　Y　出版　　**エ**　X　奈良　Y　出版

②　資料中の下線部Ｚについて，ゴールデンウィークにふくまれる国民の祝日を，次の**ア**～**エ**から１つ選び，記号で答えなさい。

ア　スポーツの日　　**イ**　海の日　　**ウ**　山の日　　**エ**　憲法記念日

4　次の文章を読んで，あとの問いに答えなさい。

日本国憲法は，Ⓐ内閣総理大臣について次のように定めています。

【第６条１項】　[X] は，Ⓑ国会の指名に基《もとづ》いて，内閣総理大臣を任命する。

【第66条２項】　内閣総理大臣その他の [Y] 大臣は，文民でなければならない。

【第67条１項】　内閣総理大臣は，[Z] の中から国会の議決で，これを指名する。

【同条２項】　Ⓒ衆議院と参議院とが異なった指名の議決をした場合に，法律の定めるところにより，両議院の協議会を開いても意見が一致《いっち》しないとき，又《また》は衆議院が指名の議決をした後，国会休会中の期間を除《のぞ》いて10日以内に，参議院が，指名の議決をしないときは，衆議院の議決を国会の議決とする。

【第68条１項】　内閣総理大臣は，[Y] 大臣を任命する。但《ただ》し，その過半数は，[Z] の中から選ばれなければならない。

(1)　[X] と [Y] にあてはまる言葉を，それぞれ漢字で答えなさい。

(2)　[Z] にあてはまる言葉を，次の**ア**～**エ**から１つ選び，記号で答えなさい。

ア　国会議員　　　**イ**　衆議院議員

ウ　参議院議員　　**エ**　公務員

(3)　下線部Ⓐについて，内閣の説明として正しいものを，次の**ア**～**エ**から１つ選び，記号で答えなさい。

ア　内閣が開く会議を閣議といい，その意思決定は多数決で行われる。

イ　国会が締結《ていけつ》した条約について，内閣は事前または事後に承認する。

ウ　内閣は，憲法や法律の規定を実施するために，条例を定める。

エ　予算案は内閣が作成したのち，国会に提出され，慎重《しんちょう》に審議《しんぎ》される。

(4)　下線部Ⓑについて，国会議事堂の写真を次の**ア～エ**から１つ選び，記号で答えなさい。

ア

イ

ウ

エ

(5)　下線部Ⓒについて，衆議院に参議院より強い権限が与えられている理由を説明したものが次の文です。これについてあとの①・②に答えなさい。

衆議院議員の任期が［ あ ］年で参議院議員より短く，［ い ］もあるので，(う)主権を持つ国民の意思をより反映しやすいから。

①　文中の［ あ ］にあてはまる数字を算用数字で，［ い ］にあてはまる言葉を漢字で答えなさい。

②　下線部(う)について，「主権を持つ国民」ということの意味を，「方針」，「権限」という言葉を使って25字以上30字以内(句読点をふくめる)で答えなさい。

【理　科】〈第１回試験〉(30分)〈満点：50点〉

1　次の問いに答えなさい。答えは，それぞれの**ア**～**エ**から１つずつ選び，記号で答えなさい。

(1)　次の水溶《よう》液のうち，ゆっくりあたためて水をじょう発させると，あとに何も残らないものはどれですか。

ア　炭酸水　　　**イ**　石灰水

ウ　食塩水　　　**エ**　水酸化ナトリウム水溶液

(2)　花のめしべの先に花粉がつくことを受粉といいます。受粉について正しく述べたものはどれですか。

ア　ヘチマのめ花のめしべにアサガオの花粉をつけても実ができる。

イ　リンゴの花の花粉は，風によって運ばれて受粉するのがふつうである。

ウ　ヒマワリは実ができず，種子だけができる。

エ　ツルレイシは受粉すると，めしべのもとの部分が実になり，中に種子ができる。

(3)　太陽の動きとかげの動きについて正しく述べたものはどれですか。

ア　太陽が真南にきたとき，地面に垂直に立てた棒のかげは最も長くなる。

イ　太陽がのぼってからしずむまで，かげは東から西へ動く。

ウ　公園に並んで立っている木のかげは，ほぼ平行になって伸《の》びている。

エ　日時計が午後３時を示しているとき，太陽は南東の空にある。

(4)　－10℃(零下《れいか》10℃)の氷のかたまりをゆっくりあたためていくと，すべてとけて水になり，やがてふっとうしました。このときの水の温度変化を正しく表したグラフはどれですか。

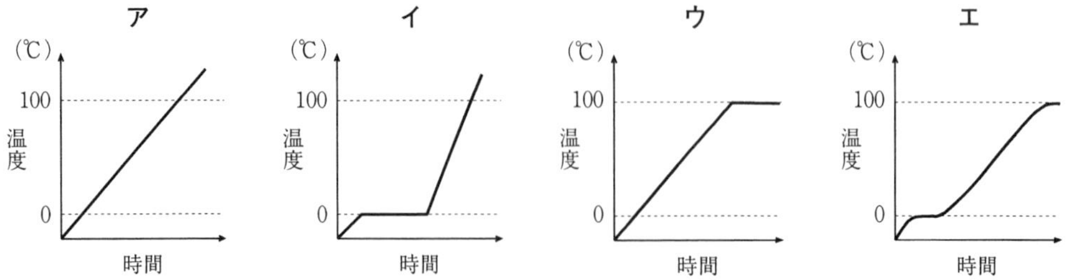

(5)　「環境《かんきょう》におよぼす影響《えいきょう》を少なくする」ことに役立つとはいえないものはどれですか。

ア　燃料電池自動車　　　**イ**　風力発電

ウ　発光ダイオードを使った電球　　　**エ**　化石燃料の大量消費

(6)　2019年12月ごろから，中国のある都市で原因不明の肺炎が広まり始め，2020年１月に世界保健機関(WHO)はその原因が新型コロナウイルスによるものと確認しました。そのあと，世界中で多数の感染《かんせん》者や犠牲《ぎせい》者が出ることとなった，この新型コロナウイルスによる感染症は何と名づけられましたか。

ア　AIDS-20　　**イ**　COVID-19

ウ　SARS-19　　**エ**　MERS-20

2　モンシロチョウについて，次の問いに答えなさい。

(1)　モンシロチョウの卵は，おもにどこにうみつけられますか。次の**ア**～**エ**から１つ選び，記号で答えなさい。

ア　ミカンなどの葉　　**イ**　サクラなどの葉

ウ　キャベツなどの葉　　**エ**　イネなどの葉

(2)　卵のからを破って出てきたばかりの幼虫は，まずどのようなことをしますか。次の＜文＞中の空らん□にあてはまる適切な語句を答えなさい。

＜文＞　幼虫は卵のからを破って出てくると，はじめに□を食べる。

(3)　モンシロチョウの幼虫であるアオムシの姿を表しているのはどれですか。最も適切なものを次の**ア**～**エ**から１つ選び，記号で答えなさい。

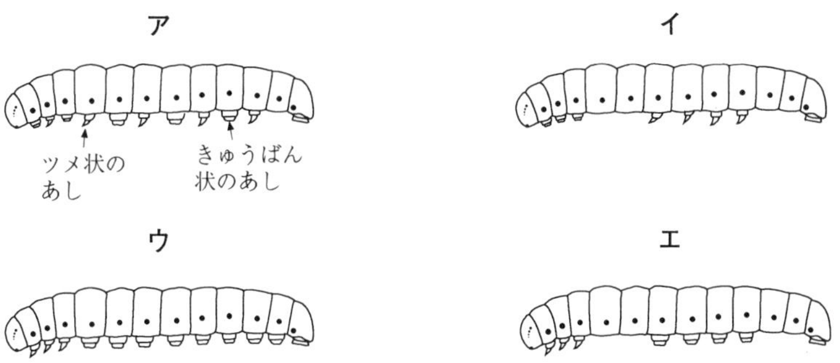

(4)　モンシロチョウの幼虫であるアオムシが食べる食べ物はどれですか。次の**ア**～**オ**からあてはまるものを**すべて**選び，記号で答えなさい。

ア　小さなこん虫　　　　**イ**　アブラナの葉

ウ　土の中のくさった葉　　**エ**　コマツナの葉

オ　サンショウの葉

(5)　モンシロチョウと同じ育ち方(卵→幼虫→さなぎ→成虫)をするこん虫はどれですか。次の**ア**～**オ**からあてはまるものを**すべて**選び，記号で答えなさい。

ア　カブトムシ　　　　**イ**　トンボ

ウ　カマキリ　　　　　**エ**　コオロギ

オ　ナナホシテントウ

(6)　あるキャベツ畑全体で，何匹くらいのモンシロチョウがいるか調べるために，次のような調査をしました。

【調査】

①　キャベツ畑で20匹のモンシロチョウをつかまえ，印をつけてはなした。

②　３日後，再びモンシロチョウを24匹つかまえたところ，印のついたものは４匹だけだった。

この結果から，キャベツ畑にはモンシロチョウが何匹いると考えられますか。この調査の間に，調査したキャベツ畑と外部との間でモンシロチョウの出入りはなく，新たに成虫になったものや死んだものはいなかったものとして，整数で答えなさい。ただし，計算の結果割りきれない場合は，小数第１位を四捨五入して整数とすること。

3　右の図１で表されるような星座早見を使って，関東地方のある場所で，８月末のある日に，北や南の空に見える星や星座を観察しました。これについて，次の問いに答えなさい。

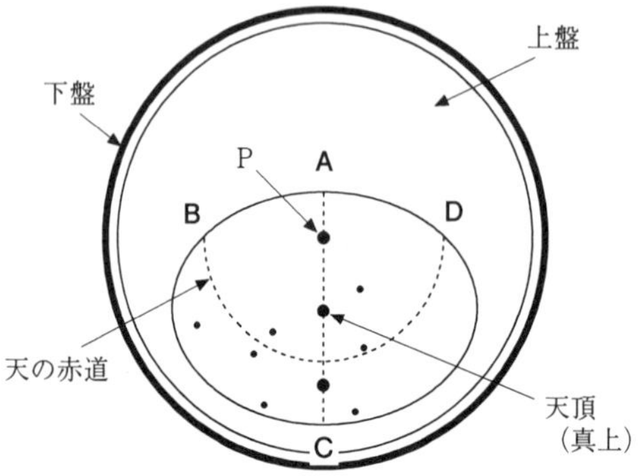

星座早見

図１

(1)　Ｐは星座早見の上盤《ばん》，下盤の回転の中心にある星です。このＰの星の名前は何といいますか。

(2)　**A**～**D**のうち，南と東の方位を示しているのはどれですか。それぞれ１つずつ選び，記号で答えなさい。

(3)　上盤と下盤の周囲には目もりが書かれています。

①　上盤の周囲の目もりについて，正しく説明しているものはどれですか。次の**ア**～**エ**から１つ選び，記号で答えなさい。

ア　目もりは「月と日付」で，「時計回り」の向きに書かれている。

イ　目もりは「月と日付」で，「反時計回り」の向きに書かれている。

ウ　目もりは「時刻」で，「時計回り」の向きに書かれている。

エ　目もりは「時刻」で，「反時計回り」の向きに書かれている。

②　下盤の周囲の目もりについて，正しく説明しているものはどれですか。①の**ア**～**エ**から１つ選び，記号で答えなさい。

(4)　この観察を行った日の午後９時には，南の空に右の図２のような星座が見えました。

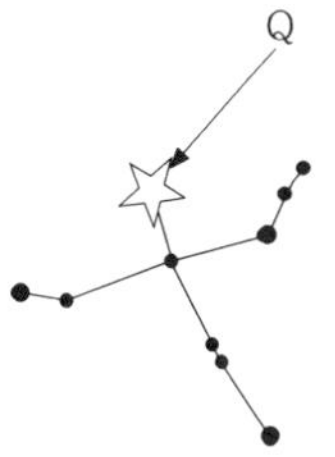

図２

①　この星座の名前は何といいますか。ひらがなで「～座」と答えなさい。

②　Ｑはこの星座にふくまれる１等星です。Ｑの星の名前は何といいますか。カタカナで答えなさい。

③　この星座を星座早見を使って観察したとき，星座早見をどのような向きに持って星空にかざしましたか。そのようすとして最も適切なものを次の**ア**～**エ**から１つ選び，記号で答えなさい。

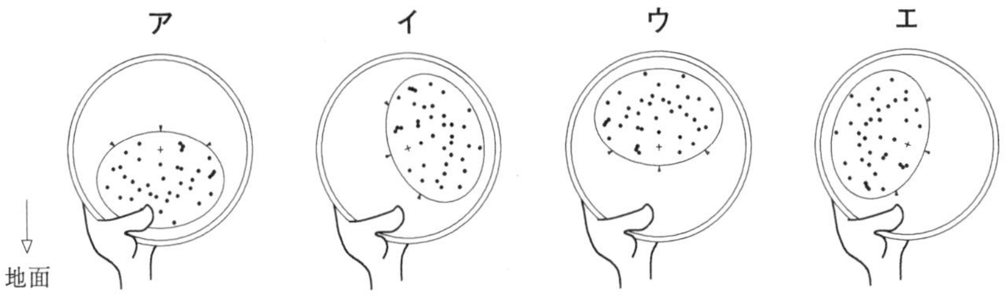

(5)　この観察を行った日の午後９時には見えない星座や星のあつまりはどれですか。次の**ア**～**エ**から１つ選び，記号で答えなさい。

ア　北斗《と》七星　　　**イ**　オリオン座

ウ　こと座　　　**エ**　わし座

4　長さが120cm，重さが240ｇで，材質は均一ですが，太さは一様《いちよう》ではない棒ABがあります。Ｂ側からＡ側へいくほど太くなるこの棒の，Ａ点から40cmのところのＣ点にひもを結んでつるしたところ，棒の上側が水平になって(以下，このことを「水平になって」といいます)つり合いました。これについて，次の問いに答えなさい。

(1)　棒ABの重さ240ｇが１つの点に集まっていると考えられる点を「重心」といいます。この棒ABの重心は，Ａ点から何cmのところにありますか。

(2)　図１のように，棒のＣ点からＡ側(以下，左側)12cmの位置にあるＤ点に重さ50ｇのおもりをつるし，Ｃ点からＢ側(以下，右側)にあるＥ点に重さ50ｇのおもりをつるしたところ，棒ABは水平になってつり合いました。Ｅ点はＣ点から何cmのところですか。

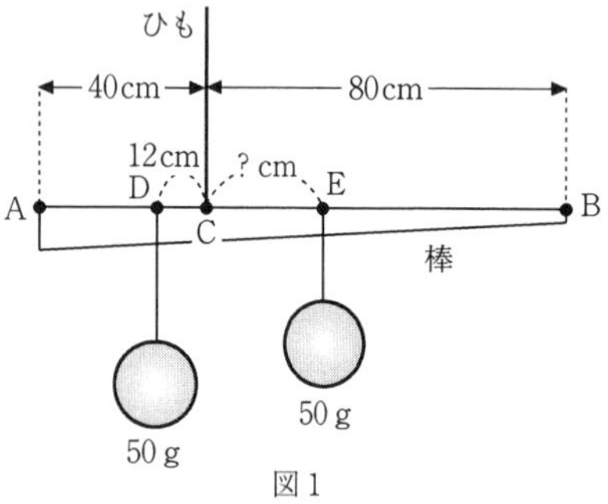

図１

(3)　(2)でつり合った状態から，さらに棒のＡ点に重さ20ｇのおもりを追加してつるしました。Ｃ点の右側に重さ40ｇのおもりをつるして，棒を水平につり合わせるためには，この重さ40ｇのおもりをＣ点から何cmのところにつるせばよいですか。

(4)　図１のＤ点に重さ50ｇのおもりをつるしたまま，下の図２のように，棒ABをつるすひもの位置を棒の中央のＭ点に移しました。このままではＡ側が下がるので，Ｍ点の右側のＦ点に重さ200ｇのおもりをつるしたところ，水平につり合いました。

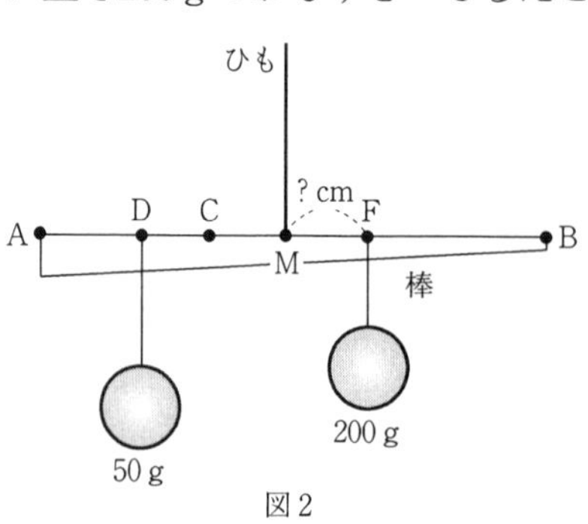

図２

① Ｆ点がＭ点から何cmのところになるかを求めるために，次のような式を考えました。空らん□にあてはまる数を答えなさい。なお，ここでは○点から◇点までの長さを○◇と表すことにします。

$$50 \times (\mathrm{AM}-\mathrm{AD}) + 240 \times (\mathrm{AM}-\mathrm{AC}) = \square \times \mathrm{FM}$$

② ①の式より，FMの長さを求めなさい。

③ 図２のつり合った状態で，Ｍ点からＡ側に40cmはなれた点に60ｇのおもりをつるし，Ｂ点にある重さのおもりＸをつるしたところ，水平につり合いました。おもりＸの重さは何ｇですか。

5 空気は，おもにちっ素と酸素とが体積で４：１の比で混ざり合ったものです。ここでは，空気はちっ素と酸素だけからなるものとします。

金属が空気中で燃えるときは，金属に空気中の酸素が結びついて，熱や光を出します。そして，空気中の酸素がなくなると，金属は燃えることができなくなり，光らなくなります。いま，右の図のように，活せん(容器の中身を外の空気とつなげたりしゃ断したりすることができるせん)で密閉できる大きな容器があり，活せんを開いた状態のときの空《から》の容器の重さは120ｇでした。これに，10ｇのスチールウールを入れて活せんを閉じ，次の[操作１]～[操作５]を順に行いました。

[操作１] 容器の底を加熱したところ，スチールウールがしばらく赤く光り，やがて光らなくなった。そのあと冷えてから，全体の重さをはかった。

[操作２] 続いて活せんを開くと，シュッという音がした。そのあと活せんを閉じ，全体の重さをはかった。

[操作３] [操作２]のあと，再び容器の底を加熱したところ，スチールウールがしばらく赤く光り，やがて光らなくなった。加熱を始めてからスチールウールが光らなくなるまでの時間は[操作１]のときと同じであった。

[操作４] [操作３]のあと，容器が冷えてから活せんを開くと，シュッという音がした。そのあと活せんを閉じ，全体の重さをはかった。

[操作５] [操作４]のあと，再び容器の底をしばらく加熱したが，スチールウールにはまったく変化が見られなかった。

これらの実験内容と結果について，次の問いに答えなさい。ただし，スチールウールやスチールウールが酸素と結びついたものの体積は無視できるものとします。

(1) 10Ｌの空気にふくまれる酸素の体積は何Ｌですか。

(2) [操作１]ではかった全体の重さはどうなりましたか。次の**ア**～**ウ**から最も適切なものを１つ選び，記号で答えなさい。

ア 130ｇより軽くなった。

イ 130ｇのまま変わらなかった。

ウ 130ｇより重くなった。

(3) [操作２]ではかった全体の重さはどうなりましたか。次の**ア**～**ウ**から最も適切なものを１つ選び，記号で答えなさい。

ア 130ｇより軽くなった。

イ 130ｇのまま変わらなかった。

ウ 130ｇより重くなった。

(4) [操作２]や[操作４]で，活せんを開いたときシュッという音がしたのはなぜですか。次の**ア**～**エ**から最も適切なものを１つ選び，記号で答えなさい。

ア 外から新しい空気が入ってきたから。

イ 容器の中から気体が外に出たから。

ウ 外から酸素だけが入ってきたから。

エ 容器が冷えて縮むときの音が出たから。

(5) [操作３]のあとの，フラスコ内のスチールウールと酸素について適切に述べたものはどれですか。[操作４]，[操作５]の結果も参考にして，次の**ア**～**エ**から１つ選び，記号で答えなさい。

ア スチールウールはすべて燃えつきたが，酸素は残っているかどうかわからない。

イ スチールウールはすべて燃えつきていて，酸素も残っていない。

ウ スチールウールはすべてが燃えつきてはいないが，酸素は残っていない。

エ スチールウールはすべてが燃えつきてはいないし，酸素も残っている。

(6) [操作４]ではかった容器全体の重さは，[操作１]を行う前に比べて，3.8ｇ増えていました。[操作１]のときにスチールウールと結びついた酸素の重さは何ｇですか。ただし，スチールウールが燃焼《ねんしょう》する速さはつねに一定であるものとします。

(六)　――線部⑤「心を奮いたたせてそう思おうとした」とありますが、「私」はどのように思おうとしたのですか。それを説明した次の文の[1]・[2]に当てはまる適切な言葉を、それぞれ指定された字数で、文章中から抜き出しなさい。

> リボンは本来、鳥として[1（十三字）]のだから、逃げてしまったのではなく、今日という日がリボンにとって[2（二字）]の日なのだと思おうとした。

(七)　この文章の内容と表現について説明したものとして、次の**ア**～**オ**について、当てはまるものには○を、当てはまらないものには×を、それぞれ記号で答えなさい。

ア　たとえの表現が効果的に用いられることで、登場人物の心情や様子が生き生きと描《えが》かれている。

イ　色を用いた表現が多く用いられることで、リボンという鳥のあでやかな印象が強調されている。

ウ　物語はほぼ会話文だが、「!」「?」が巧《たく》みに用いられ、登場人物の性格がきちんと読み取れるように描かれている。

エ　「私」の視点から物語が描かれることで、場面ごとの「私」の考えや心の動きがわかるよう工夫《くふう》されている。

オ　祖母を幼い子どものように描くことで、心の成長をとげる「私」の様子が力強く表現されている。

(八)　あなたは、大切な人と別れたり、大切なものを失ったりした経験がありますか。そのときにどんなことを思ったり感じたりしたかを百字以内で自由に書きなさい。

＊粟玉《あわだま》＝粟に卵黄《らんおう》とハチミツなどをまぶして作ったヒナ用の餌《えさ》。
＊ブーケ＝花束《はなたば》。
＊お城＝リボンを入れている鳥かごのこと。

(一)　[A]～[E]に当てはまる言葉として適切なものを、次の**ア**～**ク**の中から一つずつ選び、記号で答えなさい。

ア　ぽかんと　**イ**　ぽとんと　**ウ**　さくっと　**エ**　ぎゅっと
オ　すらすら　**カ**　いらいら　**キ**　そわそわ　**ク**　ぽろぽろ

(二)　――線部①「なんだか弾んだ気持ちになって」とありますが、なぜこのような気持ちになったのですか。適切なものを、次の**ア**～**エ**の中から一つ選び、記号で答えなさい。

ア　ハコベとスミレの花のブーケを作りあげたことで、大好きなすみれちゃんのことを思い出したから。
イ　リボンが誕生してからようやく半年が経ち、すみれちゃんと一緒にお祝いをすることができるから。
ウ　青菜のハコベだけでなく、リボンの大好物であるスミレの花もたまたま見つけることができたから。
エ　スミレの花をあしらったハコベのブーケのできがすばらしく、リボンが喜んでくれると思ったから。

(三)　――線部②「嫌な予感」とありますが、「私」はどのようなことを想像したのですか。文章中の言葉を使って、四十字以内で説明しなさい。

(四)　――線部③「わたくし達の大切な宝物」とありますが、「私」と「すみれちゃん」にとって「リボン」はどのような存在だったのですか。「～存在。」に続くように、文章中から十七字で抜《ぬ》き出しなさい。

(五)　――線部④「奇跡」とありますが、具体的にはどのようなことですか。文章中の言葉を使って、十五字以内で説明しなさい。

と尾翼《びよく》が、きれいな末広がりになっていた。

私は蠟人形《ろうにんぎょう》みたいに固まって、そのまま空を見続けた。もしかすると、もしかすると④奇跡《きせき》が起きるかもしれない。そう思うと、すぐには動くことができなかった。足元で、すみれちゃんも[D]空を見上げている。

でもやっぱり、奇跡は起きなかった。少し肌寒《はだざむ》い風が吹き始めたので、私は覚悟《かくご》を決め、喉《のど》の奥《おく》から声を絞《しぼ》り出した。

「中に入ろう」

すみれちゃんの脇《わき》の下を両手で支え、立ち上がらせる。それからすみれちゃんの手をしっかりと握りしめ、玄関までの数メートルを、手をつないだままゆっくり歩いた。

リボンが宝物だったのではない。

すみれちゃんとふたりで卵をかえしたことや、まだ目の開かない頃に餌をやり続けたこと、リボンとすみれちゃんと三人で一緒に過ごした時間のすべてが、私にとっては宝物だったのだ。だから、宝物が消えたわけではない。宝物は、ずっとこの胸に残っている。

リボンに生えた立派な風切り羽は、大空を羽ばたくために神様が与《あた》えてくれたものだ。リボンは、空を飛ぶために生まれてきた。だからあれが、本当の姿だ。

家に入る前、手に持っていたハコベのブーケをそっと土の上に放った。もしかしたら、リボンがまた、戻ってきてくれるかもしれない。大好物のハコベを置いておけば、ここが中里家の目印になる。リボンが私の肩《かた》から首の裏を通って反対側の肩に移動する時のくすぐったい感触《かんしょく》が、なぜだか突然《とつぜん》甦《よみがえ》った。墨汁《ぼくじゅう》を[E]一滴《いってき》、丸く落としたようなつぶらな瞳《ひとみ》を思い出した。

私はもう一度、空を見上げた。

この空のどこかに、リボンは確かにいる。

リボンは、生きている。これから先も、生き続ける。

だから、今日はリボンの門出をお祝いする日だ。リボンはきっと、空のどこからか、必ず私とすみれちゃんを見守ってくれている。

だってリボンは、私とすみれちゃんの魂《たましい》を永遠につなぐリボンなのだから。

私はがんばってがんばって⑤心を奮《ふる》いたたせてそう思おうとしたけれど、涙を止めることはどうしてもできなかった。

やっぱりもう一度、リボンに会いたい。会って、リボンと一緒に遊びたかった。

（小川《おがわ》　糸《いと》『リボン』による）

ったものですから」

すみれちゃんは涙声《なみだごえ》になりながらも続けた。その時に、リボンが逃《に》げてしまったのだろうか。でも私は内心、リボンが大けがをしたとか、それよりもっと最悪のことを想像していたから、少しホッとしたようなところもあった。

「ごめんなさい、本当にごめんなさい。③わたくし達の大切な宝物を……」

すみれちゃんは涙を［C］流しながら、私にひたすら謝った。

「大丈夫《だいじょうぶ》、大丈夫だよ、すみれちゃん。絶対に大丈夫だから」

私は優《やさ》しくささやいた。

だってリボンは、まだちゃんと生きているのだ。生きていれば、またどこかで会えるかもしれない。それに、すぐに戻《もど》ってくるかもわからない。頭ではそう思うのに、すみれちゃんの涙がうつってしまい、私の目にまで、涙があふれた。悲しくなんてないはずなのに、なんだかどうしようもなく切ない気持ちが、一歩ずつにじり寄って、私を動けなくする。

「ごめんなさい」

すみれちゃんが、そう言った時だ。桜の木から、黄色い鳥が飛び立った。

「リボン！」

私は、大声で呼んだ。

「おいで！　こっちだよ、戻っておいで」

リボンのいる方に向けて、精いっぱい腕《うで》を伸《の》ばし、人差し指を差し出す。けれど、リボンは振《ふ》り向かなかった。あっという間に、薄《うす》いピンクの夕暮れの雲にまぎれてしまう。

「リボン！」

もう一度、声を限りに叫《さけ》んだ。けれど、チューしようよ、という言葉は、声にならない。

すみれちゃんが、泣いている。私の目からもまた、涙がこぼれた。リボンがあんなふうに空を羽ばたけるようになっていたなんて、これっぽっちも想像していなかった。

たった今大空へと飛び立ったリボンの後ろ姿は、まるで本物のリボンのようだった。美しくちょうちょ結びにしたみたいに、羽翼《うよく》たびに、ランドセルの中に入っている筆箱やノートや教科書が、派手な音を鳴らす。あとひとつ角を曲がれば桜並木で、家の玄関《げんかん》が見えてくる。リボンにもすみれちゃんにも、早く会いたい。

この間すみれちゃんが教えてくれたのだけど、リボンは私の帰宅《きたく》時間が近づくと、＊お城の中で［Ａ］し始めるらしい。私が玄関を開けた瞬間《しゅんかん》に、パッとお城の出入り口へと移動して、一秒でも早く外に出ようと、扉《とびら》の前で待ち構えているらしいのだ。だから、今頃《いまごろ》もうリボンは、首を長くして私の帰りを待っている。

リボン、もうすぐだからね。

心の中からメッセージを送るようなつもりで、遠くのリボンに話しかけた。

けれど、角を曲がった瞬間、幸せな期待はあとかたもなく消え去った。すみれちゃんが、靴下《くつした》のまま玄関先に倒《たお》れ込《こ》んでいたのだ。

「どうしたの！」

ハコベのブーケを握《にぎ》ったまま、私は全速力で駆《か》け寄った。

「すみれちゃん！」

すみれちゃんの顔が、ひどく青ざめていた。②嫌《いや》な予感が、夕立みたいに一気に胸を支配する。

「リボンが、リボンがね……」

そこまで言うと、すみれちゃんは絶句して、子どものように力強く私に［Ｂ］抱《だ》きついた。すみれちゃんが、私の胸の中でべそをかいている。

「どうしたの？　ねぇ、すみれちゃん、リボンがどうしたの？」

すみれちゃんの丸い背中をさすりながら、なんとか状況《じょうきょう》を聞き出したかった。すみれちゃんが、弱々しい息のような声でささやく。

「わたくしも、何かお手伝《てつだ》いができないかと思って……」

「それで？」

その先が早く知りたい。

「かごの掃除《そうじ》をしようと、リボンを外に出してたんです。その時に電話が鳴って、わたくしが、うっかり、部屋の入り口を開けてしま

ウ　人間の記憶は固定的なものではなく、あいまいな部分があるために、当時とは異なった視点で出来事を見ることで、ネガティブなものにもポジティブな意味合いをもたせることができる。

エ　他の人の視点を手に入れるための最も有効な手段は、過去にあった嫌な出来事について他者と語り合うことで、他者がその出来事をどのように評価するのかを理解することである。

三　次の文章を読んで、後の問いに答えなさい。問いの中で字数に指定のあるときは、特に指示がないかぎり、句読点や符号もその字数に含めます。

> 小学校五年生の「私（中里《なかざと》ひばり）」は、祖母の「すみれちゃん」と一緒《いっしょ》に親鳥がいなくなってしまったインコの卵をふ化させた。生まれてきたインコのヒナには「リボン」と名づけ、二人でかわいがりながら大切に育てていた。

五月になり、いよいよ待ちに待ったその日がやって来た。

リボンが誕生してから、ちょうど半年が経《た》ったのだ。今日は、すみれちゃんとそのお祝いをすることになっている。

私は、少しだけ遠回りして、学校の帰りに児童公園に立ち寄った。そこには、リボンの好きなハコベがたくさん生えている。私はそれを、リボンへのお土産《みやげ》にしようと考えたのだ。もう、リボンは＊粟玉《あわだま》だけでなく、他の餌《えさ》も食べられるようになった。以前は温かい餌しか口に入れなかったのに、今は温かくないものでも自分ひとりでしっかり食べる。とりわけリボンは、新鮮《しんせん》な青菜が大好物なのだ。

ハコベと一緒にスミレの花を少し入れたら、すごくかわいくなった。スミレの花は、遠くから見ると人が笑っている顔に見える。たくさん集めたら、＊ブーケになった。私からリボンへの、プレゼントだ。

片手にハコベのブーケを持ち、①なんだか弾《はず》んだ気持ちになって、誰《だれ》もいない路地をスキップしながら前に進む。地面に着地する

（三）――線部②「意味づけを変えることによって、過去の記憶をネガティブなものからポジティブなものへと塗り替えていくことができる」とありますが、具体的にはどうなるということですか。このことを例をあげて説明した次の文の［1］～［3］に当てはまる適切な言葉を、それぞれ指定された字数で、文章中から抜《ぬ》き出しなさい。

> 恋人に裏切られて泣き暮らした経験を、［1（十四字）］として記憶していたとしても、［2（二字）］を揺さぶることで、［3（十六字）］となる出来事というかたちに見方を変えて、記憶にとどめられるようになるということ。

（四）［③］に当てはまる言葉として適切なものを、次の**ア**～**エ**の中から一つ選び、記号で答えなさい。

ア 楽しかった　**イ** もの悲しかった
ウ 苦しかった　**エ** 腹立たしかった

（五）――線部④「どんな出来事も多義図形のようなものだ」とありますが、どのようなことを述べているのですか。文章中の言葉を使って、五十字以内で説明しなさい。

（六）――線部⑤「それ」が指し示す内容を「～があったこと。」に続く形で文章中から二十五字以上、三十字以内で抜き出し、初めと終わりの五字ずつを書きなさい。

（七）この文章で述べられている内容に合うものを、次の**ア**～**エ**の中から一つ選び、記号で答えなさい。

ア 過去にあった嫌な出来事を忘れてポジティブに生きていけるようにするためには、その記憶が自分のものではなくて他者のものであるかのように塗り替えていくことも有効である。

イ 過去にあった出来事の記憶をポジティブな意味合いに変化させていくためには、さまざまな人生経験を積むことで自分自身を成長させていくことが、最も手っ取り早い方法である。

く違うのだ。

これを応用しない手はない。新たな視点を手に入れるため、他の人の視点を取り入れるのだ。それによって自分の過去も違った視点から振り返れるようになる。

そのために有効なのが、人と語り合うことだ。じつは、普段《ふだん》あまり意識していないかもしれないが、私たちは人と話しながら相手の視点を取り込むという心の作業をしているのだ。

（榎本博明《えのもとひろあき》『なぜイヤな記憶は消えないのか』による）

＊ネガティブ＝考え方が否定的で、後ろ向きである様子。
＊ポジティブ＝考え方が肯定的《こうてい》で、前向きである様子。
＊窮状《きゅうじょう》＝ひどく困るような状況《じょうきょう》。
＊滑稽《こっけい》な＝ばかげているように思え、笑ってしまうようなこと。
＊辛酸《しんさん》をなめて＝つらく苦しい思いをして。
＊模索《もさく》する＝探し求める。

（一）［A］～［D］に当てはまる言葉として適切なものを、次の**ア**～**カ**の中から一つずつ選び、記号で答えなさい。

ア すると　**イ** つまり　**ウ** たとえば　**エ** だが　**オ** それでは　**カ** なぜなら

（二）――線部①「自分が感じる意味にふさわしい方向に記憶が歪《ゆが》む」とありますが、どのようなことですか。その説明として適切なものを、次の**ア**～**エ**の中から一つ選び、記号で答えなさい。

ア 同じことがらを記憶した場合でも、各人が自分に都合よくその意味を解釈するので、記憶のすれ違いが起こるということ。
イ 同じことがらを記憶したつもりでも、その図形に大した意味がないと考えると、記憶にはとどまらなくなるということ。
ウ 同じことがらを記憶しても、異なる意味で覚えると、それぞれの意味に引きずられて、記憶に変化が生じるということ。
エ 同じことがらを記憶したとしても、各人が異なる意味でそれを解釈するので、記憶した内容はばらばらになるということ。

そもそも出来事のもつ意味というのは、ひとつしかないわけではない。どんな出来事でも、見方によってさまざまな意味をもたせることができる。老婆《ろうば》にも見えれば若い女性にも見える多義図形や、鳥にも見えればウサギにも見える多義図形があるが、④どんな出来事も多義図形のようなものだ。

恋人《こいびと》に裏切られて泣き暮らした経験も、思い出すのも嫌《いや》な悲惨《ひさん》な出来事とみなすこともできるだろうが、人生にはこういうこともあるんだと痛感させられ、挫折《ざせつ》への抵抗《ていこう》力をつけてくれた教訓となる出来事とみなすこともできるだろう。

（中略）

過去の出来事を思い出すとき、その出来事を今の視点で意味づけることになる。後悔《こうかい》するのも、腹立たしく思うのも、懐《なつ》かしく思うのも、当時の自分ではなく今の自分である。過去を振《ふ》り返り、過去の自分と出会うことでもたらされる再発見は、当時の自分の視点ではなく、今の自分の視点によってもたらされるものである。

ゆえに、ネガティブな出来事のもつポジティブな意味を模索するには、視点を揺さぶることである。

視点が変われば、過去の出来事に対する評価も変わる。ゆえに、ネガティブな出来事にもポジティブな意味を見出《みいだ》せるようにするためには、新たな視点から人生を振り返れるようにすることが必要だとわかる。新たな視点から記憶を揺さぶるのである。

そのためには、ひとつには自分が人生経験を積むことで成長するというのが有効ではあるが、それは非常に気長な話である。そこでもうひとつの方法として、他人の視点を自分の中に取り込《こ》むことを積極的にするのが有効である。

一番手っ取り早いのが、人と語り合うことだ。

旧友と久しぶりに会い、思い出話をしていると、お互《たが》いが記憶していることがこれほど違うのかと驚《おどろ》かされることがあるだろう。

私なども、そのようなことをしばしば経験する。

学生時代に目の前の2人が激しく口論し、私が仲裁したことがあるのだが、その話題になると2人ともまったく記憶になく、「また話をつくっちゃうんだから」などと言われる。当事者たちの記憶にないと、⑤それはなかったことになってしまう。

若い頃《ころ》に一緒に旅行したときの話で盛り上がったときも、こっちが覚えてるエピソードを相手は覚えておらず、「そんなことあったっけ？」となる。逆に、向こうがもち出すエピソードをこちらはまったく思い出せず、「そんなことあったかなあ」となる。

同じときに、同じ場所で、同じことを経験しているはずなのに、人によって視点が違うために、記憶している内容も印象もまったぐに忘れてしまう。さらには、①自分が感じる意味にふさわしい方向に記憶が歪《ゆが》む。

［　B　］、私は古典的な実験を模して、こんな実験を行った。

２つの円を直線でつないだ図形を見せて、形を覚えてもらう。半分の人たちが見る図形の下には「メガネ」と書き、残りの半分の人たちが見る図形の下には「鉄アレイ」と書いておく。しばらく時間をおいてから、さっき見た図形を思い出して白紙に書いてもらう。

［　C　］、同じ図形を見て覚えたはずなのに、「メガネ」と書いてある図形を見た人と「鉄アレイ」と書いてある図形を見た人では、思い出す図形に違いがみられたのである。「メガネ」と書いてある図形を見た人の場合、いかにもメガネらしく、線分が短くて２つの円が近寄っている。それに対して、「鉄アレイ」と書いてある図形を見た人の場合は、いかにも鉄アレイらしく、握《にぎ》りの部分に相当する線分が長くなり、２つの円は遠ざかっている。

この結果からわかるのは、私たちは図形を思い出すにも、意味を頼《たよ》りにしているということである。「あれはメガネだったな」と思いながら想起するとメガネらしく２つの円が近寄り、「あれは鉄アレイだったな」と思いながら想起すると鉄アレイらしく２つの円が遠ざかる。

これは、私たちの記憶が意味づけによってつくられていることの証拠《しょうこ》と言える。ここから、②意味づけを変えることによって、過去の記憶を＊ネガティブなものから＊ポジティブなものへと塗り替えていくことができることがわかる。

当時はどうにもならない＊窮状《きゅうじょう》と思えたことも、今思い返してみると、そんなにたいしたことではないように感じられることがある。当時ははらわたが煮《に》えくり返るように［　③　］出来事も、今では笑える＊滑稽《こっけい》な出来事に感じられることもある。

このようなことが起こるのは、自分が成長し、ものごとを評価する視点が変わったからである。まだ人生経験が浅い時点と、＊辛《しん》酸《さん》をなめて人生経験を積んだ時点では、同じような目に遭《あ》っても感じ方は違うはずだ。

出来事に絶対的な意味があるわけではなく、視点がそれがもつ意味を決める。

そこを利用して、視点を揺さぶることで、ネガティブにしか思えなかった出来事のもつポジティブな意味を＊模索《もさく》するのである。

それは、出来事を自分に都合よく書き換《か》える、［　D　］改ざんではないかと、批判的にみる人もいるかもしれない。だが、解釈というのは、何でもありではない。それなりの根拠《こんきょ》をもって意味づけがなされるのである。

(四) 次の**ア**～**エ**の中から、敬語の用い方が適切なものを一つ選び、記号で答えなさい。

ア 先生が申し上げることをしっかり聞きましょう。
イ 明日改めて、先生のお宅へお伺《うかが》いするつもりです。
ウ 日程が変わりましたので、ご注意してください。
エ ここからは係の者に代わり、私がご案内なさいます。

二

次の文章を読んで、後の問いに答えなさい。問いの中で字数に指定のあるときは、特に指示がないかぎり、句読点や符号《ふごう》もその字数に含《ふく》めます。

記憶《きおく》というのは、写真やビデオ映像のように固定されたものではなく、非常に揺《ゆ》らぎやすく不安定なものである。だから記憶は塗《ぬ》り替《か》えることができるのである。

そのように言うと、まやかしのように感じる人もいるかもしれない。[A]、記憶のすれ違《ちが》いがそこらじゅうで日常的に起こっていることが、記憶がいかに揺らぎやすいものであるかを示している。

客が注文した通りに商品を取り寄せたのに、自分が注文したのはこれではないと言い張る。

その友だちから以前に聞いた話なのに、そんなことを言った覚えはないという。

そんな約束をした覚えはないのに、今日は一緒《いっしょ》に出かけることになってたじゃないと家族から言われる。

たしかに相手方がそう言った記憶があるのに、取引先の担当者はそんなことは言ってないという。

このような記憶のすれ違いは、だれもが始終経験しているのではないだろうか。

事実はひとつだとしたら、なぜそんなことが起こるのか。それは、記憶されているのは「事実」ではなく「解釈《かいしゃく》」であり、事実に「意味づけ」されたものだからだ。

人は意味を手がかりに思い出す。自分にとって重要な意味をもつ事柄《ことがら》はよく覚えていても、あまり重要な意味をもたない事柄はす

二〇二一年度　茨城キリスト教学園中学校

【国　語】〈第一回試験〉（五〇分）〈満点：一〇〇点〉

一　次の各問いに答えなさい。

（一）　次の①～⑧の――線部のカタカナを漢字に、漢字をひらがなに直しなさい。

①　専門家に判断をユダねる。

②　お坊さんが念仏をトナえる。

③　要点をカンケツに述べる。

④　旅行のジュンビをする。

⑤　キャプテンがチームを率いる。

⑥　春の名残を感じさせる。

⑦　展望のよい部屋を予約する。

⑧　日本海沿岸を航行する。

（二）　次の①～③の熟語と組み立てが同じ熟語を、後の**ア**～**カ**の中から一つずつ選び、記号で答えなさい。

①　決心　　②　明暗　　③　無害

ア　永遠　　**イ**　新旧　　**ウ**　手話　　**エ**　乗馬　　**オ**　不安　　**カ**　劇的

（三）　次の①～④の□に適切な漢字一字を書き入れ、（　）の意味の四字熟語を完成させなさい。

①　自□自足　（必要なものを自分で作って、自分で使うこと。）

②　意味深□　（言葉や行動の表立たないところに深い意味を含《ふく》んでいる様子。）

③　我□引水　（自分に都合のよいようにものごとを取り行うこと。）

④　針小□大　（小さなことを、大げさに言うこと。）

2021年度

茨城キリスト教学園中学校 ▶解説と解答

算数 ＜第１回試験＞（50分）＜満点：100点＞

解答

1 (1) 65 (2) 9 (3) $\frac{14}{15}$ (4) $1\frac{1}{2}$ (5) $\frac{7}{30}$ (6) $\frac{1}{3}$ (7) 3 (8) 15
2 (1) 430円 (2) ８枚 (3) アとウ (4) ２分40秒 **3** (1) $160cm^3$ (2) 4 cm **4** (1) 12人 (2) ６グループ **5** (1) およそ58cm (2) およそ131m
6 (1) ア $15m^2$ イ $20m^2$ ウ $40m^2$ エ $5m^2$ (2) $35m^2$

解説

1 **四則計算，逆算**

(1) $8\times7+9=56+9=65$

(2) $(12+15)\div3=27\div3=9$

(3) $\frac{5}{6}+\frac{1}{10}=\frac{25}{30}+\frac{3}{30}=\frac{28}{30}=\frac{14}{15}$

(4) $2\frac{1}{3}-\frac{5}{6}=2\frac{2}{6}-\frac{5}{6}=1\frac{8}{6}-\frac{5}{6}=1\frac{3}{6}=1\frac{1}{2}$

(5) $\frac{7}{8}\times\frac{4}{15}=\frac{7}{30}$

(6) $\frac{5}{9}\div1\frac{2}{3}=\frac{5}{9}\div\frac{5}{3}=\frac{5}{9}\times\frac{3}{5}=\frac{1}{3}$

(7) $\left(\frac{2}{3}-0.25\right)\times7.2=\left(\frac{2}{3}-\frac{1}{4}\right)\times\frac{72}{10}=\left(\frac{8}{12}-\frac{3}{12}\right)\times\frac{36}{5}=\frac{5}{12}\times\frac{36}{5}=3$

(8) $81-(\square\times3-13)=49$より，$\square\times3-13=81-49=32$，$\square\times3=32+13=45$　よって，$\square=45\div3=15$

2 **たし算の文章題，かけ算とわり算の文章題，比，速さ**

(1) ごろう君はおさむ君よりも70円多く持っているから，ごろう君が持っているお金は，180＋70＝250(円)である。よって，おさむ君とごろう君が持っているお金は合わせて，180＋250＝430(円)となる。

(2) 青の折り紙の枚数は赤の折り紙の枚数の２倍なので，青の折り紙の枚数は，12×２＝24(枚)である。これが緑の折り紙の枚数の３倍だから，緑の折り紙の枚数は，24÷３＝８(枚)と求められる。

(3) それぞれの比を簡単にすると，アは，４：６＝２：３，ウは，20：30＝２：３，エは，９：６＝３：２，オは，32：40＝４：５となる。よって，等しい比になるのは，アとウである。

(4) (時間)＝(道のり)÷(速さ)で求められる。2.4kmは，2.4×1000＝2400(m)なので，この馬が2.4km走るのにかかる時間は，2400÷15＝160(秒)，つまり，160÷60＝２あまり40より，２分40秒となる。

3 **立体図形―体積，長さ**

(1) この直方体の底面積は，$4\times8=32(cm^2)$だから，高さが５cmのとき，直方体の体積は，$32\times5=160(cm^3)$である。

⑵　直方体の高さは，(体積)÷(底面積)で求められるので，体積が$128cm^3$のとき，直方体の高さは，128÷32＝４(cm)とわかる。

4　倍数

⑴　このチームの人数は４人ずつにちょうど分かれることができるので，４の倍数となり，また，６人ずつにちょうど分かれることができるので，６の倍数となる。よって，このチームの人数は４と６の公倍数だから，もっとも少ない場合の人数は，４と６の最小公倍数の12人になる。

⑵　40÷12＝３あまり４より，40人以下でもっとも多い人数は，12×３＝36(人)とわかる。よって，サーブの練習をするときにできるグループは，36÷６＝６(グループ)である。

5　わり算とかけ算の文章題，概数《がいすう》

⑴　５m82cmは582cmなので，ゆうじ君の歩はばは，582÷10＝58.2(cm)より，小数第１位を四捨五入して，およそ58cmとなる。

⑵　ゆうじ君が225歩歩いた長さは，58×225＝13050(cm)，つまり，13050÷100＝130.5(m)より，小数第１位を四捨五入して，およそ131mである。よって，家からポストまでのきょりはおよそ131mになる。

6　平面図形―面積

⑴　じゃがいも畑の面積は，(２＋４)×５÷２＝15(m^2)(…ア)，キャベツ畑の面積は，(５＋３)×５÷２＝20(m^2)(…イ)である。また，畑全体の面積は，５×(２＋１＋５)＝40(m^2)(…ウ)，道の面積は，１×５＝５(m^2)(…エ)である。

⑵　じゃがいも畑とキャベツ畑の面積の合計は，15＋20＝35(m^2)とわかる。また，40－５＝35(m^2)と求めることもできる。

社　会　＜第１回試験＞(30分)＜満点：50点＞

解　答

1　⑴　イ　⑵　エ　⑶　紫式部　⑷　①　イ　②　室町(幕府)　⑸　戊辰(ぼしん)(戦争)　⑹　エ　⑺　X　津波　Y　原子力　⑻　イ　2　⑴　ア　⑵　ウ　⑶　(約)1000(m)　3　⑴　ア　⑵　イ　⑶　イ　⑷　ア(と)ウ　⑸　①　ア　②　エ　4　⑴　X　天皇　Y　国務　⑵　ア　⑶　エ　⑷　ウ　⑸　①　(あ)　４(年)　(い)　解散　②　(例)　国の政治の方針を決定する最終的な権限が国民にあるということ。

解　説

1　古代から現代までの歴史についての問題

⑴　607年，聖徳太子(厩戸《うまやどの》皇子)は遣隋使として小野妹子を隋(中国)に派遣した。妹子は隋の第２代皇帝煬帝《ようだい》に国書を手渡したが，その内容に煬帝は腹を立てたと伝えられている。なお，アの犬《いぬ》上《がみの》御田鍬《みたすき》は，630年に第１回遣唐使として唐(中国)を訪れた。ウの阿倍仲麻呂《あべのなかまろ》は奈良時代に留学生として唐へ渡り，唐の玄宗《げんそう》皇帝に仕えたが，帰国の願いをはたせず，唐で亡くなった。エの吉備真《きびのま》備《きび》は奈良時代に唐に留学し，帰国後は政治家として活躍《かつやく》した。

(2) 平安時代初めの804年，最澄と空海はともに遣唐使船で唐に渡り，帰国すると，最澄は比叡山《ひえいざん》延暦寺《えんりゃくじ》(滋賀県)を開いて天台宗の，空海は高野山金剛峯寺《こんごうぶじ》(和歌山県)を開いて真言宗の開祖となった。なお，行基と鑑真《がんじん》は奈良時代の僧。法然《ほうねん》は浄土《じょうど》宗，親鸞《しんらん》は浄土真宗，栄西は臨済宗，道元は曹洞《そうとう》宗の開祖となった僧で，いずれの宗派も鎌倉時代に広まった。

(3) 藤原道長の長女で，一条天皇の中宮であった彰子《しょうし》に女官として仕えた紫式部は，古典文学の傑作《けっさく》として知られる長編小説『源氏物語』を著した。

(4) ①，② 後醍醐《ごだいご》天皇は足利尊氏や新田義貞《にったよしさだ》らの協力を得て1333年に鎌倉幕府を滅《ほろ》ぼすと，翌34年，年号を「建武」と改めて天皇による政治を復活させた。しかし，この新政は公家中心の政治であったために武士の不満をまねき，尊氏にそむかれて２年半あまりで失敗に終わった。1336年，尊氏が京都で新たに光明《こうみょう》天皇を立てて室町幕府を開くと，後醍醐天皇は奈良の吉野にのがれ，京都の北朝と吉野の南朝という２つの朝廷が対立する南北朝の動乱が始まった。尊氏は，1338年に光明天皇から征夷《せいい》大将軍に任じられた。

(5) 薩摩藩(鹿児島県)や長州藩(山口県)を中心とする新政府軍と旧幕府軍との一連の戦いを，戊辰《ぼしん》戦争(1868～69年)という。1868年１月の鳥羽《とば》・伏見《ふしみ》の戦いに始まり，翌69年５月の函館五稜郭《ごりょうかく》の戦いで旧幕府軍が降伏《こうふく》したことによって，戦いは終結した。

(6) 総力戦とは，軍隊だけではなく国家全体で戦争に臨むような態勢をいい，第一次世界大戦におけるヨーロッパ諸国や，第二次世界大戦の参戦国，太平洋戦争における日本などは，総力戦で戦争に臨んだ。しかし，日露戦争は軍隊による戦争，西南戦争は不平士族と明治政府軍の戦いで，総力戦とはいえない。よって，エがあやまっている。

(7) 2011年３月11日，宮城県牡鹿《おしか》半島の東約130kmの海底を震源とするマグニチュード9.0の大地震が発生し，その揺れにともなう巨大津波が東日本の太平洋側を襲《おそ》って２万人近い死者・行方不明者を出した。この東日本大震災で地震と津波の被害を受けた東京電力福島第一原子力発電所では，すべての電源が停止して原子炉《ろ》を冷却《れいきゃく》できなくなり，大量の放射性物質がもれ出すという重大な事故が発生し，周辺の住民は避難《ひなん》生活をしいられることになった。

(8) 【カード１】について，ａは飛鳥時代初め，ｂは飛鳥時代から平安時代にかけて，ｃは室町時代前半のできごとなので，年代の古い順にａ→ｂ→ｃとなる。【カード２】について，ａは６世紀の538年(一説に552年)，ｂは16世紀なかばの1549年，ｃは紀元前３世紀ごろのできごとなので，年代の古い順にｃ→ａ→ｂとなる。【カード３】について，ａは奈良時代，ｂは平安時代，ｃは江戸時代のできごとなので，年代の古い順にａ→ｂ→ｃとなる。【カード４】について，ａは室町時代初めの1336年，ｂは平安時代なかばの1016年，ｃは江戸時代末の1867年のできごとなので，年代の古い順にｂ→ａ→ｃとなる。【カード５】について，ａは1941年，ｂは1904年，ｃは1877年のできごとなので，年代の古い順にｃ→ｂ→ａとなる。【カード６】について，ａは2011年，ｂは1995年，ｃは1923年のできごとなので，年代の古い順にｃ→ｂ→ａとなる。よって，ａ→ｂ→ｃの順になるカードは【カード１】と【カード３】の２枚である。

2 地形図の読み取りについての問題

(1) 地形図中には方位記号が示されていないので，上が北，右が東，下が南，左が西となる。「信楽駅」から見て「玉桂寺前駅《ぎょくけいじ》」は右上に位置しているので，８方位では北東にあたる。

(2) ア 平地は畑(∨)ではなく，おもに水田(‖)として利用されている。 イ 病院(⊕)と郵便局(〒)の近くにあるのは，警察署(⊗)ではなく交番(X)である。　ウ「陶芸《とうげい》の森」がある山には針葉樹林(Λ)や広葉樹林(Q)が見られるので，正しい。　エ　この地形図上で最も低い地点は信楽駅の西側に広がる平地だが，この平地には「288」の数字が見られることから，標高は「ほぼ0m」ではないことがわかる。

⑶　実際の距離は，(地形図上の長さ)×(縮尺の分母)で求められる。この地形図の縮尺は12500分の1なので，地形図上で約8cmの長さの実際の距離は，8×12500＝100000(cm)＝1000(m)となる。

3　新型コロナウイルスの感染拡大を題材とした問題

⑴　世界保健機関はWHOと略され，世界の人々の健康増進や感染症《しょう》対策などの仕事を行っている。なお，イは世界貿易機関，ウは国連平和維持活動，エは国際オリンピック委員会の略称。

⑵　ア　北半球と南半球は赤道(緯度0度の緯線)を境としている。本初子午線とは，経度0度の経線のことである。　イ　北半球と南半球は季節が逆になるので，正しい。　ウ　最大の大陸であるユーラシア大陸は北半球にあり，南半球よりも北半球のほうが陸地の面積が大きい。　エ　北半球には人口が10億人以上の中国やインドなど，人口の多い国があり，南半球よりも人口が多い。

⑶　政令指定都市を3つ(横浜市，川崎市，相模原《さがみはら》市)かかえるのは全国でも神奈川県だけなので，イに神奈川県があてはまるとわかる。なお，印刷・同関連業製造品出荷額等が最も多いアには，日本の首都として多くの情報が集まり，出版・印刷業がさかんな東京都，農業産出額と生乳生産量が最も多いエには，近郊農業や酪農がさかんな千葉県があてはまる。残ったウは大阪府で，府内には大阪市と堺市という2つの政令指定都市がある。なお，東京都には政令指定都市がなく，千葉県では千葉市だけが政令指定都市になっている。

⑷　2020年までに，日本では1972年の札幌大会，1998年の長野大会という2回の冬季オリンピック大会が開催《かいさい》されている。

⑸　①　沖縄県は，観光業などの第三次産業にたずさわる人の割合が，東京都についで全国で2番目に多い。2020年4月に緊急事態宣言が出されると，本来であれば人出が多いGW(ゴールデンウィーク)期間の客足が見こめなくなったことから，飲食業や観光業は経営に大きな打撃《だげき》を受けた。統計資料は『日本国勢図会』2020／21年版による。　②　ゴールデンウィークは，4月末から5月上旬までの，休日が続く期間のことで，4月29日の昭和の日，5月3日の憲法記念日，5月4日のみどりの日，5月5日のこどもの日がこれにふくまれる。なお，アは10月の第2月曜日，イは7月の第3月曜日，ウは8月11日(いずれも東京オリンピック開催による日程変更はのぞく)。

4　日本の政治のしくみについての問題

⑴，⑵　内閣総理大臣は国会議員の中から国会が指名し，天皇が任命する。内閣は内閣総理大臣と国務大臣で構成され，国務大臣は文民(一般に，職業軍人の経歴を持たない人)でなければならないと規定されている。また，国務大臣は内閣総理大臣によって任命されるが，その過半数は国会議員でなければならない。

⑶　ア　閣議での意思決定は，多数決ではなく全員一致《いっち》によってなされる。　イ「国会」と「内閣」が逆である。　ウ　条例は地方自治体が法律の範囲《はんい》内で定める独自のきまりで，地方議会が制定する。内閣が定めるきまりは政令とよばれる。　エ　予算案の作成や審議《しんぎ》について，正しく説明している。

⑷　国会議事堂は，中央の建物と，正面から見てその左に衆議院，右に参議院がのびる石づくりの

建物で，ウがあてはまる。なお，アは日本銀行本店，イは東京駅，エは東京都庁。

⑸　①　衆議院は議員の任期が４年で，任期途中での解散があるのに対して，参議院議員の任期は６年で解散がない。そのため，任期が短く解散もある衆議院のほうが，国民の意思をより反映しやすいと考えられるため，いくつかの議決において，衆議院には参議院よりも強い権限が認められている。これを衆議院の優越という。　②　主権とは，国の政治の方針を決定する最終的な権限のことである。よって，「主権を持つ国民」ということの意味は，国の政治の方針を決定する最終的な権限を国民が持っているということを表す。

理　科　＜第１回試験＞（30分）＜満点：50点＞

解　答

1 ⑴　ア　⑵　エ　⑶　ウ　⑷　エ　⑸　エ　⑹　イ　2 ⑴　ウ　⑵　(例)　(卵の)から　⑶　エ　⑷　イ，エ　⑸　ア，オ　⑹　120匹　3 ⑴　北極星　⑵　**南**…C　**東**…B　⑶　①　エ　②　ア　⑷　①　はくちょう(座)　②　デネブ　③　ア　⑸　イ　4 ⑴　40cm　⑵　12cm　⑶　20cm　⑷　①　200　②　32cm　③　40g　5 ⑴　2L　⑵　イ　⑶　ウ　⑷　ア　⑸　イ　⑹　1.9g

解　説

1 小問集合

⑴　水溶液《すいようえき》の水をじょう発させるとき，固体のとけている水溶液ではとけていたものがあとに残るが，気体のとけている水溶液ではとけていた気体が空気中に逃《に》げていってしまい，あとに何も残らない。炭酸水は気体の二酸化炭素がとけた水溶液なので，水をじょう発させると，あとに何も残らない。

⑵　受粉は花のめしべの先に同じ種類の花の花粉がついたときに起こり，ア～エの植物は受粉するとめしべのもとにある子房《しぼう》の部分が実になり，子房の中にあるはいしゅが種子となる。よって，アはあやまりで，エは正しい。また，リンゴの花の花粉は虫によって運ばれ，ヒマワリは受粉するとかたいからのような実の中に種子ができるから，イとウはあやまりである。

⑶　太陽は地球から非常に遠くにあり，太陽が放つ光は地球に届くときにはほぼ平行な光線になっている。そのため，公園に並んで立っている木のかげは，ほぼ平行に伸《の》びて見える。

⑷　－10℃の氷のかたまりをあたためたとき，０℃になると氷がとけはじめる。氷がとけている間は０℃のまま温度が変わらない。そして，氷が全部とけて水になると再び温度が上がっていき，100℃になると沸《ふっ》とうして，沸とうしている間は100℃のまま変化しない。よって，エのグラフが選べる。

⑸　化石燃料(石油や石炭など)の大量消費は，大気中の二酸化炭素を増やし，地球の温暖化を進める原因となる。すると，海水面が上昇《じょうしょう》したり異常気象がもたらされたりするなど，環境《かんきょう》に悪い影響《えいきょう》をおよぼす。

⑹　2019年の終わりごろから新型コロナウイルスによる感染症《かんせんしょう》が世界的に流行し，WHO(世界保

健機関)はこの感染症を「COVID－19」と名づけた。

2 モンシロチョウについての問題

(1) モンシロチョウの幼虫はキャベツなどアブラナ科の植物の葉を食べて育つので，親はアブラナ科の植物の葉に卵をうみつける。

(2) 卵のからをやぶって出てきた幼虫は，はじめに自分が入っていた卵のからを食べる。

(3) 図では一番左の節が頭にあたる。それに続く左から２～４番目の節が胸で，これらの節に１対ずつツメ状のあしがついている。ツメ状のあしは成虫になったときのあしとなる。一方，きゅうばん状のあしは腹部に５対ついているが，このあしは成虫には見られない。

(4) モンシロチョウの幼虫が食べるアブラナ科の植物には，アブラナ，キャベツ，コマツナなどがある。

(5) こん虫が卵→幼虫→さなぎ→成虫とすがたを変えながら育つ育ち方を完全変態という。チョウのなかまのほか，甲虫(カブトムシ，ナナホシテントウなど)のなかま，アリやハチのなかまなどが完全変態をする。トンボ，カマキリ，コオロギなどは卵→幼虫→成虫の順に育ち，さなぎの時期がない(不完全変態)。

(6) この調査方法では，(全体のモンシロチョウの数)：(①で印をつけたモンシロチョウの数)＝(３日後につかまえたモンシロチョウの数)：(３日後につかまえたモンシロチョウのうち印がついている数)という比例式が成り立つ。全体のモンシロチョウの数を□匹《ひき》とすると，□：20＝24：４となるので，□＝20×24÷４＝120(匹)と求められる。

3 星座早見と星座の観察についての問題

(1) 星座早見は，窓のついた上盤《ばん》(地平盤)と星座がえがかれている下盤(星座盤)とを重ね合わせたつくりになっていて，上盤と下盤は中心でとめてある。Ｐはその中心にあたり，盤が回るときの回転の中心となる。この位置にある星は盤を回転させても動かないから，ここには地軸《ちじく》の北側の先にあり，１年中ほぼ同じ位置に見える北極星がえがかれている。

(2) 星座早見の中心に北極星があることから，Ａが北，Ｃが南である。星座早見は見たい方角を下にして持ち，上にかざして見るものなので，Ｂが東，Ｄが西となる。

(3) 上盤のふちには時刻の目もりが反時計回りの向きに書かれ，下盤のふちには月と日付の目もりが時計回りの向きに書かれている。

(4) ①，② 夏の夜の南の空には，天の川の中に十字型に並んだ星座が見られる。これははくちょう座で，デネブという１等星をふくむ。　③ 星座早見は見たい方角を下にして持ち，空にかざして見る。ここでは南の空を観察するので，アのように星座早見のＣを下にして持つとよい。

(5) オリオン座は冬の代表的な星座で，８月末の午後９時には見ることができない。北斗七星は北の空に１年を通して見ることができる。こと座とわし座ははくちょう座の近くに見られる。

4 てこのつり合いについての問題

(1) 物体を１つの点でつるして物体がつり合ったとき，そのつるした点を重心といい，重心には物体の重さが集まっていると考えることができる。ここでは，棒ABをＣ点でつるしたらつり合ったので，重心はＣ点，つまりＡ点から40cmのところにある。

(2) 図１では，棒ABを重心のＣ点でつるしているので，Ｃ点を支点として棒をかたむけるはたらきのつり合いを考える場合，棒ABの重さは考えなくてよい。よって，Ｃ点からＥ点までの距離《きょり》を

□cmとすると，50×12＝50×□が成り立ち，□＝12(cm)と求められる。

(3)　(2)でつるした２個の50ｇのおもりはつり合った状態なので，棒ABの重さや２個の50ｇのおもりの重さは考えなくてよい。つまり，追加するおもりの重さによるつり合いだけを考える。したがって，40ｇのおもりをＣ点から△cmのところにつるしたとすると，20×40＝40×△となり，△＝20(cm)になる。

(4)　①　FMはＦ点からＭ点までの距離であり，Ｆ点には200ｇのおもりをつるしたので，□には「200」があてはまる。　②　AMは，120÷２＝60(cm)，ADは，40－12＝28(cm)，ACは40cmなので，50×(60－28)＋240×(60－40)＝200×FMとなる。よって，50×32＋240×20＝200×FM，1600＋4800＝200×FMより，FM＝(1600＋4800)÷200＝32(cm)と求められる。　③　つり合った状態に60ｇのおもりとおもりＸを追加するので，これら２個のおもりのつり合いだけを考えればよい。Ｍ点からＢ点までの距離は60cmなので，おもりＸの重さを◎ｇとすると，60×40＝◎×60となり，◎＝40(ｇ)とわかる。

5　スチールウールの燃焼と重さの変化についての問題

(1)　空気はちっ素と酸素とが体積で４：１の比で混ざり合ったものなので，10Ｌの空気にふくまれる酸素の体積は，$10\times\frac{1}{4+1}=2$（Ｌ）である。

(2)　操作１では活せんを閉じたままなので，容器の中と外で物質の出入りはない。また，閉ざされた容器内でものが燃えるなどの反応があっても，反応の前後で全体の重さは変わらない。

(3)，(4)　スチールウールが赤く光って燃えたとき，容器内の酸素がスチールウールと結びついて減るぶん，容器内の気体が少なくなる。そのため，活せんを開くと，外から容器内に新しい空気が吸いこまれ，そのさいにシュッという音がする。よって，そのあと活せんを閉じて全体の重さをはかると，吸いこまれた空気のぶんだけ重くなる。

(5)　操作４でシュッという音がして外から新しい空気が入りこんだのに，操作５でスチールウールにまったく変化が見られなかったので，操作３の時点でスチールウールはすべて燃えつきたといえる。また，加熱を始めてからスチールウールが光らなくなるまでの時間が操作１と操作３で同じだったことから，操作１と操作３で反応にかかわったスチールウールと酸素の量は同じだったと考えられる。さらに，ここでは，はじめに「空気中の酸素がなくなると，金属は燃えることができなくなり，光らなくなります」とあることから，操作１でも操作３でも容器内の空気中の酸素がすべて反応したと考えられる。

(6)　スチールウールと結びついた酸素の重さのぶんだけ全体の重さが増え，２回の操作で3.8ｇ増えたことから，操作１でスチールウールと結びついた酸素の重さは，3.8÷２＝1.9(ｇ)となる。

国語　＜第１回試験＞（50分）＜満点：100点＞

解答

一　(1)　①～④　下記を参照のこと。　⑤　ひき(いる)　⑥　なごり　⑦　てんぼう　⑧　えんがん　(2)　①　エ　②　イ　③　オ　(3)　①　給　②　長　③　田　④　棒　(4)　イ　二　(1)　A　エ　B　ウ　C　ア　D　イ　(2)　ウ　(3)　1　思

い出すのも嫌な悲惨な出来事　**2**　視点　**3**　挫折への抵抗力をつけてくれた教訓　(4)　エ　(5)（例）出来事のもつ意味はひとつではなく，見方によってさまざまな意味をもたせることができるということ。　(6)　学生時代に〜裁したこと(があったこと。)　(7)　ウ

三　(1)　**A**　キ　**B**　エ　**C**　ク　**D**　ア　**E**　イ　(2)　エ　(3)（例）リボンが大けがをしたり，死んでしまったりしたのではないかということ。　(4)　私とすみれちゃんの魂を永遠につなぐ(存在。)　(5)（例）リボンが家に戻ってくること。　(6)　**1**　空を飛ぶために生まれてきた　**2**　門出　(7)　**ア**　○　**イ**　×　**ウ**　×　**エ**　○　**オ**　×

(8)（例）四年生のとき，一番の親友が北海道に引っこしました。そのときはもう会えないと思い，とても悲しい気持ちでした。でも，手紙をもらい，高校生になってからの再会を約束し，今はそれを希望に毎日を過ごしています。

●漢字の書き取り

一　(1)　①　委(ねる)　②　唱(える)　③　簡潔　④　準備

解　説

一　漢字の書き取りと読み，熟語の組み立て，四字熟語の完成，敬語の知識

(1)　①　音読みは「イ」で，「委任」などの熟語がある。　②　音読みは「ショウ」で，「唱和」などの熟語がある。　③　簡単でうまくまとまっているようす。　④　前もって用意すること。　⑤　音読みは「リツ」「ソツ」で，「効率」「引率」などの熟語がある。　⑥　物事が過ぎ去った後に，まだそれを思わせる気配などが残っていること。　⑦　見晴らし。ながめ。　⑧　川・海・湖などに沿った陸地。

(2)　①「心を決める」という意味で，上の字が動作を表し，下の字が動作の目的や対象になっている組み立てなので，「馬に乗る」と読めるエが合う。　②「明るい」「暗い」という反対の意味の組み合わせなので，「新しい」と，「古い」という意味の「旧」の組み合わせであるイがよい。　③　上の字が下の字の意味を打ち消しているので，打ち消しの「不」が上について「安心できない」という意味になるオが合う。

(3)　①「自給自足」のように人に頼《たよ》らず，自分で物事を行うようすを表す言葉には，「自主独立」などがある。　②「意味深長」と近い意味の四字熟語には，「意在言外」などがある。　③「我田引水」は，自分の田んぼだけに水を引き入れるという意味から，自己中心的なさまをいう。　④「針小棒大」のように大げさに言うことを表す言葉には，「大言壮語《そうご》」などがある。

(4)　先生の動作に「言う」の謙譲《けんじょう》語である「申し上げる」を使ったアは，尊敬語「おっしゃる」に直すのがよい。ウの「ご注意する」は謙譲語だが，相手の動作なので尊敬語の「ご注意なさる」を使うのがふさわしい。エの「ご案内なさる」は尊敬語なので，自分の動作に対しては謙譲語を用いて「ご案内いたします」とするのが正しい。

二　出典は榎本博明《えのもとひろあき》の『なぜイヤな記憶《きおく》は消えないのか』による。記憶はあいまいなものなので，視点を揺《ゆ》さぶることで，ネガティブな出来事にもポジティブな意味を見出《みいだ》すことができると述べられている。

(1)　**A**　記憶が塗《ぬ》り替《か》えられることを信じない人もいるだろうという内容が前にある。後には，記憶は揺らぎやすいといえる根拠《こんきょ》が示されているので，前の内容に反する内容が後に続くときに使わ

れる「だが」が合う。　**B**　人は意味を手がかりに思い出し，自分が感じる意味にふさわしい方向に記憶は歪《ゆが》むと前にある。後にはその例があげられているので，具体的な例をあげるときに使う「たとえば」が入る。　**C**　同じ図形に，「メガネ」「鉄アレイ」と異なる説明をつけて覚えさせ，その図形を思い出して書かせたと前にある。後には，説明によって思い出す図形に違《ちが》いがみられたと続く。よって，前の内容に続いて起こる内容を導くときに使う「すると」がよい。　**D**「書き換《か》える」を後で「改ざん」と言い換えているので，“要するに”とまとめて言い換えるときに使う「つまり」がふさわしい。

⑵　ぼう線部①を証明する実験について後に述べられている。同じ図形でも，その図形を何だと思って覚えたかによって記憶した内容に変化が生じたのだから，ウがあてはまる。

⑶　**1**，**3**　(中略)の直前の段落に注目する。「恋人《こいびと》に裏切られて泣き暮らした経験」という過去の記憶を，ネガティブなものとみなすなら「思い出すのも嫌《いや》な悲惨《ひさん》な出来事」となるが，ポジティブなものととらえるなら「挫折《ざせつ》への抵抗《ていこう》力をつけてくれた教訓」となる。　**2**　出来事には絶対的な意味はなく，意味を決めるのは「視点」であり，視点を揺さぶれば別の意味にも取れるとぼう線部②の三，四段落後に書かれている。

⑷「はらわたが煮《に》えくり返る」ようだったとたとえられる出来事とは，「腹立たしかった」出来事になる。

⑸「多義図形」とは，同じ文の前半部分の例にあるように，さまざまな見方ができる図形のこと。「多義図形」と同じように，出来事のもつ意味はひとつではなく，見方によってさまざまな意味をもたせることができるということをぼう線部④は述べている。

⑹「それ」は，当事者たちの記憶にないために，なかったことになっている出来事を指している。直前の文に述べられた，「学生時代に目の前の２人が激しく口論し，私が仲裁《ちゅうさい》したこと」があったことが「それ」にあたる。

⑺　ア　自分の記憶を他者のものであるかのようにすることではなく，他人の視点を自分の中に積極的に取り込《こ》むことが有効だと述べられている。　イ　人生経験を積むことは「非常に気長な話」であり，「手っ取り早い」とされているのは，人と語り合うことである。　ウ　人間の記憶が固定的でないことは本文最初の部分に，当時と異なった視点で物事を見ることの有用さは本文後半に書かれている。　エ　本文では，他者と語り合うべき内容を過去にあった嫌な出来事に限定してはいない。

三　**出典は小川糸《おがわいと》の『リボン』による**。祖母の「すみれちゃん」と「私」が卵からかえし，大切に育ててきたインコの「リボン」は，大空に飛び立っていってしまう。

⑴　**A**　リボンは「私」の帰宅を待ちこがれているのだから，「私」の帰宅時間が近づくと「そわそわ」し始めると考えられる。「そわそわ」は，落ち着かないようす。　**B**　力強く抱《だ》きつくようすを表す言葉が入るので，「ぎゅっと」がよい。　**C**　涙《なみだ》を流すようすを表す言葉が合うので，涙などがこぼれ落ちるようすをいう「ぽろぽろ」があてはまる。　**D**　すみれちゃんが，リボンが飛び去った空を見上げるようすを表す言葉が入る。よって，ぼう然としてぼんやりしたようすをいう「ぽかんと」が合う。　**E**　墨汁《ぼくじゅう》を一滴《いってき》落としたようすを表すには，「ぽとんと」が適当である。

⑵　リボンへのプレゼントである，スミレの花をあしらったハコベのブーケがとてもかわいくでき

あがったので，きっとリボンは喜んでくれるだろうと，「私」の気持ちははずんでいる。よって，エがふさわしい。

(3)　すみれちゃんのようすから，リボンが逃《に》げてしまったのではないかと推測した「私」は，リボンが大けがをしたり，「もっと最悪のこと」になったりしたわけではなかったようで，少しホッとしている。大けが以上に「最悪のこと」とは，リボンが死んでしまうことといえる。

(4)　本文の最後のほうに，宝物だったのはリボン自身ではなく，すみれちゃんと共に卵をかえし，リボンを育て，一緒《いっしょ》に遊んだ時間のすべてだと書かれている。つまり，リボンは「私とすみれちゃんの魂《たましい》を永遠につなぐ」存在だったと考えられる。

(5)「奇跡《きせき》」が起きるかもしれないと思った「私」はすぐには家に入らず，空を見上げていたが，ついに「奇跡は起きなかった」とあきらめて家に入ったのだから，「奇跡」とはリボンが家にもどってくることを意味している。

(6)　**1**　リボンに生えた風切り羽は，大空を羽ばたくために神様が与《あた》えてくれたもので，リボンは「空を飛ぶために生まれてきた」のだと「私」は考えている。　**2**　鳥であるリボンにとって，大空に羽ばたいていった今日は「門出」の日なのだと「私」は思おうとしている。

(7)　**ア**「嫌な予感が，夕立みたいに」「子どものように力強く」「弱々しい息のような声」「蠟《ろう》人形みたいに固まって」などのたとえの表現から，「私」やすみれちゃんの心情やようすが生き生きと伝わるので，合う。　**イ**　リボンの外見については「黄色い鳥」「墨汁を～落としたようなつぶらな瞳《ひとみ》」としか描《えが》かれておらず，取り立ててあでやかな印象は受けない。　**ウ**　ほぼ会話文からなるとはいえないうえ，「！」「？」によって登場人物の性格を表しているともいえない。　**エ**　物語は「私」の視点から描かれているので，あてはまる。　**オ**　祖母のすみれちゃんはかわいがっていたリボンを逃がしてしまったことで取り乱しているが，「私」の成長を表現するために幼い子どものように描かれているのではない。

(8)　制限字数から，三～四文程度でまとめるとよい。まず，大切な人と別れたり，大切なものを失ったりした経験の内容をわかりやすく述べる。次に，そのときにどう思い，どういう気持ちになったかを書く。悲しくつらい気持ちになったことだけでなく，その後，気持ちを立て直したきっかけなどを書いてもよい。

2021年度　茨城キリスト教学園中学校

〔電　話〕　(0294)52－3215
〔所在地〕　〒319－1295　茨城県日立市大みか町６－11－１
〔交　通〕　JR常磐線―「大みか駅」より徒歩７分

【適性検査Ⅰ】〈第２回・適性検査型試験〉（45分）〈満点：100点〉

1　よしやさんは，メダルを集めていて，メダルを保管するための入れ物を作ろうと考えています。

よしや：**図１**のような，３種類の直方体の形をした木材のパーツを組み合わせて，メダルを保管する入れ物を作ろうと考えているよ。

みのり：**図１**の木材は，すべて厚さが１cm なんだね。

よしや：そうだよ。**図２**のように，**図１**のそれぞれのパーツを２枚《まい》ずつ，同じパーツが向かい合う面になるように組み合わせて，直方体の形をした立体を作ったあと，**図３**のように，外側の面すべてに色をぬるよ。

みのり：色をぬったら，**図４**のように，穴《あな》をあけて貯金箱のような形にするのね。

よしや：うん。**図３**で，色をぬる部分の面積は，**図１**のそれぞれのパーツが２つ分だから，（12cm × 10cm ＋ 14cm × 12cm ＋ 14cm × 8 cm）× 2 ＝ 800（cm^2）だね。

みのり：そうかしら。**図３**では，木材の厚みの部分にも色をぬっているから，800cm^2 ではないと思うわ。

よしや：たしかに，みのりさんの言う通りだね。もう一度考えてみるよ。

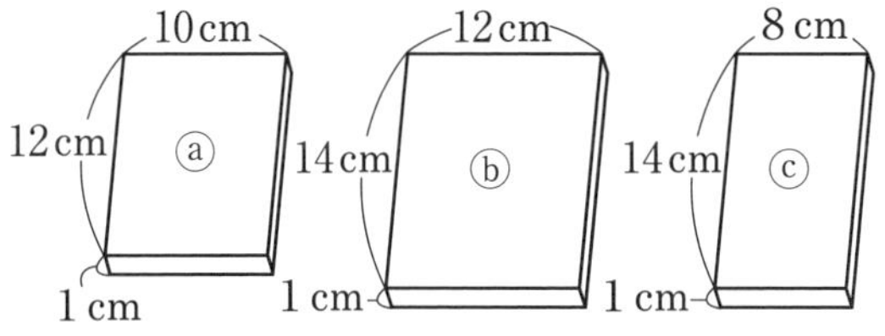

図１　木材のパーツ

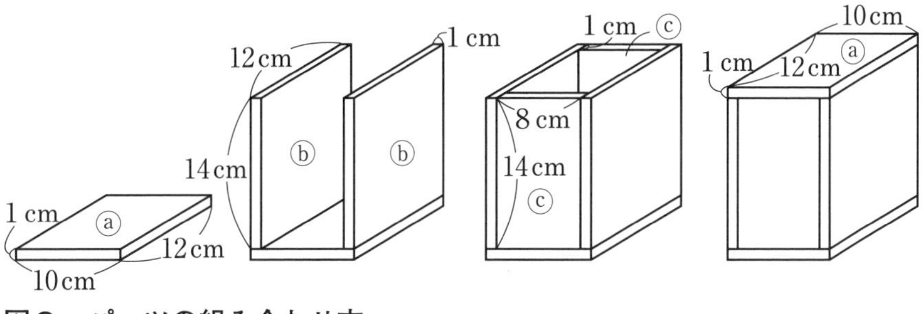

図２　パーツの組み合わせ方

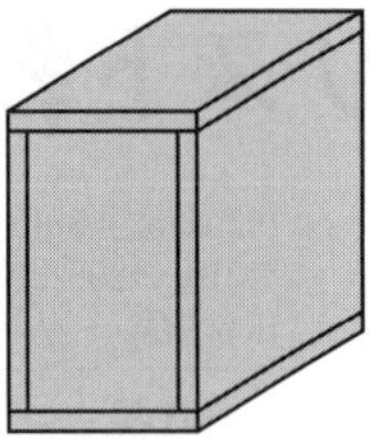

図３　色のぬり方

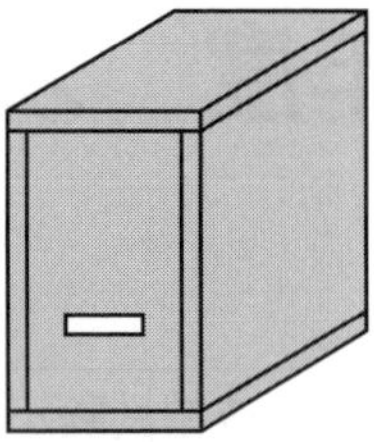

図４　完成図

問題１　図３で，色をぬる部分の面積は何 cm^2 か，数を書きなさい。

よしやさんは，**問題１**で作った入れ物に，何枚かメダルを入れました。

よしや：ぼくが集めているメダルは３種類あるんだ。それぞれのメダル１枚の重さは，**表１**の通りだよ。どのメダルを何枚入れたか覚えていないけれど，入れ物を開けずに調べられないかな。

表１　メダルの重さ

メダルの種類	１枚の重さ
A	2 g
B	3 g
C	6 g

みのり：メダルが入った入れ物の重さから求めることができないかしら。今，はかりで入れ物の重さを量ってみたら，ちょうど 70g だったよ。

よしや：メダルを入れる前の，入れ物だけの重さは 52g だったよ。それと，入れ物の中に入れたメダルは２種類だけだよ。

みのり：それなら，入れ物の中に入っているメダルの種類と枚数として考えられる組み合わせは全部で［　　　］通りだね。

よしや：なるほど。たしかに，そうだね。

問題２　会話文中の［　　　］にあてはまる数を書きなさい。

2　よしやさんは，フリーマーケットで，友だちと人形を作ってはん売します。

よしや：今日は４月３日で，フリーマーケットは４月30日に行われるから，フリーマーケットまでもうすぐだね。（**図１**）

みのり：フリーマーケット当日の２日前までに，300個の人形を完成させる予定だよね。今，完成している人形は12個あるけれど，１日あたり何個ずつ作れば，300個完成させることができるかな。

日	月	火	水	木	金	土
				1	2	3
4	5	6	7	8	9	10
11	12	13	14	15	16	17
18	19	20	21	22	23	24
25	26	27	㉘ 人形完成	29	㉚ 当日！	

図１　４月のカレンダー

よしや：ぼくたちをふくめて，人形を作る係は４人だよね。土曜日と日曜日は作業をしないから，１人が平日の１日あたりに最低［　ア　］個完成させれば，当日の２日前までに300個完成させることができるよ。

みのり：そうね。がんばって作りましょう。

問題１　会話文中の［　ア　］にあてはまる数を書きなさい。

よしや：無事，300個の人形を完成させることができたね。

みのり：このうちの８割《わり》を売ると，売り上げがちょうど60000円になるように，人形の１個あたりの値《ね》段《だん》を決めよう。

よしや：そうしよう。

⋮

みのり：すべての人形が売れてよかったね。

よしや：そうだね。売り上げはどのくらいだったのかな。最後の40個は，売り値の［　イ　］%引きで売ったよね。

みのり：そうだったね。300個の人形を作るのにかかった金額の合計は24000円で，売り上げの合計は，作るのにかかった金額の合計のちょうど３倍になったよ。

問題２　会話文中の［　イ　］にあてはまる数を書きなさい。また，どのように求めたのか，言葉や数，式，図，表などを使って説明しなさい。ただし，消費税は考えないものとします。

3 よしやさんは，スポンジの上にものをのせたときのへこみかたについて，みのりさん，まさとさんと話しています。

よしや：去年の冬にスキーに行ったよ。
みのり：スキーってむずかしそうよね。よしやさんはうまくすべれたの？
よしや：コーチに教えてもらいながら，少しずつすべれるようになったよ。雪山では，スキー板をつけていると雪の上をすべれるのに，スキー板をつけていないと，靴《くつ》が雪の中にうもれてしまうんだよ。
まさと：あ！　ビーズクッションの上に立つと足がクッションにうもれてしまうけど，クッションに寝転《ねころ》ぶとあまりしずまないのと同じじゃないかな？
みのり：つまり，同じものをのせるときに，のせ方でへこみ方が変わることがあるのね。
よしや：スポンジを使って，雪の上で起こったことを再現できないかな。スポンジがへこむのは，［　　　　］からだよね。スポンジの上に，何をどのようにのせると大きくへこむか，調べてみたらどうだろう。
まさと：おもしろそうだね！　面積が大きい板を１枚，小さい板を１枚，それから重さが重いおもりを１個，軽いおもりを１個用意して，みんなでそれぞれ板とおもりの組み合わせを変えて，スポンジのへこみを調べるのはどうかな。
みのり：いいアイディアね。それではさっそく，実験してみよう。

図１

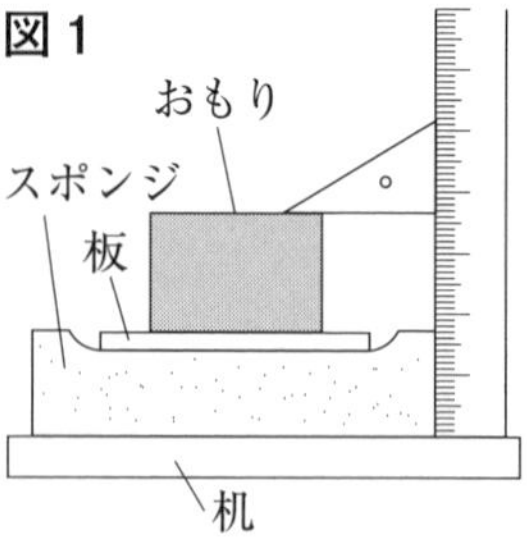

表１　スポンジのへこみ

結果	スポンジのへこみ
あ	10mm
い	2.5mm
う	5 mm

３人は，面積が100cm^{2}の板を１枚，50cm^{2}の板を１枚，重さが100gのおもりを１個，50gのおもりを１個用意し，よしやさんは100cm^{2}の板と100gのおもり，まさとさんは50cm^{2}の板と100gのおもり，みのりさんは100cm^{2}の板と50gのおもりを使い，**図１**のようにしてスポンジの上にのせ，スポンジのへこみを調べて**表１**にまとめました。ただし，板の重さは考えず，スポンジのへこみは，スポンジの１cm^{2}あたりに加わる力の大きさに比例するものとします。

問題１　会話文中の［　　　　］に入るように，スポンジがへこむ理由を書きなさい。

問題２　**表１**の**あ**，**い**，**う**の結果は，それぞれよしやさん，まさとさん，みのりさんのだれの結果ですか。それぞれ名前を書きなさい。

問題３　スポンジのへこみを大きくするには，板の面積，おもりの重さをどうすればよいですか。「面積」「重さ」という言葉を使って書きなさい。

4 みのりさんとよしやさんは，水よう液について話しています。

みのり：昨日，ナスのつけものをつくるのを手伝ったの。ミョウバンをお湯にとかしたものにナスをつけると，きれいな色のつけものができるそうよ。残ったミョウバンをお湯にとかしてそのままにしておいたら，次の日，水よう液の下のほうに白いつぶが見えていたわ。

よしや：何のつぶなのかな？

みのり：その白いつぶを水よう液からとり出して観察することはできないかな？

よしや：水と白いつぶをろうとを使って□するると，分けることができるよ。そして，分けた白いつぶをルーペで見てみようよ。

みのり：四角すいを２つ合わせたような，８面体に見えるわ。（**図１**）

よしや：それはミョウバンの結晶《けっしょう》じゃないかな。

みのり：なぜミョウバンの結晶が出てきたのかな。

よしや：はじめにミョウバンをとかしたときよりも，水よう液の温度が下がって，水にとけきれなくなったミョウバンが出てきたからではないかな。

みのり：水よう液の温度が下がると，固体のつぶをとり出せるんだね。<u>海水には食塩がとけているから，海水の温度を下げると食塩をとり出せる</u>のかな。

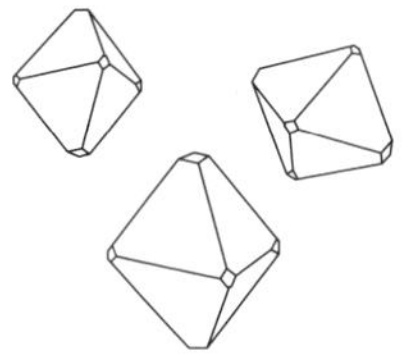

図１　ミョウバンの結晶

問題１　お湯（水）にとけているミョウバンのつぶのようすを，モデルで表したものはどれですか。**ア**～**エ**の中から選んで，その記号を書きなさい。ただし，水のつぶはかかれていません。

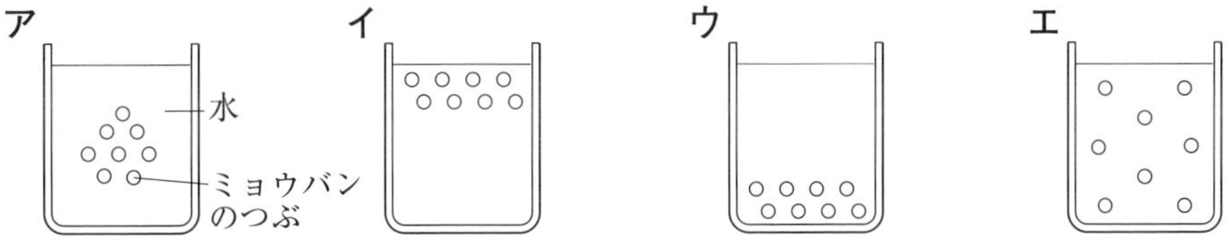

問題２　会話文中の□にあてはまる，固体のつぶと液体とを分ける操作《そうさ》の名前を書きなさい。

問題３　下線部について，みのりさんが調べたところ，海水の温度を下げても食塩はとり出せないことがわかりました。**図２**は，ミョウバンと食塩について，水の温度と，100gの水にとけるものの重さをまとめたものです。食塩のとける重さを表したグラフは，A，Bのどちらですか。また，そのように考えた理由を書きなさい。

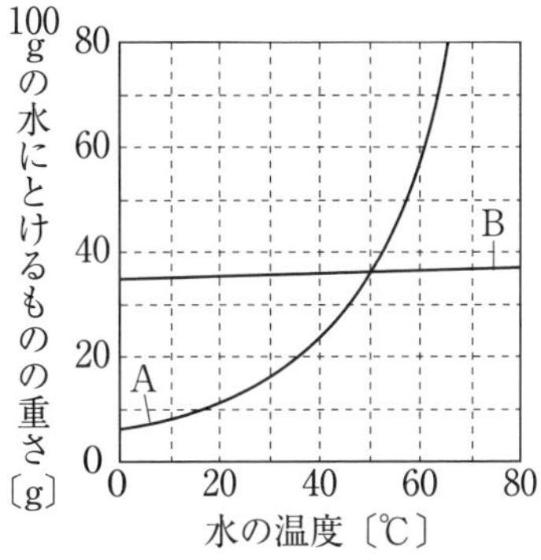

図２　水の温度ととけるものの重さの関係

5 みのりさんとよしやさん，まさとさんは，太陽光パネルについて話をしています。

みのり：よしやさんの家は，屋根に何かがのっているね。（**図１**）あれは何？

よしや：ぼくの家の屋根には，太陽光パネルがのっているよ。太陽光パネルに光が当たると発電するので，その電気を家で使えるんだ。

まさと：それなら，屋根にたくさん太陽光パネルをのせた方がよさそうだよね。でも，よしやさんの家の屋根を見ると，バス停から見て右側にはパネルがのっているけど，左側にはのっていないよ。

よしや：ぼくの家は，バス停から見て右側が南で，左側は北なんだ。太陽光パネルは，北側に設置するよりも南側に設置する方が効率よく発電できるんだよ。

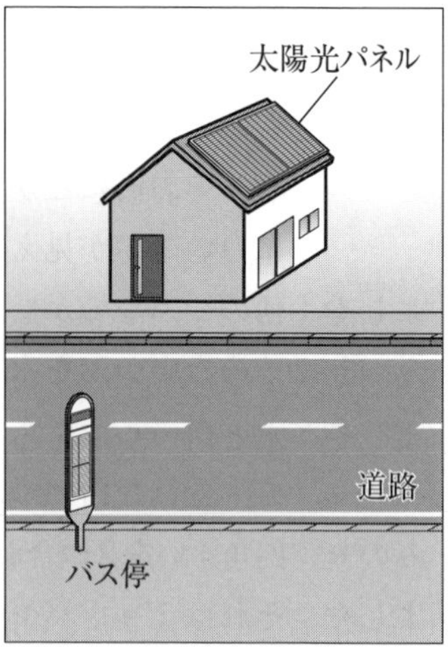

図１　よしやさんの家の太陽光パネル

問題１　太陽光パネルが北側には設置されていない理由を，太陽の１日の動きに着目して説明しなさい。

よしやさんとみのりさん，まさとさんは，その後，先生といろいろな発電方法について話し合いました。

先　生：太陽光発電は，太陽光がパネルに当たると発電するしくみで，自然のエネルギーを使った発電方法なので注目されています。みなさんは，ほかにどのような発電方法を知っていますか？

よしや：日本には水が豊富にあり，水力発電をしています。山にダムをつくり，水を高いところにためてから落とすことで，高いところにためた水がもつエネルギーを使い，発電をします。（**図２**）

みのり：火力発電もしています。石油や天然ガスなどを燃やした熱で水を水蒸《すいじょう》気《き》にして，その水蒸気でタービンを回して発電します。

まさと：原子力発電があります。ウランの核分裂《かくぶんれつ》によってとり出したエネルギーを熱のエネルギーにかえて，火力発電と同じようにタービンを回して発電します。

先　生：みなさん，よく知っていますね。どの発電方法にも，すぐれた点と問題点があります。これらの発電方法と，太陽光，風力などの自然由来の発電方法を使い分けて，環境《かんきょう》に負担《ふたん》をかけないように発電する必要があります。

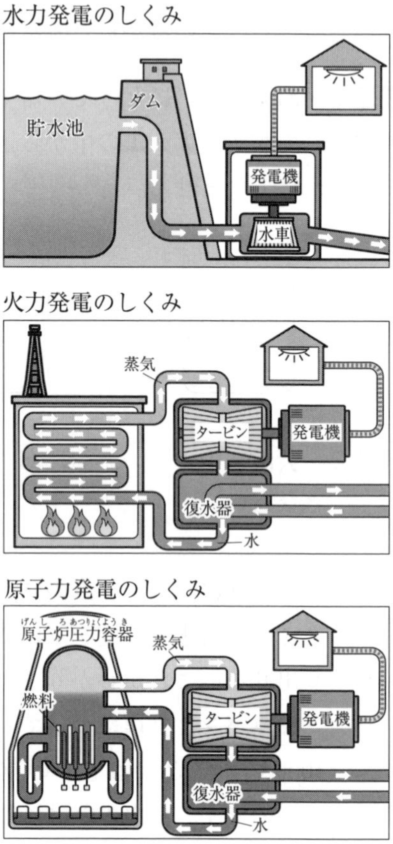

図２　発電のしくみ

問題２　水力発電，火力発電，原子力発電について，それぞれの問題点を書きなさい。

よしやさんは，家に帰ってから，太陽光発電についてさらに話をしました。

よしや：太陽光発電は，日本でもかなり使われるようになったけれど，日本の発電量のうち，どのくらいの割合《わりあい》をしめているのだろう。

母　：**表１**を見ると，2018 年度では，全体の発電量の［　ア　］%が太陽光発電によるものということがわかるわね。

よしや：ところで，太陽光パネルで，どのくらいの電力を作り出すことができるのかな。

母　：40 時間くらいテレビを見ることができる 10kW を作り出すのに必要な太陽光パネルの面積は，約 $48m^2$ だそうよ。太陽光パネルは 1 枚《まい》 150cm × 80cm だから，10kW を作り出すのには，［　イ　］枚の太陽光パネルが必要ね。

よしや：太陽光発電以外にも，**図３**の風力発電や**図４**の地熱発電など，再生可能エネルギーによる発電方法が広がっていると聞いたけれど。

母　：再生可能エネルギーとは，［　ウ　］のことよね。これからは，このようなエネルギーが多くなる必要があるわね。

表１　日本の発電量　（単位　百万 kWh）

年度	水力	火力	太陽光	合計
2010	90681	771306	22	1156888
2017	90128	861435	15939	1007341
2018	87398	823589	18478	1000409

（「日本のすがた 2020」より作成）

図３　風力発電

〔編集部注…ここには，風力発電機（風車）が複数並んでいる様子を写した写真がありましたが，著作権上の問題により掲載《けいさい》できません。〕

図４　地熱発電

〔編集部注…ここには，地熱発電所を写した写真がありましたが，著作権上の問題により掲載できません。〕

問題３　会話文中の［　ア　］にあてはまる数を書きなさい。ただし，**ア**は四捨《しゃ》五入して，$\frac{1}{10}$の位まで求めなさい。

問題４　会話文中の［　イ　］にあてはまる数を書きなさい。そのとき，計算に使った式を解答用紙に書きなさい。また，**イ**は整数で答えなさい。

問題５　母とよしやさんの会話が成り立つように，［　ウ　］に入る内容を書きなさい。

【適性検査Ⅱ】　〈第２回・適性検査型試験〉　(45分)　〈満点：100点〉

1　まさとさんとななみさんは，自分たちが住んでいる日立《ひたち》市が，鉱山や工場をもとにして発展してきたことを知り，総合的な学習の時間の授業で，日本各地の工業の発展について調べました。

まさと：日本は，明治《めいじ》時代から国を強くするために国をあげて産業を育成したね。
ななみ：そうだね。製糸業から工業は発展して，八幡《やはた》製鉄所がつくられてからは，重化学工業も行われるようになったわね。
まさと：工業とともに，鉄道や道路の建設も進んで，産業は発展したね。
ななみ：でも，いいことばかりではなくて，足尾《あしお》銅山では鉱毒《こうどく》事件がおきたわ。
まさと：日本の公害問題の原点といわれる事件だね。田中正造《たなかしょうぞう》が事件の解決に力をつくしたことで知られているね。
ななみ：第二次世界大戦後も，産業の発展の中で，多くの公害問題が発生したようだね。

問題１　会話文中の足尾銅山が存在した都道府県名を書きなさい。

問題２　会話文中の下線部（多くの公害問題）について，1965年から1975年にかけて公害が進行した理由とその対策について，**資料１～資料４**からそれぞれ読み取れることにふれて，「石油」「重化学工業」という言葉を使って説明しなさい。

資料１　日本のエネルギーの供給《きょうきゅう》量の変化

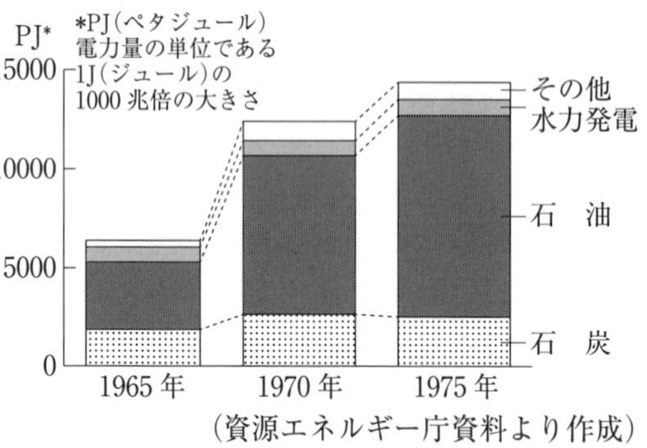

（資源エネルギー庁資料より作成）

資料２　重化学工業と軽工業の製造品出荷《しゅっか》額等の割合

年	重化学工業	軽工業
1965	55.9％	44.1％
1970	62.3％	37.7％
1975	61.0％	39.0％

（「数字でみる日本の100年第７版」より作成）

資料３　日本の名目GDPと貨物輸送量の変化

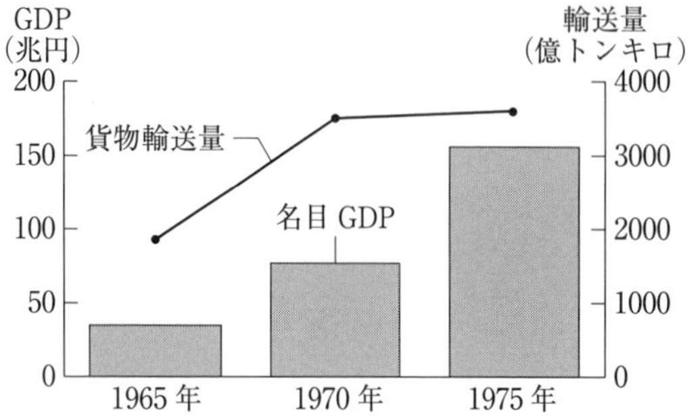

※GDP…一定期間内に国内で生産されたものの合計額。
（「数字でみる鉄道2012」などより作成）

資料４　企業《きぎょう》の公害防止投資額の変化

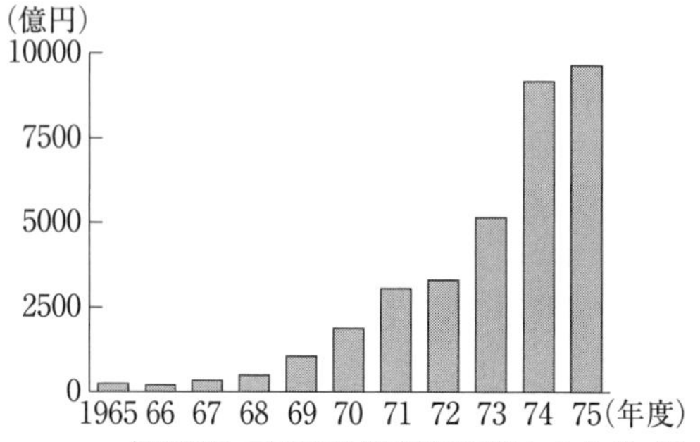

（通産省「民間設備投資実績」より作成）

まさと：1950年代から1960年代にかけては，公害病が発生したようだね。

ななみ：四大公害病といわれるものね。富山《とやま》県，熊本《くまもと》県，三重《みえ》県，新潟《にいがた》県で発生した公害病のことだよね。

まさと：工場から出るけむりが原因でぜんそくになったり，化学工場の排《はい》水にふくまれた物質が原因で手足がまひしたりするなどの病気に苦しむ人が出たんだ。

ななみ：現在でも，健康ひ害で苦しんでいる人がいるそうよ。四大公害病が発生した4つの県について調べてみましょう。

問題3　まさとさんとななみさんは，4つの県について比かくするため，**資料5**を作りました。**資料5のA～D**は，富山県，熊本県，三重県，新潟県のいずれかを示しています。解答用紙にある4つの県にあてはまる記号を書きなさい。また，**資料6**を見て4つの県の位置を**ア～エ**の中からそれぞれ選んで，記号を書きなさい。

資料5　4つの県の特ちょう

	A	B	C	D
①面積〔km^2〕	4248	7410	12584	5774
②人口〔万人〕	105	176	225	179
③米の生産量〔万t〕	21	18	63	14
④県庁所在地の1月の平均気温と降水量	2.7℃ 259.5mm	5.7℃ 60.1mm	2.4℃ 186.0mm	5.3℃ 43.9mm
⑤県庁所在地の7月の平均気温と降水量	24.9℃ 240.4mm	27.3℃ 400.8mm	24.3℃ 192.1mm	26.3℃ 180.3mm

※①，②，③は2018年の値，④，⑤は1981年～2010年の平均値
(「データでみる県勢2020」「理科年表2020」より作成)

資料6　4つの県の位置

まさと：公害をなくすために，自分たちが取り組めることはないのかな。

ななみ：ものをたくさん作って，たくさん捨《す》てるという社会を「大量生産・大量消費社会」と呼《よ》ぶようだけれど，このような社会を見直す取り組みがあるようね。

まさと：「循環《じゅんかん》型社会」を目指す取り組みのことだね。

問題4　まさとさんとななみさんは，循環型社会を作る動きについて調べ，次ページの**資料7～資料9**を集めました。これらの**資料**から，循環型社会とはどのような社会であると言えるでしょうか。**資料7～資料9**からそれぞれ読み取れることにふれて，80字以上100字以内で書きなさい。ただし，「，」や「。」も1字に数え，文字に誤《あやま》りがないようにしなさい。

資料７　４Ｒについて

・４Ｒとは,「リフューズ（Refuse)」「リデュース（Reduce)」「リユース（Reuse)」「リサイクル（Recycle)」のことであり，頭文字の４つのＲから４Ｒと呼ばれる。
・「リフューズ」とは,「断る」ことで，ごみになるものを家庭に持ちこまないように，不要なものを買わないこと。
・「リデュース」とは，ものを大事に使って，ごみをなるべく出さないようにすること。
・「リユース」とは，同じ製品を修理してくり返し使用する，または，人にゆずること。
・「リサイクル」とは，ごみになる前に，資源にして新しい製品に生まれ変わらせること。

資料８　循環型社会のしくみ

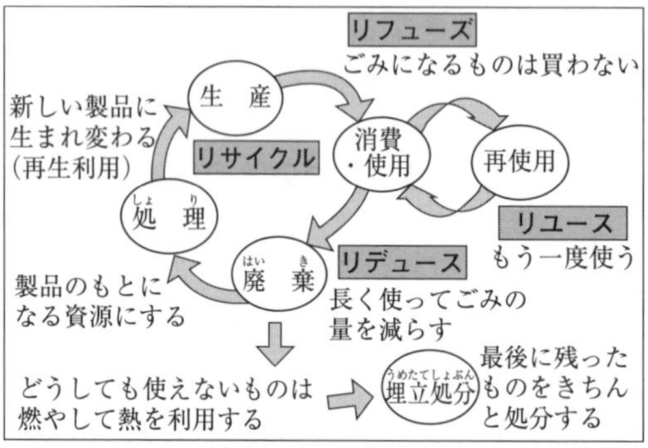

(「日本のすがた 2020」より作成)

資料９　ごみの排出量の変化

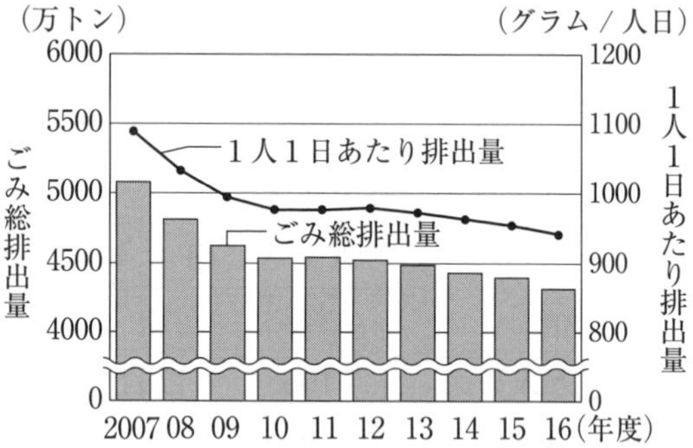

(「日本のすがた 2020」より作成)

ななみ：「循環型社会」を目指す取り組みは，すでにさまざまなところで行われているようね。たとえば，食べられる食器を作っている会社があるそうよ。

まさと：ふつう，プラスチックは自然には分解されないのだけれど，地中にうめると，び生物が分解してくれる，生分解性プラスチックというものもあるようだね。

ななみ：これらの取り組みについても調べてみましょう。

資料 10　食べられる食器

資料 11　生分解性プラスチックの製品にあたえられるマーク

(日本バイオプラスチック協会による認定マーク)

問題５　資料 10 や資料 11 のような，食べられる食器や自然に分解される生分解性プラスチックを作る目的を書きなさい。

2 まさとさんたちは，クラスで行われる国語弁論《べんろん》大会の予選に向けて，グループを作っておたがいに発表の練習をしています。まさとさんは，よしやさんとななみさんと，「伝わりやすい発表をするための工夫《くふう》」について考えています。

まさと：話す内容はだいたい決まったけれど，みんなにうまく伝えられる自信がないなあ。
よしや：大きな声で堂々《どうどう》と，話したいことを話せばそれでいいと思うな。
ななみ：本当にそれだけでいいのかしら。聞いてくれる人がいるんだから，ちゃんと内容が伝わるように工夫したいな。
まさと：どうしたら内容が伝わりやすい発表になるかな。
よしや：この本に「言葉の伝え方」について書いてあるから読んでみようよ。

資料１

日本語を正しく使って自分の思い，その場にあった的確なメッセージを伝えられるようになるためには何が必要でしょうか。

どうすれば聞き手に伝わるか，ということでは，（中略）自分勝手な言葉遣《づか》いをしていては伝わりません。つまり言葉の「しくみ」ですね。

またはどういう場面であり，聞き手はどういう受け入れ態勢にあるかを考えなければいけません。それが言葉の「運用」です。

書く場合と話す場合では異《こと》なりますが，聞き手が面前にいる話し言葉のような場合には，聞き手がどういう反応《はんのう》をするかを見ながら言葉を考えます。書く時にも読み手がどう反応するかを慮《おもんぱか》りながら書きます。そして伝わるように工夫をしながら話を進めることが大切です。

つまり聞き手や読み手に対する思いやりです。

聞き手の状況《じょうきょう》を知って，自分勝手でなく聞き手の身になる。そうすれば，言ってはいけない禁忌《きんき》的な言葉も使わないでしょうし，もっと言葉が伝わるように工夫もするでしょう。

敬語《けいご》は言葉の使い方の一つですが，その前提に敬意があります。聞き手や第三者の動作や状態について高める気持ちです。それから，聞き手との距離《きょり》に対する配慮《はいりょ》があります。他人なのか，親しい仲なのか，どれだけ親しいのかを考えながら伝える必要があります。これを間違《まちが》うと敬意が伝わりません。初対面の聞き手に，「お前は」と伝えると反発されてしまいます。

もちろん思いやりだけでなく，日本語の基礎《きそ》的な能力も重要です。

場面や聞き手の気持ちをきちんとくみとっていても，伝え方を知らない人は的確に伝えることができません。いくら伝えたいことがあっても知らない外国語はしゃべれないことと同じです。英語を知らなければ，英語しかできない人にはいくらニコニコしていても敬意を伝えられません。それと同じように，言葉の能力がなく，適切な表現ができなければ伝わりません。

（北原保雄《きたはらやすお》「勘《かん》違いの日本語，伝わらない日本語」による）

ななみ：聞き手にうまく伝えるためには，伝えたいことを自分勝手に話すだけではだめなんだね。

よしや：聞き手の反応を見ながら話すことが大切みたいだよ。

まさと：国語弁論大会の聞き手は親しい友達だけではないことにも，気をつけないといけないね。

ななみ：筆者は，伝えたいことをうまく伝えるためには，□と述べているんだね。

まさと：そうだね。さらに，適切な表現をするための言葉の能力も必要だと述べているね。言葉の選び方については，この**資料**が参考になりそうだよ。

資料２

(a) と (b) は同じ意味の言葉だと思いますか。それとも，使い分けのできる言葉だと思いますか。

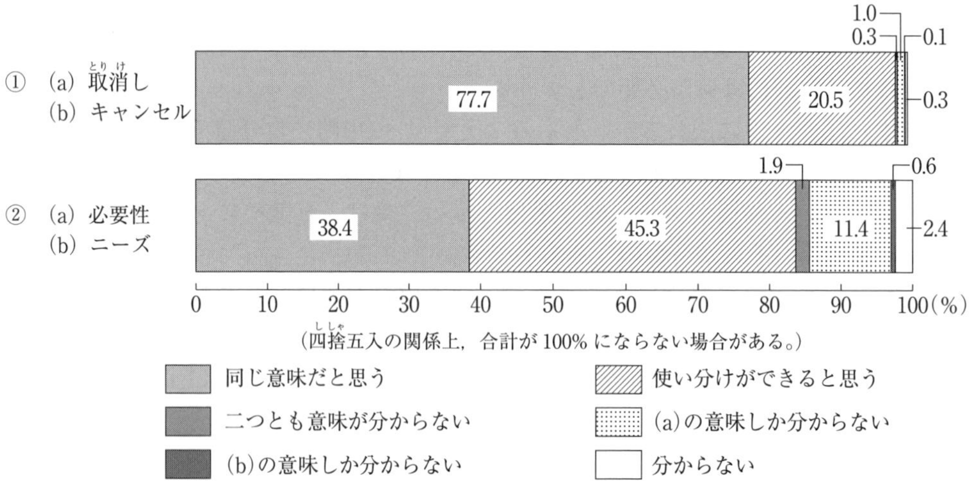

(「平成25年度『国語に関する世論調査』(文化庁)」より作成)

問題１　会話が成り立つように，□に入る内容を書きなさい。□には，伝えたいことをうまく伝えるために必要なことを，45字以上55字以内で書きなさい。ただし，「,」も１字に数え，文字に誤《あやま》りがないようにしなさい。

問題２　**資料１**と**資料２**を参考にして，「発表をするときにどのような心がけをしたいか」についてのあなたの考えを，100字以上130字以内で書きなさい。ただし，「,」や「。」も１字に数え，文字に誤りがないようにしなさい。

3　まさとさんとななみさんは，近くの小高い公園がある場所に行って，フィールドワークをしました。

まさと：このあたりは，なだらかなけいしゃがあって，川が流れている場所もあれば，そうではない場所もあるね。

ななみ：そうだね。土地の利用も，ももを栽培《さいばい》している場所もあれば，水田として利用している場所もあるね。

まさと：土地の利用は，川と関係があるのかな。

ななみ：気温などの気候も関係があるのかもしれないね。

問題１　まさとさんとななみさんは，自分たちがいる場所の断面図を見つけました。また，ももの栽培に適する条件を見つけました。ももの栽培に適する場所はどこになりますか。**資料２**をもとに，**資料１**の断面図中の**ア～ウ**の中から一つ選び，記号を書きなさい。

問題２　まさとさんとななみさんは，ももの栽培がさかんな山梨《やまなし》県の気候について調べて，山梨県の県庁所在地である甲府《こうふ》市についての**資料３**を見つけました。**資料３**をもとに，ももの栽培に適した気候を，３つのグラフにふれて，説明しなさい。

資料１　断面図

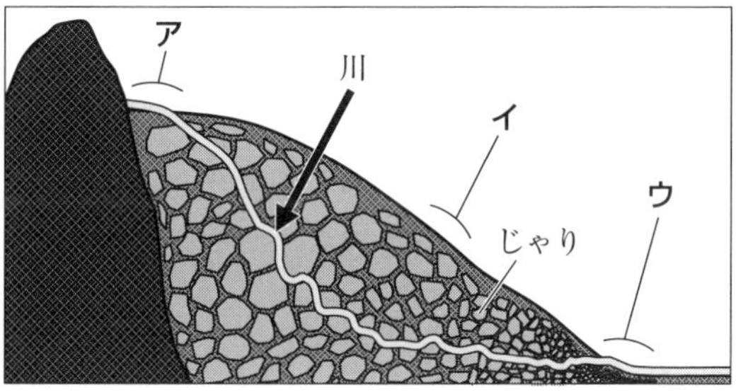

資料２　ももの栽培に適した場所

・水はけのよいところ。
・日あたりのよいしゃ面。

資料３　甲府市と東京の比かく

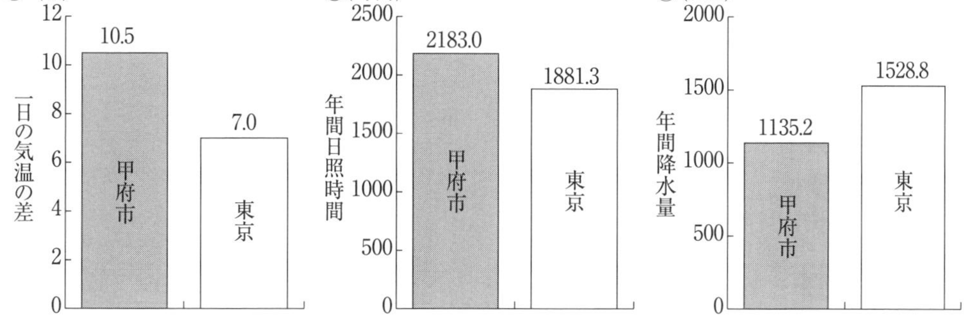

（ＪＡ山梨ホームページより作成）

まさとさんとななみさんは，フィールドワークで見つけたバラについて話をしています。

まさと：フィールドワーク中にきれいなバラの花が咲《さ》いていたのを見た？

ななみ：見たわ。とってもきれいだったよね。でも，母から聞いたのだけど，バラの花はつぼみがゆるんだくらいから，八分咲《はちぶざ》きのころまでに，花摘《つ》みといって，花を切ってしまうんだって。

まさと：もったいないね。でも，どうして花摘みをするの？

ななみ：花摘みをすると，新しい枝がのびてきて，２度目の花が咲くそうなの。枝がのびると葉もしげって大きな株《かぶ》になるそうよ。（**図１**）

図１　花摘みをしたバラ

まさと：バラは，１つの本葉に５枚《まい》の小さな葉がついているんだね。上から見ると，葉が枝に交互《こうご》についているのがわかるよ。（**図２**）

図２　バラを上から見たところ

ななみ：本当ね。それに，枝がいろいろな方向にのびているわ。このように葉や枝がついているのは［　　　　］からじゃないかな？

まさと：そうか。そうして，バラは成長に必要なものをとり入れて，大きく育っていくんだね。

問題３　会話文中の［　　　　］に適する内容を書きなさい。

問題４　花摘みをするときは，ふつう花といっしょに数枚の葉も切り取りますが，元気な本葉は切り取らずに残しておきます。その理由を書きなさい。

問題５　次の**ア**～**エ**は，ななみさんの家でバラのはちを育てたときのようすです。**ア**～**エ**のようにしてバラのはちを育てたとき，最も大きく成長するものを１つ選び，記号で答えなさい。また，**ア**と**イ**の結果，**ア**と**ウ**の結果を比べることで，どのようなことがわかりますか。それぞれ書きなさい。

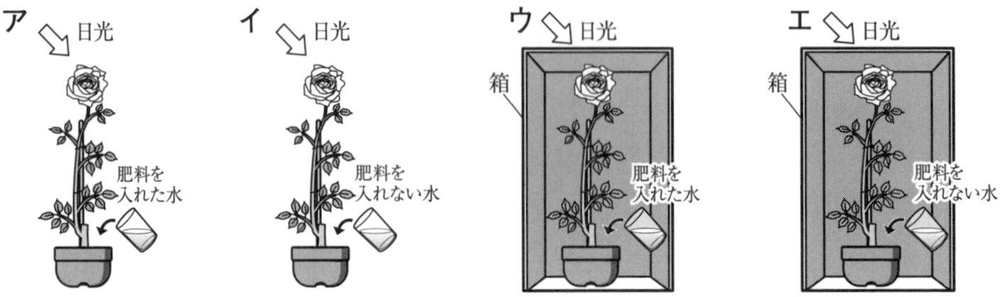

【集団面接】 〈第２回・適性検査型試験〉 (45分) 〈満点：50点〉

〈編集部注：実際の試験問題では，図はカラー印刷です。編集の都合上，問題文のみを掲載しています。〉

本校では５人程度のグループで集団面接を行います。面接時間は20分程度で面接官は２人です。最初に一人ずつ自己紹介（自己ＰＲ）を述べた後、グループディスカッションを行います。なお、本校の適性検査型試験を受検した生徒には、合格通知と共に「報告書」を同封します。報告書では適性Ⅰ、適性Ⅱの大問ごとに「受検者平均得点率」と各自の得点率（４段階で明示）がわかるようになっています。また、集団面接では１０個の評価基準を設けて面接官が採点していきますが、各自、どの観点が優れていたかを報告書に明示しますので、今後の学習に役立てることができます。

面接の観点		内　容
①	挨拶・言葉遣い	きちんとした挨拶、言葉遣いができている。
②	自己紹介	決められた時間の中で、自己紹介（自己ＰＲ）がよくできている。
③	面接態度	落ち着いた態度で行動し、話をすることができている。
④	共感性	他の人の話・意見を共感を持って聞くことができている。
⑤	積極性	テーマに対して積極的に興味を持つことができている。
⑥	的確な意見	的確にテーマを捉え、テーマに沿った意見を述べることができている。
⑦	表現力	自分の意見を他の人にもわかりやすい言葉で表現できている。
⑧	論理の組み立て	自分の意見を論理的に組み立てながら話すことができている。
⑨	活発性	全体の話し合いが活発になるような意見を述べることができている。
⑩	リーダー性	全体の話し合いをうまくリードすることができている。

Ｑ１　次の図は、国連のＷＦＰ（世界食糧計画）が発表した、「ハンガーマップ２０１９」です。この地図を見る時間を１分とりますから、読み取れることを１人１つずつ言いましょう。前の人と同じになってもかまいません。

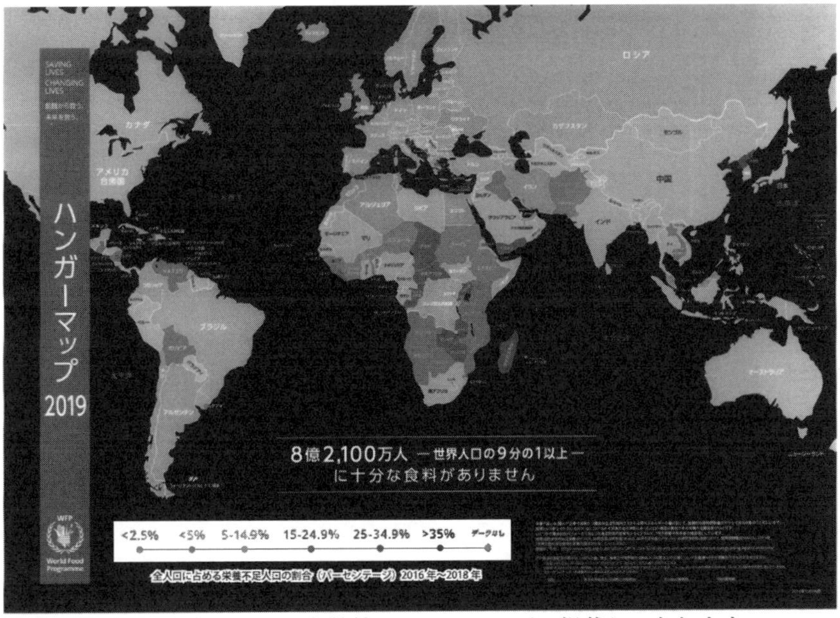

※上の図はカラー印刷のものを弊社のホームページに掲載してあります。
なお，右のQRコードからもアクセス可能です。

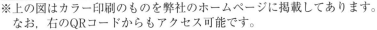

Q２　皆さんが気づいた通り、日本のように食糧が豊かな国は、世界では少ないのかもしれません。一方で、日本の内閣府の調査によると、日本の家庭の１３．７％、つまり、８つの家庭のうちの１家庭が、食糧困窮状態にあるというデータもあります。ひとり親家庭に限れば、この割合はさらに高いのではないかと指摘する専門家もいます。このデータを念頭において、日本がとるべき政策を、自由に討論してください。

2021年度

茨城キリスト教学園中学校　▶解　答

※　編集上の都合により，第２回・適性検査型試験の解説は省略させていただきました。

適性検査Ⅰ　＜第２回・適性検査型試験＞（45分）＜満点：100点＞

解　答

1　**問題１**　944cm^2　**問題２**　６通り

2　**問題１**　４個　**問題２**　30％／**求め方**…(例)　人形１個あたりの値段は，60000÷(300×0.8)＝250(円)となる。250円で売った人形の数は，300－40＝260(個)で，その売り上げは，250×260＝65000(円)である。また，売り上げの合計は，24000×３＝72000(円)なので，最後の40個の売り上げは，72000－65000＝7000(円)になる。最後の40個の１個あたりの売り値は，7000÷40＝175(円)で，175÷250＝0.7より，最後の40個はもとの売り値の70％の値段だったから，30％引きである。

3　**問題１**　(例)　力がかかる　**問題２**　**あ**　まさとさん　**い**　みのりさん　**う**　よしやさん　**問題３**　(例)　板の面積を小さくし，おもりの重さを重くする。

4　**問題１**　エ　**問題２**　ろ過　**問題３**　**記号**…Ｂ　**理由**…(例)　水よう液の温度を下げても，水にとける重さがほとんど変化しないから。

5　**問題１**　(例)　太陽は，東から出て南の空を通り，西にしずむので，北側にパネルを設置しても，太陽の光があまり当たらないから。　**問題２**　**水力発電**…(例)　山の中にダムをつくることで，環境をはかいすること。　**火力発電**…(例)　燃料となる化石燃料がいずれはなくなること。(発電時に多くの二酸化炭素をはい出すること。)　**原子力発電**…(例)　使用済み核燃料のはきが難しいこと。(事故が起きたときに放射性物質がもれる可能性があること。)　**問題３**　1.8％　**問題４**　**式**…(例)　48÷(1.5×0.8)／**答え**…40枚　**問題５**　(例)　自然の力を利用しているために，資源がかれる心配をしなくてよいエネルギー

適性検査Ⅱ　＜第２回・適性検査型試験＞（45分）＜満点：100点＞

解　答

1　**問題１**　栃木県　**問題２**　(例)　1965～75年の間に，日本は高度経済成長をとげ，日本のGDPは大きくのびた。この間，軽工業から重化学工業への転かんが進み，貨物輸送量が増えたことで，石油が大量に消費されたために，公害が進行した。その対策として企業は，生産活動だけでなく，公害防止のためにも，巨額の投資を行うようになった。　**問題３**　**富山県**…Ａ，イ　**熊本県**…Ｂ，エ　**三重県**…Ｄ，ウ　**新潟県**…Ｃ，ア　**問題４**　(例)　ごみになるものは買わない，ものを大切に長く使ってごみの量を減らす，もう一度使う，ごみになる前に資源にして

再生利用する，などを行っていくことで，ごみの排出量を減らしていく社会。　**問題５**　(例)　環境に配慮した製品をつくることで，ごみを減らし，公害を発生させないようにすること。

2　**問題１**　(例)　聞き手の受け入れ態勢や反応から言葉を考え，聞き手との距離に配慮して適切な敬意を伝える思いやりが必要だ(と述べているんだね。)　**問題２**　(例)　私はまず，自分の意見を明確にして，筋の通った主張をすることを心がけたい。その上で，聞き手を意識した言葉を選びたい。例えば，聞き手によって外来語のとらえ方が異なることなどを念頭に置き，聞き手への思いやりを持てば，自分の主張がより分かりやすく伝わると思う。

3　**問題１**　イ　**問題２**　(例)　一日の気温の差が大きく，年間日照時間が長く，年間降水量が少ない気候。　**問題３**　(例)　上の葉と下の葉が重ならず，すべての葉に太陽の光が当たりやすくなる　**問題４**　(例)　２度目の花を咲かせるのに必要な栄養分をつくり出す光合成は，本葉で行われるから。　**問題５**　**記号**…ア　**アとイの比かく**…(例)　バラが大きく成長するためには，肥料を入れた水が必要である。　**アとウの比かく**…(例)　バラが大きく成長するためには，日光が必要である。

2025年度用
中学スーパー過去問

■編集人 声の教育社・編集部
■発行所 株式会社 声の教育社
〒162-0814 東京都新宿区新小川町8-15
☎03-5261-5061(代) FAX03-5261-5062
https://www.koenokyoikusha.co.jp

※本書の内容についての一切の責任は当社にあります。内容・解説・解答・その他は当社ホームページよりお問い合わせ下さい。

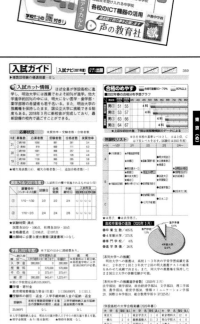

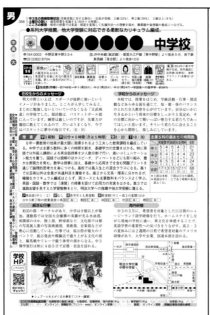

よくある解答用紙のご質問

01

実物のサイズにできない

拡大率にしたがってコピーすると，「解答欄」が実物大になります。配点などを含むため，用紙は実物よりも大きくなることがあります。

02

A3用紙に収まらない

拡大率164％以上の解答用紙は実物のサイズ（「出題傾向＆対策」をご覧ください）が大きいために，Ａ３に収まらない場合があります。

03

拡大率が書かれていない

複数ページにわたる解答用紙は，いずれかのページに拡大率を記載しています。どこにも表記がない場合は，正確な拡大率が不明です。

04

１ページに２つある

１ページに２つ解答用紙が掲載されている場合は，正確な拡大率が不明です。ほかの試験回の同じ教科をご参考になさってください。

茨城キリスト教学園中学校

【別冊】入試問題解答用紙編

禁無断転載

解答用紙は本体からていねいに抜きとり、別冊としてご使用ください。

※　実際の解答欄の大きさで練習するには、指定の倍率で拡大コピーしてください。なお、ページの上下に小社作成の見出しや配点を記載しているため、コピー後の用紙サイズが実物の解答用紙と異なる場合があります。

●入試結果表

— は非公表

年度	回	項目	国語	算数	社会	理科	4科合計	4科合格
2024	第1回	配点(満点)	100	100	50	50	300	最高点 —
		受験者平均点	50.3	63.7	25.1	27.0	166.1	最低点
		キミの得点						—
	回	項目	適性Ⅰ	適性Ⅱ			適性合計	適性合格
	第2回 適性検査型	配点(満点)	100	100			200	最高点 —
		受験者平均点	50.5	60.0			110.5	最低点
		キミの得点						—
年度	回	項目	国語	算数	社会	理科	4科合計	4科合格
2023	第1回	配点(満点)	100	100	50	50	300	最高点 —
		受験者平均点	57.7	70.1	24.8	29.6	182.2	最低点
		キミの得点						—
	回	項目	適性Ⅰ	適性Ⅱ			適性合計	適性合格
	第2回 適性検査型	配点(満点)	100	100			200	最高点 —
		受験者平均点	57.6	65.6			123.2	最低点
		キミの得点						—
年度	回	項目	国語	算数	社会	理科	4科合計	4科合格
2022	第1回	配点(満点)	100	100	50	50	300	最高点 —
		受験者平均点	59.1	76.0	30.5	32.8	198.4	最低点
		キミの得点						—
	回	項目	適性Ⅰ	適性Ⅱ			適性合計	適性合格
	第2回 適性検査型	配点(満点)	100	100			200	最高点 —
		受験者平均点	62.7	49.6			112.3	最低点
		キミの得点						—
年度	回	項目	国語	算数	社会	理科	4科合計	4科合格
2021	第1回	配点(満点)	100	100	50	50	300	最高点 —
		受験者平均点	61.1	81.8	32.5	25.5	200.9	最低点
		キミの得点						—
	回	項目	適性Ⅰ	適性Ⅱ			適性合計	適性合格
	第2回 適性検査型	配点(満点)	100	100			200	最高点 —
		受験者平均点	56.0	49.4			105.4	最低点
		キミの得点						—

(注) 合格者平均点は非公表です。

※　表中のデータは学校公表のものです。ただし、4科合計・適性合計は各教科の平均点を合計したものなので、目安としてご覧ください。

２０２４年度　茨城キリスト教学園中学校

算数解答用紙　第１回

番号		氏名	

評点	／100

1

(1)	ア
(2)	イ
(3)	ウ
(4)	エ
(5)	オ
(6)	カ
(7)	キ
(8)	ク

2

(1)	時間　分
(2)	円
(3)	cm
(4)	度

3

(1)	曜日
(2)	月　日

4

(1)	m
(2)	毎分　m

5

(1)	度
(2)	cm^2

6

(1)	ア　通り
(2)	イ　通り

（注）この解答用紙は実物を縮小してあります。Ｂ５→Ｂ４(141%)に拡大コピーすると、ほぼ実物大の解答欄になります。

〔算　数〕100点(推定配点)

1～6　各５点×20

２０２４年度　　茨城キリスト教学園中学校

社会解答用紙　第１回

番号		氏名		評点	／50

1

(1)		(2)		(3)	X		Y	
(4)		(5)		(6)		(7)		

(8)								
	A	人物		時代	B	人物		時代
	C	人物		時代	D	人物		時代
	E	人物		時代	F	人物		時代

2

(1)		(2)		(3)	約　　　m

3

(1)	①	地方	②	地方	(2)		(3)	
(4)		(5)		(6)	海道			
(7)	建設できないため。							

4

(1)		(2)		(3)	円　　　ドル	(4)			
(5)		(6)	大統領	(7)		(8)			

（注）この解答用紙は実物を縮小してあります。Ｂ５→Ｂ４（141％）に拡大コピーすると、ほぼ実物大の解答欄になります。

〔社　会〕50点(推定配点)

1　(1)～(3)　各１点×4　(4)～(7)　各２点×4　(8)　各１点×6<各々完答>　2　(1)　１点　(2), (3)　各２点×2　3　(1), (2)　各１点×3　(3)～(5)　各２点×3　(6)　１点　(7)　４点　4　(1)～(3)　各１点×3　(4)～(8)　各２点×5

２０２４年度　茨城キリスト教学園中学校

理科解答用紙　第１回

番号		氏名		評点	／50

1

(1)		(2)		(3)		(4)		(5)	
(6)									

2

(1)		(2)		(3)		(4)	
(5)		(6)		(7)			

3

(1)		(2)		(3)	物質		色
(4)		(5)		(6)			

4

(1)	座			
(2)	ベテルギウス		リゲル	
(3)	星座	座	1等星	
	星座	座	1等星	
(4)	①	午後　時	②	

5

(1)		(2)	①		②	(3)	
(4)							

6

(1)		(2)		(3)			燃料
(4)		(5)		(6)			

（注）この解答用紙は実物を縮小してあります。Ｂ５→Ａ３(163%)に拡大コピーすると、ほぼ実物大の解答欄になります。

〔理　科〕50点(推定配点)

1　各１点×６　2　(1)～(4)　各１点×４　(5)～(7)　各２点×３＜(6)は完答＞　3　(1)～(3)　各１点×４　(4)～(6)　各２点×３　4　(1)，(2)　各１点×３　(3)　各２点×２＜各々完答＞　(4)　各１点×２　5　(1)～(3)　各１点×４　(4)　２点＜完答＞　6　(1)～(3)　各１点×３　(4)～(6)　各２点×３

２０２４年度　茨城キリスト教学園中学校

国語解答用紙　第一回

番号　　氏名　　評点　／100

一
(一) ①　　ける　②　　れる　③　④
⑤　　なる　⑥　　い　⑦　　な　⑧
(二) 　→　→　→　→
(三) ①　②　③　④　　(四)

二
(一) A　B　C　　(二) 5
(三) 1 3
2 13
(四) 30 40
(五)　　(六)
(七) 14　　(八)

三
(一) A　B　C　D　E
(二) Ⅰ　Ⅱ　Ⅲ　Ⅳ
(三) 初め 5 ～ 終わり 5 ような絵だったから。
(四)　　(五)
(六) 20 30
(七) 7　　(八)
(九) 80 100

(注) この解答用紙は実物を縮小してあります。Ｂ５→Ａ３(163%)に拡大コピーすると、ほぼ実物大の解答欄になります。

〔国　語〕100点(推定配点)

一 各２点×14＜(2)は完答＞　二 (1)～(3)　各２点×6　(4)　4点　(5)～(8)　各３点×4　三 (1)～(3)　各２点×10　(4), (5)　各３点×2　(6)　4点　(7), (8)　各３点×2　(9)　8点

２０２４年度　茨城キリスト教学園中学校　第２回・適性検査型

適性検査Ｉ解答用紙

番号		氏名		評点	/100

1

問題1	ア		イ		ウ		エ		オ	
問題2	答え		①		②		③		④	
	⑤		⑥		⑦		⑧		⑨	
	求め方									

2

問題1	ア		イ			
	ウ		エ		オ	
問題2	カ		キ		ク	
問題3	答え	反				
	求め方					

3

問題1				
問題2	ア		イ	
問題3				

4

問題1	①	
	②	
問題2		
問題3	理由	
	どちらが多く飲んだか：	

（注）この解答用紙は実物を縮小してあります。175％拡大コピーをすると、ほぼ実物大の解答欄になります。

〔適性検査Ｉ〕100点(推定配点)

1　問題１　５点＜完答＞　問題２　答え…５点＜完答＞，求め方…６点　2　問題１　各４点×５　問題２　各４点×３　問題３　答え…５点，求め方…５点　3　問題１　５点　問題２　各４点×２　問題３　５点　4　問題１　各５点×２　問題２　４点　問題３　理由…５点，どちらが多く飲んだか…５点

２０２４年度　茨城キリスト教学園中学校　第２回・適性検査型

適性検査Ⅱ解答用紙

番号		氏名		評点	/100

1

問題１	
問題２	
問題３	
問題４	まさとさん ／ ななみさん ／ よしやさん

2

問題１	
問題２	
問題３	
問題４	
問題５	A ／ B ／ C ／ D
問題６	

3

問題１	生徒 ／ 先生
問題２ (1)	
問題２ (2)	30
問題３	120

4

問題１	(1) ／ (2)
問題２ (1)	
問題２ (2)	30

解答するときの注意

3 4の問題について
・字数が指定されている問題は，横書きで，最初のマスから書き始めなさい。
・段落を変えたり，マスを空けたりしてはいけません。
・書き直す場合は，消しゴムで消して，書き直しなさい。
・次のように，付け加えたり，けずったりして解答してはいけません。

✕ 指示を~~出して~~聞いて，素早く行動する。

（注）この解答用紙は実物を縮小してあります。169％拡大コピーをすると，ほぼ実物大の解答欄になります。

〔適性検査Ⅱ〕100点（推定配点）

1　問題１　２点　問題２　７点　問題３　４点　問題４　各２点×３　2　問題１〜問題３　各４点×３　問題４　７点　問題５　各２点×４　問題６　４点　3　問題１　各４点×２　問題２　(1)　４点　(2)　７点　問題３　12点　4　問題１　各４点×２　問題２　(1)　４点　(2)　７点

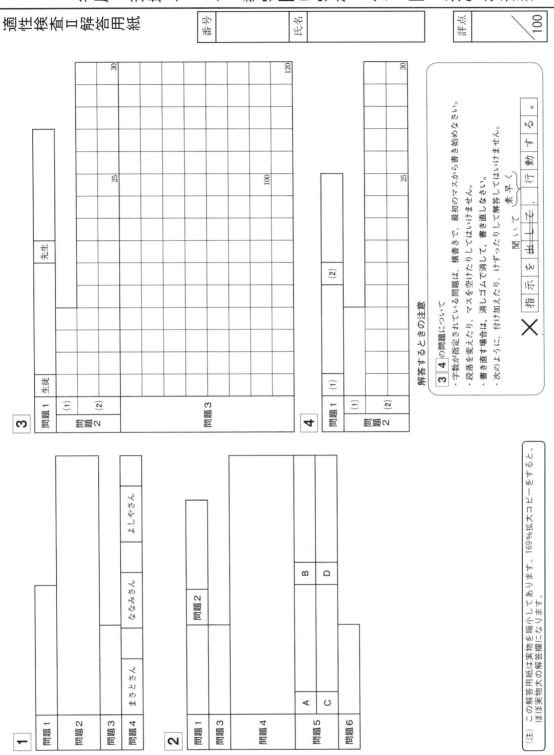

２０２３年度　茨城キリスト教学園中学校

算数解答用紙　第１回

番号		氏名		評点	／100

1

(1)	ア
(2)	イ
(3)	ウ
(4)	エ
(5)	オ
(6)	カ
(7)	キ
(8)	ク

2

(1)	点
(2)	℃
(3)	番目
(4)	

3

(1)	通り
(2)	通り

4

(1)	cm^3
(2)	cm

5

(1)		円
(2)	ア	個
	イ	個

6

(1)	ア
	イ
	ウ
(2)	エ
	オ
	カ

（注）この解答用紙は実物を縮小してあります。Ｂ５→Ｂ４（141%）に拡大コピーすると、ほぼ実物大の解答欄になります。

〔算　数〕100点（推定配点）

1, 2　各５点×12　3, 4　各５点×４　5　各４点×２＜(2)は完答＞　6　各２点×６

２０２３年度　茨城キリスト教学園中学校

社会解答用紙　第１回

番号		氏名		評点	／50

1

(1)		(2)		(3)		(4)	
(5)		(6)		(7)		(8)	

(9)	カードA		カードB		カードC	
	カードD		カードE		カードF	

2

(1)		(2)		(3)	約　　　m

3

(1)	①	地方	②	地方	(2)		(3)	
(4)		(5)		(6)				

(7)										
					25					
					35					

4

(1)		(2)	A		B		
C		(3)		(4)		(5)	
						(6)	

(注) この解答用紙は実物を縮小してあります。B５→B４(141%)に拡大コピーすると、ほぼ実物大の解答欄になります。

〔社　会〕50点(推定配点)

1　各１点×14　2　各２点×３　3　(1)～(6)　各２点×７　(7)　４点　4　(1), (2)　各１点×４　(3)～(6)　各２点×４

２０２３年度　茨城キリスト教学園中学校

理科解答用紙　第１回

番号		氏名		評点	／50

1

(1)		(2)		(3)		(4)		(5)	

2

(1)			(2)						
(3)	2番目		4番目		(4)		(5)		
(6)	ア		イ						

3

(1)		(2)	
(3)	%	(4)	
(5)		(6)	g

4

(1)	つなぎ	(2)			
(3)		(4)		(5)	
(6)					

5

(1)		(2)		(3)	①		②
③		(4)	約　　万km				

6

(1)		(2)		(3)	
(4)	①	秒	②	秒後	

（注）この解答用紙は実物を縮小してあります。B５→A３(163%)に拡大コピーすると、ほぼ実物大の解答欄になります。

〔理　科〕50点(推定配点)

1, 2　各１点×12＜2の(1), (3)は完答＞　3, 4　各２点×12＜4の(2), (3)は完答＞　5　各１点×6＜(3)の③は完答＞　6　(1), (2)　各１点×2　(3), (4)　各２点×3

二〇二三年度　茨城キリスト教学園中学校

国語解答用紙　第一回

番号　　氏名　　評点　／100

一
(一) ①　け　②　む　③　④
⑤　ける　⑥　まる　⑦　⑧
(二) ①　②　③
(三) ①　②　③　④　(四)

二
(一) A　B　C　D
(二) 30　40
(三)　(四) →　→　→
(五) 初め　5　〜　終わり　5
(六)　(七)　(八)

三
(一) A　B　C　D　E
(二)
(三) 6　(四)
(五) 15
(六)
(七) 1　13
2　3
(八)　(九)
(十) 80　100

(注) この解答用紙は実物を縮小してあります。B５→A３(163%)に拡大コピーすると、ほぼ実物大の解答欄になります。

〔国　語〕100点(推定配点)

一　各２点×16　二　(1)　各２点×４　(2)　４点　(3)〜(8)　各３点×６<(4)は完答>　三　(1)〜(7)　各２点×12　(8)，(9)　各３点×２　(10)　８点

２０２３年度　茨城キリスト教学園中学校　第２回・適性検査型

適性検査Ⅰ解答用紙

番号		氏名		評点	/100

解答するときの注意

・記号を選ぶ問題は，あてはまるものを◯で囲みなさい。

【例】 ア　イ　ウ　(エ)　オ　なし

・1 2の問題について，答えが分数になるときは，それ以上約分できない形で表しなさい。

【例】 $\frac{6}{8} \rightarrow \frac{3}{4}$

1

問題１	ア	イ
問題２	答え	回
	求め方	

2

問題１	辺の本数	本	頂点の個数	個
問題２	答え	通り		
	求め方			

3

問題１	①	ア	イ	ウ	エ	オ	カ	キ
	②	ア	イ	ウ	エ	オ	カ	キ
	③	ア	イ	ウ	エ	オ	カ	キ
問題２	A	B	C	D				
問題３								

4

問題１	あ					い				
問題２	う	A	B	C	D	え	A	B	C	D
問題３										

（注）この解答用紙は実物を縮小してあります。185％拡大コピーをすると、ほぼ実物大の解答欄になります。

〔適性検査Ⅰ〕100点(推定配点)

1　問題１　各６点×2　問題２　答え…6点，求め方…6点　2　問題１　各６点×2　問題２　答え…6点，求め方…6点　3　問題１，問題２　各５点×4＜問題２は完答＞　問題３　６点　4　問題１，問題２　各５点×4　問題３　６点

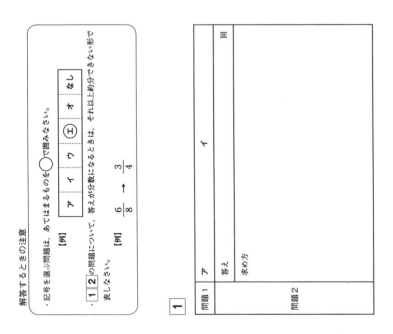

２０２３年度　茨城キリスト教学園中学校　第２回・適性検査型

適性検査Ⅱ解答用紙

番号		氏名		評点	/100

1

問題1	あ		い	
問題2	ア	イ	ウ	エ
問題3	ア	イ	ウ	エ
問題4	ア	イ	ウ	エ

2

問題1	ア	イ	ウ	エ	
問題2	ア	イ	ウ	エ	オ
問題3					
問題4					
問題5	ア	イ	ウ	エ	
問題6	ア	イ	ウ	エ	

解答するときの注意

・記号を選ぶ問題は，あてはまるものを○で囲みなさい。

【例】

ア	イ	ウ	(エ)	オ

（注）この解答用紙は実物を縮小してあります。179%拡大コピーをすると、ほぼ実物大の解答欄になります。

3

問題1	ア	イ	ウ	エ	オ	カ
問題2	（30字のマス目）					

4

問題1	ア	イ	ウ	エ	オ
問題2 X					
問題2 Y	（30字のマス目）				
問題3	（120字のマス目）				

解答するときの注意

3 4の問題について

・字数が指定されている問題は，横書きで，最初のマスから書き始めなさい。

・段落を変えたり，マスを空けたりしてはいけません。

・書き直す場合は，消しゴムで消して，書き直しなさい。

・次のように，付け加えたり，けずったりして解答してはいけません。

✕ 指示を出して，行動する。（「聞いて」「素早く」を付け加え，「出して」を消した例）

〔適性検査Ⅱ〕100点(推定配点)

1 各5点×5　2 問題1，問題2　各5点×2＜問題2は完答＞　問題3，問題4　各7点×2　問題5，問題6　各5点×2　3 問題1　5点　問題2　7点　4 問題1　5点＜完答＞　問題2　X　5点　Y　7点　問題3　12点

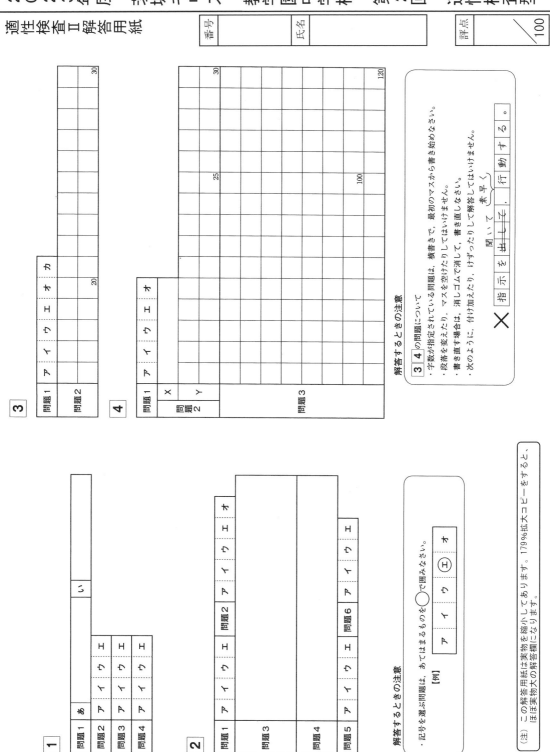

２０２２年度　　茨城キリスト教学園中学校

算数解答用紙　第１回

番号		氏名		評点	／100

1

(1)	ア
(2)	イ
(3)	ウ
(4)	エ
(5)	オ
(6)	カ
(7)	キ
(8)	ク

2

(1)	g
(2)	通り
(3)	
(4)	cm

3

(1)	人
(2)	人

4

(1)	本
(2)	本

5

(1)	度
(2)	cm^2

6

(1)	個
(2)	ア　の倍数
	イ　の倍数
	ウ　個

（注）この解答用紙は実物を縮小してあります。Ｂ５→Ｂ４（141％）に拡大コピーすると、ほぼ実物大の解答欄になります。

〔算　数〕100点（推定配点）

1，2　各５点×12　3～6　各４点×10

２０２２年度　茨城キリスト教学園中学校

社会解答用紙　第１回

番号		氏名		評点	／50

1

(1)		(2)		(3)		(4)	
(5)		(6)		(7)		(8)	

(9)	カードA		カードB		カードC	
	カードD		カードE		カードF	

2

(1)		(2)		(3)	約　　　m

3

(1)	A		B		C			
(2)	つ	(3)		(4)		(5)		
(6)	25	30						

4

(1)		(2)	満　　歳以上	(3)		(4)		(5)	
(6)	A		B		C		D		

（注）この解答用紙は実物を縮小してあります。Ｂ５→Ｂ４（141％）に拡大コピーすると、ほぼ実物大の解答欄になります。

〔社　会〕50点（推定配点）

1　各１点×14　2　各２点×３　3　(1)～(5)　各２点×７　(6)　４点　4　各２点×６＜(6)は完答＞

２０２２年度　茨城キリスト教学園中学校

理科解答用紙　第１回

番号		氏名		評点	／50

1

(1)		(2)		(3)		(4)		(5)	
(6)									

2

(1)	①		②		③	X		Y	
(2)									

3

(1)		(2)		(3)		
(4)	水		二酸化炭素		(5)	
(6)						

4

(1)	①		②		(2)	① %
②		③	cm^3			

5

(1)	m	(2)	毎秒　m				
(3)	①		②		③		(4)

6

(1)		(2)		(3)	①		②

（注）この解答用紙は実物を縮小してあります。Ｂ５→Ａ３（163%）に拡大コピーすると、ほぼ実物大の解答欄になります。

〔理　科〕50点（推定配点）

1 各１点×６　2 各２点×５　3 (1)～(4) 各１点×５　(5) ２点　(6) ３点　4 各２点×５　5 (1), (2) 各１点×２　(3), (4) 各２点×４　6 各１点×４

二〇二二年度　茨城キリスト教学園中学校

国語解答用紙　第一回

番号　　氏名　　評点 /100

一
(一) ①　き　②　ませる　③　④　⑤　む　⑥　⑦　⑧
(二) ①　②　③
(三) ①　②　③　④　(四)

二
(一) A　B　C
(二) 19
(三) 1　17
2　9
(四)　(五)
(六) 40　50 こと。　(七)

三
(一) 1　5　2　4
(二) A　B　C　D　E
(三) 17 ということ。
(四) 35　40
(五)　(六)
(七) ア　イ　ウ　エ　オ
(八) 80　100

(注) この解答用紙は実物を縮小してあります。169%拡大コピーをすると、ほぼ実物大の解答欄になります。

〔国　語〕100点(推定配点)

一 各2点×16　二 (1)～(3)　各2点×6　(4), (5)　各3点×2　(6)　6点　(7)　3点　三 (1), (2)　各2点×7　(3)　3点　(4)　5点　(5), (6)　各3点×2　(7)　各1点×5　(8)　8点

２０２２年度　茨城キリスト教学園中学校　第２回・適性検査型

適性検査Ⅰ解答用紙　No. 1

番号		氏名		評点	／100

1

問題１

△		あ	
い			

問題２

問題３

2

問題１

あ		い		う	

問題２

問題３

1	
2	

3

問題１

資料１	
資料２	
資料３	

問題２

問題３

問題４

90

120

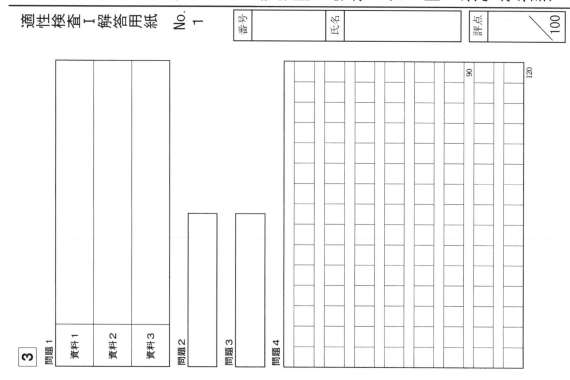

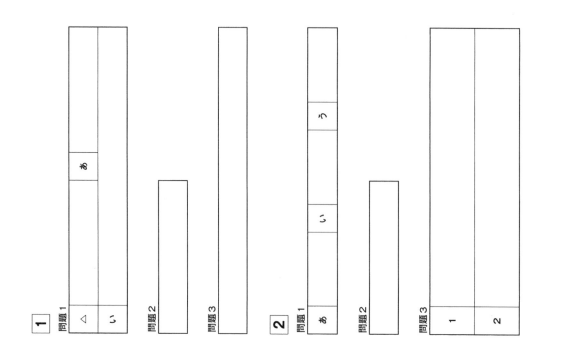

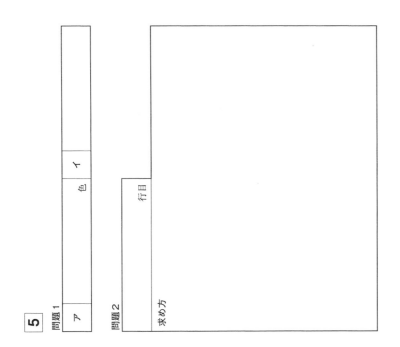

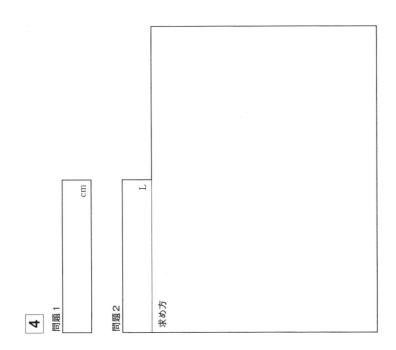

２０２２年度　茨城キリスト教学園中学校　第２回・適性検査型

適性検査Ⅰ解答用紙　No.２

4

問題１　cm

問題２　L

求め方

5

問題１　ア　色　イ

問題２　行目

求め方

（注）この解答用紙は実物を縮小してあります。Ｂ５→Ａ３（163%）に拡大コピーすると、ほぼ実物大の解答欄になります。

〔適性検査Ⅰ〕100点(推定配点)

1, 2　各４点×11　3　問題１～問題３　各４点×５　問題４　８点　4　問題１　４点　問題２　答え…４点，求め方…４点　5　問題１　各４点×２　問題２　答え…４点，求め方…４点

２０２２年度　茨城キリスト教学園中学校　第２回・適性検査型

適性検査Ⅱ解答用紙　No. 1

番号		氏名		評点	／100

1

問題１

40

60

問題２

イ	
ウ	

問題３

100

120

2

問題１

問題２

海里

問題３

(1)	選別	せり
(2)		

問題４

(1)	
(2)	

問題５

80

100

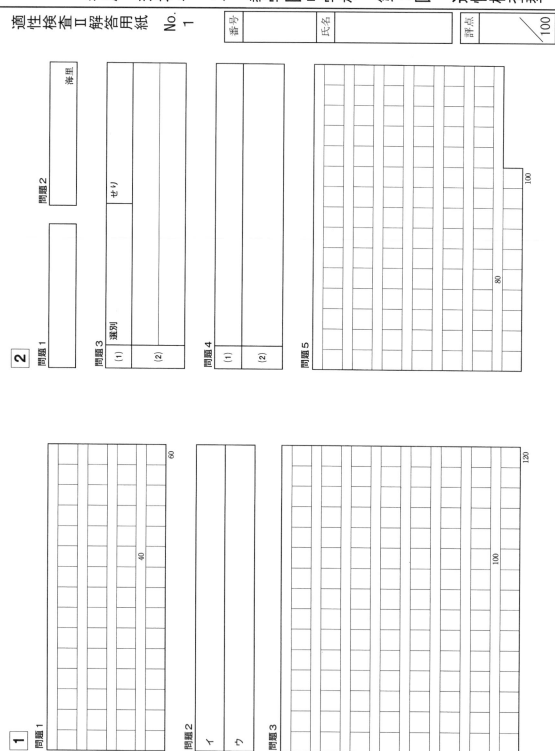

２０２２年度　茨城キリスト教学園中学校　第２回・適性検査型

適性検査Ⅱ解答用紙　No. 2

3

問題1

問題2　国名　記号

問題3

問題4　記号　特徴

問題5　金沢市　浜松市

問題6

問題7

問題8

＜1 問題1，3，2 問題5の解答を書き直すときの注意＞

○ 解答を書き直すときは，例のように，付け加えたり，けずったりしてかまいません。ただし，字数については書き直した文字で数えます。

（例）今日は姉といっしょにケーキを焼く作る

（注）この解答用紙は実物を縮小してあります。Ｂ５→Ａ３（163%）に拡大コピーすると，ほぼ実物大の解答欄になります。

〔適性検査Ⅱ〕100点(推定配点)

1　問題1　6点　問題2　4点＜完答＞　問題3　10点　2　問題1～問題3　各4点×5＜問題3の(1)は完答＞　問題4　(1)　4点　(2)　6点　問題5　10点　3　問題1，問題2　各4点×2＜問題2は完答＞　問題3，問題4　各5点×2＜問題4は完答＞　問題5　4点＜完答＞　問題6～問題8　各6点×3

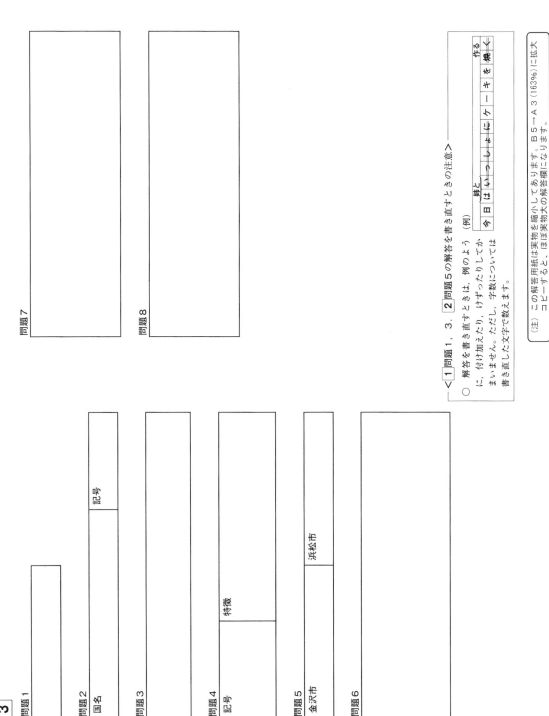

２０２１年度　茨城キリスト教学園中学校

算数解答用紙　第１回

番号		氏名		評点	／100

1

(1)	ア
(2)	イ
(3)	ウ
(4)	エ
(5)	オ
(6)	カ
(7)	キ
(8)	ク

2

(1)	円
(2)	枚
(3)	と
(4)	分　秒

3

(1)	cm^3
(2)	cm

4

(1)	人
(2)	グループ

5

(1)	およそ　cm
(2)	およそ　m

6

(1)	ア	m^2
	イ	m^2
	ウ	m^2
	エ	m^2
(2)		m^2

(注)　この解答用紙は実物を縮小してあります。Ｂ５→Ｂ４(141%)に拡大コピーすると、ほぼ実物大の解答欄になります。

〔算　数〕100点(推定配点)

1～6　各５点×20＜6の(1)は完答＞

２０２１年度　茨城キリスト教学園中学校

社会解答用紙　第１回

番号		氏名		評点	／50

1

(1)		(2)		(3)					
(4)	①		②	幕府	(5)	戦争	(6)		
(7)	X		Y		(8)				

2

(1)		(2)		(3)	約　　m

3

(1)		(2)		(3)		(4)	と
(5)	①		②				

4

(1)	X		Y		(2)	
(3)		(4)				
(5)	①	㋐	年	㋑		
	②	（30字）				

(注) この解答用紙は実物を縮小してあります。Ｂ５→Ｂ４(141%)に拡大コピーすると、ほぼ実物大の解答欄になります。

〔社　会〕50点(推定配点)

1 (1)～(3)　各２点×３　(4)　各１点×２　(5)～(8)　各２点×５　2　各２点×３　3　(1)～(4)　各２点×４＜(4)は完答＞　(5)　各１点×２　4　(1)～(4)　各２点×５　(5)　①　各１点×２　②　４点

２０２１年度　茨城キリスト教学園中学校

理科解答用紙　第１回

番号		氏名		評点	／50

1

(1)		(2)		(3)		(4)		(5)	
(6)									

2

(1)		(2)		(3)	
(4)		(5)			
(6)	匹				

3

(1)				(2)	南		東	
(3)	①		②		(4)	①	座	
(4)	②				③		(5)	

4

(1)	cm	(2)		cm	
(3)	cm	(4)	①		
(4)	②	cm	③	g	

5

(1)	L	(2)		(3)	
(4)		(5)		(6)	g

（注）この解答用紙は実物を縮小してあります。Ｂ５→Ａ３(163%)に拡大コピーすると、ほぼ実物大の解答欄になります。

〔理　科〕50点(推定配点)

1　各１点×6　2　各２点×6＜(4), (5)は完答＞　3　(1)　２点　(2), (3)　各１点×4　(4), (5)　各２点×4　4　(1)〜(3)　各１点×3　(4)　各２点×3　5　(1)　２点　(2)〜(4)　各１点×3　(5), (6)　各２点×2

二〇二二年度　茨城キリスト教学園中学校

国語解答用紙　第一回

番号　　氏名　　評点　／100

一
(一) ①　ねる　②　える　③　④　⑤　いる　⑥　⑦　⑧
(二) ①　②　③
(三) ①　②　③　④
(四)

二
(一) A　B　C　D
(二)
(三) 1　14　2　2　3　16
(四)
(五) 40　50
(六) 初め　～　終わり　があったこと。
(七)

三
(一) A　B　C　D　E
(二)
(三) 35　40
(四) 17　存在。
(五) 10　15
(六) 1　13　2　2
(七) ア　イ　ウ　エ　オ
(八) 80　100

(注) この解答用紙は実物を縮小してあります。169%拡大コピーをすると、ほぼ実物大の解答欄になります。

〔国　語〕100点(推定配点)

一 各2点×16　二 (1) 各1点×4　(2)～(4) 各2点×5　(5) 4点　(6), (7) 各3点×2　三 (1), (2) 各2点×6　(3) 4点　(4), (5) 各3点×2　(6), (7) 各2点×7　(8) 8点

２０２１年度　茨城キリスト教学園中学校　第２回・適性検査型

適性検査Ⅰ解答用紙　No.１

番号		氏名		評点	/100

1

問題１

cm^2

問題２

通り

2

問題１

個

問題２

%

求め方

3

問題１

問題２

あ

い

う

問題３

（注）この解答用紙は実物を縮小してあります。Ｂ５→Ａ３（163%）に拡大コピーすると、ほぼ実物大の解答欄になります。

２０２１年度　茨城キリスト教学園中学校　第２回・適性検査型

適性検査Ⅰ解答用紙　No. 2

5

問題 1

問題 2
水力発電
火力発電
原子力発電

問題 3
%

問題 4
式
答え
枚

問題 5

4

問題 1

問題 2

問題 3
記号
理由

〔適性検査Ⅰ〕100点(推定配点)

1　各５点×２　2　問題１　５点　問題２　答え…５点，求め方…５点　3　各５点×３<問題２は完答>
4　各５点×４　5　問題１～問題３　各５点×５　問題４　式…５点，答え…５点　問題５　５点

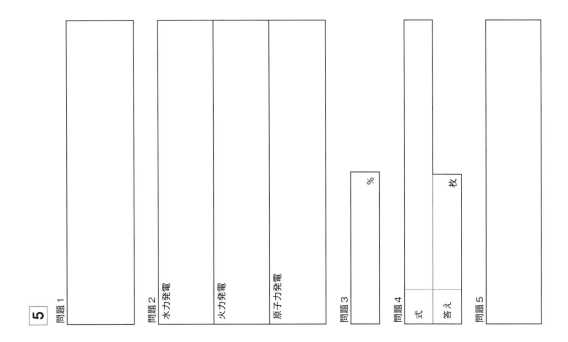

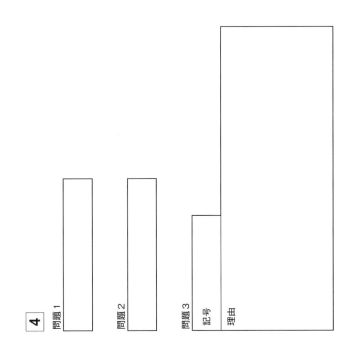

2021年度　茨城キリスト教学園中学校　第2回・適性検査型

適性検査Ⅱ解答用紙　No. 1

番号	氏名	評点
		/100

1

問題1

問題2

問題3

	富山県	熊本県	三重県	新潟県
資料5の記号				
資料6の記号				

問題4

80

100

問題5

2021年度　茨城キリスト教学園中学校　第2回・適性検査型

適性検査Ⅱ解答用紙　No. 2

3

問題1

問題2

問題3

問題4

問題5

記号

アとイの比かく

アとウの比かく

2

問題1

45

と述べているんだね。

55

問題2

100

130

<1問題4，2の問題の解答を書き直すときの注意>

○　解答を書き直すときは，例のように，付け加えたり，けずったりしてかまいません。ただし，字数については書き直した文字で数えます。

(例)　今日はいっしょにケーキを焼く（「いっしょに」を消して「妹と」，「焼く」を消して「作る」と書き直した例）

〔適性検査Ⅱ〕100点(推定配点)

1　問題1　5点　問題2　10点　問題3　5点<完答>　問題4，問題5　各10点×2　2　問題1　10点　問題2　15点　3　各5点×7

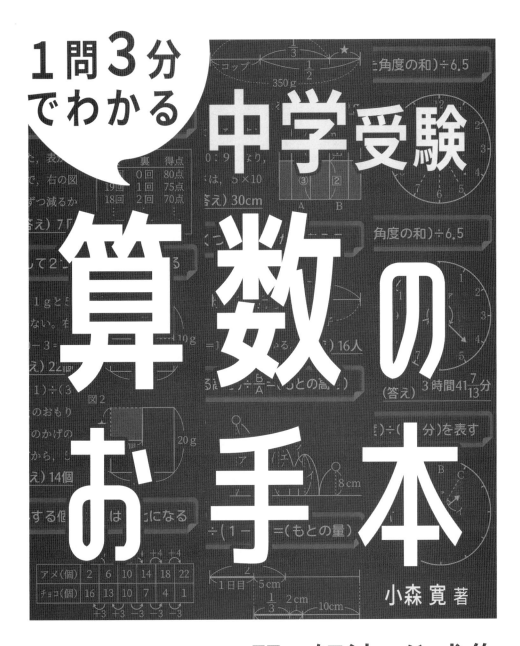

中学後見返し